AF480379

শিবপুরাণ: বিজ্ঞান ও আধ্যাত্মের অপূর্ব সম্মিলন

প্রদীপ কুমার রায়।

উৎসর্গ (সমর্পণ)

সকল শিব অনুরাগী ,শিব ভক্ত , শিব পুরান চর্চাকারী , আমার একমাত্র পুত্র শ্রী প্রজ্ঞান রায় , স্ত্রী সোনালী রায়, আমার নিকটাত্মীয় , আমার ভবিষ্যৎ প্রজন্ম , আত্মীয়স্বজন এবং অবশ্যই আমার বইয়ের পাঠককুল।

প্রদীপ কুমার রায়, বর্ধমান।

আমার অনুমতি

বিষয়বস্তু

অনুক্রমণী

আমি "শিবপুরাণ: বিজ্ঞান ও আধ্যাত্মের অপূর্ব সম্মিলন" বইটি পড়ে সত্যিই মুগ্ধ হয়েছি। এটি শুধুমাত্র একটি পৌরাণিক গ্রন্থ নয়, বরং বিজ্ঞান ও আধ্যাত্মের একটি মহান সন্ধিস্থল।

বইটির শুরুতেই লেখক শিবপুরাণের গুরুত্ব, বিষয়বস্তু ও প্রাসঙ্গিকতা সম্পর্কে সুন্দরভাবে আলোচনা করেছেন। এরপর তিনি বিজ্ঞান ও আধ্যাত্মিক চেতনার মধ্যে সংযোগ স্থাপন করেছেন, যা পাঠকদের জন্য চিন্তার নতুন দিগন্ত খুলে দেয়।

বইটিতে শিবের বিভিন্ন রূপ, কাহিনী, ধর্মীয় আচার-অনুষ্ঠান, যোগ ও ধ্যানের পদ্ধতি, পাপ-পুণ্যের বিচার, মুক্তির উপায় এবং পরকালের বিবরণ সুন্দরভাবে বর্ণনা করা হয়েছে। এই বিবরণগুলি ভক্তি ও আধ্যাত্মিক উন্নতির জন্য অত্যন্ত উপকারী।

আমি বিশেষভাবে শিবপুরাণে বর্ণিত বিজ্ঞানের বিষয়গুলির প্রতি মুগ্ধ হয়েছি। লেখক বৈজ্ঞানিক দৃষ্টিকোণ থেকে শিবলিঙ্গের উৎপত্তি, বিশ্বব্রহ্মের সৃষ্টি ও ধ্বংস, পঞ্চভূতের সৃষ্টি, নক্ষত্রমন্ডলের বিভাজন ইত্যাদি বিষয়গুলি ব্যাখ্যা করেছেন, যা আমার জ্ঞানের ভান্ডারকে সমৃদ্ধ করেছে।

এছাড়াও, বইটিতে শিব স্তোত্র ও মন্ত্রের গুরুত্ব সম্পর্কেও বিস্তারিত আলোচনা করা হয়েছে। লেখক শিব স্তোত্র ও মন্ত্রগুলির শক্তি, আধ্যাত্মিক গুরুত্ব এবং ইতিবাচক প্রভাব সম্পর্কে সুন্দরভাবে বর্ণনা করেছেন, যা পাঠকদের আধ্যাত্মিক উন্নতির পথে এগিয়ে যেতে অনুপ্রাণিত করে।

সর্বোপরি, "শিবপুরাণ: বিজ্ঞান ও আধ্যাত্মের অপূর্ব সম্মিলন" বইটি আমার জীবনে একটি গুরুত্বপূর্ণ ভূমিকা পালন করেছে। এটি ধর্ম, বিজ্ঞান ও আধ্যাত্মিক চেতনার মধ্যে সুন্দর সম্পর্ক স্থাপন করেছে, যা আমার চিন্তাভাবনার দিগন্তকে বিস্তৃত করেছে। আমি এই বইটি সকলের কাছে সুপারিশ করছি, যারা শিবের মহিমা, আধ্যাত্মিক উন্নতি এবং সার্থক জীবনের পথ খুঁজছেন।

বাবলী রায়। (পান্ডুলিপি পাঠক)

ভূমিকা

শিবপুরাণ হিন্দু ধর্মের একটি পবিত্র গ্রন্থ, যা ভগবান শিবের মহিমা, কর্মকাণ্ড, পৌরাণিক কাহিনী, ইতিহাস, বিজ্ঞান ও আধ্যাত্মিক জ্ঞানের এক বিশাল সমাহার। এই পুরাণে শিবের বিভিন্ন রূপ, যেমন অর্ধনারীশ্বর, নটরাজ, মহাকাল ও অঘোরীর বর্ণনা পাওয়া যায়। এছাড়াও, শিবপুরাণে বিভিন্ন তীর্থস্থান, ধর্মীয় আচার-অনুষ্ঠান, যোগ ও ধ্যানের পদ্ধতি, পাপ-পুণ্যের বিচার, মুক্তির উপায় এবং পরকালের বিবরণও রয়েছে।

শিবপুরাণের মধ্যে সবচেয়ে আকর্ষণীয় বিষয় হলো বিজ্ঞান ও আধ্যাত্মের অপূর্ব সম্মিলন। এই পুরাণে বর্ণিত অনেক কাহিনীই আধুনিক বিজ্ঞানের আলোকে ব্যাখ্যা করা যায়। যেমন, শিবলিঙ্গের উৎপত্তি, বিশ্বব্রহ্মের সৃষ্টি ও ধ্বংস, পঞ্চভূতের সৃষ্টি, সপ্তঋষির গুরুত্ব, নক্ষত্রমন্ডলের বিভাজন, তীর্থস্থানের ভৌগোলিক গুরুত্ব ইত্যাদি। এছাড়াও, শিবপুরাণে বর্ণিত যোগ ও ধ্যানের পদ্ধতিগুলি আজও মানুষের শারীরিক ও মানসিক সুস্থতার জন্য অত্যন্ত উপকারী বলে প্রমাণিত হয়েছে।

শিবপুরাণের আধ্যাত্মিক গুরুত্বও অপরিসীম। এই পুরাণে ভক্তি, প্রেম, নিষ্ঠা, ত্যাগ, সৎকর্ম, ধৈর্য, ক্ষমা ইত্যাদি মানবিক মূল্যবোধের গুরুত্ব তুলে ধরা হয়েছে। শিবপুরাণ শেখায় যে, আত্মজ্ঞানের মাধ্যমেই মুক্তি লাভ করা সম্ভব। শিবের প্রতি ভক্তি ও নিষ্ঠার মাধ্যমে মানুষ অন্ধকার থেকে আলোর দিকে, অজ্ঞান থেকে জ্ঞানের দিকে, সংসারের বন্ধন থেকে মুক্তির দিকে যেতে পারে।

অতএব, শিবপুরাণ শুধুমাত্র একটি ধর্মীয় গ্রন্থই নয়, এটি বিজ্ঞান ও আধ্যাত্মের একটি মহান সন্ধিস্থল। এই পুরাণ আমাদের জীবনকে সুখী, শান্তিপূর্ণ ও সার্থক করে তুলতে সহায়তা করে। শিবপুরাণের জ্ঞান ও উপদেশ আজও আমাদের জন্য অত্যন্ত গুরুত্বপূর্ণ এবং আমাদের জীবনকে পরিচালিত করতে সাহায্য করে।

এই শিবপুরাণ পাঠের মাধ্যমে আমরা ভগবান শিবের অনুগ্রহ লাভ করি, জ্ঞান লাভ করি এবং আত্মজ্ঞান অর্জনের পথে এগিয়ে যেতে পারি।

হিন্দু ধর্মে, শিবকে সর্বশক্তিমান পরমাত্মা হিসেবে পূজা করা হয়। তার আশীর্বাদ পাওয়ার জন্য বিভিন্ন শিব স্তোত্র ও মন্ত্র জপ করার প্রথা রয়েছে। এই স্তোত্র ও মন্ত্রগুলির বিশেষ গুরুত্ব রয়েছে, কারণ এগুলি আধ্যাত্মিক উন্নতি, শান্তি, সমৃদ্ধি এবং মুক্তির পথে সাহায্য করে।

<u>শিব স্তোত্রের গুরুত্ব:-</u>

<u>ভক্তিমূলক আত্মসমর্পণ:</u> শিব স্তোত্রগুলি মূলত ভক্তিমূলক কবিতা, যা শিবের মহিমা, করুণা এবং ক্ষমতা বর্ণনা করে। এই স্তোত্রগুলি পাঠ করার মাধ্যমে ভক্তরা নিজেদের সম্পূর্ণরূপে শিবের কাছে সমর্পণ করেন এবং তাঁর আশীর্বাদ লাভ করেন।

<u>আধ্যাত্মিক উন্নতি:</u> শিব স্তোত্রগুলি মনকে শান্ত করে এবং আধ্যাত্মিক চেতনাকে উন্নত

করে। এগুলি একাগ্রতা বাড়ায়, মনের বিক্ষিপ্ততা দূর করে এবং আত্মজ্ঞানের পথে এগিয়ে যেতে সাহায্য করে।

<u>পাপমুক্তি</u>: শাস্ত্র মতে, শিব স্তোত্র জপ করলে পাপ দূর হয় এবং পুণ্য লাভ হয়। এটি মানুষকে ভাল কাজ করার জন্য অনুপ্রাণিত করে এবং নেতিবাচক চিন্তাভাবনা থেকে মুক্তি দেয়।

<u>মনের শান্তি</u>: শিব স্তোত্রগুলি মনের উদ্বেগ, চাপ এবং অশান্তি দূর করতে সাহায্য করে। এগুলি শান্তি এবং স্থিতিশীলতা এনে দেয়, যা আজকের ব্যস্ত জীবনে অত্যন্ত প্রয়োজনীয়।

শিব মন্ত্রের গুরুত্ব:

<u>শক্তিশালী শব্দ কম্পন</u>: শিব মন্ত্রগুলি বিশেষ শব্দ কম্পন দ্বারা গঠিত, যা মন, দেহ এবং আত্মাকে প্রভাবিত করে। এই কম্পনগুলি নেতিবাচক শক্তি দূর করে এবং ইতিবাচক শক্তির প্রবাহ বাড়ায়।

<u>ইচ্ছাপূরণ</u>: বিশ্বাস করা হয় যে নিষ্ঠার সঙ্গে শিব মন্ত্র জপ করলে ইচ্ছা পূরণ হয়। এটি শারীরিক সুস্থতা, আর্থিক সমৃদ্ধি, সুখী দাম্পত্য জীবন, সন্তানলাভ ইত্যাদি কামনা পূরণে সহায়তা করে।

<u>মনোবল বৃদ্ধি</u>: শিব মন্ত্রগুলি মনোবল বাড়ায় এবং কঠিন পরিস্থিতিতে সাহস ও ধৈর্য ধরে রাখতে সাহায্য করে। এগুলি নেতিবাচক চিন্তাভাবনা দূর করে এবং আশাবাদী মনোভাব তৈরি করে।

<u>আত্মরক্ষা</u>: কিছু শিব মন্ত্র আত্মরক্ষার জন্যও জপ করা হয়। এগুলি বিপদ থেকে রক্ষা করে এবং ক্ষতির হাত থেকে নিরাপদ রাখে।

বিভিন্ন শিব স্তোত্র ও মন্ত্রের উদাহরণ: শিবপঞ্চাক্ষরমন্ত্র: "ওঁ নমঃ শিবায়" , মহামৃত্যুঞ্জয় মন্ত্র।

প্রদীপ কুমার রায়।

<u>সতর্কীকরণ : যত্ন এবং খোলা হৃদয় নিয়ে পড়ুন .</u>

এই বইটিতে বিভিন্ন ঈশ্বর এবং ধর্মীয় তথ্যের আলোচনা এবং অন্তর্দৃষ্টি রয়েছে যা সাধারণত সমাজে পরিচিত। বিষয়বস্তু তথ্যগত এবং শিক্ষামূলক উদ্দেশ্যে, বিভিন্ন বিশ্বাস ব্যবস্থার দিকগুলি অন্বেষণের উদ্দেশ্যে। উন্মুক্ত মন, বিভিন্ন দৃষ্টিভঙ্গির প্রতি শ্রদ্ধা এবং চিন্তাশীল প্রতিফলনে জড়িত থাকার ইচ্ছার সাথে উপাদানটির কাছে যাওয়া অত্যন্ত গুরুত্বপূর্ণ।

পাঠকদের মনে করিয়ে দেওয়া প্রয়োজন যে ধর্মীয় বিশ্বাস গভীরভাবে ব্যক্তিগত এবং এটা ব্যাপকভাবে পরিবর্তিত হতে পারে। এখানে উপস্থাপিত তথ্য কোন সুনির্দিষ্ট মতবাদকে চ্যালেঞ্জ বা চাপিয়ে দেওয়ার জন্য নয় বরং মানুষের আধ্যাত্মিকতার সমৃদ্ধ টেপেস্ট্রির জন্য ও উপলব্ধিকে উৎসাহিত করার জন্য।

আপনি এই বইয়ের পৃষ্ঠাগুলিতে অনুসন্ধান করার সাথে সাথে, আমি আপনাকে সংবেদনশীলতা এবং বিদ্যমান বিশ্বাসের বৈচিত্র্য সম্পর্কে সচেতনতার সাথে বিষয়বস্তুর

কাছে যাওয়ার জন্য অনুরোধ করছি। মনে রাখবেন যে ধর্ম সম্পর্কে আলোচনা আবেগগতভাবে চার্জ করা যেতে পারে, এবং এই ধারণাগুলি ভাগ করে নেওয়া বা বিতর্ক করার সময় সম্মানজনক কথোপকথনে জড়িত হওয়া গুরুত্বপূর্ণ।

এই ঈশ্বর এবং ধর্মীয় তথ্যগুলির সাথে সাথে বৈজ্ঞানিক তথ্য অন্বেষণ ও বিশ্লেষণ যেন হয় আপনার একটি আলোকিত যাত্রা, যা বোঝার, সহনশীলতা এবং বিশ্বাসের বৈচিত্র্যের সাথে একটি গভীর সংযোগ স্থাপন করে।

প্রদীপ কুমার রায়।

স্বীকার

স্বীকৃতি

    এই বইটি সম্পূর্ণ করার জন্য আমি বিভিন্ন বই, ম্যাগাজিন, ওয়েবসাইট, সোশ্যাল মিডিয়া যেমন Facebook, Quora, বিভিন্ন পণ্ডিতদের সাথে আলোচনা এবং তাদের বিভিন্ন মতামত, উইকিপিডিয়া, বিভিন্ন প্রচলিত বই, কিছু AI টুল ইত্যাদির সাহায্য নিয়েছি। আমি তাদের সবাইকে এবং এই বইয়ের প্রকাশককে আমার আন্তরিক কৃতজ্ঞতা জানাই। । এই বইটি পাঠকের মানসিক শক্তি বাড়াতে সাহায্য করবে।

প্রদীপ কুমার রায়।

প্রস্তাবনা

প্রদীপ কুমার রায় ,223-এবি মুখার্জি রোড, নুতনগঞ্জ, দিঘিরপুল, বর্ধমান-713102,পশ্চিমবঙ্গ, ভারত।

লেখক বহু বছর চাকরির পর এখন তার ব্যাংকিং চাকরি থেকে অবসর নিয়েছেন। অবসর গ্রহণের সময়, লেখক এসবিআই-এর পুরশুরা শাখায় চিফ ম্যানেজার (অফিং) পদে নিযুক্ত ছিলেন। এস বি আইতে, তিনি ব্রাঞ্চ ম্যানেজার , এইচ আর ম্যানেজার, সিস্টেম ম্যানেজার ইত্যাদির মতো বিভিন্ন এসাইনমেন্টে কাজ করেছিলেন। সেই সময়ে লেখকের শখ ছিল বিভিন্ন জাদু আবিষ্কার করা এবং বিভিন্ন নিবন্ধ লেখা। তার প্রথম বই "প্রেরনা" প্রকাশিত হয় 2013 সালে। ইতিমধ্যেই তার লেখা বেশ কিছু প্রবন্ধ বিভিন্ন বহুল প্রচারিত সংবাদপত্র ও ম্যাগাজিনে প্রকাশিত হয়েছে। ম্যাজিকের ক্ষেত্রে, লেখকের চিত্র সহ বায়োডাটা ম্যাজিশিয়ান ওয়ার্ল্ড ডিরেক্টরিতে প্রকাশিত হয়েছিল।

লেখকের শিক্ষাগত যোগ্যতা হ'ল বি.এসসি (পদার্থবিজ্ঞানে অনার্স), এম.এসসি (কম্পিউটার সায়েন্স), পোস্ট গ্রাজুয়েট ডিপ্লোমা ইন কম্পিউটার এপ্লিকেশন (পি জি ডি সি এ), সিসকো সার্টিফাইড নেটওয়ার্ক এসোসিয়েটস-গ্লোবাল (সি সি এন এ), ইন্ডিয়ান ইনস্টিটিউট অফ ব্যাংকিংয়ের সার্টিফাইড সহযোগী (সি এ আই আই বি) ।এছাড়াও তিনি বিভিন্ন শংসাপত্র কোর্স যেমন এনিমেশন , হার্ডওয়্যার, কোবল প্রোগ্রামিং,ফটো, ভিডিও এবং অডিও সম্পাদনা, হিন্দির প্রাজ্ঞ কোর্স ,IRDAI থেকে সার্টিফিকেট কোর্স ইত্যাদিও করেছেন ।

অবসর গ্রহণের পরে লেখক কয়েকটি একাডেমী এর সাথে "ব্যাংকিং" এর বিশেষজ্ঞ ইন্সট্রাক্টার হিসাবেও অংশ নিয়েছিলেন এবং এখন তিনি তাঁর ইউটিউব চ্যানেল, ফেসবুক পৃষ্ঠা, ওয়েবসাইট, ব্লগ, স্টক ফটোগ্রাফি, বিভিন্ন লেখালেখি, নিজের লিখিত বই প্রকাশ ইত্যাদিতে ও ইন্টারনেট ভিত্তিক কাজে নিযুক্ত রয়েছেন।

Books Written and Published by the Author:

In Bengali: 1) Prerana 2) Anuprerana 3) Chetana 4) Mahabharate Ki Ki Tathya Chitrita Achhe JA Ajo Prasangik? 5) Puran Kahineer Antarnihita Artha 5) Ramayaner Ajana Tathya 6) Ki Vabe Manabik Gunabalir Jagaran Sambhab Ja Antarer Alo Jwalay 7) Manab Monobiganer Upar Bhagbat Grrtar Gavir Pravab 8) Karna O Ekalabya –Mahabharater Na Bala Galpa 9) Dhurta Shakuni-Mahabharater Na Bala Galpa 10) Manabatar Pujari Swalpa Prichita Bharatiyer Kahinee 11) Ashepasher Gachh Gachhalir Soundarya O Oshadhi Gun. 12) Jana Manusher Ajana Kahinee 13) Baba Mane-Maa Mane-- 14) Kalpanay, Kheyalr O Kathane Corona 15) Nijer Madhyei Nije 16) Bharater Sampurna Binamulyer Besarkari Hospital 17) Krishna – Mahabharater Paradoxical O Jatil Charitra.

In English: 1) How to Write Banking Letters (For Bankers & Customers) More than 120 Relevant sample letters. 2) How to Write an Email (Ethics, Examples & Samples of Emails).3) GENERAL APTITUDE (CSIR Net-Previous Q & A with explanation and hint to solve) 4) Certificate Examination of Business Correspondent 5) MCQ with Answers for BC & BF Examination 6) Certificate Examination for Debt Recovery Agent of IIBF 7) Secrets of Motivation & Inspiration 8) How to Improve Your Mental Strength 9) Totally Free Best Private Hospitals in India 10) The Story of a Little-Known Indian Worshiper of Humanity 11) Unpopular but Attracting with Historical Interest Tourist Place in Bardhhaman. 12) 'Corona' in Imagination, Troll & Mimes. 13) Short Stories and Tales 14) How Human Qualities Awakening Possible which Ignites Light in the Heart 15) Karna & Ekalavya - The Untold Story of the Mahabharata 16) Transform Your Thinking, Transform Your Life 17) Unknown Facts Of Epic Ramayana 18) Ekalavya - The Untold Story of the Mahabharata19) Overcoming Adversity: A Journey of Love and Resilience 20) Meg's Mission: Pushing the

Boundaries of Healthcare 21) Ideas to develop a multi-user Portable medical devise related to blood for use at home by beginners and Researchers 22) How to Prepare Delicious Recipes for Every Occasion, The Bengali Bites 23) The Inner Light Reflections(Compassion, Resilience, Empathy) 24) Perseverance: The Key to Unlocking Your Potential 25) More than a Hundred Inventing Ideas on Microfluidics 26) Awakening Your Inner Drive: The Power of Motivation, Inspiration, and Consciousness 27) The Lost Planet 28) Unleashing the Power of Supreme Energy 29)Folding Space: The Quest for Three-Dimensional Folding 30)From Despair to Triumph: A Tale of Courage and Hope 31) The Unseen Hero (A Journey of Self-Discovery) 32) AI Magic: Free Tools for Perfecting Your Images (A Step-By-Step Guide) 33)The Untold Story of Karna: A Tale of Perseverance and Determination 33) Dad Means-- Mom Means—34) Fundamentals of IT 35) How to do Your Life as much as Simple 36) Step By Step Guide (INB,CDM & ATM of Axis Bank) 37) Step By Step Guide (INB,CDM & ATM of SBI) 38) Durgapujor Prakkale 39) Step by Step Guide: SBI Credit Card 40) Step By Step Guide: SBI Internet Banking 41) Keys to Success: Lessons for Reaching Goals and Overcoming Challenges 42) Krishna: The Paradoxical and Complex Character in the Mahabharata 43) Comparative Analysis of Six World-Famous Ancient Epics 44) Journey to Ancient Greece: Discovering the Iliad and Odyssey 45) Echoes of the North: Kalevala Rediscovered 46) Digital Banking Ready Reference for Customer 47) A Comprehensive Guide on IBPS Preli Clerk Exam, 48) NEET Exam: Biology Mastering Concepts with 1200+ MCQs & Answers 49) Indian Economy and Indian Financial System (IE & IFS), 50)Competitive Examination of Railways: Unlocking Your Path to a Rewarding Career, 51)Comparative Analysis of Six World-Famous Ancient Epics, 52) Principles & Practices of Banking (PPB) etc.

In Hindi: 1) Prerak Koushal Me Sudhar Kaise Kare. 2) Chhatra Aour Bankaro Ke Lie Banking. 3) "Corona" - Kathan, Troll & Mimes. 4) Oitihasik Akarshak Parjatan Sthal, Burdwan 5) Apni Manasik Shakti Ka Bikash Kaise Kre 6) Sambandha Bipanan Shikhne Ka

Sabse Achchha Tarika 7) Share Trading Me Monobigyan Aur Anushashan Kaise Shikhe 8) Unnata Video Marketing Kaise Kare 9) SEO Keya Hai Aur Kaise Kam Karta Hai 10) Banking Patra Kaise Likhe? 11) Karna O Ekalabya – Mahabharat Ki Unkahi Kahinee 12) Naye Sight Se ISBN Kaise Prapta Kare? 13) Alpa Gyat Bharatiya Upasak Ki Kahani (Series-1,2&3) 14) Krishna- Mahabharat Me BirodhBhashi O Jatil Charitra 15) Chhay Biswa Prasidhwa Mahakabya Ka Tulanatmak Bishleshan etc.

The creation of the books mentioned above was encouraged by the interest and inspiration of countless readers of the author's published books and followers and viewers of the author's blog, website, Facebook page, YouTube, etc.

Website

Official– https://pkrbur.com;

Family– www.rayfamily.itgo.com

Blog:

Motivational in Bengali- https://pkrnet.blogspot.com;

Motivational in Hindi – https://pkrhindi.blogspot.com

Motivational in English- https://pkrbur.com/blog-motivational/

Tour and Travel - https://pkrbur.com/blog-tour-travel/

Banking for Students – https://pkrbank.blogspot.com

Banking Technology for Customers–https://pkrbur.com/blog-banking-technology-for-customer/

PKR Video & Audio - https://pkrbur.com/p-k-r-video-audio-links/

FACEBOOK PAGE:

https://www.facebook.com/pradip1/

https://www.facebook.com/Pkrnet-Institute-192616401621756/

FACEBOOK GROUP: Motivational &Inspirational

YouTube: SHANTANURUDRA-Disguise name of Pradip Kr. Ray

PRADIP KUMAR RAY -PKRNET, BURDWAN

E-Mail: pradip.ray1911@gmail.com, pkrnet.burdwan@gmail.com

Twitter : @PRADIPK80546828 (pradip.ray1911@gmail.com)

Instagram: pradip.ray1911

Linkedin: https://www.linkedin.com/in/pradip-kumar-ray-a57925250/

Website – Official: https://pkrbur.com

Website – Family: www.rayfamily.itgo.com

Pradip's Published Books Site: https://sites.google.com/view/pradipbooks/home

To See the Author's Published Books, Go to the link: https://pkrbur.com/professional/

Author's book link on Amazon: bit.ly/pradipamazon

Author's book link on Flipkart: bit.ly/PKRBOOK-Flipkart

Author's book link on Notion Press: bit.ly/pradipbook

Author's book link on Pothi.com: bit.ly/pradippothi

১

শিবপুরাণে বিজ্ঞান ও আধ্যাত্মিকতার মিলন

শিবপুরাণের কাহিনীগুলিকে শুধুমাত্র ধর্মীয় গ্রন্থ হিসেবে নয়, বরং আধুনিক বিজ্ঞানের আলোকেও ব্যাখ্যা করা যায়। এই কাহিনীগুলিতে মহাবিশ্বের সৃষ্টি, বিবর্তন ও ধ্বংস, পঞ্চভূতের গঠন, সপ্তঋষির গুরুত্ব, নক্ষত্রমন্ডলের বিভাজন ও তীর্থস্থানের ভৌগোলিক গুরুত্ব সম্পর্কে বর্ণনা করা হয়েছে। এই বর্ণনাগুলিকে আধুনিক বিজ্ঞানের বিভিন্ন তত্ত্বের সঙ্গে সম্পর্কিত করা যায়, যা শিবপুরাণের গভীরতা ও ব্যাপকতার প্রমাণ দেয়।

এটি গুরুত্বপূর্ণ যে আমরা ধর্মীয় গ্রন্থগুলিকে কেবলমাত্র ধার্মিক বিশ্বাসের প্রকাশ হিসেবে না দেখে, বরং তাদের তাত্ত্বিক ও বৈজ্ঞানিক দিকগুলিকেও মনোযোগ দিয়ে দেখি। এ ক্ষেত্রে শিবপুরাণ আমাদের জন্য একটি উজ্জ্বল উদাহরণ। এই পুরাণটি আমাদের শুধুমাত্র ধর্মীয় শিক্ষাই দেয় না, বরং বিশ্ব ও জীবনের বিভিন্ন রহস্য সম্পর্কেও আমাদের চিন্তা করতে উদ্বুদ্ধ করে।

শিবপুরাণে বর্ণিত আছে, শিবলিঙ্গের উৎপত্তি হল মহাবিশ্বের সৃষ্টির সময়। যখন মহাবিশ্ব সৃষ্টি হচ্ছিল, তখন সেই মহাবিশ্বের কেন্দ্রস্থলে একটি বিশাল শক্তির আধার ছিল। সেই শক্তির আধারই হল শিবলিঙ্গ। শিবলিঙ্গকে তাই মহাবিশ্বের প্রতীক হিসেবে দেখা হয়। আধুনিক বিজ্ঞানের আলোকে, শিবলিঙ্গকে মহাবিশ্বের কেন্দ্রস্থলে অবস্থিত একটি বিশাল শক্তির আধার হিসেবে ব্যাখ্যা করা যেতে পারে। সেই শক্তির আধারই মহাবিশ্বের সৃষ্টি ও বিকাশের জন্য দায়ী।

শিবপুরাণে বর্ণিত আছে, বিশ্বব্রহ্মের সৃষ্টি ও ধ্বংস একই সত্তার প্রকাশ। বিশ্বব্রহ্মের সৃষ্টি হয় মহাদেবের লীলা থেকে, এবং ধ্বংস হয় পার্বতীর আদেশে। আধুনিক বিজ্ঞানের আলোকে, বিশ্বব্রহ্মের সৃষ্টি ও ধ্বংসকে মহাবিশ্বের বিবর্তনের একটি প্রক্রিয়া হিসেবে ব্যাখ্যা করা যেতে পারে। মহাবিশ্বের বিবর্তন একটি চক্রাকারে চলমান প্রক্রিয়া। এই প্রক্রিয়ার একটি পর্যায়ে মহাবিশ্বের বিস্তার ঘটে, এবং অন্য পর্যায়ে মহাবিশ্বের সংকোচন ঘটে। মহাবিশ্বের বিস্তারের পর্যায়কে সৃষ্টি, এবং মহাবিশ্বের সংকোচনের পর্যায়কে ধ্বংস বলা যেতে পারে।

শিবপুরাণে বর্ণিত আছে, পঞ্চভূত হল মহাবিশ্বের ভিত্তি। পঞ্চভূত হল ক্ষিতি, অপ, তেজ, মরুৎ ও ব্যোম। আধুনিক বিজ্ঞানের আলোকে, পঞ্চভূতকে মহাবিশ্বের মৌলিক উপাদান হিসেবে ব্যাখ্যা করা যেতে পারে। ক্ষিতি হল ভূমি, অপ হল জল, তেজ হল অগ্নি, মরুৎ হল বায়ু, এবং ব্যোম হল আকাশ। এই পঞ্চভূত মিলিত হয়ে মহাবিশ্বের বিভিন্ন রূপ সৃষ্টি করে।

শিবপুরাণে বর্ণিত আছে, সপ্তঋষি হলেন মহাবিশ্বের জ্ঞানের ধারক। তারা হলেন অত্রি, অঙ্গিরা, পুলস্ত্য, ব্রহ্মা, মরীচি, কশ্যপ ও ধন্বন্তরি মতান্তরে জমদগ্নি, ভরদ্বাজ।আধুনিক বিজ্ঞানের আলোকে, সপ্তঋষিকে মহাবিশ্বের জ্ঞানের বিভিন্ন শাখার প্রতীক হিসেবে ব্যাখ্যা করা যেতে পারে। অত্রি হলেন ঋগ্বেদের প্রতীক, অঙ্গিরা হলেন সামবেদের প্রতীক, পুলস্ত্য হলেন যজুর্বেদের প্রতীক, ব্রহ্মা হলেন পুরাণের প্রতীক, মরীচি

হলেন জ্যোতিষশাস্ত্রের প্রতীক, কশ্যপ হলেন দর্শনের প্রতীক, এবং ধন্বন্তরি হলেন চিকিৎসাশাস্ত্রের প্রতীক।

শিবপুরাণে বর্ণিত আছে, নক্ষত্রমন্ডলকে ২৭ ভাগে বিভক্ত করা হয়েছে। এই ২৭ ভাগের প্রতিটিকে বলা হয় নক্ষত্র।আধুনিক বিজ্ঞানের আলোকে, নক্ষত্রমন্ডলের বিভাজনকে মহাবিশ্বের বিভিন্ন অংশের মধ্যে সম্পর্ক স্থাপনের একটি প্রক্রিয়া হিসেবে ব্যাখ্যা করা যেতে পারে। এই বিভাজনের ফলে মহাবিশ্বের বিভিন্ন অংশের মধ্যে সহযোগিতা ও সমন্বয় সাধিত হয়।

শিবপুরাণে বর্ণিত আছে, তীর্থস্থানগুলির ভৌগোলিক গুরুত্ব রয়েছে। এই তীর্থস্থানগুলিতে বিভিন্ন দেব-দেবীর আশীর্বাদ রয়েছে। আধুনিক বিজ্ঞানের আলোকে, তীর্থস্থানগুলির ভৌগোলিক গুরুত্বকে পরিবেশগত গুরুত্ব হিসেবে ব্যাখ্যা করা যেতে পারে। এই তীর্থস্থানগুলি প্রায়ই প্রাকৃতিক সৌন্দর্যমণ্ডিত স্থানে অবস্থিত। এই স্থানগুলিতে বিভিন্ন খনিজ পদার্থ ও উদ্ভিদ রয়েছে, যা মানুষের স্বাস্থ্যের জন্য উপকারী।

শিবপুরাণের সংক্ষিপ্ত বিবরণ

শিবপুরাণ হিন্দু ধর্মের একটি পবিত্র গ্রন্থ। এটি ভগবান শিবের মহিমা, কর্মকাণ্ড, পৌরাণিক কাহিনী, ইতিহাস, বিজ্ঞান ও আধ্যাত্মিক জ্ঞানের এক বিশাল সমাহার। এই পুরাণটি মূলত হিন্দু দেবতা শিব ও দেবী পার্বতীকে কেন্দ্র করে রচিত হলেও এতে অন্যান্য দেবদেবীর উল্লেখ রয়েছে।

শিবপুরাণে শিবের বিভিন্ন রূপ, যেমন অর্ধনারীশ্বর, নটরাজ, মহাকাল ও অঘোরীর বর্ণনা পাওয়া যায়। এছাড়াও, শিবপুরাণে বিভিন্ন তীর্থস্থান, ধর্মীয় আচার-অনুষ্ঠান, যোগ ও ধ্যানের পদ্ধতি, পাপ-পুণ্যের বিচার, মুক্তির উপায় এবং পরকালের বিবরণও রয়েছে।

শিবপুরাণের বিজ্ঞান ও আধ্যাত্মিক গুরুত্ব

শিবপুরাণের মধ্যে সবচেয়ে আকর্ষণীয় বিষয় হলো বিজ্ঞান ও আধ্যাত্মের অপূর্ব সম্মিলন। এই পুরাণে বর্ণিত অনেক কাহিনীই আধুনিক বিজ্ঞানের আলোকে ব্যাখ্যা করা যায়। যেমন, শিবলিঙ্গের উৎপত্তি, বিশ্বব্রহ্মের সৃষ্টি ও ধ্বংস, পঞ্চভূতের সৃষ্টি, সপ্তঋষির গুরুত্ব, নক্ষত্রমন্ডলের বিভাজন, তীর্থস্থানের ভৌগোলিক গুরুত্ব ইত্যাদি। এছাড়াও, শিবপুরাণে বর্ণিত যোগ ও ধ্যানের পদ্ধতিগুলি আজও মানুষের শারীরিক ও মানসিক সুস্থতার জন্য অত্যন্ত উপকারী বলে প্রমাণিত হয়েছে।

শিবপুরাণের আধ্যাত্মিক গুরুত্বও অপরিসীম। এই পুরাণে ভক্তি, প্রেম, নিষ্ঠা, ত্যাগ, সৎকর্ম, ধৈর্য, ক্ষমা ইত্যাদি মানবিক মূল্যবোধের গুরুত্ব তুলে ধরা হয়েছে। শিবপুরাণ শেখায় যে, আত্মজ্ঞানের মাধ্যমেই মুক্তি লাভ করা সম্ভব। শিবের প্রতি ভক্তি ও নিষ্ঠার মাধ্যমে মানুষ অন্ধকার থেকে আলোর দিকে, অজ্ঞান থেকে জ্ঞানের দিকে, সংসারের বন্ধন থেকে মুক্তির দিকে যেতে পারে।

শিবপুরাণের উপযোগিতা

শিবপুরাণ শুধুমাত্র একটি ধর্মীয় গ্রন্থই নয়, এটি বিজ্ঞান ও আধ্যাত্মের একটি মহান সন্ধিস্থল। এই পুরাণ আমাদের জীবনকে সুখী, শান্তিপূর্ণ ও সার্থক করে তুলতে সহায়তা করে। শিবপুরাণের জ্ঞান ও উপদেশ আজও আমাদের জন্য অত্যন্ত গুরুত্বপূর্ণ এবং আমাদের জীবনকে পরিচালিত করতে সাহায্য করে।

শিবপুরাণ পাঠের উপকারিতা

শিবপুরাণ পাঠের মাধ্যমে আমরা নিম্নলিখিত উপকারিতা লাভ করতে পারি:

1. ভগবান শিবের মহিমা ও গুণাবলী সম্পর্কে জানতে পারি।
2. শিবের বিভিন্ন রূপ ও কর্মকাণ্ড সম্পর্কে জানতে পারি।
3. বিভিন্ন তীর্থস্থান ও ধর্মীয় আচার-অনুষ্ঠানের বিষয়ে জানতে পারি।
4. যোগ ও ধ্যানের পদ্ধতি শিখতে পারি।
5. পাপ-পুণ্যের বিচার ও মুক্তির উপায় সম্পর্কে জানতে পারি।
6. পরকালের বিষয়ে জানতে পারি।

শিবপুরাণের গুরুত্ব

শিবপুরাণ হিন্দু ধর্মের একটি অত্যন্ত গুরুত্বপূর্ণ গ্রন্থ। এটি হিন্দুদের ধর্মীয় বিশ্বাস, রীতিনীতি ও সংস্কৃতির একটি গুরুত্বপূর্ণ অংশ। শিবপুরাণ পাঠের মাধ্যমে আমরা হিন্দু ধর্মের মূল বিষয়বস্তু সম্পর্কে জানতে পারি এবং আমাদের ধর্মীয় জীবনকে সমৃদ্ধ করতে পারি।

শিবপুরাণের বিজ্ঞান ও আধ্যাত্মিক গুরুত্ব

শিবপুরাণের মধ্যে সবচেয়ে আকর্ষণীয় বিষয় হলো বিজ্ঞান ও আধ্যাত্মের অপূর্ব সম্মিলন। এই পুরাণে বর্ণিত অনেক কাহিনীই আধুনিক বিজ্ঞানের আলোকে ব্যাখ্যা করা যায়। যেমন,

শিবলিঙ্গের উৎপত্তি: শিবপুরাণ অনুসারে, শিবলিঙ্গ হলো বিশ্বব্রহ্মের প্রতীক। এটি শূন্য, অনন্ত, এবং ব্রহ্মারূপ। আধুনিক বিজ্ঞানের আলোকে, শিবলিঙ্গকে শক্তির কেন্দ্র হিসেবে ব্যাখ্যা করা যেতে পারে। এটি মহাবিশ্বের শক্তির উৎস এবং সমন্বয়কারী।

বিশ্বব্রহ্মের সৃষ্টি ও ধ্বংস: শিবপুরাণ অনুসারে, শিব হলেন বিশ্বব্রহ্মের স্রষ্টা, পালক এবং ধ্বংসকারী। তিনিই মহাবিশ্বের নিয়ামক। আধুনিক বিজ্ঞানের আলোকে, শিবকে মহাবিশ্বের শক্তির প্রতীক হিসেবে ব্যাখ্যা করা যেতে পারে। তিনিই মহাবিশ্বের সৃষ্টি, বিকাশ এবং ধ্বংসের জন্য দায়ী।

পঞ্চভূতের সৃষ্টি: শিবপুরাণ অনুসারে, পঞ্চভূত হলো ক্ষিতি (পৃথিবী), অপ (জল), তেজ (আগুন), বায়ু (বাতাস), এবং ব্যোম (আকাশ)। এই পাঁচটি ভূত থেকেই সমগ্র মহাবিশ্বের সৃষ্টি হয়েছে। আধুনিক বিজ্ঞানের আলোকে, পঞ্চভূতকে মহাবিশ্বের মৌলিক উপাদান হিসেবে ব্যাখ্যা করা যেতে পারে।

সপ্তঋষির গুরুত্ব: শিবপুরাণ অনুসারে, সপ্তঋষি হলেন সৃষ্টির সাতজন ঋষি। তারাই মহাবিশ্বের জ্ঞানের উৎস। আধুনিক বিজ্ঞানের আলোকে, সপ্তঋষিকে মহাবিশ্বের প্রথম বিজ্ঞানী হিসেবে ব্যাখ্যা করা যেতে পারে। তারাই মহাবিশ্বের রহস্য উদঘাটন করেছিলেন। এই সাতজন ঋষি সৃষ্টির সাতজন গুরু, জ্ঞানের উৎস এবং বৈদিক শাস্ত্রের প্রবর্তক হিসেবে পূজিত হন।

সপ্তঋষিদের নাম: অত্রি, অঙ্গিরা, পুলস্ত্য, মরীচি, কশ্যপ, বশিষ্ঠ ও জমদগ্নি মতান্তরে ভরদ্বাজ ,ধন্বন্তরি ।

অত্রি : অত্রি হলেন হিন্দু পৌরাণিক কাহিনিতে বর্ণিত একজন ঋষি। তিনি ব্রহ্মার মুখনিঃসৃত মানসপুত্রদের একজন, এবং সপ্তর্ষিদের অন্যতম। তিনি ঋগ্বেদে বহু শ্লোকের রচয়িতা। তিনি কশ্যপ ঋষির কন্যা অনসূয়াকে বিবাহ করেছিলেন। এঁর তিন পুত্রের নাম দত্তাত্রেয়, দুর্বাসা এবং চন্দ্র।অত্রি ছিলেন একজন অত্যন্ত জ্ঞানী ও ধার্মিক ঋষি। তিনি ঋগ্বেদের পঞ্চম মণ্ডলের মন্ত্রদ্রষ্টা। তিনি অগ্নি, ইন্দ্র, বরুণ, ব্রহ্মা, বিষ্ণু, শিব, সরস্বতী, লক্ষ্মী ও দুর্গার মতো দেব-দেবীদের উদ্দেশ্যে বহু মন্ত্র রচনা করেছিলেন। অত্রি ছিলেন একজন মহান তপস্বী। তিনি তাঁর তপস্যার দ্বারা অনেক অলৌকিক ঘটনা ঘটিয়েছিলেন। তিনি একবার অগ্নিকে তার তপস্যার দ্বারা সন্তুষ্ট করেছিলেন, এবং অগ্নি অত্রির কাছে একটি সন্তান প্রার্থনা করেছিলেন। অত্রির তপস্যার ফলে দত্তাত্রেয় জন্মগ্রহণ করেন। অত্রি ছিলেন একজন ন্যায়পরায়ণ ও ধার্মিক ব্যক্তি। তিনি ত্রিপুরাসুর নামে এক অসুরকে বধ করেছিলেন। তিনি ঋষিদের মধ্যে শান্তি ও সম্প্রীতি বজায় রাখতে সাহায্য করেছিলেন। অত্রি ছিলেন একজন মহান ঋষি ও সাধক। তিনি তাঁর জ্ঞান, ধর্ম ও তপস্যার দ্বারা হিন্দু ধর্মের ইতিহাসে এক অবিচ্ছেদ্য স্থান দখল করে আছেন।

অত্রির কয়েকটি উল্লেখযোগ্য কাহিনী হল:

- দত্তাত্রেয়ের জন্ম: অত্রি অগ্নিকে তার তপস্যার দ্বারা সন্তুষ্ট করেছিলেন, এবং অগ্নি অত্রির কাছে একটি সন্তান প্রার্থনা করেছিলেন। অত্রির তপস্যার ফলে দত্তাত্রেয় জন্মগ্রহণ করেন।
- ত্রিপুরাসুর বধ: অত্রি ঋষিদের মধ্যে শান্তি ও সম্প্রীতি বজায় রাখতে সাহায্য করেছিলেন। একবার ঋষিদের মধ্যে বিবাদ শুরু হলে অত্রি ত্রিপুরাসুর নামে এক অসুরকে বধ করেছিলেন।
- অগ্নিপূজার প্রবর্তন: অত্রি ও ভৃগু ঋষিরা অগ্নিকে পূজা করার প্রথা চালু করেছিলেন।

অত্রির কাহিনীগুলি হিন্দু ধর্মের জন্য অত্যন্ত গুরুত্বপূর্ণ। এই কাহিনীগুলি আমাদের জ্ঞান, ধর্ম ও সংস্কৃতির মূল্যবোধ সম্পর্কে শিক্ষা দেয়।

অঙ্গিরা:- অঙ্গিরা হলেন হিন্দু পৌরাণিক কাহিনিতে বর্ণিত একজন ঋষি। তিনি ব্রহ্মার মুখনিঃসৃত মানসপুত্রদের একজন, এবং সপ্তর্ষিদের অন্যতম। তিনি ঋগ্বেদে বহু

শ্লোকের রচয়িতা। তিনি কর্দম ঋষির কন্যা শ্রদ্ধাকে বিবাহ করেছিলেন। কোনো কোনো মতে তিনি দক্ষ-এর কন্যা স্মৃতিকে বিবাহ করেছিলেন। এঁর দুই পুত্রের নাম উতথ্য এবং বৃহস্পতি।

আধুনিক বিজ্ঞানের আলোকে, অঙ্গিরাকে মহাবিশ্বের জ্ঞানের একজন প্রতীক হিসেবে ব্যাখ্যা করা যেতে পারে। তিনি সামবেদের রচয়িতা, যা হিন্দু ধর্মের চারটি প্রধান শাস্ত্রের মধ্যে একটি। সামবেদে সঙ্গীত, নৃত্য, কাব্য, দর্শন ও জ্যোতিষশাস্ত্রের মতো বিভিন্ন বিষয়ের উপর আলোচনা করা হয়েছে। অঙ্গিরার রচনাগুলি মহাবিশ্বের বিভিন্ন রহস্য সম্পর্কে আমাদের জ্ঞানকে সমৃদ্ধ করেছে। অঙ্গিরার কাহিনী থেকে আমরা শিখতে পারি যে, জ্ঞান হল শক্তি। জ্ঞানের দ্বারা আমরা মহাবিশ্বের বিভিন্ন রহস্য সম্পর্কে জানতে পারি। জ্ঞান আমাদের জীবনকে সুন্দর ও সমৃদ্ধ করে তোলে।

অঙ্গিরার কয়েকটি উল্লেখযোগ্য কাহিনী হল:

- অগ্নিপূজার প্রবর্তন: অঙ্গিরা ও ভৃগু ঋষিরা অগ্নিকে পূজা করার প্রথা চালু করেছিলেন।
- বৃহস্পতির জন্ম: অগ্নি অঙ্গিরার কাছে একটি সন্তান প্রার্থনা করেছিলেন। অঙ্গিরার তপস্যার ফলে বৃহস্পতি জন্মগ্রহণ করেন।
- ত্রিপুরাসুর বধ: অঙ্গিরার পুত্র উতথ্য ত্রিপুরাসুরকে বধ করেছিলেন।

অঙ্গিরার কাহিনীগুলি হিন্দু ধর্মের জন্য অত্যন্ত গুরুত্বপূর্ণ। এই কাহিনীগুলি আমাদের জ্ঞান, ধর্ম ও সংস্কৃতির মূল্যবোধ সম্পর্কে শিক্ষা দেয়।

পুলস্ত্য : পুলস্ত্য হলেন হিন্দু পৌরাণিক কাহিনিতে বর্ণিত একজন ঋষি। তিনি ব্রহ্মার কাননিঃসৃত মানসপুত্রদের একজন, এবং সপ্তর্ষিদের অন্যতম। তিনি যজুর্বেদের রচয়িতা। তিনি কান্তি নামক এক রমণীর সাথে বিবাহ করেছিলেন। এঁর পুত্রের নাম বিশ্ববা। পুলস্ত্য ছিলেন একজন অত্যন্ত জ্ঞানী ও ধার্মিক ঋষি। তিনি যজুর্বেদের তৃতীয় মণ্ডলের মন্ত্রদ্রষ্টা। তিনি যজ্ঞের জন্য বহু মন্ত্র রচনা করেছিলেন। পুলস্ত্য ছিলেন একজন মহান তপস্বী। তিনি তাঁর তপস্যার দ্বারা অনেক অলৌকিক ঘটনা ঘটিয়েছিলেন। তিনি একবার ব্রহ্মাকে তার তপস্যার দ্বারা সন্তুষ্ট করেছিলেন, এবং ব্রহ্মা পুলস্ত্যের কাছে একটি সন্তান প্রার্থনা করেছিলেন। পুলস্ত্যের তপস্যার ফলে বিশ্ববা জন্মগ্রহণ করেন। পুলস্ত্য ছিলেন একজন ন্যায়পরায়ণ ও ধার্মিক ব্যক্তি। তিনি ঋষিদের মধ্যে শান্তি ও সম্প্রীতি বজায় রাখতে সাহায্য করেছিলেন। তিনি রামায়ণের কাহিনীতেও গুরুত্বপূর্ণ ভূমিকা পালন করেছিলেন। তিনি রাম ও লক্ষ্মণকে বনবাসে যাওয়ার সময় তাদের সাথে ছিলেন। পুলস্ত্য ছিলেন একজন মহান ঋষি ও সাধক। তিনি তাঁর জ্ঞান, ধর্ম ও তপস্যার দ্বারা হিন্দু ধর্মের ইতিহাসে এক অবিচ্ছেদ্য স্থান দখল করে আছেন।

পুলস্ত্যের কয়েকটি উল্লেখযোগ্য কাহিনী হল:

* বিশ্রবার জন্ম: পুলস্ত্য ব্রহ্মাকে তার তপস্যার দ্বারা সন্তুষ্ট করেছিলেন, এবং ব্রহ্মা পুলস্ত্যের কাছে একটি সন্তান প্রার্থনা করেছিলেন। পুলস্ত্যের তপস্যার ফলে বিশ্রবা জন্মগ্রহণ করেন।

* রামায়ণে পুলস্ত্যের ভূমিকা: পুলস্ত্য রাম ও লক্ষ্মণকে বনবাসে যাওয়ার সময় তাদের সাথে ছিলেন। তিনি রামকে রামায়ণ রচনার জন্য অনুপ্রাণিত করেছিলেন।

* যজ্ঞের জন্য মন্ত্র রচনা: পুলস্ত্য যজ্ঞের জন্য বহু মন্ত্র রচনা করেছিলেন। এই মন্ত্রগুলি এখনও যজ্ঞের সময় ব্যবহার করা হয়।

পুলস্ত্যের কাহিনীগুলি হিন্দু ধর্মের জন্য অত্যন্ত গুরুত্বপূর্ণ। এই কাহিনীগুলি আমাদের জ্ঞান, ধর্ম ও সংস্কৃতির মূল্যবোধ সম্পর্কে শিক্ষা দেয়।

<u>কশ্যপ</u> : কশ্যপ হলেন হিন্দু পৌরাণিক কাহিনিতে বর্ণিত একজন ঋষি। তিনি ব্রহ্মার মুখনিঃসৃত মানসপুত্রদের একজন, এবং সপ্তর্ষিদের অন্যতম। তিনি ঋগ্বেদে বহু শ্লোকের রচয়িতা। তিনি কদ্রুকে বিবাহ করেছিলেন। এঁর বহু পুত্র-কন্যার মধ্যে উল্লেখযোগ্য হলেন:-

<u>দেবতা:</u> ইন্দ্র, বরুণ, অগ্নি, বায়ু, বিষ্ণু, শিব, ঋষি, শুক্রাচার্য, মরীচি, অরুণ, সূর্য, চন্দ্র, মঙ্গল, বুধ, বৃহস্পতি, শুক্র, শনি, রাহু, কেতু

<u>দানব:</u> হিরণ্যকশিপু, হরনিশ্চয়, হিরণ্যাক্ষ, কালকেতু, দ্রোণ, বিরোচন, শম্ভু, ত্রিপুরাসুর, রাবণ, কুম্ভকর্ণ

<u>মানুষ:</u> অঙ্গিরা, বশিষ্ঠ, বিশ্বামিত্র, ভরদ্বাজ, গৌতম, কৃষ্ণ, অর্জুন, ভীম, দ্রৌপদী, কৃষ্ণদ্বৈপায়ন বেদব্যাস, পাণ্ডব, কৌরব, রাম, লক্ষ্মণ, ভরত, শত্রুঘ্ন

কশ্যপ ছিলেন একজন অত্যন্ত জ্ঞানী ও ধার্মিক ঋষি। তিনি ঋগ্বেদের পঞ্চম মণ্ডলের মন্ত্রদ্রষ্টা। তিনি অগ্নি, ইন্দ্র, বরুণ, ব্রহ্মা, বিষ্ণু, শিব, সরস্বতী, লক্ষ্মী ও দুর্গার মতো দেব-দেবীদের উদ্দেশ্যে বহু মন্ত্র রচনা করেছিলেন। কশ্যপ ছিলেন একজন মহান তপস্বী। তিনি তাঁর তপস্যার দ্বারা অনেক অলৌকিক ঘটনা ঘটিয়েছিলেন। তিনি একবার ব্রহ্মাকে তার তপস্যার দ্বারা সন্তুষ্ট করেছিলেন, এবং ব্রহ্মা কশ্যপের কাছে একটি পুত্র প্রার্থনা করেছিলেন। কশ্যপের তপস্যার ফলে দক্ষ জন্মগ্রহণ করেন। কশ্যপ ছিলেন একজন ন্যায়পরায়ণ ও ধার্মিক ব্যক্তি। তিনি ঋষিদের মধ্যে শান্তি ও সম্প্রীতি বজায় রাখতে সাহায্য করেছিলেন। তিনি রামায়ণের কাহিনীতেও গুরুত্বপূর্ণ ভূমিকা পালন করেছিলেন। তিনি রাম ও লক্ষ্মণকে বনবাসে যাওয়ার সময় তাদের সাথে ছিলেন। কশ্যপ ছিলেন একজন মহান ঋষি ও সাধক। তিনি তাঁর জ্ঞান, ধর্ম ও তপস্যার দ্বারা হিন্দু ধর্মের ইতিহাসে এক অবিচ্ছেদ্য স্থান দখল করে আছেন।

কশ্যপের কয়েকটি উল্লেখযোগ্য কাহিনী হল:

- দক্ষের জন্ম: কশ্যপের তপস্যার ফলে দক্ষ জন্মগ্রহণ করেন। দক্ষের কন্যাদের বিয়ে দেওয়ার জন্য কশ্যপ যজ্ঞের আয়োজন করেন। এই যজ্ঞে দেবতারা আমন্ত্রিত হন, কিন্তু অসুরদের আমন্ত্রণ জানানো হয়নি। এই ঘটনার ফলে অসুর ও দেবতাদের মধ্যে যুদ্ধ হয়।

- রামায়ণে কশ্যপের ভূমিকা: কশ্যপ রাম ও লক্ষ্মণকে বনবাসে যাওয়ার সময় তাদের সাথে ছিলেন। তিনি রামকে রামায়ণ রচনার জন্য অনুপ্রাণিত করেছিলেন।

- যজ্ঞের জন্য মন্ত্র রচনা: কশ্যপ যজ্ঞের জন্য বহু মন্ত্র রচনা করেছিলেন। এই মন্ত্রগুলি এখনও যজ্ঞের সময় ব্যবহার করা হয়।

কশ্যপের কাহিনীগুলি হিন্দু ধর্মের জন্য অত্যন্ত গুরুত্বপূর্ণ। এই কাহিনীগুলি আমাদের জ্ঞান, ধর্ম ও সংস্কৃতির মূল্যবোধ সম্পর্কে শিক্ষা দেয়। (মতান্তরে কশ্যপ: অদিতির স্বামী এবং দ্বাদশ আদিত্যের পিতা।)

<u>গৌতম :</u> গৌতম হলেন হিন্দু পৌরাণিক কাহিনিতে বর্ণিত একজন ঋষি। তিনি ব্রহ্মার কাননিঃসৃত মানসপুত্রদের একজন, এবং সপ্তর্ষিদের অন্যতম। তিনি মহাভারত ও রামায়ণ সহ বহু ধর্মীয় গ্রন্থে উল্লেখিত হয়েছেন।

গৌতমের জন্ম ও পরিবার -গৌতমের পিতার নাম ছিল রাহগণা। তিনি অযোধ্যা নগরীর রাজা দশরথের মন্ত্রী ছিলেন। গৌতমের মাতার নাম ছিল সুনন্দা। গৌতমের স্ত্রী ছিলেন অহল্যা। তাদের চার পুত্রের মধ্যে শতানন্দের নাম সবচেয়ে বেশি উল্লেখযোগ্য।

গৌতমের তপস্যা ও অহল্যার অভিশাপ-গৌতম ছিলেন একজন অত্যন্ত ধার্মিক ও তপস্বী ঋষি। তিনি অহল্যাকে বিবাহ করার আগে অনেক বছর তপস্যার মাধ্যমে ব্রহ্মার কৃপা লাভ করেছিলেন। গৌতমের তপস্যার ফলে অহল্যাও একজন ধার্মিক ও সতী নারী হয়ে উঠেছিলেন।একদিন ইন্দ্র, দেবরাজ, অহল্যার রূপের প্রতি আকৃষ্ট হয়ে তাকে প্রলোভিত করার চেষ্টা করেন। অহল্যা ইন্দ্রের প্রলোভনে পড়ে যান এবং গৌতমের অনুপস্থিতিতে ইন্দ্রের সাথে মিলিত হন। গৌতম যখন এই ঘটনা জানতে পারেন, তখন তিনি অহল্যাকে অভিশাপ দেন যে সে পাথরে পরিণত হবে।

গৌতমের অন্যান্য ঘটনা -গৌতম রামায়ণের কাহিনীতেও গুরুত্বপূর্ণ ভূমিকা পালন করেছিলেন। তিনি রাম ও লক্ষ্মণকে বনবাসে যাওয়ার সময় তাদের সাথে ছিলেন। তিনি রামকে রামায়ণ রচনার জন্য অনুপ্রাণিত করেছিলেন।গৌতম মহাভারতের কাহিনীতেও উল্লেখযোগ্য।তিনি কৃষ্ণকে তার পূর্বজন্মের কথা বলেছিলেন।গৌতম ছিলেন একজন মহান দার্শনিক ও ধর্মগুরু। তিনি অনেক ধর্মগ্রন্থ রচনা করেছিলেন।

গৌতমের গুরুত্ব-গৌতম ছিলেন একজন মহান ঋষি ও সাধক। তিনি তাঁর জ্ঞান, ধর্ম ও তপস্যার দ্বারা হিন্দু ধর্মের ইতিহাসে এক অবিচ্ছেদ্য স্থান দখল করে আছেন।

গৌতমের সাথে সম্পর্কিত কিছু গুরুত্বপূর্ণ তথ্য:

- গৌতম ছিলেন ঋষি ব্রহ্মার কান থেকে জন্মগ্রহণকারী সপ্তর্ষিদের মধ্যে একজন।
- তিনি মহাভারত ও রামায়ণ সহ বহু ধর্মীয় গ্রন্থে উল্লেখিত হয়েছেন।
- তিনি ছিলেন একজন অত্যন্ত ধার্মিক ও তপস্বী ঋষি।
- তিনি অহল্যাকে অভিশাপ দিয়েছিলেন যে সে পাথরে পরিণত হবে।
- তিনি রামায়ণের কাহিনীতেও গুরুত্বপূর্ণ ভূমিকা পালন করেছিলেন।
- তিনি মহাভারতের কাহিনীতেও উল্লেখযোগ্য।
- তিনি ছিলেন একজন মহান দার্শনিক ও ধর্মগুরু।

মরীচি : মরীচি, হিন্দু পৌরাণিক কাহিনিতে ব্রহ্মার মনসপুত্র এবং সপ্তর্ষির একজন। তিনি কশ্যপের পিতা এবং দেবগণ ও অসুরদের পিতামহ। তিনি বেদান্তের প্রতিষ্ঠাতা হিসাবেও পরিচিত। মরীচির নামের অর্থ হল "আলোর রশ্মি"। তিনি জ্ঞান, বিদ্যা এবং সৃজনশীলতার প্রতীক। তিনি একজন মহান ঋষি এবং জ্ঞানী ব্যক্তি ছিলেন। তিনি বেদান্তের প্রতিষ্ঠাতা হিসাবে বেদান্ত দর্শনের মূল নীতিগুলি প্রচার করেছিলেন।

মরীচির জীবনীতে অনেক রোমাঞ্চকর কাহিনী রয়েছে। তিনি তার জ্ঞান এবং ক্ষমতার জন্য বিখ্যাত ছিলেন। তিনি অনেক অসম্ভব কাজ করেছিলেন, যার মধ্যে রয়েছে:

- তিনি অসুরদের বিরুদ্ধে যুদ্ধে দেবতাদের সাহায্য করেছিলেন।
- তিনি ব্রহ্মাণ্ডের সৃষ্টির দৃশ্য দেখেছিলেন।
- তিনি দেবতাদের জন্য একটি সুন্দর প্রাসাদ তৈরি করেছিলেন।
- মরীচি একজন মহান ঋষি এবং জ্ঞানী ব্যক্তি ছিলেন। তিনি হিন্দু ধর্মের ইতিহাসে একটি গুরুত্বপূর্ণ ভূমিকা পালন করেছিলেন।

এখানে মরীচির জীবনের কিছু উল্লেখযোগ্য ঘটনা:

- তিনি ব্রহ্মার মানসপুত্র হিসাবে জন্মগ্রহণ করেছিলেন।
- তিনি কশ্যপের পিতা ছিলেন।
- তিনি বেদান্তের প্রতিষ্ঠাতা ছিলেন।
- তিনি অসুরদের বিরুদ্ধে যুদ্ধে দেবতাদের সাহায্য করেছিলেন।
- তিনি ব্রহ্মাণ্ডের সৃষ্টির দৃশ্য দেখেছিলেন।
- তিনি দেবতাদের জন্য একটি সুন্দর প্রাসাদ তৈরি করেছিলেন।

মরীচি একজন মহান ঋষি এবং জ্ঞানী ব্যক্তি ছিলেন। তিনি হিন্দু ধর্মের ইতিহাসে একটি গুরুত্বপূর্ণ ভূমিকা পালন করেছিলেন।

বশিষ্ঠ: বশিষ্ঠ (সংস্কৃত: বসষ্ঠি), হলেন হিন্দু পুরাণে একজন গুরুত্বপূর্ণ ঋষি। তিনি সপ্তর্ষিদের একজন হিসেবে পরিচিত, যারা সাতজন মহান ঋষি যাদের জ্ঞান ও ঋষিত্বের জন্য সম্মানিত করা হয়।

বশিষ্ঠের জন্ম ও জীবন: বশিষ্ঠের জন্ম সম্পর্কে বিভিন্ন মত রয়েছে। কিছু পুরাণে বলা হয়েছে তিনি ব্রহ্মার মানসপুত্র, অন্যদের মতে তিনি একটি যজ্ঞকুন্ড থেকে অগস্ত্যের সঙ্গে জন্মগ্রহণ করেন। বশিষ্ঠ অরুন্ধতী নামে একজন ধার্মিক ও পত্নীব্রতা স্ত্রীকে বিয়ে করেছিলেন। তাদের দুটি ছেলে ছিল, শক্তি ও পরশুরাম। বশিষ্ঠ ঋকবেদের সপ্তম মণ্ডলের এবং অন্যান্য বেদের ঋষি ছিলেন। তিনি বিশাল জ্ঞানের অধিকারী ছিলেন এবং তাকে বেদান্ত দর্শনের প্রতিষ্ঠাতা হিসেবেও গণ্য করা হয়। তিনি একজন মহান ধর্মপ্রচারক ও শিক্ষক ছিলেন। তিনি রাম, লক্ষ্মণ, শতানন্দ, বিশ্বামিত্রের মতো বিখ্যাত শিষ্যদের শিক্ষা দিয়েছেন।

বশিষ্ঠের গুরুত্ব: বশিষ্ঠ হিন্দু ধর্মে শ্রদ্ধেয় এবং বিভিন্ন ধর্মগ্রন্থে তার উল্লেখ রয়েছে। তাকে জ্ঞান, বিদ্যা, ত্যাগ, ধর্ম, সত্য ও ন্যায়ের প্রতীক হিসেবে বিবেচনা করা হয়। তিনি ঋষিদের মধ্যে সর্বোচ্চ পদে অধিষ্ঠিত ছিলেন এবং দেবতাদের দ্বারাও সম্মানিত ছিলেন। তিনি রামায়ণ ও মহাভারতের মতো মহাকাব্যেও গুরুত্বপূর্ণ ভূমিকা পালন করেন। বশিষ্ঠ আজও হিন্দুদের কাছে আদর্শ ঋষি হিসেবে বিবেচিত হন এবং তার জীবন ও শিক্ষা অনুসরণ করার জন্য উদাহরণ হিসেবে উল্লেখ করা হয়।

বশিষ্ঠের সাথে সম্পর্কিত কিছু উল্লেখযোগ্য স্থান:

- বশিষ্ঠাশ্রম: গুয়াহাটির কাছে অবস্থিত একটি মন্দির যা বশিষ্ঠের আশ্রমের স্থান হিসাবে বিশ্বাস করা হয়।
- বশিষ্ঠ নদী: তামিলনাড়ুর একটি নদী যা বশিষ্ঠের নামানুসারে নামকরণ করা হয়েছে।
- বশিষ্ঠ তারা: উত্তর আকাশে অবস্থিত একটি তারা যা বশিষ্ঠের নামানুসারে নামকরণ করা হয়েছে।

বশিষ্ঠ হিন্দু ধর্মে একজন বিশিষ্ট এবং শ্রদ্ধেয় ঋষি। তিনি জ্ঞান, বিদ্যা, ধর্ম এবং ন্যায়ের প্রতীক হিসেবে বিবেচিত হন। তার জীবন ও শিক্ষা আজও হিন্দুদের জন্য অনুপ্রেরণা এবং অনুসরণের উদাহরণ।

জমদগ্নি : জমদগ্নি হলেন হিন্দু পুরাণে একজন ঋষি। তিনি বিষ্ণুর ষষ্ঠ অবতার, পরশুরামের পিতা। তিনি সপ্তর্ষিদের একজন এবং তিনি ঋকবেদ, সামবেদ এবং যজুর্বেদ রচনায় অবদান রেখেছিলেন। জমদগ্নির জন্ম সম্পর্কে বিভিন্ন মত রয়েছে। কিছু পুরাণে বলা হয়েছে তিনি ব্রহ্মার মানসপুত্র, অন্যদের মতে তিনি ঋচীকের পুত্র।

জমদগ্নি একজন মহান ঋষি ছিলেন। তিনি একজন জ্ঞানী, তপস্বী এবং যোদ্ধা ছিলেন। তিনি তার তপস্যার দ্বারা দেবতাদের সন্তুষ্ট করেছিলেন এবং তাদের কাছ থেকে অস্ত্র, আয়ুর্বেদ এবং অন্যান্য জ্ঞান লাভ করেছিলেন। জমদগ্নি একজন দক্ষ যোদ্ধা ছিলেন এবং তিনি অনেক অসুরকে বধ করেছিলেন। তিনি তার পুত্র পরশুরামকেও একজন দক্ষ যোদ্ধা হিসেবে প্রশিক্ষণ দিয়েছিলেন।জমদগ্নির জীবনে একটি গুরুত্বপূর্ণ ঘটনা হল তার স্ত্রী রেণুকাকে হত্যার নির্দেশ। জমদগ্নির স্ত্রী রেণুকা একদিন কামধেনুকে দুধ দেওয়ার সময়, রাজা কর্তাভীরার্জুন তার দুধের জন্য অনুরোধ করেন। রেণুকা রাজাকে দুধ দেওয়ার জন্য কামধেনুকে ডেকে আনতে গেলে, কামধেনু তাকে বলেন যে, রাজা কর্তাভীরার্জুন একজন অসুর এবং তিনি রেণুকাকে অপহরণ করতে চাইছেন। রেণুকা এই কথা শুনে ভয় পেয়ে যান এবং কামধেনুকে সাহায্য করার জন্য জমদগ্নির কাছে যান। জমদগ্নি রেণুকাকে উদ্ধার করার জন্য রাজা কর্তাভীরার্জুনের কাছে যান। রাজা কর্তাভীরার্জুন জমদগ্নির সাথে লড়াই করেন এবং জমদগ্নিকে পরাজিত করেন। জমদগ্নি তার পরাজয়ের শর্ত হিসাবে তার স্ত্রী রেণুকাকে রাজা কর্তাভীরার্জুনের কাছে দিতে বাধ্য হন।রেণুকা রাজা কর্তাভীরার্জুনের কাছে গিয়েছিলেন, কিন্তু রাজা তাকে ধর্ষণ করার চেষ্টা করেন। রেণুকা তার সম্ভ্রম রক্ষা করার জন্য নিজের হাতে নিজের মাথা কেটে ফেলেন।জমদগ্নি রেণুকাকে মারা যাওয়ার খবর শুনে প্রচণ্ড ক্রুদ্ধ হন। তিনি তার কনিষ্ঠ পুত্র পরশুরামকে তার মায়ের হত্যার প্রতিশোধ নিতে বলেন। পরশুরাম তার পিতার আদেশ পালন করে, তিনি রাজা কর্তাভীরার্জুন এবং তার ষাট হাজার পুত্রকে হত্যা করেন।জমদগ্নি একজন মহান ঋষি ছিলেন এবং তিনি হিন্দু ধর্মে একজন গুরুত্বপূর্ণ ব্যক্তিত্ব। তার জীবন ও কর্ম আজও হিন্দুদের জন্য অনুপ্রেরণা এবং অনুসরণযোগ্য উদাহরণ।

জমদগ্নির সাথে সম্পর্কিত কিছু উল্লেখযোগ্য ঘটনা হল:

- তার স্ত্রী রেণুকাকে হত্যার নির্দেশ
- তার পুত্র পরশুরামের মাধ্যমে রাজা কর্তাভীরার্জুন এবং তার পুত্রদের হত্যা
- জমদগ্নির সাথে সম্পর্কিত কিছু উল্লেখযোগ্য স্থান হল:
- জমদগ্নি মন্দির: উত্তরপ্রদেশের কাশীতে অবস্থিত একটি মন্দির যা জমদগ্নির নামানুসারে নামকরণ করা হয়েছে।
- জমদগ্নি নদী: উত্তরপ্রদেশের একটি নদী যা জমদগ্নির নামানুসারে নামকরণ করা হয়েছে।

ভরদ্বাজ: ভরদ্বাজ ছিলেন একজন ঋষি, যিনি হিন্দুধর্মে একজন গুরুত্বপূর্ণ ব্যক্তিত্ব। তিনি একজন মহান জ্ঞানী, পণ্ডিত, যোদ্ধা, জ্যোতিষী এবং আয়ুর্বেদ চিকিৎসক ছিলেন। ভরদ্বাজ ব্রহ্মার মনসপুত্র ছিলেন এবং তিনি সপ্তর্ষিদের একজন। তিনি ঋকবেদ, সামবেদ

এবং যজুর্বেদ রচনায় অবদান রেখেছিলেন। তিনি আয়ুর্বেদ ও জ্যোতিষশাস্ত্রের একজন পণ্ডিত ছিলেন এবং তিনি এই বিষয়ে অনেক গ্রন্থ রচনা করেছিলেন। ভরদ্বাজ একজন দক্ষ যোদ্ধা ছিলেন এবং তিনি অনেক অসুরকে বধ করেছিলেন। তিনি দ্রোণাচার্যের পিতা ছিলেন এবং তিনি অশ্বত্থামাকে শিক্ষিত করেছিলেন। ভরদ্বাজ একজন মহান ঋষি ছিলেন এবং তিনি হিন্দু ধর্মের ইতিহাসে একটি গুরুত্বপূর্ণ ভূমিকা পালন করেছিলেন।

শিব পুরান থেকে নিম্নলিখিত মুনি ও ঋষি সম্পর্কে যা জানা যায়:-

ব্রহ্মা : ব্রহ্মা হলেন হিন্দুধর্মের সৃষ্টিকর্তা দেবতা। তিনি ত্রিদেবতা বিষ্ণু ও শিবের সঙ্গে ত্রিমূর্তিতে বিরাজমান। তিনি সৃষ্টি, জ্ঞান ও বেদ এর সাথে সম্পর্কযুক্ত। তিনি অবশ্য হিন্দু বেদান্ত দর্শনের সর্বোচ্চ দিব্যসত্তা ব্রহ্মের সমরূপ নন। হিন্দু পুরাণ অনুসারে, ব্রহ্মা সৃষ্টির আদিতে এক মহাবিস্ফোরণের মাধ্যমে সৃষ্টি হল। এই মহাবিস্ফোরণের ফলে একটি বিশাল আলোর গোলক সৃষ্টি হয়। এই আলোর গোলক থেকে ব্রহ্মা, বিষ্ণু ও শিব আবির্ভূত হন। ব্রহ্মা হলেন একজন অত্যন্ত জ্ঞানী ও ধার্মিক দেবতা। তিনি সৃষ্টির রহস্য সম্পর্কে সবচেয়ে বেশি জানেন। তিনি একজন মহান তপস্বীও। তিনি তাঁর তপস্যার দ্বারা অনেক অলৌকিক ঘটনা ঘটিয়েছেন। ব্রহ্মার প্রধান কাজ হল সৃষ্টি করা। তিনিই সমস্ত জীবের সৃষ্টি করেছেন। তিনি বেদ ও অন্যান্য ধর্মীয় গ্রন্থের রচয়িতাও। তিনি জ্ঞানের দেবতাও।

ব্রহ্মার প্রতীক : ব্রহ্মার প্রতীক হল একটি নীল পদ্মের উপর বসে থাকা একজন বৃদ্ধ পুরুষ। তাঁর চারটি মাথা, চারটি হাত এবং চারটি পা রয়েছে। তাঁর একটি হাতে জপমালা, একটি হাতে বেদ, একটি হাতে শঙ্খ এবং একটি হাতে পদ্ম রয়েছে।

ব্রহ্মার পূজা : ব্রহ্মাকে সাধারণত সপ্তমী তিথিতে পূজা করা হয়। তাঁর পূজায় নীল পদ্ম, জপমালা, বেদ, শঙ্খ ও পদ্মের মতো উপকরণ ব্যবহার করা হয়।

ব্রহ্মার গুরুত্ব: ব্রহ্মা হলেন হিন্দুধর্মের একটি গুরুত্বপূর্ণ দেবতা। তিনি সৃষ্টির দেবতা হিসেবে হিন্দুধর্মে অত্যন্ত গুরুত্বপূর্ণ স্থান দখল করে আছেন।

ধন্বন্তরি : ধন্বন্তরি হলেন হিন্দুধর্মে দেবগণের চিকিৎসক। তাকে বিষ্ণুর অবতার বলে মনে করা হয়। পুরাণে তিনি আয়ুর্বেদ সম্পর্কে জ্ঞান রাখেন এবং অমৃতের অধিকারী। তিনি একজন সুদর্শন ব্যক্তি ও চতুর্ভুজ, তার এক বা দু'হাতে তিনি অমৃতপাত্র' (অমরত্বের রসায়ন) বহন করেন। ধন্বন্তরি নামের অর্থ হল "বক্রভাবে চলেন যিনি"। তিনি আয়ুর্বেদের প্রবর্তক এবং একজন দক্ষ চিকিৎসক। তিনি দেবতাদের এবং মানুষের রোগ নিরাময় করেন। তিনি অমৃতের অধিকারী, যা অসীম জীবন এবং অমরত্বের প্রতীক। ধন্বন্তরিকে ধনতেরাস উৎসবে পূজা করা হয়। ধনতেরাস হল হিন্দু উৎসব যা কার্তিক মাসের কৃষ্ণপক্ষের ত্রয়োদশী তিথিতে পালিত হয়। এই দিনটিতে ধন্বন্তরিকে পূজা করে নতুন জিনিসপত্র কেনা হয়। ধন্বন্তরিকে পূজা করলে ঘরে সুখ, সমৃদ্ধি এবং আয়ু বৃদ্ধি পায় বলে বিশ্বাস করা হয়। ধন্বন্তরির মন্দির ভারতের বিভিন্ন স্থানে অবস্থিত। তার সবচেয়ে বিখ্যাত মন্দিরটি হল কাশী বিশ্বনাথ মন্দির। এই মন্দিরটি হিন্দুধর্মের

অন্যতম পবিত্র স্থান। ধন্বন্তরি হিন্দু ধর্মে একটি গুরুত্বপূর্ণ দেবতা। তিনি চিকিৎসা, আয়ুর্বেদ এবং অমরত্বের প্রতীক।

বিশ্বামিত্র (সংস্কৃত: বিশ্বামিত্র) হলেন হিন্দু পুরাণে একজন গুরুত্বপূর্ণ ঋষি। তিনি একজন তপস্বী, জ্ঞানী এবং রাজনীতিবিদ ছিলেন। তিনি রামায়ণ ও মহাভারতের মতো মহাকাব্যেও গুরুত্বপূর্ণ ভূমিকা পালন করেন।

বিশ্বামিত্রের জন্ম ও জীবন: বিশ্বামিত্রের জন্ম সম্পর্কে বিভিন্ন মত রয়েছে। কিছু পুরাণে বলা হয়েছে তিনি ব্রহ্মার মানসপুত্র, অন্যদের মতে তিনি কৌশিক নামে একজন রাজার পুত্র। বিশ্বামিত্র প্রথমে একজন রাজা ছিলেন। তিনি একজন শক্তিশালী এবং দক্ষ শাসক ছিলেন, কিন্তু তিনি একজন জ্ঞানী ব্যক্তিও হতে চেয়েছিলেন। বিশ্বামিত্র তপস্যা শুরু করেন এবং ব্রহ্মার কাছ থেকে জ্ঞান লাভ করেন। তিনি একজন মহান ঋষি হয়ে ওঠেন এবং বেদ, উপনিষদ এবং অন্যান্য ধর্মগ্রন্থ রচনা করেন। বিশ্বামিত্র রামায়ণ ও মহাভারতে গুরুত্বপূর্ণ ভূমিকা পালন করেন। তিনি রাম ও লক্ষ্মণের গুরু ছিলেন এবং কুরুক্ষেত্র যুদ্ধে পাণ্ডবদের পক্ষে ছিলেন।

বিশ্বামিত্রের গুরুত্ব: বিশ্বামিত্র হিন্দু ধর্মে একজন শ্রদ্ধেয় ব্যক্তি। তিনি জ্ঞান, ত্যাগ, ধর্ম এবং ন্যায়ের প্রতীক হিসেবে বিবেচিত হন।

তিনি একজন মহান ঋষি এবং লেখক ছিলেন। তিনি বেদ, উপনিষদ এবং অন্যান্য ধর্মগ্রন্থ রচনা করেন। তিনি রামায়ণ ও মহাভারতের মতো মহাকাব্যেও গুরুত্বপূর্ণ ভূমিকা পালন করেন।

বিশ্বামিত্রের সাথে সম্পর্কিত কিছু উল্লেখযোগ্য স্থান:

- বিশ্বামিত্র মন্দির: উত্তরপ্রদেশের কাশীতে অবস্থিত একটি মন্দির যা বিশ্বামিত্রকে উৎসর্গ করা হয়েছে।
- বিশ্বামিত্র নদী: উত্তরপ্রদেশের একটি নদী যা বিশ্বামিত্রের নামানুসারে নামকরণ করা হয়েছে।

উপসংহার: বিশ্বামিত্র হিন্দু ধর্মে একজন বিশিষ্ট এবং শ্রদ্ধেয় ব্যক্তি। তিনি জ্ঞান, ত্যাগ, ধর্ম এবং ন্যায়ের প্রতীক হিসেবে বিবেচিত হন। তার জীবন ও শিক্ষা আজও হিন্দুদের জন্য অনুপ্রেরণা এবং অনুসরণের উদাহরণ।

বিশ্বামিত্রের কিছু উল্লেখযোগ্য ঘটনা:

- বিশ্বামিত্র প্রথমে একজন রাজা ছিলেন। তিনি একজন শক্তিশালী এবং দক্ষ শাসক ছিলেন, কিন্তু তিনি একজন জ্ঞানী ব্যক্তিও হতে চেয়েছিলেন।

- বিশ্বামিত্র তপস্যা শুরু করেন এবং ব্রহ্মার কাছ থেকে জ্ঞান লাভ করেন। তিনি একজন মহান ঋষি হয়ে ওঠেন এবং বেদ, উপনিষদ এবং অন্যান্য ধর্মগ্রন্থ রচনা করেন।
- বিশ্বামিত্র রামায়ণ ও মহাভারতে গুরুত্বপূর্ণ ভূমিকা পালন করেন। তিনি রাম ও লক্ষ্মণের গুরু ছিলেন এবং কুরুক্ষেত্র যুদ্ধে পাণ্ডবদের পক্ষে ছিলেন।

বিশ্বামিত্রের কিছু উল্লেখযোগ্য রচনা:-

- ঋকবেদ
- সামবেদ
- যজুর্বেদ
- অথর্ববেদ
- গায়ত্রী মন্ত্র
- ব্রহ্মার উপনিষদ
- বৃহদারণ্যক উপনিষদ
- শতপথ ব্রহ্মণ
- তৈত্তিরীয় ব্রহ্মণ

বিশ্বামিত্রের কিছু উল্লেখযোগ্য শিষ্য:

- রাম
- লক্ষ্মণ
- শতানন্দ
- পরশুরাম
- ইন্দ্র
- বশিষ্ঠ

বিশ্বামিত্রের সাথে সম্পর্কিত কিছু উল্লেখযোগ্য পৌরাণিক কাহিনী:

- বিশ্বামিত্র এবং মেনকা
- বিশ্বামিত্র এবং শকুন্তলা
- বিশ্বামিত্র এবং কামধেনু
- বিশ্বামিত্র এবং কুরুক্ষেত্র যুদ্ধ

নক্ষত্রমন্ডলের বিভাজন: শিবপুরাণ অনুসারে, শিব হলেন নক্ষত্রমন্ডলের স্রষ্টা। তিনিই নক্ষত্রমন্ডলের নিয়ামক। আধুনিক বিজ্ঞানের আলোকে, শিবকে মহাবিশ্বের মহাকর্ষীয় শক্তির প্রতীক হিসেবে ব্যাখ্যা করা যেতে পারে। তিনিই মহাবিশ্বের নক্ষত্রমন্ডলকে একত্রিত করে রেখেছেন।

তীর্থস্থানের ভৌগোলিক গুরুত্ব: শিবপুরাণে বিভিন্ন তীর্থস্থানের গুরুত্ব বর্ণনা করা হয়েছে। এই তীর্থস্থানগুলির ভৌগোলিক গুরুত্বও রয়েছে। আধুনিক বিজ্ঞানের আলোকে, এই তীর্থস্থানগুলিকে মহাবিশ্বের শক্তির কেন্দ্র হিসেবে ব্যাখ্যা করা যেতে পারে। এই তীর্থস্থানগুলিতে মানুষ যখন প্রার্থনা করে, তখন তারা এই শক্তির সাথে সংযোগ স্থাপন করে।

শিবপুরাণে বর্ণিত যোগ ও ধ্যানের পদ্ধতিগুলি আজও মানুষের শারীরিক ও মানসিক সুস্থতার জন্য অত্যন্ত উপকারী বলে প্রমাণিত হয়েছে। শিবপুরাণে বিভিন্ন যোগ ও ধ্যানের পদ্ধতি বর্ণনা করা হয়েছে। এই পদ্ধতিগুলি অনুশীলন করলে মানুষের শারীরিক ও মানসিক সুস্থতা বৃদ্ধি পায়। যোগ ও ধ্যান মানসিক চাপ কমায়, উৎসাহ ও মনোযোগ বাড়ায়, এবং শরীরের রোগ প্রতিরোধ ক্ষমতা বৃদ্ধি করে।

শিবপুরাণে বর্ণিত যোগ ও ধ্যানের পদ্ধতিগুলি

শিবপুরাণে বিভিন্ন যোগ ও ধ্যানের পদ্ধতি বর্ণনা করা হয়েছে। এই পদ্ধতিগুলি অনুশীলন করলে মানুষের শারীরিক ও মানসিক সুস্থতা বৃদ্ধি পায়। যোগ ও ধ্যান মানসিক চাপ কমায়, উৎসাহ ও মনোযোগ বাড়ায়, এবং শরীরের রোগ প্রতিরোধ ক্ষমতা বৃদ্ধি করে।

শিবপুরাণে বর্ণিত কিছু গুরুত্বপূর্ণ যোগ ও ধ্যান পদ্ধতি:

পঞ্চায়ুধ যোগ: এই যোগ পদ্ধতিতে পাঁচটি অস্ত্র ব্যবহার করা হয়। এই অস্ত্রগুলি হলো:

ধনু: শরীরের ভারসাম্য বজায় রাখার জন্য।

তীর: শরীরের শক্তি বৃদ্ধির জন্য।

বল্লম: শরীরের নমনীয়তা বৃদ্ধির জন্য।

শঙ্খ: শরীরের দৃঢ়তা বৃদ্ধির জন্য।

ঘন্টা: শরীরের স্থিরতা বৃদ্ধির জন্য।

সাধন যোগ: এই যোগ পদ্ধতিতে বিভিন্ন সাধনার মাধ্যমে আধ্যাত্মিক উন্নতি অর্জন করা হয়। এই সাধনাগুলির মধ্যে রয়েছে:

তপস্যা: শরীর ও মনের পরিশুদ্ধির জন্য।

দান: অন্যের উপকারের জন্য।

ব্রহ্মচর্য: ইন্দ্রিয় সংযমের জন্য।

সত্যাচার: সত্য কথা বলার জন্য।

অহিংসা: অন্যের প্রতি সহানুভূতির জন্য।

হঠ যোগ: এই যোগ পদ্ধতিতে বিভিন্ন শারীরিক কসরত ও ব্যায়াম করা হয়। এই

কসরত ও ব্যায়ামগুলির মাধ্যমে শরীর সুস্থ ও সবল হয়।

যোগ নিদ্রা: এই যোগ পদ্ধতিতে একটি নির্দিষ্ট ভঙ্গিতে শান্তভাবে ঘুমানো হয়। এই পদ্ধতিতে ঘুমের গুণমান বৃদ্ধি পায়।

ধ্যানের বিভিন্ন পদ্ধতি:

জাগরণ ধ্যানের পদ্ধতি: এই পদ্ধতিতে চোখ খোলা রেখে ধ্যান করা হয়। এই পদ্ধতিতে শরীর ও মনের শান্তি ও স্থিরতা অর্জন করা হয়।

নিদ্রায় ধ্যানের পদ্ধতি: এই পদ্ধতিতে ঘুমের সময় ধ্যান করা হয়। এই পদ্ধতিতে গভীর আধ্যাত্মিক জ্ঞান অর্জন করা হয়।

স্বপ্ন ধ্যানের পদ্ধতি: এই পদ্ধতিতে স্বপ্নের সময় ধ্যান করা হয়। এই পদ্ধতিতে অতীতের স্মৃতি ও ভবিষ্যতের জ্ঞান অর্জন করা হয়।

শিবপুরাণে বর্ণিত যোগ ও ধ্যানের পদ্ধতিগুলির গুরুত্ব:

শিবপুরাণে বর্ণিত যোগ ও ধ্যানের পদ্ধতিগুলি আজও মানুষের শারীরিক ও মানসিক সুস্থতার জন্য অত্যন্ত উপকারী বলে প্রমাণিত হয়েছে। এই পদ্ধতিগুলি অনুশীলন করলে নিম্নলিখিত উপকারিতাগুলি লাভ করা যায়:

মানসিক চাপ কমানো: যোগ ও ধ্যান মানসিক চাপ কমাতে সাহায্য করে। এটি উদ্বেগ, দুঃশ্চিন্তা, এবং রাগের মতো মানসিক সমস্যাগুলি দূর করতে সহায়তা করে।

উৎসাহ ও মনোযোগ বৃদ্ধি করা: যোগ ও ধ্যান উৎসাহ ও মনোযোগ বৃদ্ধিতে সাহায্য করে। এটি মানুষের কর্মক্ষমতা ও দক্ষতা বৃদ্ধিতে সহায়তা করে।

শরীরের রোগ প্রতিরোধ ক্ষমতা বৃদ্ধি করা: যোগ ও ধ্যান শরীরের রোগ প্রতিরোধ ক্ষমতা বৃদ্ধিতে সাহায্য করে। এটি বিভিন্ন রোগের বিরুদ্ধে শরীরকে রক্ষা করতে সহায়তা করে।

শিবপুরাণে বর্ণিত যোগ ও ধ্যানের পদ্ধতিগুলি অনুশীলনের উপায়:

শিবপুরাণে বর্ণিত যোগ ও ধ্যানের পদ্ধতিগুলি অনুশীলন করার জন্য একজন যোগ বা ধ্যান শিক্ষকের কাছ থেকে প্রশিক্ষণ নেওয়া উচিত। এটি নিশ্চিত করবে যে আপনি এই পদ্ধতিগুলি সঠিকভাবে অনুশীলন করছেন এবং এর সর্বোচ্চ সুবিধা পাচ্ছেন।

শিবপুরাণের বিজ্ঞান ও আধ্যাত্মিক গুরুত্ব অপরিসীম। এই পুরাণ আমাদের জীবনকে সুখী, শান্তিপূর্ণ ও সার্থক করে তুলতে সহায়তা করে।

শিবপুরাণের আধ্যাত্মিক গুরুত্ব

শিবপুরাণ হিন্দু ধর্মের একটি অত্যন্ত গুরুত্বপূর্ণ গ্রন্থ। এই পুরাণে ভক্তি, প্রেম, নিষ্ঠা, ত্যাগ, সৎকর্ম, ধৈর্য, ক্ষমা ইত্যাদি মানবিক মূল্যবোধের গুরুত্ব তুলে ধরা হয়েছে। শিবপুরাণ শেখায় যে, আত্মজ্ঞানের মাধ্যমেই মুক্তি লাভ করা সম্ভব। শিবের প্রতি ভক্তি ও নিষ্ঠার মাধ্যমে মানুষ অন্ধকার থেকে আলোর দিকে, অজ্ঞান থেকে জ্ঞানের দিকে, সংসারের বন্ধন থেকে মুক্তির দিকে যেতে পারে।

শিবপুরাণে বর্ণিত আধ্যাত্মিক মূল্যবোধ:

শিবপুরাণে বর্ণিত কিছু গুরুত্বপূর্ণ আধ্যাত্মিক মূল্যবোধ হলো:

ভক্তি: ভগবান শিবের প্রতি গভীর শ্রদ্ধা ও ভালোবাসা হলো ভক্তি। ভক্তির মাধ্যমে মানুষ শিবের কাছে নিজেকে সমর্পণ করে এবং তার আশীর্বাদ লাভ করে।

প্রেম: ভগবান শিবের প্রতি গভীর ভালোবাসা হলো প্রেম। প্রেমের মাধ্যমে মানুষ শিবের সাথে একাত্মতা লাভ করে।

নিষ্ঠা: ভগবান শিবের প্রতি অবিচল বিশ্বাস ও আস্থা হলো নিষ্ঠা। নিষ্ঠার মাধ্যমে মানুষ শিবের পথে অবিচল থাকে।

ত্যাগ: ভগবান শিবের প্রতি আত্মত্যাগ করা হলো ত্যাগ। ত্যাগের মাধ্যমে মানুষ সংসারের বন্ধন থেকে মুক্তি লাভ করে।

সৎকর্ম: ভগবান শিবের সন্তুষ্টির জন্য সৎকর্ম করা হলো সৎকর্ম। সৎকর্মের মাধ্যমে মানুষ ঈশ্বরের কাছ থেকে কৃপা লাভ করে।

ধৈর্য: ভগবান শিবের পরীক্ষায় ধৈর্যধারণ করা হলো ধৈর্য। ধৈর্যের মাধ্যমে মানুষ বিপদ-আপদ থেকে মুক্তি লাভ করে।

ক্ষমা: ভগবান শিবের প্রতি ক্ষমাশীলতা হলো ক্ষমা। ক্ষমার মাধ্যমে মানুষ শান্তি ও জ্ঞান লাভ করে।

শিবপুরাণের আধ্যাত্মিক শিক্ষা:

শিবপুরাণের আধ্যাত্মিক শিক্ষা হলো:

- ভগবান শিবের প্রতি ভক্তি ও নিষ্ঠা করা।
- মানবিক মূল্যবোধগুলিকে লালন করা।
- আত্মজ্ঞানের মাধ্যমে মুক্তি লাভ করা।

শিবপুরাণের আধ্যাত্মিক শিক্ষাগুলি আমাদের জীবনকে সুখী, শান্তিপূর্ণ ও সার্থক করে তুলতে সহায়তা করে।

শিব স্তোত্র

শিব স্তোত্রগুলি হলো ভগবান শিবের গুণগান ও বন্দনামূলক কবিতা। এই স্তোত্রগুলি পাঠ বা শ্রবণ করলে ভগবান শিবের আশীর্বাদ লাভ করা যায়। শিব স্তোত্রগুলির মধ্যে কিছু উল্লেখযোগ্য স্তোত্র হলো:

- রুদ্র স্তোত্র
- শিব তান্ডব স্তোত্র
- ওম নমঃ শিবায়
- মহামৃত্যুঞ্জয় মন্ত্র

- শিব মন্ত্র

শিব মন্ত্রগুলি হলো ভগবান শিবের নাম বা গুণবাচক শব্দের জপ। এই মন্ত্রগুলি জপ করলে ভগবান শিবের আশীর্বাদ লাভ করা যায়। শিব মন্ত্রগুলির মধ্যে কিছু উল্লেখযোগ্য মন্ত্র হলো:

শিব স্তোত্র ও মন্ত্র জপের অনেক উপকারিতা রয়েছে। এর মধ্যে কিছু উপকারিতা হলো:

- <u>আধ্যাত্মিক উন্নতি:</u> শিব স্তোত্র ও মন্ত্র জপ করলে আধ্যাত্মিক উন্নতি হয়। ভগবান শিবের আশীর্বাদ লাভ করলে আমরা আত্মজ্ঞান অর্জন করতে পারি।
- <u>শান্তি:</u> শিব স্তোত্র ও মন্ত্র জপ করলে মনে শান্তি আসে। ভগবান শিবের আশীর্বাদ লাভ করলে আমরা জীবনের নানা সমস্যা থেকে মুক্তি পাই।
- <u>সমৃদ্ধি:</u> শিব স্তোত্র ও মন্ত্র জপ করলে সমৃদ্ধি আসে। ভগবান শিবের আশীর্বাদ লাভ করলে আমাদের জীবনে সুখ, শান্তি ও সমৃদ্ধি আসে।
- <u>মুক্তি:</u> শিব স্তোত্র ও মন্ত্র জপ করলে মুক্তি লাভ করা যায়। ভগবান শিবের আশীর্বাদ লাভ করলে আমরা মোক্ষ লাভ করতে পারি।

শিব স্তোত্র ও মন্ত্র জপের নিয়ম

শিব স্তোত্র ও মন্ত্র জপ করার কিছু নিয়ম রয়েছে। এই নিয়মগুলি মেনে চললে শিব স্তোত্র ও মন্ত্র জপের উপকারিতাগুলি আরও বেশি পাওয়া যায়।

- শিব স্তোত্র ও মন্ত্র জপের জন্য নির্দিষ্ট স্থান ও সময় নির্বাচন করা উচিত।
- শিব স্তোত্র ও মন্ত্র জপ করার আগে পরিষ্কার-পরিচ্ছন্ন হয়ে স্নান করে নিতে হবে।
- শিব স্তোত্র ও মন্ত্র জপ করার সময় মনকে শান্ত রাখতে হবে।
- শিব স্তোত্র ও মন্ত্র জপ করার সময় ভগবান শিবের প্রতি গভীর শ্রদ্ধা ও ভক্তি থাকা উচিত।
- শিব স্তোত্র ও মন্ত্র জপ করলে আমাদের জীবনে অনেক সুফল লাভ করা যায়। তাই নিয়মিত শিব স্তোত্র ও মন্ত্র জপ করা উচিত।

<u>শিব স্তোত্রের গুরুত্ব:-</u>

ভক্তিমূলক আত্মসমর্পণ: শিব স্তোত্রগুলি মূলত ভক্তিমূলক কবিতা, যা শিবের মহিমা, করুণা এবং ক্ষমতা বর্ণনা করে। এই স্তোত্রগুলি পাঠ করার মাধ্যমে ভক্তরা নিজেদের সম্পূর্ণরূপে শিবের কাছে সমর্পণ করেন এবং তাঁর আশীর্বাদ লাভ করেন।

আধ্যাত্মিক উন্নতি: শিব স্তোত্রগুলি মনকে শান্ত করে এবং আধ্যাত্মিক চেতনাকে উন্নত

করে। এগুলি একাগ্রতা বাড়ায়, মনের বিক্ষিপ্ততা দূর করে এবং আত্মজ্ঞানের পথে এগিয়ে যেতে সাহায্য করে।

পাপমুক্তি: শাস্ত্র মতে, শিব স্তোত্র জপ করলে পাপ দূর হয় এবং পুণ্য লাভ হয়। এটি মানুষকে ভাল কাজ করার জন্য অনুপ্রাণিত করে এবং নেতিবাচক চিন্তাভাবনা থেকে মুক্তি দেয়।

মনের শান্তি: শিব স্তোত্রগুলি মনের উদ্বেগ, চাপ এবং অশান্তি দূর করতে সাহায্য করে। এগুলি শান্তি এবং স্থিতিশীলতা এনে দেয়, যা আজকের ব্যস্ত জীবনে অত্যন্ত প্রয়োজনীয়।

<u>শিব মন্ত্রের গুরুত্ব:</u>

শক্তিশালী শব্দ কম্পন: শিব মন্ত্রগুলি বিশেষ শব্দ কম্পন দ্বারা গঠিত, যা মন, দেহ এবং আত্মাকে প্রভাবিত করে। এই কম্পনগুলি নেতিবাচক শক্তি দূর করে এবং ইতিবাচক শক্তির প্রবাহ বাড়ায়।

ইচ্ছাপূরণ: বিশ্বাস করা হয় যে নিষ্ঠার সঙ্গে শিব মন্ত্র জপ করলে ইচ্ছা পূরণ হয়। এটি শারীরিক সুস্থতা, আর্থিক সমৃদ্ধি, সুখী দাম্পত্য জীবন, সন্তানলাভ ইত্যাদি কামনা পূরণে সহায়তা করে।

মনোবল বৃদ্ধি: শিব মন্ত্রগুলি মনোবল বাড়ায় এবং কঠিন পরিস্থিতিতে সাহস ও ধৈর্য ধরে রাখতে সাহায্য করে। এগুলি নেতিবাচক চিন্তাভাবনা দূর করে এবং আশাবাদী মনোভাব তৈরি করে।

আত্মরক্ষা: কিছু শিব মন্ত্র আত্মরক্ষার জন্যও জপ করা হয়। এগুলি বিপদ থেকে রক্ষা করে এবং ক্ষতির হাত থেকে নিরাপদ রাখে।

বিভিন্ন শিব স্তোত্র ও মন্ত্রের উদাহরণ: শিবপঞ্চাক্ষরমন্ত্র: "ওঁ নমঃ শিবায়" , মহামৃত্যুঞ্জয় মন্ত্র।

শিবপুরাণ হিন্দু ধর্মের একটি পবিত্র গ্রন্থ। এটি শিবকে উৎসর্গ করা হয়েছে এবং এটিতে শিবের জন্ম, কর্ম, ও লীলা সম্পর্কে বিস্তারিত বর্ণনা রয়েছে। এছাড়াও, এতে মুক্তির উপায় এবং পরকালের বিবরণও রয়েছে।

<u>শিবপুরাণে মুক্তির চারটি উপায় বর্ণনা করা হয়েছে। সেগুলি হল:</u>

- <u>জ্ঞান:</u> জ্ঞান অর্জনের মাধ্যমে মুক্তি লাভ করা যায়। জ্ঞান হল সত্যের জ্ঞান। সত্যের জ্ঞান অর্জন করলে মানুষ মৃত্যুর ভয় থেকে মুক্তি পায় এবং ব্রহ্মের সাথে একীভূত হয়।

- <u>ভক্তি:</u> ভক্তির মাধ্যমেও মুক্তি লাভ করা যায়। ভক্তি হল ঈশ্বরের প্রতি গভীর প্রেম ও শ্রদ্ধা। ভগবানের প্রতি গভীর ভক্তি করলে মানুষ ঈশ্বরের সাথে একীভূত হয়।

- <u>কর্ম:</u> কর্মের মাধ্যমেও মুক্তি লাভ করা যায়। কর্ম হল কর্তব্য পালন। কর্তব্য পালনের মাধ্যমে মানুষ ঈশ্বরের সাথে একীভূত হয়।

- <u>**যোগ:**</u> যোগের মাধ্যমেও মুক্তি লাভ করা যায়। যোগ হল দেহ, মন, ও আত্মার একীকরণ। যোগের মাধ্যমে মানুষ ব্রহ্মের সাথে একীভূত হয়।

শিবপুরাণে পরকালের বিভিন্ন স্তরের বিবরণ রয়েছে। সেগুলি হল:

- <u>**স্বর্গ:**</u> স্বর্গ হল দেবতাদের বাসস্থান। স্বর্গে মানুষ সুখ, শান্তি, ও সমৃদ্ধি ভোগ করে।
- <u>**নরক:**</u> নরক হল পাপীদের বাসস্থান। নরকে মানুষ যন্ত্রণা ভোগ করে।
- <u>**মহাপ্রলয়:**</u> মহাপ্রলয় হল ব্রহ্মাণ্ডের ধ্বংস। মহাপ্রলয়ের সময় সমস্ত কিছু ধ্বংস হয়ে যায়।

শিবপুরাণের তাৎপর্য - শিবপুরাণ হিন্দু ধর্মের একটি গুরুত্বপূর্ণ গ্রন্থ। এটি হিন্দু ধর্মের মূল ধারণাগুলিকে ব্যাখ্যা করে। এটি মুক্তির উপায় এবং পরকালের বিবরণ দিয়ে মানুষকে আধ্যাত্মিকতার পথে এগিয়ে যেতে সাহায্য করে।

<u>শিবপুরাণে পাপ-পুণ্যের বিচার</u>

শিবপুরাণে পাপ-পুণ্যের বিচারের বিস্তারিত বর্ণনা রয়েছে। এতে বলা হয়েছে যে, মানুষের কর্মের উপর ভিত্তি করে তার পরকাল নির্ধারিত হয়। পাপীরা নরকে এবং পুণ্যবানরা স্বর্গে জন্মগ্রহণ করে।

<u>পাপের প্রকারভেদ</u> - শিবপুরাণে পাপের বিভিন্ন প্রকারভেদ বর্ণনা করা হয়েছে। সেগুলি হল:

- **মানুষের প্রতি পাপ:** অন্য মানুষের প্রতি যে পাপ করা হয়, তাকে মানুষ-পাপ বলে। যেমন: হত্যা, চুরি, ধর্ষণ, মিথ্যা বলা, ইত্যাদি।
- **জীবের প্রতি পাপ:** জীবের প্রতি যে পাপ করা হয়, তাকে জীব-পাপ বলে। যেমন: পশুপাখি হত্যা, গাছপালা কাটা, ইত্যাদি।
- **দেবতার প্রতি পাপ:** দেবতার প্রতি যে পাপ করা হয়, তাকে দেবতা-পাপ বলে। যেমন: মন্দির ধ্বংস করা, দেবতার প্রতি অবমাননা করা, ইত্যাদি।
- **ধর্মের প্রতি পাপ:** ধর্মের প্রতি যে পাপ করা হয়, তাকে ধর্ম-পাপ বলে। যেমন: ধর্মের বিরোধিতা করা, ধর্মগ্রন্থ বিকৃত করা, ইত্যাদি।

<u>পুণ্যের প্রকারভেদ</u> - শিবপুরাণে পুণ্যের বিভিন্ন প্রকারভেদ বর্ণনা করা হয়েছে। সেগুলি হল:

- **মানুষের প্রতি পুণ্য:** অন্য মানুষের প্রতি যে পুণ্য করা হয়, তাকে মানুষ-পুণ্য বলে। যেমন: দান, দয়া, ক্ষমা, ইত্যাদি।

- **জীবের প্রতি পুণ্য:** জীবের প্রতি যে পুণ্য করা হয়, তাকে জীব-পুণ্য বলে। যেমন: পশুপাখি রক্ষা করা, গাছপালা লাগানো, ইত্যাদি।

- **দেবতার প্রতি পুণ্য:** দেবতার প্রতি যে পুণ্য করা হয়, তাকে দেবতা-পুণ্য বলে। যেমন: মন্দির প্রতিষ্ঠা করা, দেবতার পূজা করা, ইত্যাদি।

- **ধর্মের প্রতি পুণ্য:** ধর্মের প্রতি যে পুণ্য করা হয়, তাকে ধর্ম-পুণ্য বলে। যেমন: ধর্মের প্রচার করা, ধর্মগ্রন্থ অধ্যয়ন করা, ইত্যাদি।

- **পাপ-পুণ্যের বিচারের প্রক্রিয়া -** শিবপুরাণে পাপ-পুণ্যের বিচারের প্রক্রিয়া সম্পর্কে বলা হয়েছে যে, মানুষের মৃত্যুর পর তার আত্মা যমলোকে যায়। সেখানে যমরাজ তার কর্মের উপর ভিত্তি করে তার পাপ-পুণ্যের হিসাব নেয়। পাপীরা তাদের পাপের জন্য নরকে শাস্তি ভোগ করে এবং পুণ্যবানরা তাদের পুণ্যের জন্য স্বর্গে জন্মগ্রহণ করে।

শিবপুরাণের পাপ-পুণ্যের বিচারের তাৎপর্য -শিবপুরাণের পাপ-পুণ্যের বিচারের ধারণা হিন্দু ধর্মের মূল বিশ্বাসের সাথে সামঞ্জস্যপূর্ণ। হিন্দু ধর্ম অনুসারে, মানুষের কর্মের উপর ভিত্তি করে তার পরকাল নির্ধারিত হয়। পাপীরা নরকে শাস্তি ভোগ করে এবং পুণ্যবানরা স্বর্গে জন্মগ্রহণ করে। এই ধারণা মানুষকে ভালো কাজ করতে এবং পাপ থেকে বিরত থাকতে উৎসাহিত করে।

শিবপুরাণে যোগ ও ধ্যানের পদ্ধতি

যোগ : যোগ হল দেহ, মন, ও আত্মার একীকরণ। যোগের মাধ্যমে মানুষ ব্রহ্মের সাথে একীভূত হতে পারে। শিবপুরাণে যোগের বিভিন্ন শাখা সম্পর্কে বর্ণনা করা হয়েছে। সেগুলি হল:

- রাজযোগ: রাজযোগ হল যোগের সর্বোচ্চ শাখা। এটি হল ধ্যান ও তপস্যার মাধ্যমে ব্রহ্মের সাথে একীভূত হওয়ার পদ্ধতি।

- যোগ: যোগ হল যোগের একটি শাখা। এটি হল দেহ ও মনকে নিয়ন্ত্রণ করার পদ্ধতি।

- হঠযোগ: হঠযোগ হল যোগের একটি শাখা। এটি হল শারীরিক ব্যায়াম ও নিয়ন্ত্রণের মাধ্যমে দেহকে নিয়ন্ত্রণ করার পদ্ধতি।

- বৈজ্ঞানিক যোগ: বৈজ্ঞানিক যোগ হল যোগের একটি শাখা। এটি হল বিজ্ঞানভিত্তিক পদ্ধতিতে যোগের অভ্যাস করার পদ্ধতি।

শিবপুরাণে যোগের বিভিন্ন কৌশল সম্পর্কে বর্ণনা করা হয়েছে। সেগুলি হল:

- আসন: আসন হল যোগের একটি গুরুত্বপূর্ণ কৌশল। এটি হল শরীরের বিভিন্ন ভঙ্গিতে অবস্থান করার পদ্ধতি।
- প্রাণায়াম: প্রাণায়াম হল যোগের একটি গুরুত্বপূর্ণ কৌশল। এটি হল শ্বাস-প্রশ্বাসের নিয়ন্ত্রণের পদ্ধতি।
- বন্ধ: বন্ধ হল যোগের একটি গুরুত্বপূর্ণ কৌশল। এটি হল চোখ, কান, নাক, ইত্যাদি ইন্দ্রিয়ের নিয়ন্ত্রণের পদ্ধতি।
- ধ্যান: ধ্যান হল যোগের একটি গুরুত্বপূর্ণ কৌশল। এটি হল মনকে একাগ্র করার পদ্ধতি।

ধ্যানের পদ্ধতি - ধ্যানের মাধ্যমে মানুষ আত্ম-জ্ঞান লাভ করতে পারে। শিবপুরাণে ধ্যানের বিভিন্ন পদ্ধতি সম্পর্কে বর্ণনা করা হয়েছে। সেগুলি হল:

- শান্তির ধ্যানের পদ্ধতি: এই পদ্ধতিতে, মানুষ একটি নির্জন স্থানে বসে চোখ বন্ধ করে শ্বাস-প্রশ্বাসের উপর মনোযোগ দেয়।
- ঈশ্বরের ধ্যানের পদ্ধতি: এই পদ্ধতিতে, মানুষ ঈশ্বরের প্রতি গভীর প্রেম ও শ্রদ্ধা সহকারে ধ্যান করে।
- মনোবিজ্ঞানের ধ্যানের পদ্ধতি: এই পদ্ধতিতে, মানুষ মানসিক চিন্তা ও অনুভূতিগুলিকে পর্যবেক্ষণ করে ধ্যান করে।

শিবপুরাণের যোগ ও ধ্যানের পদ্ধতির তাৎপর্য - শিবপুরাণের যোগ ও ধ্যানের পদ্ধতিগুলি হিন্দু ধর্মের আধ্যাত্মিকতার মূল ভিত্তি। এই পদ্ধতিগুলি অনুসরণ করে মানুষ আত্ম-জ্ঞান লাভ করতে পারে, ব্রহ্মের সাথে একীভূত হতে পারে, এবং মুক্তি লাভ করতে পারে। শিবপুরাণের যোগ ও ধ্যানের পদ্ধতিগুলি হিন্দু ধর্মের বাইরেও অন্যান্য ধর্ম ও সংস্কৃতিতেও অনুসরণ করা হয়। এই পদ্ধতিগুলি আজও বিশ্বের বিভিন্ন দেশে ব্যাপকভাবে অনুশীলন করা হয়।

শিবপুরাণের একটি সংক্ষিপ্তসার

শিবপুরাণ হলো হিন্দু ধর্মের একটি গুরুত্বপূর্ণ পুরাণ। এই পুরাণে ভগবান শিবের জীবন ও কর্মকাণ্ডের বিস্তারিত বর্ণনা দেওয়া হয়েছে। এছাড়াও, এই পুরাণে যোগ, ধ্যান, আধ্যাত্মিকতা ও মানবিক মূল্যবোধের উপর গুরুত্ব দেওয়া হয়েছে। শিবপুরাণের জ্ঞান ও উপদেশগুলি আজও আমাদের জন্য অত্যন্ত গুরুত্বপূর্ণ এবং আমাদের জীবনকে পরিচালিত করতে সাহায্য করে।

2
শিব পুরাণে বিজ্ঞানের বিভিন্ন দিক

শিব পুরাণ হলো হিন্দুধর্মের অষ্টাদশ মহাপুরাণের অন্যতম প্রধান পুরাণ। এটি শিবের জীবন, কর্মকাণ্ড এবং শিক্ষা সম্পর্কে একটি বিস্তৃত গ্রন্থ। শিব পুরাণে বিজ্ঞানের বিভিন্ন দিক, যেমন জ্যোতির্বিজ্ঞান, পদার্থবিজ্ঞান, রসায়নবিজ্ঞান এবং জীববিজ্ঞান সম্পর্কেও আলোচনা করা হয়েছে।

জ্যোতির্বিজ্ঞান

শিব পুরাণে নক্ষত্রপঞ্জিকা, গ্রহ এবং নক্ষত্রমণ্ডল সম্পর্কে বিস্তৃত তথ্য দেওয়া হয়েছে। এটি বলে যে মহাবিশ্বের সৃষ্টি, বিকাশ এবং ধ্বংস একটি চক্রের মতো চলে। এটি নক্ষত্রের অবস্থান, গ্রহের গতি এবং সূর্য ও চন্দ্রের গ্রহণ সম্পর্কেও আলোচনা করে।

পদার্থবিজ্ঞান

শিব পুরাণে পদার্থের গঠন, শক্তির প্রকারভেদ এবং পদার্থের রূপান্তর সম্পর্কে আলোচনা করা হয়েছে। এটি বলে যে সবকিছুই পাঁচটি মহাভূতের সংমিশ্রণ দ্বারা গঠিত: পৃথিবী, জল, তেজ, বায়ু এবং আকাশ। এটি শক্তির সংরক্ষণের সূত্রও বর্ণনা করে।

রসায়নবিজ্ঞান

শিব পুরাণে রাসায়নিক পদার্থের বৈশিষ্ট্য, রাসায়নিক বিক্রিয়া এবং রাসায়নিক পদার্থের ব্যবহার সম্পর্কে আলোচনা করা হয়েছে। এটি ঔষধ, ধাতু এবং ঔষধ তৈরির কলা সম্পর্কেও আলোচনা করে।

জীববিজ্ঞান

শিব পুরাণে মানুষের শরীর, জীবের বিকাশ এবং জীবনের চক্র সম্পর্কে আলোচনা করা হয়েছে। এটি শরীরের বিভিন্ন অঙ্গ-প্রত্যঙ্গের কাজ, রোগের কারণ এবং চিকিৎসার পদ্ধতি সম্পর্কেও আলোচনা করে।

শিব পুরাণে বিজ্ঞানের বিভিন্ন দিক সম্পর্কে আলোচনা করা হলেও, এটি একটি বিজ্ঞান গ্রন্থ নয়। এটি একটি ধর্মীয় গ্রন্থ যা শিবের জীবন ও শিক্ষা সম্পর্কে আলোচনা করে। তবে, শিব পুরাণে বিজ্ঞানের বিভিন্ন দিক সম্পর্কে যে তথ্য দেওয়া হয়েছে, তা প্রাচীন ভারতের বিজ্ঞানের জ্ঞানের প্রমাণ দেয়।

জ্যোতির্বিজ্ঞান

শিব পুরাণে জ্যোতির্বিজ্ঞান সম্পর্কে যে তথ্য দেওয়া হয়েছে তা প্রাচীন ভারতের জ্যোতির্বিদ্যার জ্ঞানের একটি গুরুত্বপূর্ণ নিদর্শন। এই তথ্যগুলির মধ্যে রয়েছে:

- নক্ষত্রপঞ্জিকা: শিব পুরাণে ২৭টি নক্ষত্রের নাম এবং অবস্থান সম্পর্কে বিস্তারিত তথ্য দেওয়া হয়েছে। এটি বলে যে এই নক্ষত্রগুলির প্রতিটি একটি দেবতা বা দেবীর প্রতিনিধিত্ব করে।
- গ্রহ: শিব পুরাণে সাতটি গ্রহের নাম এবং গতি সম্পর্কে বিস্তারিত তথ্য দেওয়া হয়েছে। এটি বলে যে এই গ্রহগুলির প্রতিটি মানুষের জীবনে একটি নির্দিষ্ট প্রভাব ফেলে।
- নক্ষত্রমণ্ডল: শিব পুরাণে কিছু নক্ষত্রমণ্ডলের নাম এবং অবস্থান সম্পর্কে বিস্তারিত তথ্য দেওয়া হয়েছে। এটি বলে যে এই নক্ষত্রমণ্ডলগুলির প্রতিটি একটি নির্দিষ্ট ঐতিহাসিক ঘটনা বা দেবতা বা দেবীর সাথে সম্পর্কিত।
- মহাবিশ্বের সৃষ্টি, বিকাশ এবং ধ্বংস: শিব পুরাণ বলে যে মহাবিশ্ব একটি চক্রের মতো চলে। এটি সৃষ্টি, বিকাশ, ধ্বংস এবং আবার সৃষ্টির একটি চক্র।
- নক্ষত্রের অবস্থান: শিব পুরাণ বলে যে নক্ষত্রগুলির অবস্থান মানুষের জীবনে একটি গুরুত্বপূর্ণ প্রভাব ফেলে। এটি বলে যে জন্মের সময় নক্ষত্রের অবস্থান একজন ব্যক্তির চরিত্র এবং ভাগ্য নির্ধারণ করে।
- গ্রহের গতি: শিব পুরাণ বলে যে গ্রহের গতি মানুষের জীবনে একটি গুরুত্বপূর্ণ প্রভাব ফেলে। এটি বলে যে গ্রহের গতি একজন ব্যক্তির স্বাস্থ্য, সম্পদ এবং খ্যাতি নির্ধারণ করে।
- সূর্য ও চন্দ্রের গ্রহণ: শিব পুরাণ বলে যে সূর্য ও চন্দ্রের গ্রহণ একটি গুরুত্বপূর্ণ জ্যোতির্বিজ্ঞান ঘটনা। এটি বলে যে এই গ্রহণগুলি মানুষের জীবনে একটি গুরুত্বপূর্ণ প্রভাব ফেলতে পারে।

শিব পুরাণে জ্যোতির্বিজ্ঞান সম্পর্কে যে তথ্য দেওয়া হয়েছে তা অনেক ক্ষেত্রে আধুনিক বিজ্ঞানের সাথে সামঞ্জস্যপূর্ণ। উদাহরণস্বরূপ, শিব পুরাণে ২৭টি নক্ষত্রের নাম এবং অবস্থান সম্পর্কে যে তথ্য দেওয়া হয়েছে তা আধুনিক নক্ষত্রপঞ্জিকার সাথে

সামঞ্জস্যপূর্ণ। এছাড়াও, শিব পুরাণে সাতটি গ্রহের নাম এবং গতি সম্পর্কে যে তথ্য দেওয়া হয়েছে তা আধুনিক জ্যোতির্বিদ্যার সাথে সামঞ্জস্যপূর্ণ।

তবে, শিব পুরাণে জ্যোতির্বিজ্ঞান সম্পর্কে যে তথ্য দেওয়া হয়েছে তা অনেক ক্ষেত্রে ধর্মীয় বিশ্বাসের সাথেও জড়িত। উদাহরণস্বরূপ, শিব পুরাণ বলে যে নক্ষত্রগুলির প্রতিটি একটি দেবতা বা দেবীর প্রতিনিধিত্ব করে। এটি বলে যে গ্রহগুলির প্রতিটি মানুষের জীবনে একটি নির্দিষ্ট প্রভাব ফেলে।

সামগ্রিকভাবে, শিব পুরাণে জ্যোতির্বিজ্ঞান সম্পর্কে যে তথ্য দেওয়া হয়েছে তা প্রাচীন ভারতের জ্যোতির্বিদ্যার জ্ঞানের একটি গুরুত্বপূর্ণ নিদর্শন। এই তথ্যগুলি প্রাচীন ভারতীয়দের জ্যোতির্বিজ্ঞান সম্পর্কে জ্ঞান এবং তাদের ধর্মীয় বিশ্বাসের মধ্যে সম্পর্ক সম্পর্কে আমাদের বোঝাপড়া বাড়ায়।

শিব পুরাণে ২৭টি নক্ষত্রের নাম এবং অবস্থান

শিব পুরাণে ২৭টি নক্ষত্রের নাম এবং অবস্থান সম্পর্কে বিস্তারিত তথ্য দেওয়া হয়েছে। এই নক্ষত্রগুলির নামগুলি হল:

- অশ্বিনী
- ভরণী
- কৃত্তিকা
- রোহিণী
- মৃগশিরা
- আর্দ্রা
- পুনর্বসু
- পুষ্যা
- অশ্লেষা
- মঘা
- পূর্নমাষা
- উষা
- শ্রবণা
- ধনিষ্ঠা
- শতভিষা
- পূর্ব ভাদ্রপদ
- উত্তর ভাদ্রপদ
- রেবতী
- অশ্বিনী
- মঘী

- অশ্লেষা
- মঘা
- পূর্নমাষা

এই নক্ষত্রগুলির প্রতিটি একটি নির্দিষ্ট দেবতা বা দেবীর প্রতিনিধিত্ব করে। উদাহরণস্বরূপ, অশ্বিনী নক্ষত্র দেবতা অশ্বিনীকুমারদের প্রতিনিধিত্ব করে, ভরণী নক্ষত্র দেবী ভরনীকে প্রতিনিধিত্ব করে, এবং কৃত্তিকা নক্ষত্র দেবী কৃত্তিকার প্রতিনিধিত্ব করে।

শিব পুরাণে নক্ষত্রগুলির অবস্থান সম্পর্কেও তথ্য দেওয়া হয়েছে। এটি বলে যে নক্ষত্রগুলি রাতের আকাশে একটি নির্দিষ্ট বিন্যাসে স্থাপন করা হয়েছে। এই বিন্যাসটিকে নক্ষত্রপঞ্জিকা বলা হয়।

শিব পুরাণে সাতটি গ্রহের নাম এবং গতি

শিব পুরাণে সাতটি গ্রহের নাম এবং গতি সম্পর্কে বিস্তারিত তথ্য দেওয়া হয়েছে। এই গ্রহগুলির নামগুলি হল:

- সূর্য
- চন্দ্র
- মঙ্গল
- বুধ
- বৃহস্পতি
- শুক্র
- শনি

শিব পুরাণে বলা হয়েছে যে এই গ্রহগুলির প্রতিটি একটি নির্দিষ্ট দেবতা বা দেবীর প্রতিনিধিত্ব করে। উদাহরণস্বরূপ, সূর্য দেবতা সূর্যের প্রতিনিধিত্ব করে, চন্দ্র দেবী চন্দ্রের প্রতিনিধিত্ব করে, এবং মঙ্গল দেবতা মঙ্গলের প্রতিনিধিত্ব করে।

শিব পুরাণে গ্রহগুলির গতি সম্পর্কেও তথ্য দেওয়া হয়েছে। এটি বলে যে এই গ্রহগুলি পৃথিবীর চারপাশে একটি নির্দিষ্ট গতিতে ঘোরে। এই গতিগুলি একজন ব্যক্তির জীবনে একটি নির্দিষ্ট প্রভাব ফেলে।

উদাহরণস্বরূপ, শিব পুরাণ বলে যে সূর্যের গতি একজন ব্যক্তির স্বাস্থ্য এবং সম্পদের উপর প্রভাব ফেলে। চন্দ্রের গতি একজন ব্যক্তির আবেগ এবং মনোভাবকে প্রভাব ফেলে। এবং মঙ্গলের গতি একজন ব্যক্তির সাহস এবং ক্ষমতার উপর প্রভাব ফেলে।

সামগ্রিকভাবে, শিব পুরাণে জ্যোতির্বিজ্ঞান সম্পর্কে যে তথ্য দেওয়া হয়েছে তা প্রাচীন ভারতের জ্যোতির্বিদ্যার জ্ঞানের একটি গুরুত্বপূর্ণ নিদর্শন। এই তথ্যগুলি প্রাচীন ভারতীয়দের জ্যোতির্বিদ্যা সম্পর্কে জ্ঞান এবং তাদের ধর্মীয় বিশ্বাসের মধ্যে সম্পর্ক

সম্পর্কে আমাদের বোঝাপড়া বাড়ায়।

পদার্থবিজ্ঞান

শিব পুরাণে পদার্থবিজ্ঞানের বিভিন্ন দিক সম্পর্কে আলোচনা করা হয়েছে। এই আলোচনাগুলি প্রাচীন ভারতীয়দের পদার্থবিজ্ঞান সম্পর্কে জ্ঞানের একটি গুরুত্বপূর্ণ নিদর্শন।

পদার্থের গঠন

শিব পুরাণ বলে যে সবকিছুই পাঁচটি মহাভূতের সংমিশ্রণ দ্বারা গঠিত: পৃথিবী, জল, তেজ, বায়ু এবং আকাশ। পৃথিবী হল কঠিন পদার্থ, জল হল তরল পদার্থ, তেজ হল তাপ এবং আলো, বায়ু হল গ্যাস এবং আকাশ হল শূন্য। এই পাঁচটি মহাভূত সবসময় একসাথে থাকে। তারা কখনও একে অপরের থেকে পৃথক হয় না। তারা বিভিন্ন অনুপাতে মিলিত হয়ে বিভিন্ন ধরনের পদার্থ তৈরি করে।

শক্তির প্রকারভেদ

শিব পুরাণ বলে যে শক্তি দুটি প্রকার: সক্রিয় শক্তি এবং নিষ্ক্রিয় শক্তি। সক্রিয় শক্তি হল সেই শক্তি যা কাজ করে। নিষ্ক্রিয় শক্তি হল সেই শক্তি যা কাজ করে না। সক্রিয় শক্তির মধ্যে রয়েছে তাপ, আলো, বিদ্যুৎ, যান্ত্রিক শক্তি এবং রাসায়নিক শক্তি। নিষ্ক্রিয় শক্তির মধ্যে রয়েছে স্থিতিশক্তি, ভারসাম্য শক্তি এবং স্থিতিস্থাপক শক্তি।

পদার্থের রূপান্তর

শিব পুরাণ বলে যে পদার্থ একটি রূপ থেকে অন্য রূপে রূপান্তরিত হতে পারে। এই রূপান্তরকে পদার্থের রূপান্তর বলা হয়। পদার্থের রূপান্তরের অনেকগুলি উদাহরণ রয়েছে। উদাহরণস্বরূপ, বরফ গলে পানিতে পরিণত হয়, পানি বাষ্প হয়ে যায়, এবং বাষ্প আবার জলে পরিণত হয়।

শক্তির সংরক্ষণের সূত্র

শিব পুরাণ শক্তির সংরক্ষণের সূত্রকে বর্ণনা করে। এই সূত্র বলে যে শক্তি তৈরি করা যায় না বা ধ্বংস করা যায় না। শক্তি শুধুমাত্র এক রূপ থেকে অন্য রূপে রূপান্তরিত হতে পারে। এই সূত্রটি আধুনিক পদার্থবিজ্ঞানের একটি গুরুত্বপূর্ণ সূত্র। এটি আমাদের বুঝতে সাহায্য করে যে শক্তি কীভাবে কাজ করে এবং এটি কীভাবে সংরক্ষণ করা হয়।

সামগ্রিকভাবে, শিব পুরাণে পদার্থবিজ্ঞান সম্পর্কে যে আলোচনা করা হয়েছে তা প্রাচীন ভারতীয়দের পদার্থবিজ্ঞান সম্পর্কে জ্ঞানের একটি গুরুত্বপূর্ণ নিদর্শন। এই আলোচনাগুলি আমাদের বুঝতে সাহায্য করে যে প্রাচীন ভারতীয়রা পদার্থের গঠন, শক্তি এবং পদার্থের রূপান্তর সম্পর্কে কীভাবে ভাবত।

পদার্থের গঠন

পদার্থের গঠন সম্পর্কে বিভিন্ন মতবাদ রয়েছে। প্রাচীন ভারতীয় ঋষিরা বিশ্বাস করতেন যে সবকিছুই পাঁচটি মহাভূতের সংমিশ্রণ দ্বারা গঠিত। এই পাঁচটি মহাভূত হল:

পৃথিবী - কঠিন পদার্থ

জল - তরল পদার্থ

তেজ - তাপ এবং আলো

বায়ু - গ্যাস

আকাশ - শূন্য

এই পাঁচটি মহাভূত সবসময় একসাথে থাকে। তারা কখনও একে অপরের থেকে পৃথক হয় না। তারা বিভিন্ন অনুপাতে মিলিত হয়ে বিভিন্ন ধরনের পদার্থ তৈরি করে। পৃথিবী হল সবচেয়ে ভারী মহাভূত। এটি কঠিন পদার্থের জন্য দায়ী। পৃথিবীর উপস্থিতির কারণে আমরা মাটি, পাথর, ধাতু, কাঠ ইত্যাদি কঠিন পদার্থ দেখতে পাই। জল হল দ্বিতীয় ভারী মহাভূত। এটি তরল পদার্থের জন্য দায়ী। জলের উপস্থিতির কারণে আমরা নদী, সমুদ্র, বৃষ্টি, বরফ ইত্যাদি তরল পদার্থ দেখতে পাই। তেজ হল তৃতীয় ভারী মহাভূত। এটি তাপ এবং আলোর জন্য দায়ী। তেজের উপস্থিতির কারণে আমরা আগুন, সূর্য, আলো ইত্যাদি দেখতে পাই। বায়ু হল সবচেয়ে হালকা মহাভূত। এটি গ্যাসের জন্য দায়ী। বায়ুর উপস্থিতির কারণে আমরা বাতাস, মেঘ, বাষ্প ইত্যাদি গ্যাস দেখতে পাই। আকাশ হল শূন্য। এটি সবকিছুকে আচ্ছাদিত করে। আকাশের উপস্থিতির কারণে আমরা মহাকাশ, ছায়াপথ, তারা ইত্যাদি দেখতে পাই।

কণাভিত্তিক মান তত্ত্ব অনুসারে, সমস্ত পদার্থ কোয়ার্ক ও লেপটন নামের দুই শ্রেণীর অবিভাজ্য মৌলিক অতিপারমাণবিক কণা নিয়ে গঠিত। কোয়ার্ক ও লেপটন কণাগুলিকে "পদার্থ কণা" এবং ফার্মিয়ন নামেও ডাকা হয়। এ পর্যন্ত ৬ ধরনের কোয়ার্ক ও ৬ ধরনের লেপটন কণা আবিষ্কৃত হয়েছে। কোয়ার্কগুলি নিউক্লিয়াসের ভিতরে থাকে এবং প্রোটন ও নিউট্রন তৈরি করে। প্রোটন ও নিউট্রন মিলে নিউক্লিয়াস তৈরি করে। নিউক্লিয়াসকে কেন্দ্র করে ইলেকট্রনগুলি ঘোরে। লেপটনগুলি নিউক্লিয়াসের বাইরে থাকে। ইলেকট্রন, মিউওন ও টাউ হল তিন ধরনের লেপটন। এই কণাগুলি বিভিন্নভাবে মিলিত হয়ে বিভিন্ন ধরনের পদার্থ তৈরি করে।

উদাহরণস্বরূপ, প্রোটন, নিউট্রন ও ইলেকট্রন মিলে হাইড্রোজেন পরমাণু তৈরি করে। হাইড্রোজেন পরমাণুগুলি মিলে জল তৈরি করে। এইভাবে, পদার্থের গঠন সম্পর্কে বিভিন্ন মতবাদ রয়েছে। তবে, কণাভিত্তিক মান তত্ত্ব অনুসারে, সমস্ত পদার্থ কোয়ার্ক ও লেপটন নামের দুই শ্রেণীর অবিভাজ্য মৌলিক অতিপারমাণবিক কণা নিয়ে গঠিত। এই কণাগুলি বিভিন্নভাবে মিলিত হয়ে বিভিন্ন ধরনের পদার্থ তৈরি করে।

শক্তির প্রকারভেদ

শক্তি হল কাজ করার ক্ষমতা। এটি বিভিন্ন রূপে বিদ্যমান। শক্তির প্রকারভেদগুলিকে বিভিন্ন উপায়ে শ্রেণিবদ্ধ করা যেতে পারে। শিব পুরাণ অনুসারে, শক্তি

দুটি প্রকার: সক্রিয় শক্তি হল সেই শক্তি যা কাজ করে। এটি একটি বস্তুর অবস্থা বা গতির পরিবর্তন ঘটাতে পারে। নিষ্ক্রিয় শক্তি হল সেই শক্তি যা কাজ করে না। এটি একটি বস্তুর অবস্থা বা গতির পরিবর্তন ঘটাতে পারে না।

সক্রিয় শক্তির উদাহরণ - তাপ হল একটি বস্তুর তাপমাত্রা বাড়াতে পারে এমন শক্তি। আলো হল একটি বস্তুর দৃশ্যমান হওয়ার জন্য প্রয়োজনীয় শক্তি। বিদ্যুৎ হল একটি বৈদ্যুতিক ক্ষেত্রের উপস্থিতি বা পরিবর্তনের কারণে কাজ করার ক্ষমতা। যান্ত্রিক শক্তি হল একটি বস্তুর গতির কারণে কাজ করার ক্ষমতা। রাসায়নিক শক্তি হল একটি রাসায়নিক বিক্রিয়ার কারণে কাজ করার ক্ষমতা।

নিষ্ক্রিয় শক্তির উদাহরণ- স্থিতিশক্তি হল একটি বস্তুর অবস্থান বা গতির কারণে কাজ করার ক্ষমতা। ভারসাম্য শক্তি হল একটি বস্তুর ভারসাম্য বজায় রাখার জন্য প্রয়োজনীয় শক্তি। স্থিতিস্থাপক শক্তি হল একটি বস্তুতে প্রয়োগ করা বল দ্বারা সৃষ্ট বিকৃতি দূর করার জন্য প্রয়োজনীয় শক্তি। আধুনিক বিজ্ঞানে, শক্তিকে সাধারণত দুটি প্রকার: শক্তির রূপ হল শক্তির বিভিন্ন ধরন, যেমন তাপ, আলো, বিদ্যুৎ, যান্ত্রিক শক্তি এবং রাসায়নিক শক্তি। শক্তির অবস্থা হল শক্তির বিভিন্ন অবস্থা, যেমন স্থিতিশক্তি, গতিশক্তি, রাসায়নিক শক্তি এবং পারমাণবিক শক্তি।

শক্তির রূপ - শক্তির রূপগুলি হল বিভিন্ন ধরণের শক্তি যা বিভিন্নভাবে কাজ করতে পারে। কিছু সাধারণ শক্তির রূপ হল:

- তাপ হল একটি বস্তুর তাপমাত্রা বাড়াতে পারে এমন শক্তি।
- আলো হল একটি বস্তুর দৃশ্যমান হওয়ার জন্য প্রয়োজনীয় শক্তি।
- বিদ্যুৎ হল একটি বৈদ্যুতিক ক্ষেত্রের উপস্থিতি বা পরিবর্তনের কারণে কাজ করার ক্ষমতা।
- যান্ত্রিক শক্তি হল একটি বস্তুর গতির কারণে কাজ করার ক্ষমতা।
- রাসায়নিক শক্তি হল একটি রাসায়নিক বিক্রিয়ার কারণে কাজ করার ক্ষমতা।

শক্তির অবস্থা - শক্তির অবস্থা হল শক্তির বিভিন্ন অবস্থা যা বিভিন্নভাবে প্রকাশিত হতে পারে। কিছু সাধারণ শক্তির অবস্থা হল:

- স্থিতিশক্তি হল একটি বস্তুর অবস্থান বা গতির কারণে কাজ করার ক্ষমতা।
- গতিশক্তি হল একটি বস্তুর চলাচলের কারণে কাজ করার ক্ষমতা।
- রাসায়নিক শক্তি হল একটি রাসায়নিক বন্ধনের মধ্যে শক্তি।
- পারমাণবিক শক্তি হল একটি পারমাণবিক নিউক্লিয়াসের মধ্যে শক্তি।

শক্তির রূপ এবং অবস্থার মধ্যে সম্পর্ক - শক্তির রূপ এবং অবস্থা একে অপরের সাথে সম্পর্কিত। একটি রূপের শক্তি অন্য রূপে রূপান্তরিত হতে পারে। উদাহরণস্বরূপ, তাপ শক্তি যান্ত্রিক শক্তিতে রূপান্তরিত হতে পারে, যান্ত্রিক শক্তি বিদ্যুৎ শক্তিতে রূপান্তরিত হতে পারে এবং বিদ্যুৎ শক্তি তাপ শক্তিতে রূপান্তরিত হতে পারে। শক্তির রূপ এবং অবস্থার মধ্যে সম্পর্কটি একটি গুরুত্বপূর্ণ ধারণা যা বিভিন্ন প্রযুক্তিগত প্রয়োগে ব্যবহৃত হয়। উদাহরণস্বরূপ, তাপবিদ্যুৎ কেন্দ্রগুলিতে, তাপ শক্তি বিদ্যুৎ শক্তিতে রূপান্তরিত হয়। সৌর প্যানেলগুলিতে, সৌর শক্তি বিদ্যুৎ শক্তিতে রূপান্তরিত হয়।

পদার্থের রূপান্তর - শিব পুরাণ বলে যে পদার্থ একটি রূপ থেকে অন্য রূপে রূপান্তরিত হতে পারে। এই রূপান্তরকে পদার্থের রূপান্তর বলা হয়। পদার্থের রূপান্তরের অনেকগুলি উদাহরণ রয়েছে। উদাহরণস্বরূপ, বরফ গলে পানিতে পরিণত হয়, পানি বাষ্প হয়ে যায়, এবং বাষ্প আবার জলে পরিণত হয়।

পদার্থের রূপান্তরের ধরন - পদার্থের রূপান্তরকে সাধারণত দুটি ভাগে ভাগ করা যেতে পারে:

- ভৌত পরিবর্তন
- রাসায়নিক পরিবর্তন

ভৌত পরিবর্তন - ভৌত পরিবর্তনে পদার্থের রাসায়নিক গঠন পরিবর্তিত হয় না। শুধুমাত্র পদার্থের আকার, আকৃতি বা অবস্থা পরিবর্তিত হয়। ভৌত পরিবর্তনের উদাহরণগুলি হল:

- কঠিন থেকে তরল (গলনা)
- তরল থেকে কঠিন (শীতলীকরণ)
- তরল থেকে গ্যাস (বাষ্পীভবন)
- গ্যাস থেকে তরল (ঘনীভবন)
- কঠিন থেকে গ্যাস (ঊর্ধ্বপাতন)

রাসায়নিক পরিবর্তন - রাসায়নিক পরিবর্তনে পদার্থের রাসায়নিক গঠন পরিবর্তিত হয়। নতুন পদার্থ তৈরি হয়। রাসায়নিক পরিবর্তনের উদাহরণগুলি হল:

- পোড়া
- জারণ
- বিজারণ
- সংযোজন

- বিয়োজ্যতা

পদার্থের রুপান্তরের কারণ - পদার্থের রুপান্তর বিভিন্ন কারণে ঘটতে পারে।

- তাপ
- চাপ
- বিদ্যুৎ
- রাসায়নিক বিক্রিয়া

তাপ - তাপ হল পদার্থের রুপান্তরের সবচেয়ে সাধারণ কারণ। তাপের কারণে পদার্থের অণুগুলির গতিশক্তি বৃদ্ধি পায়। এতে পদার্থের আকার, আকৃতি বা অবস্থা পরিবর্তিত হতে পারে। উদাহরণস্বরূপ, বরফ গলে পানিতে পরিণত হয় কারণ তাপের কারণে বরফের অণুগুলির গতিশক্তি বৃদ্ধি পায়। পানি বাষ্প হয়ে যায় কারণ তাপের কারণে পানির অণুগুলির গতিশক্তি বৃদ্ধি পায়।

চাপ - চাপও পদার্থের রুপান্তরের একটি কারণ। চাপের কারণে পদার্থের অণুগুলির মধ্যে দূরত্ব কমে যেতে পারে। এতে পদার্থের আকার বা আকৃতি পরিবর্তিত হতে পারে। উদাহরণস্বরূপ, বরফকে চাপ দেওয়া হলে তা গলে যেতে পারে। কারণ চাপের কারণে বরফের অণুগুলির মধ্যে দূরত্ব কমে যায়।

বিদ্যুৎ - বিদ্যুৎও পদার্থের রুপান্তরের একটি কারণ। বিদ্যুৎ প্রবাহের কারণে পদার্থের অণুগুলির মধ্যে ইলেকট্রন স্থানান্তরিত হতে পারে। এতে পদার্থের ধর্ম পরিবর্তিত হতে পারে। উদাহরণস্বরূপ, বিদ্যুৎ প্রবাহের কারণে তামা তারে তাপ উৎপন্ন হয়। কারণ বিদ্যুৎ প্রবাহের কারণে তামার অণুগুলির মধ্যে ইলেকট্রন স্থানান্তরিত হয়।

রাসায়নিক বিক্রিয়া - রাসায়নিক বিক্রিয়ার কারণে পদার্থের রাসায়নিক গঠন পরিবর্তিত হয়। নতুন পদার্থ তৈরি হয়। উদাহরণস্বরূপ, পানিতে হাইড্রোজেন এবং অক্সিজেন গ্যাসের রাসায়নিক বিক্রিয়ার ফলে হাইড্রোক্সাইড আয়ন এবং হাইড্রোনিয়াম আয়ন তৈরি হয়।

শক্তির সংরক্ষণের সূত্র - শক্তির সংরক্ষণের সূত্র হল একটি পদার্থবিজ্ঞানের সূত্র যা বলে যে শক্তি তৈরি করা যায় না বা ধ্বংস করা যায় না। শক্তি শুধুমাত্র এক রূপ থেকে অন্য রূপে রুপান্তরিত হতে পারে। এই সূত্রটি শিব পুরাণে বর্ণিত হয়েছে। শিব পুরাণ অনুসারে, শক্তি হল একটি চিরন্তন সত্তা। এটি সর্বদা বিদ্যমান থাকে এবং এটি শুধুমাত্র এক রূপ থেকে অন্য রূপে পরিবর্তিত হতে পারে। শক্তির সংরক্ষণের সূত্রটি আধুনিক পদার্থবিজ্ঞানের একটি গুরুত্বপূর্ণ সূত্র। এটি আমাদের বুঝতে সাহায্য করে যে শক্তি কীভাবে কাজ করে এবং এটি কীভাবে সংরক্ষণ করা হয়।

শক্তির সংরক্ষণের সূত্রের উদাহরণ - শক্তির সংরক্ষণের সূত্রের অনেকগুলি উদাহরণ রয়েছে। উদাহরণস্বরূপ, যখন আমরা একটি বল ফেলি, তখন বলটি মাটিতে পৌঁছানোর সাথে সাথে এর গতিশক্তি তাপ শক্তিতে রূপান্তরিত হয়। বলটি মাটিতে পৌঁছানোর পরে, এর গতিশক্তি আর থাকে না। তবে, তাপ শক্তি এখনও বিদ্যমান।

আরেকটি উদাহরণ হল যখন আমরা একটি গাড়ি চালাই। গাড়ির ইঞ্জিন জ্বালানীকে তাপ শক্তিতে রূপান্তর করে। এই তাপ শক্তি যান্ত্রিক শক্তিতে রূপান্তরিত হয়, যা গাড়িকে চালায়।

শক্তির সংরক্ষণের সূত্রটি আমাদের বুঝতে সাহায্য করে যে শক্তি কীভাবে বিভিন্ন রূপে রূপান্তরিত হতে পারে। এটি আমাদের শক্তির ব্যবহারকে আরও দক্ষ করে তুলতেও সাহায্য করতে পারে।

শিব পুরাণে রসায়নবিজ্ঞান

শিব পুরাণে রসায়নবিজ্ঞান একটি গুরুত্বপূর্ণ স্থান দখল করে। এতে রাসায়নিক পদার্থের বৈশিষ্ট্য, রাসায়নিক বিক্রিয়া এবং রাসায়নিক পদার্থের ব্যবহার সম্পর্কে আলোচনা করা হয়েছে। এটি ঔষধ, ধাতু এবং ঔষধ তৈরির কলা সম্পর্কেও আলোচনা করে।

রাসায়নিক পদার্থের বৈশিষ্ট্য

শিব পুরাণে রাসায়নিক পদার্থের বিভিন্ন বৈশিষ্ট্য সম্পর্কে আলোচনা করা হয়েছে। এর মধ্যে রয়েছে:

- রাসায়নিক পদার্থের স্থিতি: রাসায়নিক পদার্থ তরল, গ্যাস বা কঠিন হতে পারে।
- রাসায়নিক পদার্থের রঙ: রাসায়নিক পদার্থ বিভিন্ন রঙের হতে পারে।
- রাসায়নিক পদার্থের গন্ধ: রাসায়নিক পদার্থ বিভিন্ন গন্ধের হতে পারে।
- রাসায়নিক পদার্থের স্বাদ: রাসায়নিক পদার্থ বিভিন্ন স্বাদের হতে পারে।
- রাসায়নিক পদার্থের রাসায়নিক বৈশিষ্ট্য: রাসায়নিক পদার্থ বিভিন্ন রাসায়নিক বিক্রিয়ায় অংশগ্রহণ করতে পারে।

রাসায়নিক বিক্রিয়া

শিব পুরাণে রাসায়নিক বিক্রিয়ার বিভিন্ন প্রকার সম্পর্কে আলোচনা করা হয়েছে। এর মধ্যে রয়েছে:

- সংযোজন বিক্রিয়া: দুটি বা ততোধিক পদার্থ একত্রিত হয়ে নতুন একটি পদার্থ তৈরি করে।
- বিয়োজন বিক্রিয়া: একটি পদার্থ ভেঙে দুটি বা ততোধিক পদার্থ তৈরি করে।

- প্রতিস্থাপন বিক্রিয়া: একটি পদার্থ অন্য একটি পদার্থকে প্রতিস্থাপন করে।
- জারণ-বিজারণ বিক্রিয়া: একটি পদার্থ জারিত হয় এবং অপর একটি পদার্থ বিজারিত হয়।

রাসায়নিক পদার্থের ব্যবহার

শিব পুরাণে রাসায়নিক পদার্থের বিভিন্ন ব্যবহার সম্পর্কে আলোচনা করা হয়েছে। এর মধ্যে রয়েছে:

- ঔষধ তৈরিতে: রাসায়নিক পদার্থ বিভিন্ন রোগের চিকিৎসায় ব্যবহৃত হয়।
- ধাতু তৈরিতে: রাসায়নিক পদার্থ বিভিন্ন ধাতু তৈরিতে ব্যবহৃত হয়।
- রাসায়নিক দ্রব্য তৈরিতে: রাসায়নিক পদার্থ বিভিন্ন রাসায়নিক দ্রব্য তৈরিতে ব্যবহৃত হয়।

ঔষধ, ধাতু এবং ঔষধ তৈরির কলা

শিব পুরাণে ঔষধ, ধাতু এবং ঔষধ তৈরির কলা সম্পর্কেও আলোচনা করা হয়েছে। এর মধ্যে রয়েছে:

- ঔষধ তৈরির কলা: শিব পুরাণে বিভিন্ন ঔষধ তৈরির প্রণালী বর্ণনা করা হয়েছে।
- ধাতু তৈরির কলা: শিব পুরাণে বিভিন্ন ধাতু তৈরির প্রণালী বর্ণনা করা হয়েছে।
- ঔষধ তৈরির কলা: শিব পুরাণে বিভিন্ন ঔষধ তৈরির প্রণালী বর্ণনা করা হয়েছে।

শিব পুরাণে রসায়নবিজ্ঞানের আলোচনাটি অত্যন্ত প্রাচীন এবং তাৎপর্যপূর্ণ। এটি রসায়নবিজ্ঞানের প্রাচীন ভারতীয় ঐতিহ্যের একটি গুরুত্বপূর্ণ নিদর্শন।

ঔষধ তৈরির কলা

শিব পুরাণে ঔষধ তৈরির কলা সম্পর্কে বিস্তারিত আলোচনা করা হয়েছে। এতে বিভিন্ন ঔষধ তৈরির প্রণালী বর্ণনা করা হয়েছে। এই প্রণালীগুলিতে বিভিন্ন রাসায়নিক পদার্থের ব্যবহার করা হয়। শিব পুরাণে বর্ণিত ঔষধগুলি বিভিন্ন রোগের চিকিৎসায় ব্যবহৃত হয়। এর মধ্যে রয়েছে:

- জ্বরের চিকিৎসা: শিব পুরাণে জ্বর নিরাময়ের জন্য বিভিন্ন ঔষধের প্রণালী বর্ণনা করা হয়েছে। এর মধ্যে রয়েছে জ্বরনাশক, শরীর শীতলকারী এবং রোগ প্রতিরোধ ক্ষমতা বৃদ্ধিকারী ঔষধ।
- সর্দি-কাশির চিকিৎসা: শিব পুরাণে সর্দি-কাশি নিরাময়ের জন্য বিভিন্ন ঔষধের প্রণালী বর্ণনা করা হয়েছে। এর মধ্যে রয়েছে সর্দি-কাশি দমনকারী, শ্লেষ্মা

নিঃসরণকারী এবং শ্বাসযন্ত্রের সংক্রমণ প্রতিরোধী ঔষধ।

- পেটের রোগের চিকিৎসা: শিব পুরাণে পেটের রোগ নিরাময়ের জন্য বিভিন্ন ঔষধের প্রণালী বর্ণনা করা হয়েছে। এর মধ্যে রয়েছে পেটের ব্যথা নিরাময়কারী, ডায়রিয়া বন্ধকারী এবং পেটের সংক্রমণ প্রতিরোধী ঔষধ।
- চর্মরোগের চিকিৎসা: শিব পুরাণে চর্মরোগ নিরাময়ের জন্য বিভিন্ন ঔষধের প্রণালী বর্ণনা করা হয়েছে। এর মধ্যে রয়েছে চুলকানি দমনকারী, দাদ-খুশকি প্রতিরোধী এবং ত্বকের সংক্রমণ প্রতিরোধী ঔষধ।
- বাত-ব্যথার চিকিৎসা: শিব পুরাণে বাত-ব্যথা নিরাময়ের জন্য বিভিন্ন ঔষধের প্রণালী বর্ণনা করা হয়েছে। এর মধ্যে রয়েছে ব্যথানাশক, বাতের জয়েন্টগুলিকে শক্তিশালীকারী এবং বাতের সংক্রমণ প্রতিরোধী ঔষধ।
- অন্যান্য রোগের চিকিৎসা: শিব পুরাণে অন্যান্য রোগের চিকিৎসার জন্যও বিভিন্ন ঔষধের প্রণালী বর্ণনা করা হয়েছে। এর মধ্যে রয়েছে চোখের রোগ, কানের রোগ, মুখের রোগ, দাঁতের রোগ, মানসিক রোগ এবং যৌন রোগের চিকিৎসার জন্য ঔষধ।

শিব পুরাণে বর্ণিত ঔষধগুলি তৈরি করতে বিভিন্ন রাসায়নিক পদার্থের ব্যবহার করা হয়। এর মধ্যে রয়েছে:

- উদ্ভিদ থেকে প্রাপ্ত পদার্থ: শিব পুরাণে বর্ণিত ঔষধগুলির বেশিরভাগই উদ্ভিদ থেকে প্রাপ্ত পদার্থ দিয়ে তৈরি করা হয়। এর মধ্যে রয়েছে বিভিন্ন গাছের পাতা, ফুল, ফল, মূল, বীজ এবং ছাল।
- খনিজ পদার্থ: শিব পুরাণে বর্ণিত ঔষধগুলিতে বিভিন্ন খনিজ পদার্থও ব্যবহার করা হয়। এর মধ্যে রয়েছে বিভিন্ন ধাতুর অক্সাইড, সালফেট, কার্বনেট এবং হাইড্রক্সাইড।
- প্রাণী থেকে প্রাপ্ত পদার্থ: শিব পুরাণে বর্ণিত ঔষধগুলিতে বিভিন্ন প্রাণী থেকে প্রাপ্ত পদার্থও ব্যবহার করা হয়। এর মধ্যে রয়েছে বিভিন্ন প্রাণীর মাংস, রক্ত, দুধ, ডিম এবং মূত্র।

শিব পুরাণে বর্ণিত ঔষধগুলির অনেকগুলিই আজও প্রাসঙ্গিক। এগুলি প্রাকৃতিক উপাদান দিয়ে তৈরি হওয়ায় এগুলির পার্শ্বপ্রতিক্রিয়া কম।

ধাতু তৈরির কলা

শিব পুরাণে ধাতু তৈরির কলা সম্পর্কে বিস্তারিত আলোচনা করা হয়েছে। এতে বিভিন্ন ধাতু তৈরির প্রণালী বর্ণনা করা হয়েছে। এই প্রণালীগুলিতে বিভিন্ন রাসায়নিক পদার্থের ব্যবহার করা হয়। শিব পুরাণে বর্ণিত ধাতুগুলির মধ্যে রয়েছে:

- স্বর্ণ: শিব পুরাণে স্বর্ণ তৈরির জন্য বিভিন্ন প্রণালী বর্ণনা করা হয়েছে। এর মধ্যে রয়েছে পটলা, পাঠক, কেলাস এবং ব্রহ্মণী প্রণালী।
- রূপা: শিব পুরাণে রূপা তৈরির জন্য বিভিন্ন প্রণালী বর্ণনা করা হয়েছে। এর মধ্যে রয়েছে রৌপ্য প্রণালী, সূর্য প্রণালী এবং চন্দ্র প্রণালী।
- তামা: শিব পুরাণে তামা তৈরির জন্য বিভিন্ন প্রণালী বর্ণনা করা হয়েছে। এর মধ্যে রয়েছে তাম্বুল প্রণালী, রক্তপ্রণালী এবং লোহিত প্রণালী।
- লোহা: শিব পুরাণে লোহা তৈরির জন্য বিভিন্ন প্রণালী বর্ণনা করা হয়েছে। এর মধ্যে রয়েছে লোহ প্রণালী, কৃষ্ণ প্রণালী এবং নীল প্রণালী।
- সীসা: শিব পুরাণে সীসা তৈরির জন্য বিভিন্ন প্রণালী বর্ণনা করা হয়েছে। এর মধ্যে রয়েছে সীসা প্রণালী, লোহিত প্রণালী এবং কৃষ্ণ প্রণালী।
- টিন: শিব পুরাণে টিন তৈরির জন্য বিভিন্ন প্রণালী বর্ণনা করা হয়েছে। এর মধ্যে রয়েছে টিন প্রণালী, লোহিত প্রণালী এবং কৃষ্ণ প্রণালী।
- ব্যারসিয়াম: শিব পুরাণে ব্যারসিয়াম তৈরির জন্য বিভিন্ন প্রণালী বর্ণনা করা হয়েছে। এর মধ্যে রয়েছে ব্যারসিয়াম প্রণালী, লোহিত প্রণালী এবং কৃষ্ণ প্রণালী।

শিব পুরাণে বর্ণিত ধাতু তৈরির প্রণালীগুলি মূলত তিনটি পর্যায়ে বিভক্ত:

- প্রথম পর্যায়ে, ধাতুটির অক্সাইড বা সালফেট তৈরি করা হয়।
- দ্বিতীয় পর্যায়ে, ধাতুটির অক্সাইড বা সালফেটকে রাসায়নিক বিক্রিয়ায় অংশগ্রহণ করিয়ে ধাতুটিকে বিশুদ্ধ করা হয়।
- তৃতীয় পর্যায়ে, ধাতুটিকে গলিয়ে বা ঢালাই করে তার নির্দিষ্ট আকার দেওয়া হয়।

শিব পুরাণে বর্ণিত ধাতু তৈরির প্রণালীগুলি অত্যন্ত প্রাচীন। এগুলি আজও প্রাসঙ্গিক, তবে কিছু ক্ষেত্রে আধুনিক প্রযুক্তির ব্যবহারের মাধ্যমে এগুলি আরও উন্নত করা হয়েছে। শিব পুরাণে বর্ণিত ধাতু তৈরির প্রণালীগুলির একটি উদাহরণ:

স্বর্ণ তৈরির জন্য পটলা প্রণালী:

- প্রথমে, কাঁচামাটি দিয়ে একটি চুল্লি তৈরি করা হয়।
- চুল্লির মধ্যে লোহা, চুনাপাথর এবং কয়লা দিয়ে একটি মিশ্রণ তৈরি করা হয়।
- মিশ্রণটিকে চুল্লিতে গরম করা হয়।
- গরম করার ফলে মিশ্রণটি বিক্রিয়া করে সোনা তৈরি করে।

এই প্রণালীতে তৈরি সোনা খুবই শুদ্ধ হয়। এটিকে জ্যোতিষশাস্ত্রে বিভিন্ন উদ্দেশ্যে ব্যবহার করা হয়।

রাসায়নিক দ্রব্য তৈরিতে রাসায়নিক পদার্থের ব্যবহার

রাসায়নিক দ্রব্য হল এমন পদার্থ যা রাসায়নিক বিক্রিয়ার মাধ্যমে তৈরি হয়। রাসায়নিক দ্রব্যগুলি বিভিন্ন কাজে ব্যবহৃত হয়, যেমন:

- ঔষধ: ঔষধগুলি রোগের চিকিৎসায় ব্যবহৃত হয়। ঔষধগুলি বিভিন্ন রাসায়নিক পদার্থ দিয়ে তৈরি হয়, যেমন অ্যান্টিবায়োটিক, ব্যথানাশক, এবং অ্যান্টিহিস্টামিন।
- সার: সার ফসলের বৃদ্ধি এবং উৎপাদন বাড়াতে ব্যবহৃত হয়। সার বিভিন্ন রাসায়নিক পদার্থ দিয়ে তৈরি হয়, যেমন নাইট্রোজেন, ফসফরাস, এবং পটাসিয়াম।
- কীটনাশক: কীটনাশক কীটপতঙ্গের আক্রমণ থেকে ফসল রক্ষা করতে ব্যবহৃত হয়। কীটনাশক বিভিন্ন রাসায়নিক পদার্থ দিয়ে তৈরি হয়, যেমন ইথিওল, কারবারিল, এবং ক্লোরোপিরিফস।
- রঙ: রঙ বিভিন্ন পৃষ্ঠকে রঙ করার জন্য ব্যবহৃত হয়। রঙ বিভিন্ন রাসায়নিক পদার্থ দিয়ে তৈরি হয়, যেমন পিগমেন্ট, দ্রাবক, এবং স্তরীয়।
- প্লাস্টিক: প্লাস্টিক বিভিন্ন জিনিস তৈরিতে ব্যবহৃত হয়, যেমন প্লাস্টিকের বোতল, প্লাস্টিকের ব্যাগ, এবং প্লাস্টিকের পাইপ। প্লাস্টিক বিভিন্ন রাসায়নিক পদার্থ দিয়ে তৈরি হয়, যেমন পলিথিন, পলিপ্রোপিলিন, এবং পলিস্টাইরিন।

রাসায়নিক দ্রব্য তৈরিতে বিভিন্ন ধরনের রাসায়নিক পদার্থ ব্যবহৃত হয়। এই পদার্থগুলিকে প্রধানত তিনটি ভাগে ভাগ করা যায়:

- উৎপাদক পদার্থ: এই পদার্থগুলি রাসায়নিক বিক্রিয়ার মাধ্যমে নতুন পদার্থ তৈরি করতে ব্যবহৃত হয়। উদাহরণস্বরূপ, অ্যাসিড এবং ক্ষার একত্রিত হয়ে লবণ তৈরি করে।
- উৎপাদক অনুঘটক: এই পদার্থগুলি রাসায়নিক বিক্রিয়াকে দ্রুততর করতে সাহায্য করে। উদাহরণস্বরূপ, আয়রন অক্সাইড সালফার ডাই অক্সাইড এবং অক্সিজেনকে সালফিউরিক অ্যাসিডে রূপান্তর করতে সাহায্য করে।
- অন্যান্য রাসায়নিক পদার্থ: এই পদার্থগুলি রাসায়নিক দ্রব্যের বৈশিষ্ট্য বা গুণগত মান উন্নত করতে ব্যবহৃত হয়। উদাহরণস্বরূপ, স্থিতিশীলতা বা দ্রবণীয়তা উন্নত করতে অ্যাডিটিভ ব্যবহার করা হয়।

রাসায়নিক দ্রব্য তৈরির প্রক্রিয়াটি বেশ জটিল এবং বিভিন্ন ধাপে সম্পন্ন হয়। এই প্রক্রিয়াটিতে বিভিন্ন ধরনের যন্ত্রপাতি এবং সরঞ্জাম ব্যবহার করা হয়। রাসায়নিক দ্রব্য তৈরির ক্ষেত্রে নিরাপত্তা অত্যন্ত গুরুত্বপূর্ণ। রাসায়নিক পদার্থগুলি বিষাক্ত, দাহ্য, বা

বিস্ফোরক হতে পারে। তাই রাসায়নিক দ্রব্য তৈরির ক্ষেত্রে সঠিক নিরাপত্তা ব্যবস্থা গ্রহণ করা উচিত।

শিব পুরাণে জীববিজ্ঞান

শিব পুরাণে জীববিজ্ঞান সম্পর্কিত অনেক গুরুত্বপূর্ণ তথ্য রয়েছে। এই গ্রন্থে মানুষের শরীর, জীবের বিকাশ এবং জীবনের চক্র সম্পর্কে আলোচনা করা হয়েছে। এটি শরীরের বিভিন্ন অঙ্গ-প্রত্যঙ্গের কাজ, রোগের কারণ এবং চিকিৎসার পদ্ধতি সম্পর্কেও আলোচনা করে।

মানব শরীর

শিব পুরাণে মানুষের শরীরকে একটি মন্দিরের সাথে তুলনা করা হয়েছে। এই মন্দিরের প্রধান দেবতা হলেন আত্মা। শরীরের বিভিন্ন অঙ্গ-প্রত্যঙ্গ হল এই মন্দিরের বিভিন্ন অঙ্গ।

শরীরের প্রধান অঙ্গ হল মস্তিষ্ক। মস্তিষ্ক হল মনের আবাসস্থল। এটি আমাদের চিন্তাভাবনা, বোঝাপড়া এবং অনুভূতি নিয়ন্ত্রণ করে।

শরীরের অন্যান্য গুরুত্বপূর্ণ অঙ্গগুলির মধ্যে রয়েছে হৃদয়, ফুসফুস, যকৃত, অগ্ন্যাশয়, কিডনি এবং পাচনতন্ত্র। এই অঙ্গগুলি আমাদের জীবনের জন্য অপরিহার্য।

জীবের বিকাশ

শিব পুরাণে জীবের বিকাশ সম্পর্কেও আলোচনা করা হয়েছে। এই গ্রন্থে বলা হয়েছে যে, জীবের বিকাশ একটি ধারাবাহিক প্রক্রিয়া। এই প্রক্রিয়াটি শুক্রাণু এবং ডিম্বাণুর মিলনের মাধ্যমে শুরু হয়। শুক্রাণু এবং ডিম্বাণু মিলিত হয়ে একটি জাইগোট তৈরি হয়। জাইগোট একটি কোষ যা দ্রুত বিভাজিত হয়ে একটি ভ্রূণে পরিণত হয়। ভ্রূণ ধীরে ধীরে বৃদ্ধি পেয়ে একটি শিশুতে পরিণত হয়।

জীবনের চক্র

শিব পুরাণে জীবনের চক্র সম্পর্কেও আলোচনা করা হয়েছে। এই গ্রন্থে বলা হয়েছে যে, জীবন একটি চক্র। এই চক্রটি জন্ম, মৃত্যু এবং পুনর্জন্মের মধ্য দিয়ে ঘটে। জন্ম হল জীবনের শুরু। মৃত্যু হল জীবনের শেষ। পুনর্জন্ম হল জীবনের পুনরাবৃত্তি।

রোগ এবং চিকিৎসা

শিব পুরাণে রোগ এবং চিকিৎসা সম্পর্কেও আলোচনা করা হয়েছে। এই গ্রন্থে বলা হয়েছে যে, রোগ হল শরীরের ভারসাম্যহীনতার কারণে। রোগের কারণগুলির মধ্যে রয়েছে অসুস্থতা, দুর্ঘটনা, দূষণ এবং মানসিক চাপ। চিকিৎসা হল রোগের চিকিৎসার প্রক্রিয়া। চিকিৎসার বিভিন্ন পদ্ধতি রয়েছে। এর মধ্যে রয়েছে ওষুধপত্র, অস্ত্রোপচার, শারীরিক থেরাপি এবং আয়ুর্বেদিক চিকিৎসা।

শিব পুরাণে জীববিজ্ঞানের গুরুত্ব

শিব পুরাণে জীববিজ্ঞান সম্পর্কিত আলোচনা অত্যন্ত গুরুত্বপূর্ণ। এই আলোচনাগুলি আমাদের মানুষের শরীর, জীবের বিকাশ এবং জীবনের চক্র সম্পর্কে জানতে সাহায্য করে। এছাড়াও, এই আলোচনাগুলি আমাদের রোগের কারণ এবং চিকিৎসা সম্পর্কেও জানতে সাহায্য করে।

মানব শরীর

শিব পুরাণে মানুষের শরীরকে একটি মন্দিরের সাথে তুলনা করা হয়েছে। এই মন্দিরের প্রধান দেবতা হলেন আত্মা। শরীরের বিভিন্ন অঙ্গ-প্রত্যঙ্গ হল এই মন্দিরের বিভিন্ন অঙ্গ। মানব শরীর একটি জটিল এবং বিচিত্র অঙ্গ-প্রত্যঙ্গের সমন্বয়ে গঠিত। এই অঙ্গ-প্রত্যঙ্গগুলির প্রত্যেকটিরই একটি নির্দিষ্ট কাজ রয়েছে।

শরীরের প্রধান অঙ্গ

শরীরের প্রধান অঙ্গ হল মস্তিষ্ক। মস্তিষ্ক হল মনের আবাসস্থল। এটি আমাদের চিন্তাভাবনা, বোঝাপড়া এবং অনুভূতি নিয়ন্ত্রণ করে। মস্তিষ্ক আমাদের শরীরের সমস্ত কার্যকলাপের সমন্বয় করে। এটি আমাদের চোখ, কান, নাক, মুখ এবং ত্বকের মাধ্যমে তথ্য সংগ্রহ করে। এই তথ্যগুলিকে প্রক্রিয়া করে, মস্তিষ্ক আমাদের প্রতিক্রিয়া তৈরি করে। মস্তিষ্ক আমাদের শরীরের ভারসাম্য এবং সমন্বয় নিয়ন্ত্রণ করে। এটি আমাদের কথা বলা, হাঁটাচলা এবং অন্যান্য শারীরিক ক্রিয়াকলাপগুলি নিয়ন্ত্রণ করে।

শরীরের অন্যান্য গুরুত্বপূর্ণ অঙ্গ

শরীরের অন্যান্য গুরুত্বপূর্ণ অঙ্গগুলির মধ্যে রয়েছে:

* হৃদয়: হৃদয় আমাদের শরীরের রক্ত সঞ্চালন করে। এটি আমাদের শরীরের প্রতিটি অংশে অক্সিজেন এবং পুষ্টি সরবরাহ করে।
* ফুসফুস: ফুসফুস আমাদের শরীরে অক্সিজেন শোষণ করে এবং কার্বন ডাই অক্সাইড ত্যাগ করে।
* যকৃত: যকৃত আমাদের শরীরের বিষাক্ত পদার্থগুলি অপসারণ করে। এটি আমাদের শরীরের হজমেও সাহায্য করে।
* অগ্ন্যাশয়: অগ্ন্যাশয় আমাদের শরীরের ইনসুলিন তৈরি করে। ইনসুলিন আমাদের শরীরের রক্তে শর্করার মাত্রা নিয়ন্ত্রণ করে।
* কিডনি: কিডনি আমাদের শরীর থেকে অতিরিক্ত তরল এবং বর্জ্য পদার্থগুলি অপসারণ করে।
* পাচনতন্ত্র: পাচনতন্ত্র আমাদের খাবার হজম করে এবং পুষ্টিগুলিকে আমাদের শরীরে শোষণ করে।

এই অঙ্গগুলি আমাদের জীবনের জন্য অপরিহার্য। যদি এই অঙ্গগুলির কোনো একটি অকেজো হয়ে যায়, তাহলে আমাদের জীবন বিপন্ন হয়ে পড়তে পারে।

মানব শরীরের গুরুত্ব

মানব শরীর হল আমাদের জীবনের সবচেয়ে মূল্যবান সম্পদ। এটি আমাদেরকে বেঁচে থাকা, বেড়ে ওঠা এবং জীবনের সবকিছু উপভোগ করার অনুমতি দেয়। আমাদের শরীরের যত্ন নেওয়া অত্যন্ত গুরুত্বপূর্ণ। আমাদের স্বাস্থ্যকর খাবার খাওয়া, পর্যাপ্ত ঘুমানো এবং নিয়মিত ব্যায়াম করা উচিত। এটি আমাদের শরীরকে সুস্থ এবং সবল রাখতে সাহায্য করবে।

জীবের বিকাশ

শিব পুরাণে জীবের বিকাশ সম্পর্কে বলা হয়েছে যে, জীবের বিকাশ একটি ধারাবাহিক প্রক্রিয়া। এই প্রক্রিয়াটি শুক্রাণু এবং ডিম্বাণুর মিলনের মাধ্যমে শুরু হয়। শুক্রাণু এবং ডিম্বাণুর মিলন-পুরুষের শুক্রাণু এবং নারীর ডিম্বাণু মিলিত হয়ে একটি জাইগোট তৈরি হয়। জাইগোট একটি কোষ যা দ্রুত বিভাজিত হয়ে একটি ভ্রূণে পরিণত হয়। ভ্রূণের বিকাশ- ভ্রূণ ধীরে ধীরে বৃদ্ধি পেয়ে একটি শিশুতে পরিণত হয়। ভ্রূণের বিকাশের বিভিন্ন পর্যায় রয়েছে।

* মূল কোষ পর্যায়: এই পর্যায়ে, ভ্রূণ একটি ছোট, গোলাকার কোষের মতো হয়।
* জরায়ু পর্যায়: এই পর্যায়ে, ভ্রূণ জরায়ুতে রোপিত হয় এবং বৃদ্ধি শুরু করে।
* ভ্রূণ পর্যায়: এই পর্যায়ে, ভ্রূণের বিভিন্ন অঙ্গ এবং অঙ্গপ্রত্যঙ্গ গঠিত হয়।
* গর্ভাধানের পর্যায়: এই পর্যায়ে, ভ্রূণ একটি সম্পূর্ণ শিশুতে পরিণত হয়।

শিশুর জন্ম

গর্ভাধানের পূর্ণকালে, শিশুর জন্ম হয়। শিশুর জন্মের পর, শিশুর বৃদ্ধি এবং বিকাশ অব্যাহত থাকে। শিব পুরাণে জীবের বিকাশের গুরুত্ব-শিব পুরাণে জীবের বিকাশ সম্পর্কে আলোচনার গুরুত্ব অপরিসীম। এই আলোচনাগুলি আমাদেরকে জীবের বিকাশের প্রক্রিয়া সম্পর্কে জানতে সাহায্য করে। এটি আমাদেরকে জীবের বিবর্তন সম্পর্কেও জানতে সাহায্য করে।

জীবনের চক্র-শিব পুরাণে জীবনের চক্র সম্পর্কে বলা হয়েছে যে, জীবন একটি চক্র। এই চক্রটি জন্ম, মৃত্যু এবং পুনর্জন্মের মধ্য দিয়ে ঘটে।

জন্ম - জন্ম হল জীবনের শুরু। জন্মের মাধ্যমে, একটি নতুন প্রাণী এই পৃথিবীতে আসে। জন্মের পর, প্রাণীটি বেড়ে ওঠে এবং পরিপক্ক হয়।

মৃত্যু - মৃত্যু হল জীবনের শেষ। মৃত্যুর মাধ্যমে, প্রাণীটি এই পৃথিবী থেকে চলে যায়। মৃত্যুর পর, প্রাণীর দেহ ক্ষয়প্রাপ্ত হয় এবং পুনর্ব্যবহারিত হয়।

পুনর্জন্ম - পুনর্জন্ম হল জীবনের পুনরাবৃত্তি। পুনর্জন্মের মাধ্যমে, প্রাণীটি একটি নতুন দেহে জন্মগ্রহণ করে। পুনর্জন্মের পর, প্রাণীটি তার অতীত জীবনের কর্মের ফল অনুভব করে।

শিব পুরাণে জীবনের চক্রের গুরুত্ব -শিব পুরাণে জীবনের চক্র সম্পর্কে আলোচনার গুরুত্ব অপরিসীম। এই আলোচনাগুলি আমাদেরকে জীবনের প্রকৃতি সম্পর্কে জানতে সাহায্য করে। এটি আমাদেরকে কর্মের ফল এবং পুনর্জন্মের ধারণা সম্পর্কেও জানতে সাহায্য করে।

জীবনের চক্রের বিভিন্ন দৃষ্টিভঙ্গি - জীবনের চক্র সম্পর্কে বিভিন্ন দৃষ্টিভঙ্গি রয়েছে। কিছু লোক বিশ্বাস করে যে, জীবনের চক্র একটি অনন্ত চক্র। অন্যরা বিশ্বাস করে যে, জীবনের চক্র একটি সীমিত চক্র। শিব পুরাণে জীবনের চক্র সম্পর্কে কোনো নির্দিষ্ট দৃষ্টিভঙ্গি দেওয়া হয়নি। তবে, এই গ্রন্থে বলা হয়েছে যে, জীবনের চক্র একটি বাস্তবতা।

জীবনের চক্রের শিক্ষা - জীবনের চক্র আমাদেরকে অনেক শিক্ষা দেয়। এই শিক্ষাগুলির মধ্যে রয়েছে:

- জীবন ক্ষণস্থায়ী।
- আমাদের কর্মের ফল আমাদের সাথে থাকে।
- আমাদের উচিত ভাল কাজ করা এবং খারাপ কাজ থেকে বিরত থাকা।
- জীবনের চক্র সম্পর্কে জানলে, আমরা আমাদের জীবনকে আরও অর্থবহভাবে কাটাতে পারি।

সংখ্যা
১০৮ সংখ্যাটি সবচেয়ে মাহাত্ম্যপূর্ণ কেন?

- "ওঁ" কার যেমন হিন্দু ধর্মে গুরুত্বপূর্ণ তেমনি মাহাত্ম্যপূর্ণ "১০৮ সংখ্যাটি"! আমরা হিন্দুরা এই সংখ্যা দিয়ে পরমব্রহ্মকে প্রকাশ করে থাকি।

- ব্রহ্ম = ব+র+হ+ম = ২৩+ ২৭+ +৩৩ +২৫=১০৮

- সংস্কৃত বর্ণমালার অক্ষর সংখ্যা ৫৪ আবার প্রতিটি বর্ণের রয়েছে পুংলিঙ্গ ও স্ত্রীলিঙ্গ বা পরমশিব ও আদ্যাশক্তি। তাই ৫৪x২=১০৮।
- ১'০,৮: এর ১কে ঈশ্বরের প্রতীক , ০ কে আধ্যাত্মিক অভ্যাসের পরিপূর্ণতা এবং ৮ কে অসীমের প্রতীক কল্পনা করা হয়।
- প্রাচীন ঋষিরা সময়কে ১০৮ টি উপলব্ধিতে ভাগ করেছিলেন। অতীত=৩৬ ,বর্তমান=৩৬ এবং ভবিষ্যত =৩৬ তিন মিলে ১০৮।
- ভারতবর্ষে উৎপন্ন সব ধর্মে হিন্দু , বৌদ্ধ , শিখ ও জৈন ধর্মে বৈচিত্র্য থাকলেও জপমালার সংখ্যা একই অর্থাৎ ১০৮ !

- জৈনরা মনে করেন আমাদের দেহে ৫ প্রকার গুণ (১২+৮+৩৬+২৫+২৭) এভাবে থাকে ।

- চীনের তাও ধর্মাবলম্বীরা 'শু - চু' নামের পুঁতির মালা জপ করেন । এদের মালা ৩৬x৩ হিসাবে তিন ভাগে বিভক্ত । চীনা জ্যোর্তিবিদগণ মহাকাশে ১০৮ টি তারা আছে বলে ভাবতেন ।

- বৌদ্ধরা অনেকে আখরোটের উপর ১০৮টি ছোট বুদ্ধদেবের মূর্তি খোদাই করে জপ করেন ।

- সনাতনী ধর্মী শৈবরা ১০৮টি রুদ্রাক্ষের এবং বৈষ্ণব গণ ১০৮টি তুলসী কাঠির মালা জপ করেন ।

- নারায়ণ পূজায় ১০৮টি তুলসী পাতা , শিব পূজায় ১০৮টি বেলপাতা আবার দুর্গাপূজায় ১০৮ টি পদ্ম দেওয়া উচিত ।

- সনাতনী পঞ্চোপাসকগণ গণেশ , শ্রীকৃষ্ণ , মহাদেব , চন্ডী বা দুর্গা , সূর্য বা আদিত্যকে নিজেদের ইষ্ট মেনে পুজো করেন । এঁদের প্রত্যেকের রয়েছে ১০৮টি নাম । যা পাঠ করা পুণ্যের কাজ মনে করি ।

- ভগবানকে পাওয়ার ১০৮টি পথ বা মার্গের কথা জানা যায় ।

- হিন্দু ধর্মে তন্ত্র পীঠের সংখ্যা ১০৮টি ।

- সনাতন ধর্মীদের প্রধান তীর্থস্থান ১০৮টি ।

- চারটি বেদ সমেত মোট উপনিষদের সংখ্যা ১০৮টি ।

- শ্রীকৃষ্ণ ১০৮জন গোপিনীর সঙ্গে তাঁর লীলা করেছেন ।

- আয়ুর্বেদ ও যোগশাস্ত্র অনুসারে মানুষের দেহের ১০৮টি পথ ধরে চালিকা শক্তি এসে আমৃত্যু হৃদপিন্ডকে সচল রাখে । আয়ুর্বেদে শরীরে ১০৮টি মর্মস্থানের কথা আছে যা সবগুলি সন্ধি বা জয়েন্টের শৃঙ্খলে আবদ্ধ ।

- সূর্যপ্রণাম মন্ত্র বা মালা জপের দ্বারা এদের মধ্যে সংযোগ স্থাপন করা যায় । একসময় ভাবা হয়েছিল মানব শরীরের পার্থিব শরীরের বাইরের অংশ আর অন্তরাত্মার দূরত্ব ১০৮ একক ।

- ভারতবর্ষে ১০৮ রকম নৃত্যকলা আছে ।

- আর নটরাজ শিব হলেন নৃত্যগুরু । তাঁর তান্ডব থেকে সৃষ্ট ভারতনাট্যম নৃত্যে রয়েছে ১০৮টি হস্ত ও পদ্মমুদ্রা ।

- মানব শরীরের ৬ টি ইন্দ্রিয় - চোখ , কান ,নাক , জিভ , স্বক ও চিন্তা , আর ৩ হল ত্রিকাল অতীত , বর্তমান ও ভবিষ্যত , আমাদের হৃদয়ের দুরকম অবস্থা নির্মল ও কলুষিত এবং মানুষের মনের তিনটি স্তর ইচ্ছা , অনিচ্ছা ও উদাসীনতা । তাহলে সূত্রটি দাঁড়ায় ৬x৩x২x৩ =১০৮।

- আমাদের ধ্যান ও জপের মূল লক্ষ্য হল ইন্দ্রিয় নিয়ন্ত্রণ করে মনকে চালনা করা এবং কালের উপরে উঠে মনকে চালনা করা। আমরা যদি দিনের অর্ধেক সময়

ভগবানের জন্য রাখি তাহলে মিনিটে ১৫ শ্বাসক্রিয়া হিসাবে ১২ ঘন্টায় সর্বাধিক ১০,৮০০ বার ইষ্টনাম জপ বা আরাধনা করতে পারি । তাই মনেহয় বৈদিক ঋষিরা জপমালায় ১০৮টি পুঁতির প্রচলন করেছিলন । প্রশান্ত মনে ১০৮ বার প্রাণায়াম আমাদের দেহে ও মনে নতুন শক্তি এনে দেয় ।

- ব্রহ্মার প্রতীক ৯ সংখ্যা এবং সূর্যের প্রতীক ১২ সংখ্যা গুণ করলে হয় ৯x১২=১০৮

- বৈদিক দেবতা সূর্যের সঙ্গে যজুর্বেদে ব্রহ্মার তুলনা করা হয়েছে ।সূর্যের ১২টি রাশিচক্র আছে । ১২টি রাশি x ব্রহ্মার প্রতীক ৯ =১০৮(১+০+৮+৯) খুব পবিত্র সংখ্যা । তাই তুলসীদাসের 'রাম চরিতমানস' ৯ দিনে পড়া সম্পূর্ণ করতে হয় । যাকে 'নরাহু পরায়ণ' বলে ।

- মহাভারতের প্রত্যেকটিতেই ১৮-টি অধ্যায় আছে ।

- মনে করা হয় পৃথিবী ও সূর্যের দূরত্ব হল সূর্যের ব্যাসের ১০৮গুণ । আবার সূর্যের ব্যাস মোটামুটি পৃথিবীর ব্যাসের ১০৮ গুণ।

- আবার একসময় মনে করা হত পৃথিবী থেকে চাঁদ ও সূর্যের যা দূরত্ব তা পৃথিবীর ব্যাসের ১০৮ গুন ।

- হিন্দুরা সত্য , ত্রেতা , দ্বাপর ও কলি এই চার যুগে বিশ্বাসী । সবারই ব্যাপ্তির যোগফল নয় ।

- একটি পঞ্চভুজের দুটি পাশাপাশি রেখা মিলিত হয়ে ১০৮ ডিগ্রীর কোণ উৎপন্ন হয় ।

- আমাদের ছায়াপথের ২৭টি নক্ষত্রপুঞ্জের সবার ৪ টি করে দিক আছে ।তাই বলা যায় ২৭x৪=১০৮ সংখ্যাটি সম্পূর্ণ ছায়াপথকে আচ্ছাদিত করে রেখেছে বলে প্রাচীন জ্যোতিষ ধারণা ।

- আমাদের পবিত্রতম নদী মা গঙ্গার দ্রাঘিমা বিস্তার ১২ ডিগ্রী এবং এর অক্ষাংশ ৯ ডিগ্রী মানে ১২x৯=১০৮ ।

- প্রথম মহাকাশচারী ইউরি গ্যাগারিনের মহাকাশে পাড়ি দিতে ১০৮ মিনিট সময় লেগেছিল ।

- বিভিন্ন মন্দিরের মহামন্ডলেশ্বর বা প্রধানদের নামের আগে 'শ্রী শ্রী ১০৮' লেখা বা বলা হয় ।

- ১০৮ হল সংস্কৃতে 'হর্ষদ সংখ্যা' । যার অর্থ এই সংখ্যাকে তার সমষ্টি দিয়ে ভাগ করা যায় । ১+০+৮ =৯ , আবার ১০৮÷৯=১২ ।

- ১০৮ সংখ্যাটি ২, ৩,৪,১২ দিয়ে বিভাজ্য । এজন্য অনেক মালায় পুঁতির সংখ্যা ৫৪ , ৩৬, ২৭ এবং ৯ ।

- আধ্যাত্মিক মতে মানুষের ১০৮ ধরণের পার্থিব আকাঙ্খা থাকে ,তারা ১০৮রকম মিথ্যা বলে , যা থেকে ১০৮ প্রকার বিভ্রান্তি তৈরী হয় ।

বিষয়গুলি সবাই মেনে না নিলেও আসলে এভাবে আমরা একমাত্র সত্য ভগবানকে মহাবিশ্বের প্রতীক রূপে ১০৮ সংখ্যায় প্রকাশ করেছি।কোন মন্ত্র ১০৮ বার শুদ্ধভাবে ও শুদ্ধাচারে উচ্চারণ করলে তা বিশ্বব্রহ্মান্ডের মধ্যে প্রবাহিত তরঙ্গের সাথে মিলে যায়। আমাদের হৃদয় চক্রকে ঘিরে থাকা এনার্জি লাইনে সুষুম্না ক্রাউন চক্রের সৃষ্টি করে আত্মপোলব্ধি বিকশিত হয়।

শিব পুরাণে অনেকগুলি গুরুত্বপূর্ণ দার্শনিক তত্ত্ব রয়েছে, যার মধ্যে রয়েছে:

- ঈশ্বরের অদ্বৈতবাদী স্বভাব: শিব পুরাণে, ঈশ্বরকে "ব্রহ্ম" বা "পরম সত্তা" হিসাবে বর্ণনা করা হয়েছে। তিনি এক, অদ্বৈত এবং অনন্ত। তিনি সৃষ্টি, বিনাশ এবং পুনর্জন্মের মূল।
- জীবের আত্মার অমরত্ব: শিব পুরাণে, জীবের আত্মাকে "আত্মা" বা "চিৎ" হিসাবে বর্ণনা করা হয়েছে। এটি অমর এবং শাশ্বত। এটি শরীরের মৃত্যুর পরেও বেঁচে থাকে।
- সমস্ত জীবের মধ্যে সহানুভূতি এবং সমতা: শিব পুরাণ সমস্ত জীবের মধ্যে সহানুভূতি এবং সমতার প্রচার করে। এটি বলে যে সব জীবই ঈশ্বরের অংশ এবং তাই তাদের সমানভাবে সম্মান করা উচিত।
- সত্য, ধার্মিকতা এবং ন্যায়বিচারের প্রতিষ্ঠা: শিব পুরাণ সত্য, ধার্মিকতা এবং ন্যায়বিচারের প্রতিষ্ঠার আহ্বান জানায়। এটি বলে যে এই মূল্যবোধগুলি সমাজের শান্তি ও সমৃদ্ধির জন্য অপরিহার্য।

এই দার্শনিক তত্ত্বগুলি হিন্দুধর্মের মূল বিশ্বাস এবং মূল্যবোধগুলিকে প্রতিফলিত করে। তারা হিন্দুদের জন্য ধর্মীয় ও নৈতিক দিকনির্দেশনা প্রদান করে। এখানে এই দার্শনিক তত্ত্বগুলির প্রতিটির আরও বিস্তারিত ব্যাখ্যা দেওয়া হল:

- ঈশ্বরের অদ্বৈতবাদী স্বভাব: শিব পুরাণে, ঈশ্বরকে "ব্রহ্ম" বা "পরম সত্তা" হিসাবে বর্ণনা করা হয়েছে। তিনি এক, অদ্বৈত এবং অনন্ত। তিনি সৃষ্টি, বিনাশ এবং পুনর্জন্মের মূল।
- এই তত্ত্ব অনুসারে, ঈশ্বর এক এবং অনন্য। তিনি সবকিছুর মধ্যে বিরাজ করেন, কিন্তু তিনি সবকিছুর থেকে পৃথকও। তিনি সৃষ্টিকর্তা, রক্ষক এবং ধ্বংসকারী। তিনি জীবের আত্মার উৎস এবং গন্তব্য।
- জীবের আত্মার অমরত্ব: শিব পুরাণে, জীবের আত্মাকে "আত্মা" বা "চিৎ" হিসাবে বর্ণনা করা হয়েছে। এটি অমর এবং শাশ্বত। এটি শরীরের মৃত্যুর পরেও বেঁচে থাকে।

- এই তত্ত্ব অনুসারে, জীবের আত্মা শরীরের একটি অংশ নয়। এটি একটি স্বতন্ত্র সত্তা যা শরীরের মৃত্যুর পরেও বেঁচে থাকে। আত্মা পরকালে পুনর্জন্ম লাভ করে।
- সমস্ত জীবের মধ্যে সহানুভূতি এবং সমতা: শিব পুরাণ সমস্ত জীবের মধ্যে সহানুভূতি এবং সমতার প্রচার করে। এটি বলে যে সব জীবই ঈশ্বরের অংশ এবং তাই তাদের সমানভাবে সম্মান করা উচিত।
- এই তত্ত্ব অনুসারে, সমস্ত জীবের মধ্যে মৌলিক মিল রয়েছে। তারা সবাই ঈশ্বরের অংশ এবং তাই তাদের সমানভাবে সম্মান করা উচিত। সহানুভূতি এবং সমতা প্রদর্শন করে, আমরা ঈশ্বরের প্রতি আমাদের ভালবাসা এবং শ্রদ্ধা প্রকাশ করতে পারি।
- সত্য, ধার্মিকতা এবং ন্যায়বিচারের প্রতিষ্ঠা: শিব পুরাণ সত্য, ধার্মিকতা এবং ন্যায়বিচারের প্রতিষ্ঠার আহ্বান জানায়। এটি বলে যে এই মূল্যবোধগুলি সমাজের শান্তি ও সমৃদ্ধির জন্য অপরিহার্য।
- এই তত্ত্ব অনুসারে, সত্য, ধার্মিকতা এবং ন্যায়বিচার হল সমাজের মৌলিক ভিত্তি। তারা সমাজে শান্তি ও সমৃদ্ধি প্রতিষ্ঠা করতে সহায়তা করে। সত্য বলা, অন্যদের প্রতি সদয় হওয়া এবং ন্যায়বিচার প্রতিষ্ঠার মাধ্যমে, আমরা সমাজের একটি ভাল নাগরিক হতে পারি।

এই দার্শনিক তত্ত্বগুলি শিব পুরাণকে একটি গুরুত্বপূর্ণ ধর্মগ্রন্থ করে তোলে। এগুলি হিন্দুদের জন্য ধর্মীয় এবং নৈতিক দিকনির্দেশনা প্রদান করে। শিব পুরাণ হিন্দুধর্মের একটি গুরুত্বপূর্ণ ধর্মগ্রন্থ। এটি বহু শতাব্দ ধরে হিন্দুদের দ্বারা ধর্মীয় শিক্ষা এবং অনুপ্রেরণা অর্জনের জন্য পড়া হয়েছে। এটি একটি বৈচিত্র্যময় ও সমৃদ্ধ পাঠ, যা হিন্দুধর্মের মূল বিষয়গুলিকে বিস্তৃতভাবে ব্যাখ্যা করে।

3
জ্যোতির্লিঙ্গ

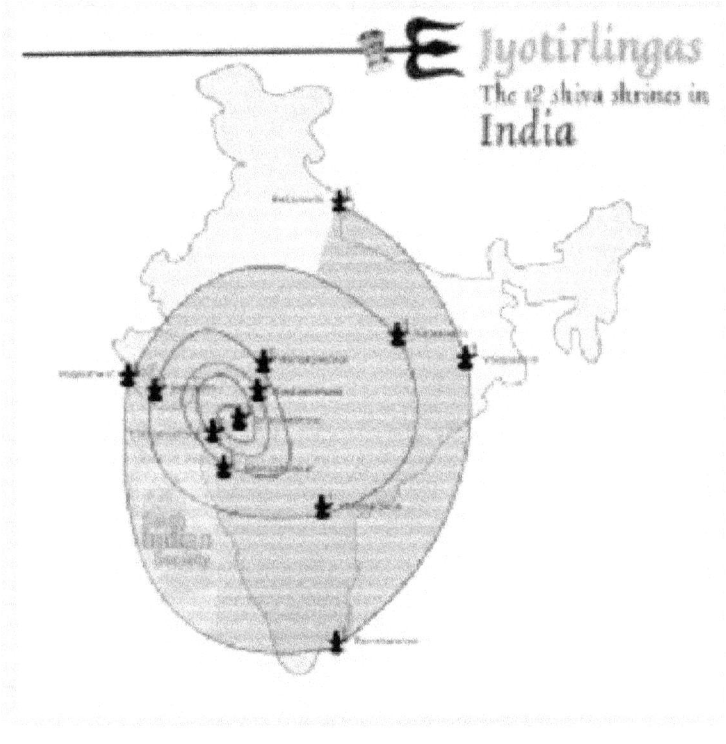

শিবলিঙ্গ কি ?

শিবলিঙ্গ সংস্কৃত: লিঙ্গিং, লিঙ্গ; অর্থাৎ, "প্রতীক" বা "চিহ্ন" (অনেকের ভুল ধারনা লিঙ্গ এর প্রকৃত অর্থ নিয়ে , অজ্ঞতাবশত লিঙ্গ শব্দটি তার অর্থ পরিবর্তন করে বাংলায় পুরুষ জননেন্দ্রিয় অর্থ লাভ করেছে যা বিকৃত এবং অশালীন)। পরমেশ্বর শিবের নির্গুণ ব্রহ্ম সত্তার একটি প্রতীকচিহ্ন। ধ্যানমগ্ন শিবকে এই প্রতীকের সাহায্যে প্রকাশ করা হয় , হিন্দু মন্দিরগুলিতে সাধারণত শিবলিঙ্গে শিবের পূজা হয়। শিব আত্মধ্যানে স্ব-স্বরূপে লীন থাকেন। আর সব মানুষকেও আত্মনিমগ্ন তথা ধ্যানমগ্ন হতে উপদেশ দেন। "লয়ং যাতি ইতি লিঙ্গম"- অর্থাৎ যাঁর মধ্যে সমস্ত কিছু লয় প্রাপ্ত হয়, তাই লিঙ্গ। লিঙ্গ শব্দটির উৎপত্তি সংস্কৃত লিঙ্গম শব্দ থেকে যার অর্থ প্রতীক বা চিহ্ন। বাংলায় এই শব্দটি ব্যাকরণ শাস্ত্রে কোনো ব্যক্তি বা বস্তু পুরুষ,স্ত্রী নাকি ক্লীব প্রভৃতি চিহ্নিত করতে ব্যবহৃত হয়।শিবলিঙ্গ শব্দের শাব্দিক অর্থ হলো শিবের মাথা। এক্ষেত্রে এটি বাংলায় শিম্ন শব্দকে প্রতিস্থাপিত করেছে।শিব লিঙ্গের উপরে ৩টি সাদা দাগ থাকে যা শিবের কপালে থাকে, যাকে ত্রিপুণ্ড বলা হয়। শিবলিঙ্গ যদি কোন জননেন্দ্রিয় বুঝাত তাহলে শিবলিঙ্গের উপরে ঐ ৩টি সাদা তিলক রেখা থাকত না।শিবলিঙ্গ ৩টি অংশ নিয়ে গঠিত, সবার নিচের অংশকে বলা হয় ব্রহ্ম পিঠ, মাঝখানের অংশ বিষ্ণুপিঠ এবং সবার উপরের অংশ শিব পিঠ । একটি সাধারণ তত্ত্ব অনুযায়ী, শিবলিঙ্গ শিবের আদি-অন্তহীন সত্তার প্রতীক এক আদি ও অন্তহীন স্তম্ভের রূপবিশেষ।

শিব এক অনাদি অনন্ত লিঙ্গস্তম্ভের রূপে আবির্ভূত, বিষ্ণু বরাহ বেশে স্তম্ভের নিম্নতল ও ব্রহ্মা ঊর্ধ্বতল সন্ধানে রত। এই অনাদি অনন্ত স্তম্ভটি শিবের অনাদি অনন্ত সত্তার প্রতীক মনে করা হয়।

নৃতাত্ত্বিক ক্রিস্টোফার জন ফুলারের মতে, হিন্দু দেবতাদের মূর্তি সাধারণত মানুষ বা পশুর অনুষঙ্গে নির্মিত হয়। সেক্ষেত্রে প্রতীকরূপী শিবলিঙ্গ একটি গুরুত্বপূর্ণ ব্যতিক্রম। কেউ কেউ মনে করেন, লিঙ্গপূজা ভারতীয় আদিবাসী ধর্মগুলি থেকে হিন্দুধর্মে গৃহীত হয়েছে।

অথর্ববেদে একটি স্তম্ভের স্তব করা হয়েছে। এটিই সম্ভবত লিঙ্গপূজার উৎস। কারোর কারোর মতে যূপস্তম্ভ বা হাঁড়িকাঠের সঙ্গে শিবলিঙ্গের যোগ রয়েছে। উক্ত স্তবটিকে আদি-অন্তহীন এক স্তম্ভ বা স্কম্ভ-এর কথা বলা হয়েছে; এই স্কম্ভ চিরন্তন ব্রহ্মের স্থলে স্থাপিত। যজ্ঞের আগুন, ধোঁয়া, ছাই, মাদক সোমরস ও যজ্ঞের কাঠ বহন করার ষাঁড় ইত্যাদির সঙ্গে শিবের শারীরিক বৈশিষ্ট্য ও গুণাবলির যোগ লক্ষিত হয়। মনে করা হয়, কালক্রমে যূপস্তম্ভ শিবলিঙ্গের রূপ নিয়েছিল।লিঙ্গপুরাণে এই স্তোত্রটি ব্যাখ্যা করতে গিয়ে একটি কাহিনির অবতারণা করা হয়। এই কাহিনিতে উক্ত স্কম্ভটিকে শুধু মহানই বলা হয়নি বরং মহাদেব শিবের সর্বোচ্চ সত্তা বলে উল্লেখ করা হয়েছে।

ভারত ও কম্বোডিয়ায় প্রচলিত প্রধান শৈব সম্প্রদায় ও অনুশাসন গ্রন্থ শৈবসিদ্ধান্ত মতে, উক্ত শৈব সম্প্রদায়ের প্রধান উপাস্য দেবতা পঞ্চানন (পাঁচ মাথা-বিশিষ্ট) ও

দশভূজ (দশ হাত-বিশিষ্ট) সদাশিব প্রতিষ্ঠা ও পূজার আদর্শ উপাদান হল শিবলিঙ্গ।

চার মাথা-বিশিষ্ট পাথরের শিবলিঙ্গ, দশম শতাব্দী, নেপাল এখনও পূজিত হয় এমন প্রাচীনতম লিঙ্গটি রয়েছে গুডিমাল্লামে। ক্লস ক্লোস্টারমায়ারের মতে, এটি স্পষ্টতই শিল্পের অনুষঙ্গে নির্মিত। লিঙ্গটির নির্মাণকাল খ্রিষ্টপূর্ব দ্বিতীয় শতাব্দী। শিবের একটি অবয়ব লিঙ্গটির সম্মুখভাগে খোদিত রয়েছে।

জ্যোতির্লিঙ্গ

জ্যোতির্লিঙ্গের রহস্যময় রাজ্যে স্বাগতম, যেখানে ঐশ্বরিক শক্তি এবং প্রাচীন কিংবদন্তি একত্রিত হয়। এই চিত্তাকর্ষক অধ্যায়টিতে , আমরা শিব মন্দিরগুলির মধ্যে পবিত্রতম বারোটি জ্যোতির্লিঙ্গকে ঘিরে পবিত্র তাৎপর্য এবং গভীর রহস্যবাদ আবিষ্কার করার জন্য একটি আধ্যাত্মিক যাত্রা শুরু করি।

ঐশ্বরিক যাত্রা শুরু

ভারতের কেন্দ্রস্থলে, যেখানে গঙ্গা ঐশ্বরিক কৃপায় প্রবাহিত হয়, সেখানে একটি রাজ্য রয়েছে যেখানে স্বর্গীয় এবং নশ্বর রাজ্যগুলি একে অপরের সাথে জড়িত। এই রাজ্যটি দ্বাদস জ্যোতির্লিঙ্গের বাড়ি, ভগবান শিবের বারোটি পবিত্র আবাস। এই পবিত্র স্থানগুলিতে ভ্রমণ নিছক শারীরিক তীর্থযাত্রা নয়; এটি আধ্যাত্মিক জ্ঞান এবং ঐশ্বরিক আশীর্বাদের জন্য একটি আত্মা-আলোড়নকারী অনুসন্ধান।

এই আধ্যাত্মিকযাত্রার প্রথম দিনে সূর্য উদিত হওয়ার সাথে সাথে বাতাস প্রত্যাশা এবং শ্রদ্ধার সাথে অভিযুক্ত হয়। দেশের প্রতিটি কোণ থেকে এবং প্রকৃতপক্ষে সারা বিশ্ব থেকে তীর্থযাত্রীরা এই রূপান্তরমূলক যাত্রা শুরু করতে জড়ো হন। ভক্তরা এই পবিত্র পথে পা রাখার সাথে সাথে প্রার্থনা এবং মন্ত্রের প্রতিধ্বনি বাতাসে ভরে যায়।

শতাব্দীর পর শতাব্দী ধরে, ভক্তরা জ্যোতির্লিঙ্গগুলিকে আধ্যাত্মিক শক্তি এবং জ্ঞানার্জনের শক্তিশালী উৎস হিসাবে শ্রদ্ধা করে আসছে। প্রতিটি জ্যোতির্লিঙ্গে একটি অনন্য কাহিনী এবং রহস্যময় শক্তি রয়েছে যা লক্ষ লক্ষ মানুষের হৃদয়কে মোহিত করেছে। হিমালয়ের তুষারময় চূড়া থেকে মহারাষ্ট্রের প্রাচীন গুহা পর্যন্ত, আমরা এই শ্রদ্ধেয় মন্দিরগুলির সাথে সম্পর্কিত ইতিহাস, পৌরাণিক কাহিনী এবং আধ্যাত্মিক অনুশীলনগুলিকে অধ্যয়ন করি।

হিন্দুধর্মে, জ্যোতির্লিঙ্গগুলি ভগবান শিবের ঐশ্বরিক প্রকাশ হিসাবে বিবেচিত হয়। তারা মহাজাগতিক শক্তির কেন্দ্র এবং চেতনার শাশ্বত আলোর প্রতীক। জ্যোতির্লিঙ্গ হল হিন্দুধর্মে ভগবান শিবের পবিত্র রূপ। তারা স্ব-প্রকাশিত এবং চেতনার শাশ্বত আলোর প্রতিনিধিত্ব করে।

কীভাবে সৃষ্টি হল এই ১২টি জ্যোতির্লিঙ্গের, তার নেপথ্যে রয়েছে একটি পৌরাণিক কাহিনি। গল্পটা হল এইরকম। একবার ব্রহ্মা আর বিষ্ণুর মধ্যে জোর লড়াই বাঁধল। বিষ্ণু বললেন আমি শ্রেষ্ঠ আর ব্রহ্মা বললেন আমি। মীমাংসা করতে দুজনে গেলেন শিবের কাছে। শিব তখন স্বর্গ, মর্ত আর পাতাল ফুঁড়ে দেখা দিলেন এক আদি অনন্ত

আগুনের স্ফুলিঙ্গ হিসেবে। তিনি ব্রহ্মা আর বিষ্ণুকে বললেন যে এই অগ্নিস্ফুলিঙ্গের শুরু বা শেষ খুঁজে বের করতে পারবে, প্রমাণ হবে সেই শ্রেষ্ঠ। বিষ্ণু শুয়োর বা বরাহের রূপ ধারণ করে নীচের দিকে যেতে শুরু করলেন। আর ব্রহ্মা একটি হংসের রূপ ধারণ করে উপরের দিকে যেতে লাগলেন। বেশ কিছুটা নিচে যাওয়ার পর বিষ্ণু বুঝতে পারলেন এ শিবের ছলনা বৈ আর কিছু না। এই স্ফুলিঙ্গের তল পাওয়া অসম্ভব। ব্রহ্মাও বেশ কিছুটা উপরে যাওয়ার পর এই সত্য বুঝতে পারলেন। কিন্তু তিনি ভাবলেন বিষ্ণু যদি ইতিমধ্যে এই স্ফুলিঙ্গের শেষ খুঁজে পেয়ে যায় তাহলে তিনি হেরে যাবেন। সেই সময় উপর থেকে একটি চাঁপাফুল পড়ছিল। ব্রহ্মা চাঁপাফুলকে সাক্ষী দিতে বলায় সে রাজি হয়ে গেল। অবশেষে দুজনে গেলেন শিবের কাছে। বিষ্ণু তার পরাজয় স্বীকার করলেন। কিন্তু ব্রহ্মা বললেন তিনি এই জ্যোতির্লিঙ্গের শুরু খুঁজে পেয়েছেন যার সাক্ষী এই চাঁপাফুল। ক্রুদ্ধ শিব ব্রহ্মাকে অভিশাপ দিলেন যে সৃষ্টিকর্তা হওয়া সত্ত্বেও কোনও মন্দিরে তার পুজো হবে না। আর বর্ণ আর সুগন্ধ থাকা সত্ত্বেও চাঁপাফুল কোনও দেবতার পুজোয় লাগবে না।

জ্যোতির্লিঙ্গগুলির জন্মের বিভিন্ন কিংবদন্তি রয়েছে। একটি কিংবদন্তি অনুসারে, মহাদেব এবং পার্বতী একদিন শিবের আবাসস্থল, কৈলাসে বিশ্রাম নিচ্ছিলেন। পার্বতী শিবকে জিজ্ঞাসা করলেন যে তিনি কীভাবে এত শক্তিশালী এবং ঐশ্বরিক হতে পারেন। শিব তাকে বললেন যে তিনি মহাজাগতিক শক্তির সমন্বয়ের ফলে হয়েছিলেন। তিনি তার শরীর থেকে একটি আলোর রশ্মি নির্গত করলেন, যা জ্যোতির্লিঙ্গে পরিণত হয়েছিল।

অন্য একটি কিংবদন্তি অনুসারে, মহাদেব এবং পার্বতী পৃথিবীতে ভ্রমণ করছিলেন। তারা যখন একটি নির্জন স্থানে পৌঁছালেন, তখন পার্বতী শিবকে জিজ্ঞাসা করলেন যে তিনি কীভাবে তাদের ভক্তদের সাথে যোগাযোগ করেন। শিব তাকে বললেন যে তিনি তার শরীর থেকে একটি আলোর রশ্মি নির্গত করেন, যা জ্যোতির্লিঙ্গে পরিণত হয়। এই জ্যোতির্লিঙ্গগুলি ভক্তদের জন্য তাদের প্রার্থনা এবং ভক্তির কেন্দ্র হয়ে ওঠে।

জ্যোতির্লিঙ্গগুলির প্রতিটি মন্দির তার নিজস্ব অনন্য গল্প এবং গুরুত্ব রয়েছে। উদাহরণস্বরূপ, কেদারনাথ জ্যোতির্লিঙ্গ হল হিন্দুধর্মের সবচেয়ে গুরুত্বপূর্ণ মন্দিরগুলির মধ্যে একটি। এটি হিমালয়ের পাদদেশে অবস্থিত এবং শিবের তপস্যা করার জায়গা হিসাবে বিবেচিত হয়। রামনাথস্বামী জ্যোতির্লিঙ্গ হল দক্ষিণ ভারতের সবচেয়ে গুরুত্বপূর্ণ মন্দিরগুলির মধ্যে একটি। এটি রামের সাথে যুক্ত এবং ভক্তদের কাছে একটি জনপ্রিয় তীর্থস্থান।

জ্যোতির্লিঙ্গগুলি হিন্দুধর্মের জন্য অত্যন্ত গুরুত্বপূর্ণ। তারা ভক্তি এবং আধ্যাত্মিকতার কেন্দ্র হিসাবে বিবেচিত হয়। তারা লক্ষ লক্ষ মানুষের জীবনে শক্তি এবং অনুপ্রেরণা প্রদান করে।

জ্যোতির্লিঙ্গের গভীর প্রতীকবাদ

জ্যোতির্লিঙ্গগুলির গভীর প্রতীকবাদ রয়েছে। তারা বিভিন্ন চেতনা এবং ধারণা প্রকাশ করে। উদাহরণস্বরূপ, জ্যোতির্লিঙ্গগুলি:

- **স্ব-প্রকাশিত চেতনার প্রতীক:** জ্যোতির্লিঙ্গগুলি স্ব-প্রকাশিত চেতনার প্রতীক। তারা প্রমাণ করে যে চেতনা বাহ্যিক সৃষ্টির চেয়ে প্রাথমিক।
- **অন্তহীন আলোর প্রতীক:** জ্যোতির্লিঙ্গগুলি অন্তহীন আলোর প্রতীক। তারা আলো এবং সত্যের উৎস হিসাবে শিবের প্রকৃতি প্রকাশ করে।
- **জীবন এবং মৃত্যুর প্রতীক:** জ্যোতির্লিঙ্গগুলি জীবন এবং মৃত্যুর প্রতীক। তারা শিবের মহাজাগতিক চক্রের সাথে তার সংযোগ প্রকাশ করে।

জ্যোতির্লিঙ্গগুলির ঐশ্বরিক উদ্দেশ্য হল মানুষকে ঐশ্বরিক চেতনায় জাগ্রত করা। তারা মানুষকে তাদের আত্মার গভীরে যেতে এবং তাদের পূর্ণ সম্ভাবনা অর্জন করতে সাহায্য করে। জ্যোতির্লিঙ্গগুলির আধ্যাত্মিক শক্তি অপরিসীম। তারা মানুষের জীবনে শক্তি, অনুপ্রেরণা এবং আশীর্বাদ প্রদান করে। তারা ঐশ্বরিক চেতনার সাথে সংযোগ স্থাপন এবং আধ্যাত্মিক মুক্তির পথ খুঁজে পেতে সাহায্য করে। জ্যোতির্লিঙ্গগুলি হিন্দু ধর্মে একটি গুরুত্বপূর্ণ ভূমিকা পালন করে। তারা ভক্তদের জন্য শক্তি, জ্ঞান এবং আশীর্বাদ প্রদান করে এবং আধ্যাত্মিক অগ্রগতির জন্য একটি গুরুত্বপূর্ণ হাতিয়ার। জ্যোতির্লিঙ্গগুলি লক্ষ লক্ষ মানুষের জীবনে ভক্তি ও রূপান্তরকে অনুপ্রাণিত করেছে। তারা হিন্দুধর্মের সমৃদ্ধ সংস্কৃতি এবং ঐতিহ্যের একটি গুরুত্বপূর্ণ অংশ। কথিত আছে এই জ্যোতির্ময় লিঙ্গই মোট ৬৪টি জায়গায় ফুঁড়ে বেরিয়েছিল। যার মধ্যে ১২টি অত্যন্ত পবিত্র এবং এগুলোই হল দ্বাদশ জ্যোতির্লিঙ্গ।

১। গুজরাতের সোমনাথ মন্দির: কথায় বলে দ্বাদশ জ্যোতির্লিঙ্গের পরিক্রমা শুরু করলে এখান থেকেই করা উচিৎ।

২। গুজরাতের নাগেশ্বর: জামনগরে অবস্থিত এই মন্দিরের দেবতা নাগেশ্বরের উল্লেখ আছে শিবপুরাণে।

৩। মধ্যপ্রদেশের ওঙ্কারেশ্বর: নর্মদা নদীর একটি দ্বীপে অবস্থিত এই মন্দির।

৪। মধ্যপ্রদেশের মহাকালেশ্বর: প্রাচীন শহর উজ্জয়নীতে অবস্থিত এই মন্দির। এখানে যে শিবলিঙ্গ আছে বলা হয় তা স্বয়ম্ভূ। অর্থাৎ নিজেই মাটি ফুঁড়ে উঠেছে। দ্বাদশ জ্যোতির্লিঙ্গের মধ্যে এটা একমাত্র লিঙ্গ যার মুখ দক্ষিণ দিকে।

৫। মহারাষ্ট্রের ভীমাশঙ্কর: ভীমাশঙ্করের উৎপত্তি নিয়ে বিতর্ক আছে। কারণ এই নামে উড়িষ্যা, গুয়াহাটি ও উত্তরাখণ্ডেও মন্দির আছে।

৬। মহারাষ্ট্রের ত্র্যম্বকেশ্বর: গোদাবরী নদীর উৎপত্তির সঙ্গে জড়িত এই মন্দির অবস্থিত নাসিক জেলায়।

৭। মহারাষ্ট্রের গৃষ্ণেশ্বর: এই মন্দিরের উল্লেখ আছে শিব পুরাণে।

৮। বেনারসের কাশী বিশ্বনাথ: বিশ্বের অন্যতম প্রাচীন শহরে অবস্থিত এই মন্দির আছে গঙ্গার পশ্চিম দিকে।

৯। ঝাড়খণ্ডের বৈদ্যনাথ: দেওঘরে অবস্থিত এই মন্দির খুব জনপ্রিয়। কথিত আছে শিবভক্ত রাবণের চিকিৎসা করেছিলেন মহাদেব। তিনি হয়েছিলেন বৈদ্য। আর এখান থেকেই বৈদ্যনাথ নামের উৎপত্তি।

১০। উত্তরাখণ্ডের কেদারনাথ: দ্বাদশ জ্যোতিলিঙ্গের মধ্যে অন্যতম জনপ্রিয় এটি। একদা ঘটে যাওয়া মহাপ্রলয়ও পর্যটক ও তীর্থযাত্রীদের এখানে যাওয়া থেকে নিরস্ত করতে পারিনি। বারোটি জ্যোতিলিঙ্গের মধ্যে এটি সবচেয়ে উত্তরে অবস্থিত এবং এটি শিবের বাসস্থান কৈলাস পর্বতের খুব কাছে। কেদারনাথ চারধামের (কেদার, বদ্রি, গঙ্গোত্রী, যমুনোত্রী) একটি অংশ।

১১। অন্ধ্রপ্রদেশের মল্লিকার্জুনস্বামী: কুরনুল জেলার শ্রীশৈলম অঞ্চলে এই মন্দির অবস্থিত। এখানে শিবের সঙ্গে রয়েছে পার্বতীও। বাবা মাকে প্রদক্ষিণ করে গণেশের বিশ্ব ভ্রমণের গল্প জড়িত আছে এই মন্দিরের সঙ্গে।

১২। তামিলনাড়ুর রামেশ্বরম: দ্বাদশ জ্যোতিলিঙ্গের মধ্যে এটি সবচেয়ে দক্ষিণে অবস্থিত।

জ্যোতি বলতে আলোকস্তম্ভকে বোঝানো হয়। হিন্দু পুরাণ মতে শিবশক্তির আলোকজ্যোতি পুজার্চনার যোগ্য। সেই উদ্দেশে সারা দেশে প্রায় ১২ টি জায়গায় মহাদেবের জ্যোতিলিঙ্গের উপাসনা করা হয়। ভারতের বিভিন্ন জায়গায় শিবের এই জ্যোতিলিঙ্গের মন্দির স্থাপিত হয়েছে। দেখে নেওয়া যাক কোথায় কোথায় রয়েছে এই জ্যোতিলিঙ্গগুলি, আর তার নেপথ্যের কাহিনি।

জ্যোতিলিঙ্গ

ভারতের দ্বাদশ জ্যোতির্লিঙ্গের পরিচয়।

অরিদ্রা নক্ষত্রের রাতে শিব স্বয়ং জ্যোতির্লিঙ্গ রূপে আবির্ভূত হন। ১২শ জ্যোতির্লিঙ্গ বলতে শিবের ১২টি বিশেষ মন্দির ও শিবলিঙ্গকে বোঝায়।

<u>সোমনাথ জ্যোতির্লিঙ্গ</u>:- সোমনাথ শব্দের অর্থ "চন্দ্র দেবতার রক্ষাকর্তা"। চন্দ্র এখানে শিব আরাধনা করেন। সোমনাথ 'চিরন্তন পীঠ' নামে পরিচিত। আমেদাবাদের ভেরাবলে এই মন্দির। ৫বারের বেশি বিদেশি আক্রমণে ক্ষতিগ্রস্ত এই মন্দির পুননির্মিত হয়।

সোমনাথ গুজরাতের সোমনাথ মন্দির শিবশক্তির জ্যোতির্লিঙ্গগুলির মধ্যে অন্যতম পবিত্র মন্দির বলে মনে করেন হিন্দুরা। কথিত রয়েছে , এই মন্দির , ১৬ বার ধ্বংস ও ১৬ বার পুননির্মাণ করা হয়েছে। কথিত আছে, দক্ষের কাছ থেকে অভিশাপ পায় চন্দ্র। অভিশাপ পেয়ে চন্দ্রের আলো কমে যায়। ফলে সমস্ত বিশ্ব অন্ধকার হওয়ার ভয়ে, দক্ষের কাছে দরবার করেন বাকি দেবতারা। তখন দক্ষ জানান যে যদি মহাদেব (শিবের) পূজা করেন চন্দ্র, তাহলেই তাঁর আলো ফিরে আসবে। এরপর চন্দ্র শিবের পূজা শুরু করলে , তাঁর আলো ফিরে আসে, শিবশক্তির জ্যোতির আশির্বাদে। সেই কাহিনির স্মরণেই গুজরাতের সোমেশ্বর মন্দির। পুর্ণিমার রাতে এই মন্দির অসামান্য সুন্দর দেখতে লাগে।

<u>সোমনাথ মন্দিরের পবিত্র কিংবদন্তি</u>

আরব সাগরের তীরে অবস্থিত আইকনিক সোমনাথ মন্দির অপেক্ষা করছে। এই প্রাচীন উপাসনালয়টি, চাঁদের দেবতা নিজেই তৈরি করেছিলেন বলে বলা হয়, এটি একটি ঐশ্বরিক আভা প্রকাশ করে যা সময়কে অতিক্রম করে। মন্দিরের দেয়ালের সাথে আছড়ে পড়া তরঙ্গের ছন্দময় শব্দ সৃষ্টি ও ধ্বংসের চিরন্তন চক্রকে প্রতিধ্বনিত করে, আমাদের জীবনের অস্থিরতার কথা মনে করিয়ে দেয়।

সূর্য যখন সৌরাষ্ট্রের পবিত্র ভূমিতে তার সোনালি রশ্মি বর্ষণ করে, তখন আমরা নিজেদেরকে দুর্দান্ত সোমনাথ মন্দিরের সামনে দাঁড়িয়ে দেখতে পাই, যা অকাল দেবতার মূর্ত প্রতীক। কিংবদন্তিরা বাতাসে ফিসফিস করে, ভক্তি, স্থিতিস্থাপকতা এবং ভগবান শিবের অনন্ত উপস্থিতির গল্প বহন করে।

সোমনাথ মন্দিরের উৎপত্তি প্রাচীনকাল থেকে পাওয়া যায়, এর ইতিহাস সময়ের স্রোতের সাথে জড়িত। প্রাচীন ধর্মগ্রন্থ অনুসারে, মন্দিরের ভিত্তিটি ভগবান কৃষ্ণ নিজে ছাড়া অন্য কেউ স্থাপন করেননি। শতাব্দীর পর শতাব্দী ধরে, মন্দিরটি আক্রমণকারীদের ধ্বংসযজ্ঞকে প্রতিহত করেছে, ধ্বংস এবং পুনরুত্থান প্রত্যক্ষ করেছে, যা বিশ্বাসের অদম্য চেতনার প্রমাণ।

সোমনাথ মন্দিরের সাথে যুক্ত সবচেয়ে বিখ্যাত কিংবদন্তিগুলির মধ্যে একটি কল্পিত প্রভাসা তীর্থের চারপাশে ঘোরে, যেখানে মন্দিরটি দাঁড়িয়ে আছে পবিত্র তীর্থস্থান। এটা বিশ্বাস করা হয় যে ভগবান শিব, তার ঐশ্বরিক মহাজাগতিক নৃত্যে তান্ডব নামে

পরিচিত, এই স্থানেই আলোর কলামে রূপান্তরিত হয়েছিল। জ্যোতির্লিঙ্গ নামে পরিচিত এই দীপ্তিময় রূপটি সোমনাথের প্রধান দেবতা হয়ে ওঠে, যা দূর-দূরান্ত থেকে ভক্তদের আকর্ষণ করে।

মন্দিরের বিশালতা দেখার মতো। জটিল খোদাই এবং অলঙ্কৃত ভাস্কর্য দ্বারা সজ্জিত, স্থাপত্যটি প্রাচীন ভারতের উজ্জ্বলতা প্রতিফলিত করে। গর্ভগৃহে শ্রদ্ধেয় জ্যোতির্লিঙ্গ রয়েছে, যা ভগবান শিবের মহাজাগতিক শক্তির প্রকাশ। ভক্তরা ভয়ে দাঁড়িয়ে থাকে, তাদের হৃদয় শ্রদ্ধায় ভরা, তারা প্রার্থনা করে এবং ঐশ্বরিক আশীর্বাদ প্রার্থনা করে।

আরব সাগরের বিস্তীর্ণ বিস্তৃতির উপর সূর্য অস্ত যাওয়ার সাথে সাথে সন্ধ্যার আরতির ঐশ্বরিক দৃশ্যের সাথে মন্দিরটি জীবন্ত হয়ে ওঠে। বাতাস সুরেলা স্তোত্র এবং ঢোলের ছন্দময় বীটে প্রতিধ্বনিত হয়, ভক্তিতে অভিভূত পরিবেশ তৈরি করে। পুরোহিতরা, প্রাণবন্ত পোশাক পরিহিত, ঐক্যবদ্ধভাবে দোল খায়, তাদের চলাফেরা ঐশ্বরিকের জন্য একটি করুণাময় বার্তা বহন করে। আরতি প্রদীপের জ্বলন্ত শিখা ভক্তদের মুখ আলোকিত করে, তাদের চোখ অটল বিশ্বাসকে প্রতিফলিত করে।

দৈহিক মহিমার বাইরে, সোমনাথ মন্দিরের গভীর আধ্যাত্মিক তাৎপর্য রয়েছে। এটা বিশ্বাস করা হয় যে এই পবিত্র স্থানে তীর্থযাত্রা পাপ ধুয়ে দেয় এবং তীর্থযাত্রীদের আশীর্বাদ দেয়। ধার্মিকরা সান্ত্বনা ও নির্দেশনা খোঁজে, পরম ভক্তি সহকারে প্রার্থনা করে। বলা হয় যে সোমনাথের একটি মাত্র দর্শন জীবনকে বদলে দিতে পারে, ভিতরে থাকা সুপ্ত আধ্যাত্মিক শক্তিকে জাগিয়ে তুলতে পারে।

আমরা সোমনাথ মন্দিরের আশেপাশের কিংবদন্তিগুলির অন্বেষণ শেষ করার সাথে সাথে আমাদের বিশ্বাসের স্থায়ী শক্তির কথা মনে করিয়ে দেওয়া হয়। মন্দিরটি আশার আলোকবর্তিকা হিসাবে দাঁড়িয়ে আছে, প্রতিকূলতার মুখে স্থিতিস্থাপকতার প্রতীক। এটি সাম্রাজ্যের উত্থান এবং পতন প্রত্যক্ষ করেছে, তবুও এর দেবত্ব অটুট রয়েছে।

পরবর্তী অধ্যায়ে আমার সাথে যোগ দিন যখন আমরা মল্লিকার্জুন জ্যোতির্লিঙ্গের রহস্যময় রাজ্যে প্রবেশ করি, যেখানে মন্দিরের অলৌকিক সৌন্দর্য আমাদের জন্য অপেক্ষা করছে। আসুন আমরা আমাদের তীর্থযাত্রা চালিয়ে যাই, এই পবিত্র আবাসগুলির দ্বারা বোনা আধ্যাত্মিক ট্যাপেস্ট্রিতে নিজেদেরকে নিমজ্জিত করি, এবং ভিতরে থাকা গভীর রহস্যগুলিকে উন্মোচন করি।

<u>মল্লিকার্জুন জ্যোতির্লিঙ্গ</u>:- অন্ধ্রপ্রদেশের শ্রীশৈল পর্বতে পূর্বমুখী এই মন্দির। কার্তিক, মতান্তরে চন্দ্রগুপ্ত কন্যা এখানে শিবের আরাধনা করেন। মণ্ডপে অনেক স্তম্ভ ও নন্দীকেশ্বরের এক বিরাট মূর্তি আছে।

মল্লিকার্জুন মন্দির অন্ধ্র প্রদেশের রায়ালসীমায় রয়েছে মল্লিকার্জুন মন্দির। দক্ষিণ ভারতের অন্ধ্রপ্রদেশ রাজ্যের শ্রীশৈলমে অবস্থিত একটি শিবমন্দির। এটি শিবের পবিত্রতম বারোটি জ্যোতির্লিঙ্গ মন্দিরের অন্যতম। কথিত রয়েছে যে, একবার শিব, বিষ্ণু, ও ব্রহ্মার মধ্যে শ্রেষ্ঠত্ব নিয়ে বিতর্ক ওঠে, তখনই শিব ব্রহ্মা ও বিষ্ণুকে একটি

পরীক্ষায় ফেলেন। যার পর শিব ত্রিভুবনকে একটি অনন্ত আলোর লিঙ্গ বা জ্যোতির্লিঙ্গ দ্বারা বিভক্ত করেছিলেন। শিবের সেই রূপকে এই মন্দিরে পূজা করা হয় বলে শোনা যায়। অনেকে বললেন, শিব পার্বতীর কথা শুনে কার্তিকের রাগের প্রেক্ষিতেও শিবের জ্যোতির উদয়মানতাকে এখানে পূজা করা হয়।

মল্লিকার্জুন জ্যোতির্লিঙ্গের ইথারিয়াল সৌন্দর্য

সোমনাথ মন্দিরের মায়াময় রাজ্যকে পিছনে ফেলে আধ্যাত্মিক যাত্রা মল্লিকার্জুন জ্যোতিির্লিঙ্গের আদিম প্রাকৃতিক দৃশ্যের দিকে নিয়ে যায়। অন্ধ্রপ্রদেশের শ্রীশৈলম রেঞ্জের সবুজ পাহাড়ের মাঝে অবস্থিত, এই ঐশ্বরিক আবাসটি তার ইথার (বিরল উপাদান) সৌন্দর্য এবং গভীর আধ্যাত্মিক শক্তির ইঙ্গিত দেয়।

জনশ্রুতি আছে যে মল্লিকার্জুন জ্যোতির্লিঙ্গ হল সেই স্থান যেখানে ভগবান শিব এবং দেবী পার্বতী তাদের মহাজাগতিক নৃত্য, আনন্দ তাণ্ডব পরিবেশন করেছিলেন। তাদের স্বর্গীয় গতিবিধির ঐশ্বরিক স্পন্দনগুলি এই পবিত্র স্থানটির একেবারে সারমর্মকে বিস্তৃত করে, যা অতিক্রম করে এবং আনন্দের আভা তৈরি করে।

মন্দিরের নিকটে মহিমান্বিতভাবে প্রবাহিত কৃষ্ণা নদী মন্ত্রমুগ্ধ দৃষ্টিতে। এর স্ফটিক-স্বচ্ছ জল শান্ত পরিবেশকে প্রতিফলিত করে, যা ঐশ্বরিক অনুগ্রহের চিরন্তন প্রবাহের প্রতীক। মন্দিরটি লম্বা, জটিল খোদাই দিয়ে সজ্জিত এবং রঙিন পতাকা দিয়ে সজ্জিত যা মৃদু বাতাসের সাথে নাচছে।

গর্ভগৃহে পদার্পণ করলে, ইন্দ্রিয়গুলি ধূপের সুগন্ধি এবং পবিত্র স্থানের মধ্য দিয়ে প্রতিধ্বনিত ভক্তদের মৃদু মন্ত্রের দ্বারা উষ্ণতর হয়। জ্যোতির্লিঙ্গ, ভগবান শিবের মহাজাগতিক শক্তির প্রতিনিধিত্ব করে, উজ্জ্বলভাবে দাঁড়িয়ে আছে, যারা এটির দিকে চোখ রাখে তাদের সকলকে মুগ্ধ করে। এর চৌম্বক টান দূর-দূরান্ত থেকে তীর্থযাত্রীদের আকৃষ্ট করে, সান্ত্বনা এবং আধ্যাত্মিক জ্ঞানের সন্ধান করে।

মল্লিকার্জুন মন্দির কমপ্লেক্সটি কেবল উপাসনার স্থান নয় বরং একটি আধ্যাত্মিক অভয়ারণ্য যা বিভিন্ন উপাসনালয় এবং পবিত্র স্থানগুলিকে ঘিরে রাখে। একটি বিশিষ্ট আকর্ষণ হল আক্কামহাদেবী গুহা, কৃষ্ণা নদীর তীরে অবস্থিত। এই প্রাচীন গুহাগুলি বহু শতাব্দী ধরে এই ভূমিতে গড়ে ওঠা গভীর-মূল আধ্যাত্মিক ঐতিহ্যের সাক্ষ্য বহন করে।

কিংবদন্তি আছে যে মহান সাধক, আক্কামহাদেবী, এই গুহাগুলিতেই তীব্র তপস্যা করেছিলেন, নিজেকে ভগবান মল্লিকার্জুনের ঐশ্বরিক উপস্থিতিতে নিমজ্জিত করেছিলেন। তার অটল ভক্তি এবং ঐশ্বরিক প্রেমের কাব্যিক অভিব্যক্তি আজও আধ্যাত্মিক অনুসন্ধানকারীদের অনুপ্রাণিত করে চলেছে।

আধ্যাত্মিক তাৎপর্যের বাইরে, মল্লিকার্জুন জ্যোতির্লিঙ্গের চারপাশের প্রাকৃতিক সৌন্দর্য বিস্ময়কর। প্রাণবন্ত উদ্ভিদে সজ্জিত সবুজ পাহাড় এই পবিত্র আবাসের জন্য একটি সুরেলা পটভূমি তৈরি করে। যখন মন্দিরের দিকে যাওয়ার সিঁড়ি বেয়ে যাওয়া হবে , তখন আশেপাশের প্রাকৃতিক দৃশ্যের মনোরম দৃশ্য , যা প্রকৃতির সাথে একত্রের

অনুভূতি জাগিয়ে তোলে।

মল্লিকার্জুন জ্যোতিলিঙ্গের তীর্থযাত্রা নিছক শারীরিক যাত্রা নয়; এটি একটি আত্মা-আলোড়নকারী অভিজ্ঞতা যা সকলকে তাদের অভ্যন্তরীণ আত্মা এবং ঐশ্বরিক শক্তির সাথে সংযোগ স্থাপন করতে দেয় যা সমস্ত সৃষ্টিকে পরিব্যাপ্ত করে। এখানে, মন্দিরের নির্মলতার মধ্যে, ভক্তরা তাদের প্রার্থনা করেন, নিজেদের এবং তাদের প্রিয়জনদের জন্য আশীর্বাদ চান। এই পবিত্র স্থানের মধ্য দিয়ে প্রবাহিত ঐশ্বরিক করুণা যারা বিশুদ্ধ হৃদয় নিয়ে আসে তাদের শান্তি, সমৃদ্ধি এবং আধ্যাত্মিক বৃদ্ধি প্রদান করে বলে বিশ্বাস করা হয়।

যখন মল্লিকার্জুন জ্যোতিলিঙ্গকে জানানো হয়, তখন প্রত্যেকের আত্মা ইথার সৌন্দর্য এবং আধ্যাত্মিক কম্পন দ্বারা পুষ্ট হয় যা প্রত্যেকের হৃদয় স্পর্শ করে। সকলে তাদের সাথে এই পবিত্র স্থানের রূপান্তরকারী শক্তি বহন বহন করে আর জানে যে তাদের যাত্রা শেষ হয়নি।

মহাকালেশ্বর জ্যোতিলিঙ্গ:- মধ্যপ্রদেশে এই মন্দির। অবন্তীর বেদজ্ঞ ব্রাহ্মণ ও রাজা চন্দ্রসেন এখানে শিব উপাসনা করেন। এটি একমাত্র দক্ষিণমুখী মন্দির ও মহাকালেশ্বর মূর্তিটিও 'দক্ষিণামূর্তি'। মূর্তির বিশেষত্ব "তান্ত্রিক শিবনেত্র" প্রথা ১২টি জ্যোতিলিঙ্গের মধ্যে একমাত্র মহাকালেশ্বর মন্দিরেই দেখা যায়। মন্দিরে ৩য় তলে নাগচন্দ্রেশ্বর মূর্তি আছে। এটি নাগপঞ্চমীতে দর্শনের জন্য খোলা হয়। মন্দিরে ৫টি তল আছে। তার মধ্যে ১টি ভূগর্ভে। মন্দির চূড়া পবিত্র বস্ত্র দ্বারা ঢাকা। ভূগর্ভস্থ কক্ষের পথ পিতলদীপে আলোকিত। শিবলিঙ্গের উপরে ছাদে একটি শ্রীযন্ত্র উলটো ঝোলানো আছে।

মহাকালেশ্বর মন্দির উজ্জয়িনীর মহাকাশ্বরে মনে করা হয় শিব স্বয়ম্ভূ। অর্থাৎ তিনি নিজেই উত্থিত হয়েছেন। রুদ্রসাগরের তীরে অবস্থিত এই মন্দির। মনে করা হয়, দুশন নামের এক রাক্ষসের হাত থেকে উজ্জয়িনীবাসীদের মুক্তি দেওয়ার পর থেকে শিবকে এখানে মহাকালেশ্বর রূপে পূজা করা হয়।

<u>মহাকালেশ্বরের আধ্যাত্মিক সারাংশের সন্ধান করা</u>

এখন আমাদের আধ্যাত্মিক যাত্রা মধ্যপ্রদেশের উজ্জাইন শহরের প্রাচীন শহর, যেখানে পবিত্র মহাকালেশ্বর জ্যোতিলিঙ্গ ভগবান শিবের নিরবধি উপস্থিতির প্রমাণ হিসেবে দাঁড়িয়ে আছে। দেবত্বের এই পূজনীয় আবাস দূর-দূরান্ত থেকে তীর্থযাত্রীদের ইঙ্গিত দেয়, তাদের আমন্ত্রণ জানায় এর সমৃদ্ধ আধ্যাত্মিক সারমর্মে নিজেকে নিমজ্জিত করতে।

যখনই মন্দিরের কাছে যাওয়া হয়, তখনই ভক্তির একটি স্পষ্ট আভা বাতাসে ভরে যায়। উজ্জাইন শহরটি শতাব্দীর ইতিহাস এবং পুরাণের সাথে অনুরণিত, এর রাস্তাগুলি প্রাণবন্ত বাজার এবং প্রাচীন মন্দিরগুলির সাথে সারিবদ্ধ। তবুও, এই প্রাণবন্ত ট্যাপেস্ট্রির মধ্যে, মহাকালেশ্বর মন্দিরের মহিমা লম্বা হয়ে দাঁড়িয়ে আছে, তীর্থযাত্রীদেরকে এর পবিত্র গর্ভগৃহে আকৃষ্ট করে।

জনশ্রুতি আছে যে মহাকালেশ্বর জ্যোতির্লিঙ্গ বারোটি জ্যোতির্লিঙ্গের মধ্যে একমাত্র যা দক্ষিণ দিকে মুখ করে, তার অনন্য আধ্যাত্মিক তাত্পর্যের প্রতীক। কথিত আছে যে ভগবান শিব স্বয়ং তাঁর ভক্তদের আশীর্বাদ করতে এবং শাশ্বত জ্ঞান দেওয়ার জন্য মহাকালেশ্বর হিসাবে এখানে আবির্ভূত হয়েছিলেন। গর্ভগৃহে লিঙ্গ রয়েছে, যা ভগবান শিবের একটি পবিত্র প্রতিনিধিত্ব করে, যা এমন একটি শক্তির উদ্রেক করে যা দর্শনার্থীদের হৃদয়ে অনুরণিত হয়।

মন্দিরের স্থাপত্য প্রাচীন ভারতের জাঁকজমক দেখায়, জটিল খোদাই এর দেয়াল এবং রাজকীয় স্পিয়ারগুলি স্বর্গের দিকে পৌঁছেছে। ভিতরে প্রবেশ করার সাথে সাথে, ঐশ্বরিক কম্পনগুলি সকলকে আচ্ছন্ন করে, শ্রদ্ধা এবং বিস্ময়ের অনুভূতি জাগিয়ে তোলে। ধূপের সুবাস বাতাসে লেগে থাকে, সুরের সাথে মিশে যায় যা মন্দিরের স্থানকে পূর্ণ করে।

মহাকালেশ্বর মন্দিরের সবচেয়ে উল্লেখযোগ্য আচারগুলির মধ্যে একটি হল ভস্ম-আরতি, যা ভগবান শিবের উদ্দেশ্যে পবিত্র ছাইয়ের একটি অনন্য নৈবেদ্য। এই প্রাচীন অনুষ্ঠানটি সকালের প্রথম দিকে ঘটে, কারণ অন্ধকার প্রদীপের মৃদু আভা এবং স্তোত্রের মৃদু উচ্চারণের পথ দেয়। জাফরান পোশাকে সজ্জিত পুরোহিতদের দৃষ্টি, তাদের মুখ ছাই দিয়ে মাখানো, একটি রহস্যময় পরিবেশ তৈরি করে যা শারীরিক রাজ্যের সীমানা অতিক্রম করে।

ভক্তরা মন্দির প্রাঙ্গণে জড়ো হয়, তাদের হৃদয় ভক্তি ও প্রত্যাশায় ভরা। ঢোলের ছন্দময় বিট বাতাসে প্রতিধ্বনিত হওয়ার সাথে সাথে পুরোহিতরা পবিত্র আরতি পরিবেশন করে, আলোর একটি সমলয় নৃত্যে প্রদীপগুলিকে সরিয়ে দেয়। ঐশ্বরিক শক্তি স্পষ্ট, এবং গভীর সংযোগের অনুভূতি উপস্থিত সকলের হৃদয়কে পূর্ণ করে।

মন্দিরের বাইরে, উজ্জয়িনী শহর নিজেই হিন্দু পুরাণে একটি বিশেষ স্থান ধারণ করে। দেবতা ও অসুরদের মধ্যে মহাজাগতিক যুদ্ধের সময় এটি অমরত্বের অমৃত, অমৃত পতিত হয়েছিল এমন একটি পবিত্র শহর বলে মনে করা হয়। স্বর্গীয় শক্তি যা ভূমিতে বিরাজ করছে তা আধ্যাত্মিক জ্ঞানের সন্ধানকারীদের আকৃষ্ট করে।

উজ্জয়নের প্রাণবন্ত শহর অন্বেষণ করার সময়, শিপ্রা নদীর মুখোমুখি হওয়া যায়, যেখানে ভক্তরা আচারানুষ্ঠানিক ক্রিয়া করতে এবং শুদ্ধি কামনা করতে জড়ো হয়। মহাকালেশ্বর মন্দিরের ঐশ্বরিক শক্তি নদীর মৃদু প্রবাহের সাথে মিশে যায়, আধ্যাত্মিকতা এবং প্রাকৃতিক সৌন্দর্যের একটি পবিত্র সঙ্গম তৈরি করে।

মহাকালেশ্বর জ্যোতির্লিঙ্গের তীর্থযাত্রা এই প্রাচীন মন্দিরের প্রতিটি কোণে বিস্তৃত ঐশ্বরিক উপস্থিতির কাছে নিজেকে আত্মসমর্পণ করার জন্য আধ্যাত্মিক জগতের গভীরে প্রবেশ করার একটি আমন্ত্রণ। এখানে, মন্ত্র, আচার এবং পবিত্র নৈবেদ্যগুলির মধ্যে, ভক্তরা সান্ত্বনা, নির্দেশিকা এবং ভগবান শিবের চিরন্তন সারাংশের সাথে সংযোগ করার সুযোগ খুঁজে পান। যখন মহাকালেশ্বরের পবিত্র ভূমি থেকে বিদায় নেওয়া হয়, তখন

হৃদয় গভীর কৃতজ্ঞতা এবং রূপান্তরের অনুভূতিতে পূর্ণ হয়।

উজ্জয়িনী ভূমিকে গ্রাস করা: মহাকালেশ্বরে ভস্ম-আরতি

ভারতের কেন্দ্রস্থলে পবিত্র শিপ্রা নদীর তীরে উজ্জয়িনী শহরটি অবস্থিত। তার গভীর-মূল আধ্যাত্মিক তাৎপর্য এবং ঐতিহাসিক গুরুত্বের জন্য পরিচিত, উজ্জয়িনী দূর-দূরান্ত থেকে ভক্ত এবং ভবঘুরেদের আকর্ষণ করে। এই শহরটিকে শোভিত করে এমন অনেকগুলি পবিত্র স্থানের মধ্যে, মহাকালেশ্বর মন্দিরটি উঁচুতে দাঁড়িয়ে আছে, যা ভগবান শিবের প্রতি উৎসর্গীকৃত বারোটি জ্যোতির্লিঙ্গের (আলোর লিঙ্গ) একটি হিসাবে সম্মানিত।মহাকালেশ্বরে মন্ত্রমুগ্ধ ভস্ম-আরতির অভিজ্ঞতা ছাড়া উজ্জয়িনী ভ্রমণ অসম্পূর্ণ। ভস্ম, যার অর্থ ছাই, এবং আরতি, আলোর সাথে পূজার একটি হিন্দু আচার, এই পবিত্র অনুষ্ঠানে একত্রিত হয় যা ভক্তদের হৃদয় ও আত্মার উপর গভীর প্রভাব ফেলে।

সূর্য অস্ত যাওয়ার সাথে সাথে, দিগন্তে একটি কমলা আভা ঢালাই করে, মহাকালেশ্বর মন্দিরটি প্রত্যাশার বাতাসে জীবন্ত হয়ে ওঠে। ভক্তরা বিপুল সংখ্যক সমবেত হয়, তাদের মুখ ভক্তি ও শ্রদ্ধায় উজ্জ্বল হয়। মন্দির কমপ্লেক্সটি প্রাচীন মন্ত্র এবং স্তোত্রের প্রতিধ্বনিতে অনুরণিত হয়, আধ্যাত্মিকতার সাথে অভিযুক্ত পরিবেশ তৈরি করে।ভস্ম-আরতি শুরু হয় ঢোলের ছন্দময় প্রহার এবং শঙ্খের ধ্বনি দিয়ে। স্পন্দনশীল জাফরান পোশাক পরিহিত পুরোহিতরা আচারের জন্য সতর্কতার সাথে প্রস্তুতি নিচ্ছেন। শ্মশান থেকে প্রাপ্ত পবিত্র ছাই পিতলের পাত্রে খুব যত্ন সহকারে সাজানো হয়। ধূপ লাঠি জ্বালানো হয়, বাতাসে মিষ্টি সুবাস ছড়ায়।ঘড়ির কাঁটা এগারোটা বাজে, মুহূর্ত আসে। মন্দিরের দরজা খোলা, গর্ভগৃহ, ভগবান শিবের বাসস্থানকে প্রকাশ করে। ঘন্টার অনুরণিত ধ্বনি বাতাসকে ভরিয়ে দেয়, ভস্ম-আরতির শুরুর সংকেত দেয়। পুরোহিতরা পবিত্র আগুন জ্বালায়, এবং ঐশ্বরিক শিখা পবিত্র সঙ্গীতের ছন্দময় বীটে নাচে।

সমবেতভাবে, ভক্তরা তাদের হাত বাড়ায়, গাঁদা ফুলে সজ্জিত ছোট মাটির প্রদীপ ধারণ করে। প্রদীপ জ্বলছে, বিশ্বস্তদের মুখে উষ্ণ আভা ছড়াচ্ছে। পুরোহিত, পরম ভক্তি সহকারে, জ্বলন্ত কর্পূরটি নেন এবং এটিকে বৃত্তাকার গতিতে নাড়ান, যা আরতির সমাপ্তির প্রতীক।মনোমুগ্ধকর পরিবেশের মধ্যে, প্রধান পুরোহিত আবির্ভূত হন, পবিত্র ছাইতে ভরা পবিত্র পাত্রটি ধরে। ভক্তদের প্রত্যাশা চরমে পৌঁছে যখন পুরোহিত গর্ভগৃহকে প্রদক্ষিণ করে, শ্রদ্ধেয় শিব লিঙ্গের উপর ছাই বর্ষণ করেন। বিশুদ্ধতা এবং মুক্তির প্রতীক হিসাবে বিবেচিত ছাই, আশীর্বাদ প্রদান করে এবং ভক্তদের তাদের পাপ থেকে মুক্তি দেয় বলে বিশ্বাস করা হয়।ভক্তরা স্তোত্র গায় এবং পবিত্র "ওম নমঃ শিবায়" মন্ত্র উচ্চারণ করে বায়ুমণ্ডল ঐশ্বরিক শক্তিতে ভরপুর। তাদের কণ্ঠস্বর সুরেলাভাবে মিশ্রিত হয়, একটি আধ্যাত্মিক সিম্ফনি তৈরি করে যা সারা রাত ধরে অনুরণিত হয়। ভক্তির প্রতিধ্বনিগুলি জ্বলন্ত প্রদীপের সাথে মিশে যায়, একটি ইথার ছবি আঁকে যা উপস্থিত সকলের হৃদয়ে থাকে।

মহাকালেশ্বরে ভস্ম-আরতি একটি আচারের চেয়ে বেশি; এটি এমন একটি অভিজ্ঞতা যা শারীরিক রাজ্যকে অতিক্রম করে। এটি ভক্ত এবং ঐশ্বরিক মধ্যে মিলনের একটি মুহূর্ত, এমন একটি সময় যখন বিশ্বাস জাগতিক উদ্বেগের চেয়ে প্রাধান্য পায়। ধূপের দীর্ঘস্থায়ী সুবাস এবং ছাই-মাখা কপালে ভক্তদের দৃষ্টি এই পবিত্র অনুষ্ঠানের রূপান্তরকারী শক্তির অনুস্মারক হিসাবে কাজ করে। আপনি মন্দির প্রাঙ্গণ থেকে বেরিয়ে যাওয়ার সাথে সাথে আপনার হৃদয় প্রশান্তি এবং তৃপ্তির গভীর অনুভূতিতে ভরে যায়। মহাকালেশ্বরের ভস্ম-আরতি আপনার আত্মায় একটি অমার্জনীয় চিহ্ন রেখে যায়, ভক্তির শিখা জ্বালিয়ে দেয় যা আপনি এই পবিত্র ভূমি থেকে চলে যাওয়ার অনেক পরে জ্বলতে থাকে।

উজ্জয়িন, তার প্রাচীন আকর্ষণ এবং আধ্যাত্মিক আভা সহ, যারা সান্ত্বনা এবং জ্ঞানের সন্ধান করে তাদের ইশারা দেয়। এবং মহাকালেশ্বরের ভস্ম-আরতি সেই কালজয়ী ঐতিহ্য এবং অটল বিশ্বাসের প্রমাণ হিসাবে দাঁড়িয়ে আছে যা এই পবিত্র শহরটিকে অনুগ্রহ করে চলেছে, সকলকে তাদের ঐশ্বরিক আলিঙ্গনে নিমজ্জিত করার আমন্ত্রণ জানায়। রাত যত গভীর হয়, উজ্জয়িন তার রহস্যময় মোহনের আরেকটি দিক প্রকাশ করে। উপরের আকাশের ছাউনিটি মিটমিট করে তারার কম্বল দিয়ে সজ্জিত, নীচের শহরটিতে একটি মৃদু আভা ছড়াচ্ছে। বাতাস প্রশান্তি এবং আত্মদর্শনের অনুভূতিতে আচ্ছন্ন হয়, কারণ ভক্তরা একটি আধ্যাত্মিক যাত্রা শুরু করে যা সময়ের সীমানা অতিক্রম করে।

মন্দিরের সীমানা ছাড়িয়ে, উজ্জয়িনী নিজেই ইতিহাস এবং আধ্যাত্মিকতার একটি সমৃদ্ধ ট্যাপেস্ট্রি ধারণ করে। কিংবদন্তি এবং প্রাচীন ঋষি এবং দ্রষ্টার কাহিনী এর রাস্তায় প্রতিধ্বনিত হয়। পবিত্র শিপ্রা নদী, সমস্ত অপবিত্রতার আত্মাকে পরিষ্কার করে বলে বিশ্বাস করা হয়, শহরের মধ্য দিয়ে প্রবাহিত হয়, এটিকে ঘিরে থাকা ইথার সৌন্দর্যকে প্রতিফলিত করে। মহাকালেশ্বর মন্দিরে ভস্ম-আরতি অনুভব করেছেন এমন ভক্তরা এর রূপান্তরকারী শক্তির কথা বলেন। এটা বিশ্বাস করা হয় যে এই পবিত্র অনুষ্ঠানের সময়, পার্থিব এবং ঐশ্বরিক রাজ্যের মধ্যে বাধাগুলি দূর হয়ে যায়, যা ভক্তদেরকে প্রভু শিবের সাথে গভীর এবং অন্তরঙ্গভাবে সংযোগ করতে দেয়। তাদের কপালে পবিত্র ছাইয়ের স্পর্শ শুদ্ধি এবং আত্মসমর্পণের চিহ্ন হয়ে ওঠে, অস্তিত্বের ক্ষণস্থায়ী প্রকৃতির একটি অনুস্মারক। সেই মুহূর্তে, ভক্তরা এই জ্ঞানে সান্ত্বনা পান যে তারা আরও বড় কিছুর অংশ, যে তাদের প্রার্থনা এবং অর্ঘ ভক্তির ডানায় বাহিত হয়।

ভস্ম-আরতি জীবন, মৃত্যু এবং পুনর্জন্মের চক্রের অনুস্মারক হিসাবে কাজ করে। এটি রূপান্তর এবং ধ্বংসের সাথে যুক্ত দেবতা ভগবান শিবের সারাংশকে অন্তর্ভুক্ত করে। আগুনের ছন্দময় নৃত্য এবং পবিত্র ছাইয়ের মৃদু ঝরনার মাধ্যমে, ভক্তদেরকে দৈহিক রাজ্যের অস্থিরতা এবং আত্মার চিরন্তন প্রকৃতির কথা মনে করিয়ে দেওয়া হয়। ভস্ম-আরতির সৌন্দর্য কেবল আচার-অনুষ্ঠানের মধ্যেই নিহিত নয়, একতা ও সৌহার্দ্যের

অর্থেও তা লালন-পালন করে। জাতি, ধর্ম বা জাতীয়তা নির্বিশেষে সকল স্তরের মানুষ এই আধ্যাত্মিক যোগাযোগে একত্রিত হয়। ভক্তরা কাঁধে কাঁধ মিলিয়ে দাঁড়ানোর সাথে সাথে সীমানা বিলীন হয়ে যায়, তাদের হৃদয় একযোগে স্পন্দিত হয়, তাদের কণ্ঠ ভক্তির সমবেত হয়ে মিশে যায়। ভস্ম-আরতি শেষ হওয়ার সাথে সাথে ভক্তদের গভীর শান্তি এবং তৃপ্তির অনুভূতি থাকে। তারা তাদের হৃদয়ে মহাকালেশ্বরের আশীর্বাদ বহন করে, তারা জেনে যে তারা পবিত্র এবং অতীন্দ্রিয় কিছু প্রত্যক্ষ করেছে। মহাকালেশ্বরে ভস্ম-আরতির অভিজ্ঞতা একটি লালিত স্মৃতি হয়ে ওঠে, আলোর বাতিঘর যা তাদের আধ্যাত্মিক পথে পরিচালিত করে।

উজ্জয়িন, তার জমকালো মন্দির এবং পবিত্র আচার-অনুষ্ঠান সহ, যারা আধ্যাত্মিক জাগরণ খোঁজে তাদের আত্মাকে মোহিত করে চলেছে। মহাকালেশ্বরের ভস্ম-আরতি বিশ্বাস এবং ভক্তির স্থায়ী শক্তির প্রমাণ হিসাবে দাঁড়িয়ে আছে, আমাদের মনে করিয়ে দেয় যে ঐশ্বরিক রাজ্যে, অলৌকিক ঘটনাগুলি প্রকাশিত হয় এবং সাধারণটি অসাধারণে রূপান্তরিত হয়। যখন আপনি উজ্জয়িনে বিদায় নিচ্ছেন, আপনি আপনার সাথে প্রাচীন স্তোত্রের প্রতিধ্বনি, ধূপের সুবাস এবং ভক্তির চিরন্তন শিখা নিয়ে যাচ্ছেন যা ভিতরে জ্বলছে। মহাকালেশ্বরের ভস্ম-আরতির স্মৃতি চিরকাল আপনার আত্মায় খোদাই করে থাকবে, উজ্জয়িনী ভূমিকে যে ঐশ্বরিক অনুগ্রহের মৃদু অনুস্মারক।

<u>ওঙ্কারেশ্বর জ্যোতিলিঙ্গ</u>:- মধ্যপ্রদেশে নর্মদা তীরে এই মন্দির। মান্ধাতা এখানে শিব আরাধনা করেন। ৫তলা মন্দিরে ছোট সামান্য উষ্ণতার লিঙ্গ । জাতিধর্ম নির্বিশেষে স্পর্শ করে পূজা দেওয়া যায়। মধ্যপ্রদেশের ওমকারেশ্বর মন্দির যথেষ্ট বিখ্যাত। মনে করা হয় রাজা মান্ধাতা শিব পূজার জন্য এই মন্দির স্থাপন করেন।

<u>ওঙ্কারেশ্বর জ্যোতিলিঙ্গ:পবিত্র দ্বীপ</u>

ওমকারেশ্বর জ্যোতিলিঙ্গ, যা পবিত্র দ্বীপ নামেও পরিচিত, ভারতের অন্যতম শ্রদ্ধেয় হিন্দু তীর্থস্থান। মধ্যপ্রদেশ রাজ্যে অবস্থিত, এটি পবিত্র হিন্দু প্রতীক "ওম" এর আকারে নর্মদা নদীর দ্বারা গঠিত দ্বীপে অবস্থিত। এই অনন্য ভৌগোলিক বৈশিষ্ট্য, স্থানটির আধ্যাত্মিক তাৎপর্য যোগ করে, এটি আধ্যাত্মিক সান্ত্বনা এবং আশীর্বাদের সন্ধানকারী ভক্তদের জন্য একটি শ্রদ্ধেয় গন্তব্যে পরিণত করে।

"ওম" এবং "কারেশ্বর" এই দুটি শব্দের সংমিশ্রণ থেকে "ওমকারেশ্বর" নামটি এসেছে। "ওম" হল হিন্দুধর্মের একটি পবিত্র শব্দাংশ এবং প্রতীক, যা মহাবিশ্বের সারাংশকে প্রতিনিধিত্ব করে, যখন "কারেশ্বর" মন্দিরের প্রধান দেবতা ভগবান শিবকে বোঝায়। এইভাবে, ওমকারেশ্বর নামটি পবিত্র প্রতীক "ওম" আকারে ভগবান শিবের ঐশ্বরিক উপস্থিতি নির্দেশ করে।

ওমকারেশ্বর জ্যোতির্লিঙ্গ মন্দিরটি বারোটি জ্যোতির্লিঙ্গের মধ্যে একটি, যাকে ভগবান শিবের সবচেয়ে পবিত্র আবাস বলে মনে করা হয়। হিন্দু পুরাণ অনুসারে, জ্যোতির্লিঙ্গ হল স্ব-প্রকাশিত লিঙ্গ (ভগবান শিবের একটি আইকনিক প্রতিনিধিত্ব) যা

ঐশ্বরিক আলো নির্গত করে। এটি বিশ্বাস করা হয় যে এই জ্যোতির্লিঙ্গগুলির পূজা করা হলে, তা প্রভূত আশীর্বাদ এবং আধ্যাত্মিক উন্নতির সোপান হয়ে দাঁড়ায়।

ওমকারেশ্বর জ্যোতির্লিঙ্গের মন্দির চত্বরটি দেখার মতো একটি দুর্দান্ত দৃশ্য। এটি জটিল খোদাই এবং ভাস্কর্য দ্বারা সজ্জিত, যা প্রাচীন ভারতের সমৃদ্ধ সাংস্কৃতিক ঐতিহ্যকে প্রতিফলিত করে। প্রধান গর্ভগৃহে ভগবান শিবের লিঙ্গ রয়েছে এবং সারা বিশ্ব থেকে ভক্তরা এখানে তাদের প্রার্থনা করতে এবং আশীর্বাদ চাইতে আসেন। মন্দির কমপ্লেক্সের নির্মল এবং ঐশ্বরিক পরিবেশ আধ্যাত্মিক অভিজ্ঞতা যোগ করে।

ওমকারেশ্বর জ্যোতির্লিঙ্গ মন্দিরে পৌঁছানোর জন্য, নর্মদা নদী পার হতে হবে নৌকা বা ফুটব্রিজের মাধ্যমে। দ্বীপে যাত্রাকে আধ্যাত্মিক প্রক্রিয়ার একটি অংশ হিসাবে বিবেচনা করা হয়, কারণ ভক্তরা আশেপাশের প্রাকৃতিক সৌন্দর্য এবং প্রশান্তিতে নিজেকে নিমজ্জিত করে। পবিত্র নর্মদা নদীর মৃদু প্রবাহ শান্তি এবং আধ্যাত্মিকতার অনুভূতিকে আরও বাড়িয়ে তোলে।

মূল মন্দির ছাড়াও, ওমকারেশ্বর দ্বীপে বিভিন্ন দেবদেবীর উদ্দেশ্যে নিবেদিত আরও কয়েকটি ছোট মন্দির রয়েছে। এই মন্দিরগুলি, প্রতিটি তাদের নিজস্ব তাৎপর্য এবং কিংবদন্তি সহ, এই অঞ্চলের ধর্মীয় ও সাংস্কৃতিক ঐতিহ্য অন্বেষণ করতে ইচ্ছুক ভক্তদের আকর্ষণ করে। দ্বীপটি আশেপাশের ল্যান্ডস্কেপগুলির শ্বাসরুদ্ধকর দৃশ্যও দেখায়, যেখানে সবুজ পাহাড় এবং নর্মদা নদী রয়েছে।

ওমকারেশ্বর জ্যোতির্লিঙ্গ হিন্দুদের জন্য অপরিসীম ধর্মীয় ও সাংস্কৃতিক তাৎপর্য রাখে। এটা বিশ্বাস করা হয় যে এই পবিত্র স্থানটি পরিদর্শন করলে পাপ ধুয়ে যায় এবং জন্ম ও মৃত্যুর চক্র থেকে মুক্তি পাওয়া যায়। ভক্তরা ঐশ্বরিক আশীর্বাদ এবং আধ্যাত্মিক জ্ঞানলাভের জন্য দ্বীপটির প্রদক্ষিণ (পরিক্রমা) করে প্রার্থনা করে, আচার অনুষ্ঠান করে।

এর ধর্মীয় গুরুত্ব ছাড়াও, ওমকারেশ্বর জ্যোতির্লিঙ্গ একটি পর্যটন আকর্ষণ হিসাবেও কাজ করে, যা জীবনের সকল স্তরের দর্শকদের আকর্ষণ করে যারা এর স্থাপত্য বৈভব, প্রাকৃতিক সৌন্দর্য এবং আধ্যাত্মিক আভায় আগ্রহী। দ্বীপটি যারা সান্ত্বনা এবং ঐশ্বরিক সংযোগের জন্য একটি শান্তিপূর্ণ পশ্চাদপসরণ অফার করে।

ওমকারেশ্বর জ্যোতির্লিঙ্গ, পবিত্র দ্বীপটি ভারতে গভীর বিশ্বাস এবং আধ্যাত্মিকতার প্রমাণ হিসাবে দাঁড়িয়েছে। এটি ভক্তদের এবং সত্যের সন্ধানকারীদের অনুপ্রাণিত ও আকর্ষণ করে চলেছে, যারা এর নির্মল পরিবেশ এবং ভগবান শিবের ঐশ্বরিক উপস্থিতিতে আকৃষ্ট হয়।

ওমকারেশ্বর জ্যোতির্লিঙ্গের তীর্থযাত্রা কেবল একটি শারীরিক যাত্রা নয় বরং একটি আধ্যাত্মিকও। ভক্তরা দ্বীপে যাওয়ার পথে, তারা প্রার্থনা, ধ্যান এবং আত্ম-প্রতিফলনে নিযুক্ত হয়, ঈশ্বরের সাথে তাদের সংযোগকে গভীর করে। স্তোত্রের ছন্দময় গান এবং ধূপের সুবাস বাতাসকে ভরিয়ে দেয়, ভক্তি ও শ্রদ্ধায় অভিহিত পরিবেশ তৈরি করে।

তীর্থযাত্রার অন্যতম আকর্ষণ হল পরিক্রমা করার আচার, যার মধ্যে দ্বীপ প্রদক্ষিণ করা হয়। ভক্তরা পবিত্র দ্বীপের পুরো ঘেরে ঘুরে বেড়ায়, পথের বিভিন্ন পয়েন্টে প্রার্থনা করে। ভক্তির এই কাজটি আত্মাকে পরিষ্কার করে এবং আধ্যাত্মিক জ্ঞান অর্জনের কাছাকাছি নিয়ে আসে বলে বিশ্বাস করা হয়।

ওমকারেশ্বর জ্যোতির্লিঙ্গের চারপাশের প্রাকৃতিক সৌন্দর্য এর লোভনীয়তা বাড়িয়ে দেয়। নর্মদা নদী, তার স্ফটিক-স্বচ্ছ জল সহ, দ্বীপের চারপাশে মৃদুভাবে প্রবাহিত হয়, একটি মনোরম পরিবেশ তৈরি করে। সবুজ বনানী, জলপ্রপাত এবং নির্মল ল্যান্ডস্কেপ দর্শনার্থীদের জন্য তীর্থযাত্রাকে একটি মনোমুগ্ধকর অভিজ্ঞতা করে তোলে।

দ্বীপটিতে বেশ কয়েকটি ঘাট (নদীর দিকে যাওয়ার ধাপ) রয়েছে, যেখানে তীর্থযাত্রীরা প্রার্থনা করতে এবং শুদ্ধিকরণের জন্য জড়ো হন। নর্মদা নদীতে পবিত্র স্নান করা, একটি পবিত্র কাজ বলে মনে করা হয়, যা বিশ্বাস করা হয় পাপ ধুয়ে ফেলা এবং আশীর্বাদ প্রদান করে। ঘাটগুলি আধ্যাত্মিক উত্সাহের পরিবেশ তৈরি করে আচার ও প্রার্থনায় নিযুক্ত ভক্তদের সাথে জীবন্ত হয়ে ওঠে।

উত্সব এবং ধর্মীয় অনুষ্ঠানের সময়, ওমকারেশ্বর জ্যোতির্লিঙ্গ উদযাপন এবং ভক্তির কেন্দ্র হয়ে ওঠে। হাজার হাজার ভক্ত মন্দিরে ভিড় করে, স্থানটির প্রাণবন্ততা এবং শক্তি যোগ করে। মহাশিবরাত্রি, কার্তিক পূর্ণিমা, এবং শ্রাবণ মাস (ভগবান শিবের প্রতি উৎসর্গীকৃত) এর মতো উত্সবগুলি বিশাল শোভাযাত্রা, বিস্তৃত আচার অনুষ্ঠান এবং ভক্তিমূলক গান ও নাচের সাক্ষী থাকে।

ওমকারেশ্বর জ্যোতির্লিঙ্গের আধ্যাত্মিক তাত্পর্য তার সীমানা ছাড়িয়ে বিস্তৃত। এটি সমগ্র ইতিহাস জুড়ে কবি, সাধক এবং আধ্যাত্মিক অনুসন্ধানকারীদের জন্য অনুপ্রেরণার উৎস। অনেক প্রাচীন ধর্মগ্রন্থ এবং কিংবদন্তীতে এই পবিত্র স্থানটির মাহাত্ম্য উল্লেখ করা হয়েছে, যা হিন্দু পুরাণ এবং ধর্মীয় ঐতিহ্যে এর গুরুত্বকে আরও দৃঢ় করেছে।

ওমকারেশ্বর জ্যোতির্লিঙ্গ পরিদর্শন শুধুমাত্র ঐশ্বরিক চেতনার সাথে সংযুক্ত হওয়ার সুযোগ নয় বরং ভারতের সমৃদ্ধ সাংস্কৃতিক ঐতিহ্যে নিজেকে নিমজ্জিত করার একটি সুযোগ। স্থানীয় বাজারগুলি ধর্মীয় শিল্পকর্ম, স্মৃতিচিহ্ন এবং হস্তশিল্পের একটি পরিসীমা অফার করে, যা দর্শকদের তাদের সাথে আধ্যাত্মিক অভিজ্ঞতার একটি অংশ নিয়ে যেতে দেয়।

ওমকারেশ্বর জ্যোতির্লিঙ্গের পবিত্র দ্বীপটি অবিরত বিশ্বাস এবং আধ্যাত্মিকতার আলোকবর্তিকা হয়ে রয়েছে, যা বিশ্বের বিভিন্ন প্রান্ত থেকে ভক্তদের আকর্ষণ করে। এটি ঐশ্বরিক শাশ্বত উপস্থিতির অনুস্মারক হিসাবে কাজ করে এবং ধর্মীয় স্থানগুলি মানব আত্মার উপর গভীর প্রভাব ফেলতে পারে। আধ্যাত্মিক জ্ঞান, অভ্যন্তরীণ শান্তি, বা ভারতের প্রাচীন ঐতিহ্যের এক ঝলক খোঁজা হোক না কেন, ওমকারেশ্বর জ্যোতির্লিঙ্গের দর্শন ভক্তি, প্রশান্তি এবং ভগবান শিবের আশীর্বাদে ভরা একটি অবিস্মরণীয় ভ্রমণের প্রতিশ্রুতি দেয়।

কেদারনাথ জ্যোতির্লিঙ্গ:- উত্তরাখণ্ডে গাড়োয়াল হিমালয়ে মন্দাকিনী নদীতীরে এই মন্দির। নরনারায়ণ ঋষি এখানে শিব আরাধনা করেন। ৪ধামের অন্যতম কেদারনাথ। শীতকালে মূর্তিগুলি ৬মাসের জন্য উখিমঠে নিয়ে গিয়ে পূজা হয়।

কেদারনাথ বিখ্যাত এই জ্যোতিলিঙ্গকে নিয়ে মহাভারতের এক কাহিনি রয়েছে। শোনা যায়, পান্ডবরা নিজেদের পাপ স্খলন করতে শিব পূজা করতে চান। তবে তার জন্য তাঁদের প্রয়োজন হয় ,জ্যোতিলিঙ্গের। যে জ্যোতিলিঙ্গ তাঁরা দেখতে পান কেদারনাথে। সেই জ্যোতিলিঙ্গের স্থানেই গড়ে ওঠে মন্দির।

কেদারনাথ জ্যোতিলিঙ্গের দিব্য কাহিনী

ভারতীয় হিমালয়ের সুরম্য গাড়ওয়াল অঞ্চলে অবস্থিত, কেদারনাথ জ্যোতিলিঙ্গের পবিত্র মন্দিরটি ভক্তি, বিশ্বাস এবং ভগবান শিবের ভক্তদের অদম্য চেতনার প্রমাণ হিসাবে দাঁড়িয়ে আছে। 3,583 মিটার (11,755 ফুট) উচ্চতায় অবস্থিত, এই শ্রদ্ধেয় তীর্থস্থানটি হিন্দু পুরাণে অপরিসীম তাৎপর্য ধারণ করে এবং সারা বিশ্ব থেকে অসংখ্য তীর্থযাত্রীকে আকর্ষণ করে।

কেদারনাথ জ্যোতিলিঙ্গের উৎপত্তি কিংবদন্তি এবং পৌরাণিক কাহিনীতে পরিপূর্ণ। হিন্দু ধর্মগ্রন্থ অনুসারে, মহাভারতের মহান কুরুক্ষেত্র যুদ্ধের পরে, পাণ্ডবরা তাদের ভ্রাতৃহত্যার পাপের জন্য মুক্তি চেয়েছিলেন। ভগবান শিবের সন্ধানে, তারা কেদার খন্ড অঞ্চলে পৌঁছেছিল, যেখানে তারা একটি ষাঁড়ের আকারে তাঁর মুখোমুখি হয়েছিল। ঐশ্বরিক উপস্থিতি স্বীকার করে, পাণ্ডবরা আন্তরিকভাবে ভগবান শিবের কাছে প্রার্থনা করেছিলেন, তাঁর আশীর্বাদ এবং ক্ষমা চেয়েছিলেন।

তাদের ভক্তিতে মুগ্ধ হয়ে, কেদার নাথ নামে পরিচিত ভগবান শিব তাদের সামনে হাজির হন এবং তাদের ইচ্ছা পূরণ করেন। তিনি তাদের তাদের পাপ থেকে মুক্তি দিয়েছিলেন এবং তাদের অনন্ত পরিত্রাণের সাথে আশীর্বাদ করেছিলেন। এই ঐশ্বরিক সাক্ষাৎকে স্মরণ করার জন্য, পাণ্ডবরা এই স্থানে একটি মন্দির তৈরি করেছিলেন, যা কেদারনাথ জ্যোতিলিঙ্গ নামে পরিচিত হয়েছিল।

কেদারনাথ মন্দির, হিমালয়ের মহিমান্বিত তুষার-ঢাকা শিখরগুলির মধ্যে অবস্থিত, দেবত্ব এবং আধ্যাত্মিকতার আভা প্রকাশ করে। মন্দিরটি ঐতিহ্যবাহী উত্তর ভারতীয় স্থাপত্য শৈলীতে নির্মিত, জটিল পাথরের খোদাই এবং একটি বিশাল চূড়া যা স্বর্গের দিকে পৌঁছেছে। এর দূরবর্তী অবস্থান বিস্ময় এবং শ্রদ্ধার অনুভূতি যোগ করে, কারণ ভক্তরা এই পবিত্র আবাসে পৌঁছানোর জন্য একটি চ্যালেঞ্জিং যাত্রা শুরু করে।

কেদারনাথের তীর্থ ভ্রষ্ট হৃদয়ের জন্য নয়। ভক্তরা বেস ক্যাম্প, গৌরীকুন্ড থেকে প্রায় 16 কিলোমিটার (10 মাইল) পথের যাত্রা শুরু করে , এবড়োথেবড়ো ভূখণ্ড এবং খাড়া বাঁক নিয়ে চলাচল করে। এই কঠিন যাত্রাকে ভগবান শিবের আশীর্বাদ পাওয়ার জন্য একজনের উৎসর্গ এবং সংকল্পের পরীক্ষা হিসাবে দেখা হয়।

তীর্থযাত্রীরা শ্বাসরুদ্ধকর প্রাকৃতিক দৃশ্যের মধ্য দিয়ে যাওয়ার সময়, তারা মনোমুগ্ধকর উপত্যকা, স্রোতস্বিনী নদী এবং নির্মল তৃণভূমির মধ্য দিয়ে যায়। বাতাস স্তোত্র এবং মন্ত্রের শব্দে ভরা, ঐশ্বরিক উপস্থিতির আহ্বান জানায়। কেদারনাথ জ্যোতির্লিঙ্গে যাত্রা শুধুমাত্র একটি শারীরিক উদ্যোগ নয় বরং একটি রূপান্তরমূলক অভিজ্ঞতা যা একজনের আধ্যাত্মিক সংযোগকে গভীর করে।

মন্দিরে পৌঁছে, ভক্তদের ফুল এবং পবিত্র নৈবেদ্য দিয়ে সজ্জিত একটি লিঙ্গের আকারে ভগবান শিবের শক্তিশালী উপস্থিতি দ্বারা স্বাগত জানানো হয়। ঐশ্বরিক শক্তি বায়ুমণ্ডলে বিস্তৃত, বিস্ময় এবং আত্মসমর্পণের গভীর অনুভূতির উদ্রেক করে। ভক্তরা প্রার্থনা করে, আচার পালন করে এবং নিজের এবং তাদের প্রিয়জনের জন্য আশীর্বাদ চায়।

কেদারনাথ জ্যোতির্লিঙ্গ শুধুমাত্র উপাসনার স্থান নয়, মানুষের স্থিতিস্থাপকতার প্রমাণও বটে। প্রাকৃতিক বিপর্যয় এবং প্রকৃতির শক্তির হাত থেকে বাঁচতে মন্দিরটি সময়ের পরীক্ষাকে প্রতিহত করেছে। 2013 সালের বিধ্বংসী বন্যা এই অঞ্চলের উল্লেখযোগ্য ক্ষতি করেছিল, কিন্তু ভক্তদের অটল বিশ্বাস এবং স্থানীয় সম্প্রদায়ের সম্মিলিত প্রচেষ্টা মন্দিরটিকে তার আগের গৌরব ফিরিয়ে দিয়েছে।

এর ধর্মীয় তাৎপর্যের বাইরে, কেদারনাথ জ্যোতির্লিঙ্গ তার বিস্ময়কর প্রাকৃতিক সৌন্দর্যের সাথে দর্শনার্থীদের মোহিত করে। শক্তিশালী কেদারনাথ চূড়া সহ তুষারাবৃত চূড়া দ্বারা বেষ্টিত, মনোরম দৃশ্য দর্শনার্থীদের মন্ত্রমুগ্ধ করে। আদিম মন্দাকিনী নদী কাছাকাছি প্রবাহিত হয়, এর বিশুদ্ধ জলে পাপ পরিষ্কার করার এবং পরিত্রাণ দেওয়ার ক্ষমতা রয়েছে বলে বিশ্বাস করা হয়।

কেদারনাথ জ্যোতির্লিঙ্গ নিছক একটি শারীরিক গন্তব্য নয় বরং একটি আধ্যাত্মিক আহ্বান যা লক্ষ লক্ষ মানুষের হৃদয়ে অনুরণিত হয়। এটি মানব এবং ঐশ্বরিক মধ্যে নিরবধি সংযোগের প্রতিনিধিত্ব করে, এমন একটি জায়গা যেখানে ভক্তরা সান্ত্বনা পেতে পারে, অভ্যন্তরীণ শান্তি খুঁজে পেতে পারে এবং আত্ম-আবিষ্কারের একটি রূপান্তরমূলক যাত্রা শুরু করতে পারে।

কেদারনাথ জ্যোতির্লিঙ্গের ঐশ্বরিক কাহিনী ভক্তদের অনুপ্রাণিত করে এবং বিমোহিত করে, তাদের ভগবান শিবের অনন্ত উপস্থিতি এবং অটল বিশ্বাসের শক্তির কথা স্মরণ করিয়ে দেয়। এই পবিত্র মন্দিরে তীর্থযাত্রা কেবল একটি ধর্মীয় কর্তব্য নয় বরং ঈশ্বরের সাথে সংযোগ স্থাপন এবং হিমালয়ের মহিমা অনুভব করার একটি গভীর সুযোগ, যা প্রতিটি তীর্থযাত্রীর আত্মার উপর একটি অমোঘ চিহ্ন রেখে যায়।

হিমালয়ের মহিমান্বিত চূড়ায় সূর্য অস্ত যাওয়ার সাথে সাথে কেদারনাথ জ্যোতির্লিঙ্গে সন্ধ্যা আরতি (আচার পূজা) শুরু হয়। ভজন (ভক্তিমূলক গান) এবং মন্ত্রের ছন্দময় উচ্চারণে বাতাস ভরে যায়। ভক্তরা মন্দির কমপ্লেক্সে জড়ো হয়, তাদের হৃদয় শ্রদ্ধা ও ভক্তিতে পূর্ণ হয়, কারণ পুরোহিতরা শিবের কাছে প্রার্থনা করেন।

আরতি এগিয়ে যাওয়ার সাথে সাথে বায়ুমণ্ডল আধ্যাত্মিক শক্তিতে ভরে ওঠে। পবিত্র প্রদীপের জ্বলন্ত শিখা মন্দিরকে আলোকিত করে, ভক্তদের মুখে একটি উষ্ণ আভা ছড়িয়ে দেয়। ধূপের ঘ্রাণ বাতাসে ছড়িয়ে পড়ে, এমন একটি পরিবেশ তৈরি করে যা উপাসকদেরকে জাগতিকতার বাইরে একটি রাজ্যে নিয়ে যায়।

তীর্থযাত্রীদের ভক্তি ও আত্মসমর্পণের প্রতিধ্বনি করে ঐশ্বরিক মন্ত্রের অনুরণন পাহাড়ের মধ্য দিয়ে প্রতিধ্বনিত হয়। এই মুহূর্তে, ভক্তরা ভগবান শিবের অতীন্দ্রিয় শক্তির সাথে সংযুক্ত হওয়ার কারণে সময় স্থির হয়ে দাঁড়িয়েছে। বস্তুগত এবং আধ্যাত্মিক জগতের মধ্যে সীমানা ঝাপসা হয়ে যায় এবং একতা ও শান্তির গভীর অনুভূতি বিরাজ করে।

কেদারনাথ জ্যোতির্লিঙ্গ শুধুমাত্র উপাসনার স্থান নয় বরং আধ্যাত্মিক আত্মদর্শন এবং আত্ম-উপলব্ধির কেন্দ্রও। এটি অনুসন্ধানকারীদের বিশ্বের বিক্ষিপ্ততা থেকে বিচ্ছিন্ন হওয়ার এবং তাদের অভ্যন্তরীণ সত্তার গভীরে প্রবেশ করার সুযোগ দেয়। আশেপাশের পাহাড়ের নির্জনতা এবং নির্মলতা চিন্তাভাবনা এবং আত্ম-প্রতিফলনকে সহজ করে তোলে, যা তীর্থযাত্রীদের তাদের নিজস্ব অস্তিত্বের গভীর উপলব্ধির দিকে পরিচালিত করে।

কেদারনাথ জ্যোতির্লিঙ্গের সাথে যুক্ত ঐশ্বরিক কাহিনী এবং কিংবদন্তি প্রজন্মকে অনুপ্রাণিত করে চলেছে। মন্দিরটি আধ্যাত্মিক রূপান্তর এবং ঐশ্বরিক অলৌকিক ঘটনার অগণিত গল্পের সাক্ষী হয়ে দাঁড়িয়েছে। এটা বিশ্বাস করা হয় যে যারা আন্তরিক প্রার্থনা করেন এবং এই পবিত্র স্থানে ভগবান শিবের কাছে তাদের উদ্দেশ্য সমর্পণ করেন তাদের আধ্যাত্মিক যাত্রায় আশীর্বাদ এবং নির্দেশনা দেওয়া হয়।

কেদারনাথ জ্যোতির্লিঙ্গের ঐশ্বরিক স্পন্দন মন্দিরের বাইরেও বিস্তৃত। মন্দিরের চারপাশের সমগ্র অঞ্চলকে পবিত্র বলে মনে করা হয় এবং একটি অনন্য শক্তি ধারণ করে। ভক্তরা প্রায়ই ভৈরবনাথ মন্দির, বাসুকি তাল এবং ত্রিযুগিনারায়ণ মন্দিরের মতো নিকটবর্তী পবিত্র স্থানগুলিতে অতিরিক্ত ভ্রমণ করে, যা তাদের আধ্যাত্মিক অভিজ্ঞতাকে আরও সমৃদ্ধ করে।

কেদারনাথ জ্যোতির্লিঙ্গ কেবল একটি গন্তব্য নয় বরং আত্মার তীর্থস্থান, ভৌত জগতের সীমাবদ্ধতা অতিক্রম করে চিরন্তনের সাথে সংযোগ করার একটি সুযোগ। এটি নম্রতা, ভক্তি এবং জীবনের অস্থিরতার গভীর পাঠ শেখায়। এটা আমাদের মনে করিয়ে দেয় যে আমরা এই যাত্রায় নিছক যাত্রী, ভিতরে থাকা ঐশ্বরিক সত্যের সন্ধান করছি।

কেদারনাথ জ্যোতির্লিঙ্গের আধ্যাত্মিক আহ্বান তাদের সকলকে ইশারা দেয় যারা ঐশ্বরিকের সাথে গভীর সংযোগের জন্য আকাঙ্ক্ষা করে। এটি ক্লান্তদের সান্ত্বনা দেয়, অনুসন্ধানকারীদের অনুপ্রেরণা দেয় এবং ভ্রমের পর্দার বাইরে থাকা চিরন্তন সত্যের আভাস দেয়। কেদারনাথ জ্যোতির্লিঙ্গের তীর্থযাত্রায় যাত্রা করা হল একটি পবিত্র যাত্রা শুরু করা যা সময় এবং স্থানের সীমানা অতিক্রম করে এবং একজনকে আত্ম ও

ঐশ্বরিকতার চূড়ান্ত উপলব্ধির কাছাকাছি নিয়ে যায়।

ভীমাশঙ্কর জ্যোতির্লিঙ্গ:- মহারাষ্ট্রে পুনার গোরাগাঁওয়ে এই মন্দির। এখালে শিব ভীম নামক রাক্ষস বধের জন্য প্রকটিত হন। আদি নাম ডাকিনী দেশ। গ্রহবাধা অকাল মৃত্যু রোধে অসংখ্য ভক্ত আসেন।

ভীমশঙ্কর ষষ্ঠ জ্যোতির্লিঙ্গটি ছিল মহারাষ্ট্র পুনের ভিমশঙ্করে। ভীম নামের এক দানবকে রক্ষা করে ভক্তদের রক্ষা করেন শিব। তারপর শিবের আরাধনার জন্য গড়ে ওঠে পুনের এই মন্দিরের জ্যোতির্লিঙ্গ।

<u>ভীমাশঙ্কর জ্যোতির্লিঙ্গের নির্মল আবাস</u>

ভারতের মহারাষ্ট্রের সহ্যাদ্রি রেঞ্জের সবুজের মাঝে অবস্থিত ভীমাশঙ্কর জ্যোতির্লিঙ্গের নির্মল আবাস। এই পবিত্র তীর্থস্থানটি হিন্দু পুরাণে গভীর ধর্মীয় তাৎপর্য ধারণ করে এবং আধ্যাত্মিক সান্ত্বনা এবং ঐশ্বরিক আশীর্বাদের জন্য ভক্তদের আকর্ষণ করে।

ভীমশঙ্কর জ্যোতির্লিঙ্গের নামটি এসেছে শক্তিশালী রাক্ষস ভীম থেকে, যিনি ভগবান শিবের আশীর্বাদ পাওয়ার জন্য এই স্থানেই তীব্র তপস্যা করেছিলেন বলে কথিত আছে। ভীমের ভক্তিতে মুগ্ধ হয়ে, ভগবান শিব তার সামনে হাজির হন এবং তাকে অবিশ্বাস্য শক্তি দিয়ে আশীর্বাদ করেন। এই ঐশ্বরিক সাক্ষাতের সম্মানে, ভীমাশঙ্কর জ্যোতির্লিঙ্গের মন্দির নির্মিত হয়েছিল, যা আধ্যাত্মিকতা এবং বিশ্বাসের আলোকবর্তিকা হয়ে উঠেছে।

ভীমাশঙ্কর মন্দির, নাগারা স্থাপত্য শৈলীর একটি চমৎকার উদাহরণ, পশ্চিমঘাটের শান্ত পরিবেশের মধ্যে সুন্দরভাবে দাঁড়িয়ে আছে। এর আকর্ষণীয় স্থাপত্য, জটিল খোদাই, এবং সুন্দর ভাস্কর্যযুক্ত প্রবেশদ্বারগুলি প্রাচীন ভারতের সমৃদ্ধ সাংস্কৃতিক ঐতিহ্যকে প্রতিফলিত করে। মন্দির কমপ্লেক্সে শিবের উপস্থিতির প্রতীক লিঙ্গ রয়েছে এবং ভক্তরা প্রার্থনা করেন এবং পরম শ্রদ্ধার সাথে আশীর্বাদ চান।

ভীমাশঙ্কর জ্যোতির্লিঙ্গের যাত্রা প্রাকৃতিক সৌন্দর্য এবং আধ্যাত্মিক অনুসন্ধানের একটি আনন্দদায়ক মিশ্রণ। তীর্থযাত্রার পথটি ঘন অরণ্য, মনোরম জলপ্রপাত এবং তীর্থযাত্রীদের পশ্চিম ঘাটের নির্মল পরিবেশে নিমজ্জিত করে প্রবাহিত হয়। বাতাস পাখির কিচিরমিচির এবং পাতার মৃদু কোলাহলে প্রশান্তি ও প্রশান্তির পরিবেশ তৈরি করে।

ভক্তরা মন্দিরের কাছে আসার সাথে সাথে ধূপের মোহনীয় সুগন্ধ বাতাসে ছড়িয়ে পড়ে, আধ্যাত্মিক অভিজ্ঞতাকে বাড়িয়ে তোলে। মন্ত্রের ছন্দময় জপ এবং মন্দিরের ঘন্টার ধ্বনি একটি ঐশ্বরিক সিম্ফনি তৈরি করে যা উপাসকদের হৃদয়ের গভীরে অনুরণিত হয়। ভক্তি এবং আত্মসমর্পণের শক্তি বায়ুমণ্ডলে ছড়িয়ে পড়ে, সকলকে ঐশ্বরিক উপস্থিতির সাথে সংযোগ স্থাপনের আমন্ত্রণ জানায়।

ভীমাশঙ্কর অঞ্চলটি কেবল আধ্যাত্মিক আবাস নয়, প্রকৃতি উৎসাহীদের জন্য একটি অভয়ারণ্যও বটে। আশেপাশের ভীমাশঙ্কর বন্যপ্রাণী অভয়ারণ্যে মালাবার দৈত্য

কাঠবিড়ালি এবং ভারতীয় দৈত্যাকার উড়ন্ত কাঠবিড়ালির মতো বিরল প্রজাতি সহ বিভিন্ন ধরণের উদ্ভিদ ও প্রাণীর আবাসস্থল। ভীমাশঙ্কর জ্যোতিলিঙ্গের তীর্থযাত্রা প্রকৃতির বিস্ময় দেখার এবং সমস্ত জীবের আন্তঃসম্পর্কের প্রশংসা করার সুযোগ দেয়।

ভীমাশঙ্কর জ্যোতিলিঙ্গে মহা শিবরাত্রি উৎসবের বিশেষ তাৎপর্য রয়েছে। দূর-দূরান্ত থেকে ভক্তরা এই শুভ অনুষ্ঠানটি উদযাপন করতে জড়ো হয়, প্রাণবন্ত শোভাযাত্রা, ভক্তিমূলক গান এবং আন্তরিক প্রার্থনায় জড়িত হয়। মন্দির কমপ্লেক্সটি রঙ এবং উৎসবের সাথে জীবন্ত হয়ে ওঠে, কারণ ভক্তরা শিবের প্রতি তাদের ভালবাসা এবং ভক্তি প্রকাশ করে।

ধর্মীয় উৎসাহের বাইরে, ভীমাশঙ্কর জ্যোতিলিঙ্গ দৈনন্দিন জীবনের বিশৃঙ্খলা থেকে অবকাশ দেয়। শান্তিপূর্ণ পরিবেশ এবং নির্মল পরিবেশ ধ্যান এবং আত্ম-প্রতিফলনের জন্য একটি অনুকূল পরিবেশ তৈরি করে। অনেক অন্বেষণকারী এবং আধ্যাত্মিক উচ্চাকাঙ্ক্ষীরা এই পবিত্র স্থানটিতে অভ্যন্তরীণ শান্তি, জ্ঞানার্জন এবং ঐশ্বরিকের সাথে গভীর সংযোগের জন্য যান।

ভীমাশঙ্কর জ্যোতিলিঙ্গের নির্মল আবাস ভক্ত এবং আধ্যাত্মিক সাধকদের হৃদয়ে এক অনন্য স্থান ধারণ করে। এটি এমন একটি জায়গা যেখানে প্রকৃতির সৌন্দর্য এবং ঐশ্বরিক উপস্থিতি নির্বিঘ্নে একত্রিত হয়, আমাদের সমস্ত অস্তিত্বের আন্তঃসংযুক্ততার কথা মনে করিয়ে দেয়। ভীমাশঙ্কর জ্যোতিলিঙ্গের তীর্থযাত্রায় যাত্রা করা মানে প্রকৃতির নির্মলতার কোলে আত্ম-আবিষ্কার, আত্মসমর্পণ এবং আধ্যাত্মিক জাগরণের যাত্রা শুরু করা।

সূর্যের প্রথম রশ্মি ল্যান্ডস্কেপকে আলতো করে আলোকিত করে, ভক্তরা ভীমাশঙ্কর জ্যোতিলিঙ্গে ঐশ্বরিক আচারের মাধ্যমে তাদের দিন শুরু করে। মন্দির কমপ্লেক্স পবিত্র স্তোত্রের জপ এবং প্রার্থনার প্রস্তাব দিয়ে জীবন্ত হয়ে ওঠে। তাজা ফুলের ঘ্রাণ এবং ধূপের সুগন্ধ বাতাসে প্রবেশ করে, পবিত্রতা এবং ভক্তির পরিবেশ তৈরি করে।

ভক্তরা ভগবান শিবের আশীর্বাদ কামনা করে, বিশ্বাস করে যে ভীমাশঙ্কর জ্যোতিলিঙ্গের দর্শন জন্ম ও মৃত্যুর চক্র থেকে মুক্তি দেয়। তারা তাদের কৃতজ্ঞতা প্রকাশ করে, তাদের আকাঙ্ক্ষাগুলিকে অর্পণ করে এবং তাদের উদ্বেগগুলি ঐশ্বরিক চরণে সমর্পণ করে। আধ্যাত্মিক শক্তি যা মন্দির কমপ্লেক্সকে আবৃত করে তা ভক্তদের হৃদয়কে শান্তি, তৃপ্তি এবং ঐশ্বরিক একতার অনুভূতি দিয়ে পূর্ণ করে।

ভীমাশঙ্কর জ্যোতিলিঙ্গের নির্মল বাসস্থান বিভিন্ন হিন্দু ধর্মগ্রন্থ ও কিংবদন্তিতেও তাৎপর্য বহন করে। এটি সেই স্থান বলে বিশ্বাস করা হয় যেখানে ভগবান শিব অর্ধনারীশ্বর রূপে ধারণ করেছিলেন, যা ঐশ্বরিক পুরুষালি এবং স্ত্রীলিঙ্গ উভয় শক্তির একটি যৌগিক মূর্ত প্রতীক। এই উপস্থাপনা মহাজাগতিক শক্তির সামঞ্জস্য ও ভারসাম্যের প্রতীক এবং বৈচিত্র্যের মধ্যে ঐক্যের অনুস্মারক হিসাবে কাজ করে।

এর ধর্মীয় এবং আধ্যাত্মিক আকর্ষণ ছাড়াও, ভীমাশঙ্কর জ্যোতির্লিঙ্গ আশেপাশের প্রাকৃতিক দৃশ্যের শ্বাসরুদ্ধকর দৃশ্য দেখায়। সহ্যাদ্রি পর্বতমালা, এর সবুজ পাহাড় এবং উপত্যকা, মন্দিরটিকে একটি মনোরম পটভূমি প্রদান করে। এই অঞ্চলের প্রচুর উদ্ভিদ ও প্রাণী প্রাকৃতিক সৌন্দর্য যোগ করে, দেবত্ব এবং প্রকৃতির একটি সুরেলা মিশ্রণ তৈরি করে।

ভীমাশঙ্কর জ্যোতির্লিঙ্গের দর্শনার্থীরা প্রায়ই কাছাকাছি আকর্ষণগুলি অন্বেষণ করার সুযোগ নেয়। ভীমাশঙ্কর বন্যপ্রাণী অভয়ারণ্য প্রকৃতি উৎসাহীদের ইশারা দেয়, যা ট্রেকিং, পাখি পর্যবেক্ষণ এবং বন্যপ্রাণী দেখার সুযোগ দেয়। আদিম ভীমাশঙ্কর জলপ্রপাত পাহাড়ের নিচে নেমে আসে, তাদের ছন্দময় প্রবাহ তাদের সৌন্দর্যের সাক্ষী সবাইকে মন্ত্রমুগ্ধ করে।

ভীমশঙ্কর জ্যোতির্লিঙ্গ শুধু একটি ভৌত গন্তব্য নয়; এটি একটি আধ্যাত্মিক অভয়ারণ্য যেখানে ভক্তরা সান্ত্বনা খুঁজে পায়, জ্ঞানার্জন করে এবং ঐশ্বরিকের সাথে গভীর সংযোগ অনুভব করে। এটি ভগবান শিবের চিরন্তন উপস্থিতি এবং বিশ্বাস ও ভক্তির রূপান্তরকারী শক্তির অনুস্মারক হিসাবে কাজ করে।

ভীমশঙ্কর জ্যোতির্লিঙ্গের নির্মল আবাসের তীর্থযাত্রা হল একটি অভ্যন্তরীণ যাত্রা যা অন্বেষককে নিজের মধ্যে এবং তাদের চারপাশের জগতের ঈশ্বরত্বের প্রতি জাগ্রত করে। এটি পবিত্র শক্তিতে নিজেকে নিমজ্জিত করার, জাগতিক সংযুক্তি ত্যাগ করার এবং আধ্যাত্মিকতার পথকে আলিঙ্গন করার একটি সুযোগ।

কেউ গভীর ধর্মীয় তাৎপর্য, পারিপার্শ্বিক প্রশান্তি বা ব্যক্তিগত পরিবর্তনের আকাঙ্ক্ষার প্রতি আকৃষ্ট হোক না কেন, ভীমাশঙ্কর জ্যোতির্লিঙ্গ আত্মার জন্য একটি অভয়ারণ্য প্রদান করে। এটি এমন একটি জায়গা যেখানে ভক্তরা সান্ত্বনা, অনুপ্রেরণা এবং ঐশ্বরিক রহস্যের গভীর উপলব্ধি পেতে পারেন যা ভিতরে এবং তার বাইরে রয়েছে।

ভীমাশঙ্কর জ্যোতির্লিঙ্গের নির্মল আবাস মানব আত্মা এবং ঐশ্বরিক মধ্যে গভীর সংযোগের প্রমাণ হিসাবে দাঁড়িয়েছে। এটি জীবনের সকল স্তরের তীর্থযাত্রী এবং অনুসন্ধানকারীদের অনুপ্রাণিত করে চলেছে, তাদের আধ্যাত্মিক জাগরণ এবং চিরন্তন আনন্দের সন্ধানে তাদের পথনির্দেশ করছে। ভীমাশঙ্কর জ্যোতির্লিঙ্গের তীর্থযাত্রা হল একটি রূপান্তরমূলক অভিজ্ঞতা, যারা এই পবিত্র আবাসে যাওয়ার সৌভাগ্যবান তাদের হৃদয় ও মনে একটি অদম্য ছাপ ফেলে।

কাশী বিশ্বনাথ জ্যোতির্লিঙ্গ:- এখানে শিব উমার সাথে কিছুকাল নিবাস করেন। তিনি বিশ্বনাথ। উত্তরপ্রদেশের কাশীতে এই মন্দির। বহুবার মন্দিরটি বিধর্মী আক্রমণে ধ্বংস ও পুনর্নির্মিত হয়েছে। বর্তমান মন্দির ইন্দোর মহারানি অহল্যা বাই হোলকার তৈরি করেন। মন্দিরের ১৫.৫ মিটার উঁচু চূড়া সোনায় মোড়া। গঙ্গা স্নান করে মন্দির দর্শন করলে মোক্ষ লাভ হয়।

কাশী বিশ্বনাথ মন্দির উত্তর প্রদেশের বারাণসীর কাশী বিশ্বনাথ মন্দির হল সপ্তম জ্যোতির্লিঙ্গ। মনে করা হয়, এই কাশী শহরটির মালিক স্বয়ং শিব। হিন্দু মতেল এই নগরী গড়ে ছিলেন শিবই। সেই বিশ্বাস থেকে এই জ্যোতিলিঙ্গের প্রতি ভক্তদের প্রবল আস্থা।

<u>জ্যোতিলিঙ্গ, কাশী বিশ্বনাথ মন্দিরের আধ্যাত্মিক সম্প্রীতি</u>

আমাদের যাত্রা শুরু হয় প্রাচীন শহর বারাণসীতে, যা কাশী নামেও পরিচিত, আলোর শহর। এখানেই প্রথম জ্যোতিলিঙ্গ, কাশী বিশ্বনাথ মন্দির, তার সমস্ত জাঁকজমকপূর্ণ মহিমায় দাঁড়িয়ে আছে। ভগবান শিবের উদ্দেশ্যে উৎসর্গীকৃত, এই মন্দিরটি তার ভক্তদের উপর প্রচুর আশীর্বাদ প্রদান করে বলে বিশ্বাস করা হয়। লিঙ্গ থেকে নির্গত ঐশ্বরিক শক্তি, ভগবান শিবের পবিত্র প্রতীক, গর্ভগৃহের মধ্য দিয়ে প্রতিধ্বনিত হয়, যারা প্রবেশ করে তাদের হৃদয় স্পর্শ করে।

মন্দির চত্বরের মধ্যে, গঙ্গা মহিমান্বিতভাবে প্রবাহিত হয়, অগণিত আত্মার আশা এবং প্রার্থনা বহন করে। ভক্তরা ঘাটে জড়ো হয়, পবিত্র নদীর দিকে যাওয়ার ধাপগুলি, পবিত্র আচার পালন করতে এবং বিশুদ্ধ জলে নিজেদের নিমজ্জিত করতে। ধূপের সুগন্ধে বাতাস ঘন , এবং ঘন্টা ও মন্ত্রের আওয়াজ প্রশান্তি ও ভক্তির পরিবেশ তৈরি করে। প্রতিটি জ্যোতিলিঙ্গের কিংবদন্তি, রহস্য, এবং আধ্যাত্মিক তাৎপর্য উন্মোচন করে, যা পর্যায়ক্রমে এই রহস্যময় অভিযানে যাত্রা শুরু করার সময় আমাদের সাথে যোগ দেয় । এই যাত্রা অনুপ্রেরণা এবং আলোকিত হওয়ার উৎস হতে পারে, আমাদের সকলের মধ্যে থাকা ঐশ্বরিক স্মারকের কাছাকাছি আমাদের পথনির্দেশ করে ।

<u>ত্র্যম্বকেশ্বর জ্যোতিলিঙ্গ</u>:- মহারাষ্ট্রের নাসিকে গোদাবরী উৎসে এই মন্দির। মহর্ষি গৌতম এখানে সস্ত্রীক শিব উপাসনা করেন। লিঙ্গমূর্তি ৩ভাগে বিভক্ত ও অন্যলিঙ্গের চেয়ে আলাদা। এই মন্দির পুননির্মাণ করেন নানা সাহেব পেশোয়া।

ত্র্যম্বকেশ্বর মন্দিরটি মহারাষ্ট্রের নাসিক থেকে প্রায় 30 কিলোমিটার দূরে গোদাবরী নদী থেকে ব্রহ্মগিরি নামক পর্বতের কাছে অবস্থিত । এই মন্দিরটিকে গোদাবরী নদীর উৎস হিসেবে বিবেচনা করা হয় যা " গৌতমী গঙ্গা" নামে পরিচিত - দক্ষিণ ভারতের সবচেয়ে পবিত্র নদী। শিব পুরাণ অনুসারে , এটি গোদাবরী নদী, গৌতম ঋষি এবং অন্যান্য সমস্ত দেবতাদের আন্তরিক অনুরোধে শিব এখানে বাস করার সিদ্ধান্ত নিয়েছিলেন এবং ত্রিম্বকেশ্বর নাম ধারণ করেছিলেন । গৌতম ঋষি বরুণের কাছ থেকে একটি গর্ত আকারে বর পেয়েছিলেন যেখান থেকে তিনি শস্য এবং খাদ্যের অক্ষয় সরবরাহ পেয়েছিলেন। অন্যান্য দেবতারা তার দ্বারা ঈর্ষান্বিত হয়েছিলেন এবং তারা শস্যভান্ডারে প্রবেশের জন্য একটি গরু পাঠান। গরুটিকে ভুলবশত গৌতম ঋষি হত্যা করেছিলেন যিনি তখন ভগবান শিবকে প্রাঙ্গণ শুদ্ধ করার জন্য কিছু করতে বলেছিলেন। শিব গঙ্গাকে শুদ্ধ করার জন্য জমির মধ্য দিয়ে প্রবাহিত করতে বলেছিলেন। এইভাবে সকলেই ভগবানের স্তুতি গাইলেন যিনি তখন ত্রিম্বকেশ্বর রূপে

গঙ্গার পাশে অবস্থান করেছিলেন। জ্যোতিলিঙ্গ। হিন্দুরা বিশ্বাস করেন যে মহারাষ্ট্রের এই জ্যোতিলিঙ্গই এমন একটি যা সকলের ইচ্ছা পূরণ করে।

ত্রিম্বকেশ্বর শোনা যায় স্ত্রী অহল্যাকে নিয়ে গৌতম মুণি মহারাষ্ট্রের এই স্থানে বাস করতেন। সেখানে নদী নিয়ে আসার জন্য শিবের কাছে প্রার্থনা জানান মুণি। তারপরই তাঁর সেই প্রার্থনা পূরণ করেন মহাদেব। সেই কাহিনিকে স্মরণ কেরি শিবের ত্রিম্বকেশ্বর মন্দির স্থাপিত হয়েছে। এখানে একটি বিশেষবর পাথর খচিত মুকুটও রয়েছে , যা দেখতে ভিড় করেন অনেকেই।

হিন্দুদের বিশ্বাস অনুসারে, ত্রয়ম্বকেশ্বর জ্যোতিলিঙ্গে পূজা করলে মানুষের সকল মনোবাঞ্ছা পূরণ হয়।গৌতম মুনি তার তপস্যার মাধ্যমে অনেক বৈষ্ণব লীলা প্রকাশ করেছিলেন। তিনি অনেক মানুষের জীবনে আলোকিত করেছিলেন। তিনি একজন মহান ঋষি হিসেবে পরিচিত ছিলেন।

<u>বৈদ্যনাথ জ্যোতিলিঙ্গ</u>:- ঝাড়খন্ডের দেওঘরে এই মন্দির। শিবের রাবনকে প্রদত্ত আত্মলিঙ্গ থেকে সৃষ্ট। এটি একাধারে জ্যোতিলিঙ্গ ও একাধারে শক্তিপীঠ।

বৈদ্যনাথ মন্দির ঝাড়খন্ডের বৈদ্যনাথ মন্দির ঘিরেও রয়েছে অনেক পৌরাণিক কথা। একবার নিজের উপাসনায় শিবকে খুশি করেন রাবণ। প্রত্যুত্তরে শিবের কাছ থেকে একটি জ্যোতিলিঙ্গ পান তিনি। শিব বলেন, যে এই লিঙ্গ লঙ্কা যাওয়ার আগে যেন রাবণ কোথাও না রাখেন। যেখানে রাখা হবে সেখানেই এটি প্রতিষ্ঠিত হবে। এরপর লঙ্কা ফেরার পথে রাবণ সেই লিঙ্গকে একটি ছোট বালকের হাতে দিয়ে , তা ধরে রাখতে বলেন। সেই বালক লিঙ্গটি রেখে দেন ভূমিতে, আর সেখানেই প্রতিষ্ঠিত হয় শিব মন্দির। পরে জানা যায় সেই বালকটি শিবপুত্র গণেশ। যে জায়গায় সেই জ্যোর্তিলিঙ্গ রাখা হয়, তার স্থান ছিল ঝাড়খণ্ডে ,যেখানে মন্দিরটি গড়ে উঠেছে।

কথিত আছে যে , এখানে বসে রাবণ শিবের জন্য তপস্যা করেছিলেন এবং নিজেকে তাঁর উপযুক্ত ভক্ত হিসাবে প্রতিষ্ঠা করার জন্য তার একটি একটি করে মাথা কেটে দিয়েছিলেন। তখন এখানে রাবণকে সুস্থ করে তুলেছিলেন শিব ঠাকুর অর্থাৎ যেহেতু শিব ঠাকুর ডাক্তারের ভূমিকা নিয়েছিলেন তাই এই জায়গার নাম বৈদ্যনাথ ধাম। মন্দিরের পাশেই রয়েছে মাতা পার্বতীর মন্দির ! এটি পার্বতীর ৫১ সতী পীঠের একটি। এখানে সতীর হৃদয় পড়েছিল! প্রত্যেকদিন বাবা মন্দির থেকে মাতা পার্বতীর মন্দির পর্যন্ত দাগা বাঁধা হয়!

<u>নাগেশ্বর জ্যোতিলিঙ্গ</u>:- গুজরাটের দ্বারকায় এই মন্দির। বৈশ্য সুপ্রিয় এখানে শিবপূজা করেন। নাগেশ্বর জ্যোতিলিঙ্গ দর্শন পরম পবিত্র।নাগেশ্বর গুজরাতের দ্বারকা রয়েছে এই জ্যোর্তিলিঙ্গের মন্দির। দৌরাকা রাক্ষসের হাত থেকে ভক্তকে রক্ষা করার পর শিবের মহিমার আরাধনায় স্থাপিত হয় নাগেশ্বর মন্দির।

<u>নাগেশ্বর জ্যোতিলিঙ্গ: একটি সর্পের আশীর্বাদ</u>

ভারতের গুজরাটের নির্মল পরিবেশের মধ্যে অবস্থিত, নাগেশ্বর জ্যোতির্লিঙ্গের আকারে ভগবান শিবের ঐশ্বরিক বাসস্থান রয়েছে। ভারতীয় উপমহাদেশে ছড়িয়ে ছিটিয়ে থাকা বারোটি শ্রদ্ধেয় জ্যোতির্লিঙ্গের মধ্যে এই পবিত্র মন্দিরটি একটি বিশেষ গুরুত্ব বহন করে। যা নাগেশ্বর জ্যোতির্লিঙ্গকে সত্যিই অনন্য করে তোলে তা হল সাপের সাথে এর মেলামেশা, যা এর দেবত্বে একটি রহস্যময় আভা যোগ করে।

কিংবদন্তি আছে যে অনেক আগে, দারুকা নামে এক মহান রাক্ষস মানুষ এবং দেবতা উভয়কেই একইভাবে আতঙ্কিত করেছিল। অপরিসীম শক্তি এবং একটি পৈশাচিক আচরণের সাথে, দারুকার ভয়ের রাজত্ব অপ্রতিরোধ্য বলে মনে হয়েছিল। তাদের হতাশার মধ্যে, দেবতারা ভগবান শিবের দিকে ফিরে যান, রাক্ষসকে পরাজিত করতে এবং শান্তি পুনরুদ্ধারের জন্য তাঁর হস্তক্ষেপ চেয়েছিলেন।

তাদের ভক্তি ও প্রার্থনায় সন্তুষ্ট হয়ে ভগবান শিব দারুকাবনের ঘন জঙ্গলে নাগেশ্বর, নাগেশ্বর রূপে তাদের সামনে হাজির হন। তার ম্যাটেড তালার চারপাশে কুণ্ডলী করা সর্প দ্বারা সজ্জিত, নাগেশ্বর একটি বিস্ময়-প্রেরণাদায়ক আভা প্রকাশ করেছিলেন। পরাক্রমশালী রাক্ষস কাছে আসার সাথে সাথে ভাল এবং মন্দের মধ্যে একটি ভয়ানক যুদ্ধ শুরু হয়।

এই মহাজাগতিক সংঘর্ষের মধ্যে, ভগবান শিব দারুকার অত্যাচার থেকে বিশ্বকে মুক্ত করে বিজয়ী হয়ে আবির্ভূত হন। দয়াময় দেবতা, তার ভক্তদের দুর্দশার দ্বারা অনুপ্রাণিত হয়ে, এই পবিত্র স্থানে নাগেশ্বর জ্যোতির্লিঙ্গ হিসাবে বসবাস করতে বেছে নিয়েছিলেন, যারা সান্ত্বনা এবং আধ্যাত্মিক জ্ঞানের সন্ধান করেন তাদের আশীর্বাদ প্রদান করেন।

ভগবান শিব এবং সর্পদের মধ্যে সংযোগ এই কিংবদন্তি যুদ্ধের বাইরে চলে যায়। হিন্দু পুরাণে, সাপকে জ্ঞান, সুরক্ষা এবং অনন্তকালের প্রতীক হিসাবে বিবেচনা করা হয়। তারা রহস্যময় ক্ষমতার অধিকারী বলে বিশ্বাস করা হয় এবং প্রায়শই পবিত্র স্থানের অভিভাবক হিসাবে চিত্রিত করা হয়। নাগেশ্বর জ্যোতির্লিঙ্গে, ভক্তরা এই দুটি ঐশ্বরিক শক্তির মিলন প্রত্যক্ষ করতে পারেন, কারণ ভগবান শিবের শক্তি পবিত্র সর্পের সাথে মিলিত হয়, গভীর আধ্যাত্মিকতার পরিবেশ তৈরি করে।

নাগেশ্বর জ্যোতির্লিঙ্গ মন্দিরটি দেবত্ব এবং সর্প শক্তির এই অনন্য সংমিশ্রণের সাক্ষ্য হিসাবে দাঁড়িয়ে আছে। দূর-দূরান্ত থেকে তীর্থযাত্রীরা তাদের প্রার্থনা করতে এবং ভগবান শিবের আশীর্বাদ পেতে এই পবিত্র স্থানে যান। মন্দির কমপ্লেক্সটি দেখার মতো একটি দৃশ্য, এর চমত্কার স্থাপত্য, জটিল খোদাই এবং পবিত্রতার বাতাস যা প্রতিটি কোণে বিস্তৃত।

ভক্তরা তাদের ভক্তি প্রকাশ করতে মন্দিরের ঐশ্বরিক স্পন্দনে নিমগ্ন হন, প্রার্থনা করেন এবং আচার-অনুষ্ঠানে অংশগ্রহণ করেন। বায়ুমণ্ডল আধ্যাত্মিক উচ্ছ্বাসে অভিহিত হয় কারণ বাতাসের মধ্য দিয়ে ধূপের সুবাসিত সুগন্ধি, এবং পবিত্র স্তোত্রের

ছন্দময় ধ্বনি বিশ্বস্তদের হৃদয়কে পূর্ণ করে।

সবুজ সবুজে ঘেরা এবং বাতাসের মৃদু আওয়াজ, নাগেশ্বর জ্যোতিলিঙ্গ একটি নির্মল পরিবেশ প্রদান করে যা আত্মদর্শন এবং আত্মদর্শনের আমন্ত্রণ জানায়। ভক্তরা জ্যোতিলিঙ্গের সামনে প্রণাম করার সময়, তারা তাদের মঙ্গল, আধ্যাত্মিক বৃদ্ধি এবং জীবন ও মৃত্যুর চক্র থেকে মুক্তির জন্য আশীর্বাদ চান।

নাগেশ্বর জ্যোতিলিঙ্গের পবিত্র ভূমি বিশ্বাসের শক্তি এবং এর মধ্য দিয়ে প্রবাহিত ঐশ্বরিক করুণার প্রমাণ হিসাবে দাঁড়িয়ে আছে। এটি একটি অনুস্মারক হিসাবে কাজ করে যে এমনকি জীবনের পরীক্ষা এবং ক্লেশগুলির মধ্যেও, ভগবান শিবের সর্প আশীর্বাদ আমাদের অভ্যন্তরীণ শান্তি, প্রজ্ঞা এবং আধ্যাত্মিক জাগরণের দিকে পরিচালিত করতে পারে।

তীর্থযাত্রীরা এই পবিত্র আবাস থেকে প্রস্থান করার সাথে সাথে তাদের হৃদয় ভক্তির নতুন অনুভূতি এবং ঐশ্বরিকের সাথে গভীর সংযোগে পূর্ণ হয়। নাগেশ্বর জ্যোতিলিঙ্গের আশীর্বাদ, সাপের রহস্যময় শক্তির সাথে জড়িত, তাদের মধ্যে প্রতিধ্বনিত হতে থাকে, তাদের ভগবান শিবের চিরন্তন উপস্থিতি এবং বিশ্বাসের রূপান্তরকারী শক্তির কথা স্মরণ করিয়ে দেয়।

নাগেশ্বর জ্যোতিলিঙ্গের আলিঙ্গনে, সর্পের আশীর্বাদ প্রকাশ পায়, সান্ত্বনা, জ্ঞানার্জন এবং অনন্ত সুখের পথ প্রদান করে।

<u>রামেশ্বরম জ্যোতিলিঙ্গ:</u>- তামিলনাড়ুর রামেশ্বরমে এই মন্দির। রামচন্দ্র এখানে শিব উপাসনা করেন। ভারতের প্রান্তভূমি পকপ্রণালীতে দ্বীপ আকারে গঠিত রামেশ্বরম। রামেশ্বর জ্যোতিলিঙ্গ বিশাল। এই মন্দিরে রামেশ্বর স্বচ্ছ আছে। রামেশ্বরম তামিলনাড়ুর রামেশ্বরমেও জ্যোতিলিঙ্গ রূপে শিবের অবস্থান। এখানে শিবের দুটি লিঙ্গ রয়েছে। একটি লিঙ্গ পূজা করতেন সীতা, অন্যটি হনুমান দ্বারা পূজিত হত বলে কথিত রয়েছে। রাবণকে পরাজিত করে, এসে এখানেই শিবের আরাধনা করেন রাম। সেই থেকে রামেশ্বরমে শিবের দুটি জ্যোতিলিঙ্গ স্থাপিত আছে।

<u>রামেশ্বরম জ্যোতিলিঙ্গ: দক্ষিণের প্রবেশদ্বার</u>

ভারতীয় উপমহাদেশের দক্ষিণতম প্রান্তে অবস্থিত, রামেশ্বরম জ্যোতিলিঙ্গ আধ্যাত্মিকতা এবং ভক্তির আলোকবর্তিকা হিসাবে দাঁড়িয়ে আছে। এই পবিত্র তীর্থস্থানটি হিন্দু পুরাণে অপরিসীম তাৎপর্য ধারণ করে এবং এটি আধ্যাত্মিক জ্ঞান ও ঐশ্বরিক আশীর্বাদের প্রবেশদ্বার হিসাবে কাজ করে।

রামেশ্বরম, "দক্ষিণের বারাণসী" নামেও পরিচিত, সেই জায়গা বলে মনে করা হয় যেখানে ভগবান বিষ্ণুর অবতার ভগবান রাম লঙ্কায় পৌঁছানোর জন্য এবং তার স্ত্রী সীতাকে অসুর রাজার কবল থেকে উদ্ধার করার জন্য সমুদ্রের উপর একটি সেতু তৈরি করেছিলেন। রাবণ। কথিত আছে যে তাদের বিজয়ী প্রত্যাবর্তনের পর, ভগবান রাম ব্রাহ্মণ ছিলেন রাবণকে হত্যার পাপের ক্ষমা পেতে একটি লিঙ্গম স্থাপন করেছিলেন, যা

ভগবান শিবের প্রতীকী উপস্থাপনা।

রামেশ্বরম জ্যোতির্লিঙ্গ মন্দির, ভারতের বারোটি জ্যোতির্লিঙ্গের মধ্যে একটি, একটি দুর্দান্ত স্থাপত্য বিস্ময়। মন্দির কমপ্লেক্সটি দ্রাবিড়ীয় স্থাপত্যশৈলীকে প্রতিফলিত করে, যা জটিল খোদাই, সুউচ্চ গোপুরাম (প্রবেশের টাওয়ার) এবং বিস্তীর্ণ করিডোর দ্বারা চিহ্নিত। গর্ভগৃহে ভগবান শিবের উজ্জ্বল লিঙ্গ রয়েছে, যেখানে ভক্তরা পরম ভক্তি ও শ্রদ্ধার সাথে তাদের প্রার্থনা করেন।

রামেশ্বরম জ্যোতির্লিঙ্গের তীর্থযাত্রা হিন্দুদের জন্য গভীর ধর্মীয় তাৎপর্য রাখে। এটা বিশ্বাস করা হয় যে এই পবিত্র স্থান পরিদর্শন তাদের একটি পাপ পরিত্যাগ করে এবং তাদের আত্মাকে শুদ্ধ করে। মন্দিরে প্রবেশের আগে ভক্তরা অগ্নি তীর্থমের পবিত্র জলে একটি ধর্মীয় স্নান করেন, একটি মন্দির ট্যাঙ্ক যা বিশ্বাস করা হয় যে ভগবান রামের দ্বারা তৈরি করা হয়েছিল। শুদ্ধির এই কাজটি তাদের ভগবান শিবের ঐশ্বরিক আশীর্বাদ পেতে প্রস্তুত করে।

রামেশ্বরম মন্দির কমপ্লেক্সে আরও বেশ কয়েকটি উল্লেখযোগ্য উপাসনালয় এবং পবিত্র স্থান রয়েছে। গন্ধমাধন পার্বথম, কয়েক কিলোমিটার দূরে অবস্থিত একটি পাহাড়, আশেপাশের প্রাকৃতিক দৃশ্যের মনোরম দৃশ্য দেখায় এবং বিশ্বাস করা হয় যে ভগবান রাম ভগবান হনুমানের আনুষ্ঠানিক পদচিহ্ন স্থাপন করেছিলেন।

পঞ্চমুখী হনুমান মন্দির হল মন্দির কমপ্লেক্সের মধ্যে আরেকটি গুরুত্বপূর্ণ উপাসনালয়, যা ভগবান রামের প্রবল ভক্ত ভগবান হনুমানকে উৎসর্গ করা হয়েছে। এটা বিশ্বাস করা হয় যে ভগবান হনুমান এখানে পাঁচটি মুখ দিয়ে তার আসল রূপ প্রকাশ করেছিলেন, যা তার ঐশ্বরিক প্রকাশ এবং সর্বোচ্চ ভক্তির প্রতিনিধিত্ব করে।

রামেশ্বরম জ্যোতির্লিঙ্গের সবচেয়ে শ্রদ্ধেয় আচারগুলির মধ্যে একটি হল "রামেশ্বরম রামায়ণ পারায়ণম"। এই অনন্য ঐতিহ্যের মধ্যে মন্দির প্রাঙ্গনে ভগবান রামের জীবন এবং রোমাঞ্চের চিত্রিত পবিত্র ধর্মগ্রন্থ রামায়ণের পুরো মহাকাব্য পাঠ করা জড়িত। সারা দেশ থেকে ভক্তরা এই জমকালো অনুষ্ঠানে অংশ নিতে একত্রিত হয়, শ্লোক উচ্চারণ করে এবং স্বর্গীয় গাথায় নিমজ্জিত হয়।

রামেশ্বরম দ্বীপটি পালক স্ট্রেট এবং বঙ্গোপসাগরের সেরুলিয়ান জল দ্বারা বেষ্টিত। আদিম সৈকত এবং মৃদু সমুদ্রের হাওয়া আধ্যাত্মিক পরিবেশে যোগ করে, একটি নির্মল এবং শান্ত পরিবেশ তৈরি করে। তীর্থযাত্রীরা প্রায়ই সাগরের তীরে ধর্মীয় আচার অনুষ্ঠান, যেমন তাদের পূর্বপুরুষদের কাছে প্রার্থনা এবং পিতৃ তর্পণ (বিদেহী আত্মার জন্য আচার অনুষ্ঠান) করার সুযোগ নেয়।

রামেশ্বরম জ্যোতির্লিঙ্গ জীবনের বিভিন্ন স্তরের ভক্তদের জন্য একটি মিলন পয়েন্ট হিসাবে কাজ করে। মন্দির কমপ্লেক্স ভক্তিমূলক স্তোত্রের ধ্বনি এবং ধূপের সুগন্ধে অনুরণিত হয়, দেবত্ব এবং ভক্তি দ্বারা অভিযুক্ত পরিবেশ তৈরি করে। এটি এমন একটি জায়গা যেখানে লোকেরা আশীর্বাদ পেতে, সান্ত্বনা খুঁজে পেতে এবং ঐশ্বরিকের সাথে

গভীর সংযোগ অনুভব করতে আসে।

রামেশ্বরম জ্যোতিলিঙ্গের তীর্থযাত্রা নিছক একটি শারীরিক যাত্রা নয় বরং একটি আধ্যাত্মিক অডিসি যা একজনকে ঐশ্বরিক উপস্থিতির কাছাকাছি নিয়ে যায়। এটি আত্মদর্শন, ক্ষমা চাওয়ার এবং আত্ম-উপলব্ধির পথে যাত্রা করার সুযোগ দেয়। রামেশ্বরমের পবিত্র দ্বীপ, এর সমৃদ্ধ ঐতিহাসিক এবং পৌরাণিক তাৎপর্য সহ, যারা এই গভীর আধ্যাত্মিক অনুসন্ধানটি গ্রহণ করে তাদের জীবনকে অনুপ্রাণিত ও রূপান্তরিত করে চলেছে।

সাগরের মৃদু ঢেউ রামেশ্বরমের উপকূলকে আদর করার সাথে সাথে, ভক্তরা ঐশ্বরিক আচারগুলি দেখতে এবং পবিত্র পরিবেশে নিজেদের নিমজ্জিত করার জন্য মন্দির চত্বরে জড়ো হয়। বৈদিক স্তোত্রের সুরেলা মন্ত্র এবং মন্দিরের ঘন্টার অনুরণিত ধ্বনি এমন একটি পরিবেশ তৈরি করে যা উপাসকদের বস্তুজগতের বাইরে একটি রাজ্যে নিয়ে যায়।

আরুলমিগু রামানাথস্বামী মন্দির, রামেশ্বরম জ্যোতিলিঙ্গের প্রাথমিক মন্দির, হিন্দু ধর্মীয় ঐতিহ্যে একটি অনন্য স্থান ধারণ করে। মন্দিরটি কেবল তার আধ্যাত্মিক তাৎপর্যের জন্যই নয় বরং এর স্থাপত্যের মহিমার জন্যও সম্মানিত। দীর্ঘ করিডোরগুলি, জটিলভাবে খোদাই করা স্তম্ভ দ্বারা সজ্জিত, প্রাচীন হিন্দু মহাকাব্যের দৃশ্যগুলিকে চিত্রিত করে এবং প্রাচীন কারিগরদের শৈল্পিক প্রতিভা প্রদর্শন করে।

মন্দির কমপ্লেক্সের মধ্যে 22টি পবিত্র থার্থাম (পবিত্র জলাশয়) অত্যন্ত শুভ বলে মনে করা হয়। এটা বিশ্বাস করা হয় যে এই থার্থামগুলিতে স্নান করলে পাপ ধুয়ে যায় এবং ঐশ্বরিক আশীর্বাদ পাওয়া যায়। মন্দিরের ঠিক বাইরে অবস্থিত অগ্নি তীর্থম বিশেষ গুরুত্ব বহন করে, কারণ বিশ্বাস করা হয় যে এটি ভক্তদের তাদের পাপ থেকে মুক্তি দেওয়ার এবং তাদের আধ্যাত্মিক মুক্তি দেওয়ার ক্ষমতা রাখে।

রামানাথস্বামী মন্দিরটি তার অনন্য স্থাপত্য বৈশিষ্ট্যের জন্যও পরিচিত - 1,000-স্তম্ভের মন্ডপম (হল)। এই জটিলভাবে ডিজাইন করা মন্ডপম চমৎকার কারুকার্য প্রদর্শন করে এবং বিগত যুগের কারিগরদের দক্ষতা ও নিষ্ঠার প্রমাণ হিসেবে কাজ করে। দর্শনার্থীরা খোদাইয়ের জটিলতা এবং হলের জাঁকজমক দেখে বিস্মিত হয়, যা মন্দির কমপ্লেক্সের জাঁকজমক বাড়িয়ে তোলে।

রামেশ্বরম দ্বীপটি কেবল একটি আধ্যাত্মিক গন্তব্য নয়, ঐতিহাসিক তাৎপর্যের একটি স্থানও। এটি রাম সেতুর সূচনা বিন্দু বলে মনে করা হয়, লঙ্কায় যাওয়ার জন্য ভগবান রামের সেনাবাহিনী দ্বারা নির্মিত সেতু। এই প্রাচীন সেতুর অবশিষ্টাংশ, যা অ্যাডামস ব্রিজ নামেও পরিচিত, এখনও দৃশ্যমান, যা তীর্থযাত্রার অভিজ্ঞতায় বিস্ময় ও বিস্ময়ের অনুভূতি যোগ করে।

ধর্মীয় এবং ঐতিহাসিক দিকগুলির বাইরে, রামেশ্বরম প্রকৃতি প্রেমীদের জন্য একটি অবকাশ দেয়। মান্নার বায়োস্ফিয়ার রিজার্ভ উপসাগর, একটি ইউনেস্কো বিশ্ব

ঐতিহ্যবাহী স্থান, এটি তার সমৃদ্ধ সামুদ্রিক জীববৈচিত্র্য এবং অত্যাশ্চর্য প্রবাল প্রাচীরের জন্য বিখ্যাত। দর্শনার্থীরা আদিম সমুদ্র সৈকত অন্বেষণ করতে পারে, জলের খেলায় লিপ্ত হতে পারে বা কাছাকাছি দ্বীপগুলিতে নৌকায় চড়ে প্রকৃতির সৌন্দর্যে ডুবে যেতে পারে।

রামেশ্বরম জ্যোতির্লিঙ্গ মানবতা এবং ঐশ্বরিক মধ্যে চিরন্তন আধ্যাত্মিক সংযোগের একটি প্রমাণ হিসাবে কাজ করে। এটি এমন একটি জায়গা যেখানে সমস্ত স্তরের ভক্তরা সান্ত্বনা খোঁজার জন্য, অনুপ্রেরণা খুঁজে পেতে এবং ঐশ্বরিকের সাথে তাদের সংযোগ গভীর করতে সমবেত হন। রামেশ্বরম জ্যোতির্লিঙ্গের তীর্থযাত্রা নিছক একটি ধর্মীয় প্রচেষ্টা নয় বরং আত্ম-আবিষ্কার, অভ্যন্তরীণ রূপান্তর এবং নিজের আধ্যাত্মিক যাত্রার অন্বেষণের একটি সুযোগ।

যেহেতু মন্দির চত্বরে পবিত্র মন্ত্রগুলি প্রতিধ্বনিত হয় এবং ধর্মপ্রাণরা পরম ভক্তি সহকারে তাদের প্রার্থনা করেন, রামেশ্বরম জ্যোতির্লিঙ্গ আশা এবং ঐশ্বরিক অনুগ্রহের আলোকবর্তিকা হিসাবে দাঁড়িয়ে থাকে। এটি দূর-দূরান্ত থেকে তীর্থযাত্রীদের আকৃষ্ট করে চলেছে, গভীর আধ্যাত্মিক অনুসন্ধানে তাদের পথপ্রদর্শন করে এবং আত্ম-উপলব্ধি এবং চিরন্তন আনন্দের দিকে তাদের পথকে আলোকিত করে।

রামেশ্বরম জ্যোতির্লিঙ্গের দক্ষিণের প্রবেশদ্বারটি একটি পবিত্র আবাস হিসেবে রয়ে গেছে যেখানে নশ্বর এবং ঐশ্বরিক রাজ্যগুলি একত্রিত হয়, প্রশান্তি, ভক্তি এবং অতিক্রমের পরিবেশ তৈরি করে। এটি সমস্ত সন্ধানকারীদের একটি রূপান্তরমূলক যাত্রা শুরু করতে এবং ভগবান শিবের সীমাহীন অনুগ্রহ অনুভব করার জন্য আমন্ত্রণ জানায়, মানব আত্মা এবং শাশ্বত ঐশ্বরিকের মধ্যে একটি অটুট বন্ধন তৈরি করে।

ঘৃষ্ণেশ্বর জ্যোতির্লিঙ্গ:- মহারাষ্ট্রে ইলোরায় এই মন্দির। ঘুষ্কা নামে শিব ভক্তের আহ্বানে শিব এখানে প্রকটিত হন। মন্দির লাল পাথরের, পাঁচটি চূড়া, গায়ে দেবদেবীর মূর্তি খোদিত। গ্রীষ্ণেশ্বর ঔরঙ্গাবাদের গ্রীষ্ণেশ্বর মন্দির মহারাষ্ট্রের অজন্তা ও ইলোরার খুবই কাছাকাছি অবস্থিত। এখানেও এক ভক্তের ডাকে সাড়া দিতে শিব নিজের মহিমা বিচ্ছুরণ করেন বলে পুরাণে বর্ণিত রয়েছে। এই মন্দিরকে কুসুমেশ্বর মন্দিরও বলা হয়।

ঘৃষ্ণেশ্বর জ্যোতির্লিঙ্গ মহারাষ্ট্রের ঔরঙ্গাবাদের কাছে দৌলতাবাদ থেকে 20 কিমি দূরে ভেরুল নামে একটি গ্রামে অবস্থিত। এই মন্দিরের কাছেই বিখ্যাত পর্যটন স্থান - অজন্তা ও ইলোরা গুহা। এই মন্দিরটি নির্মাণ করেছিলেন অহিল্যাবাই হোলকার যিনি কাশীতে পুনর্নির্মাণ করেছিলেন বারাণসীর বিশ্বনাথ মন্দির। ঘৃষ্ণেশ্বর মন্দিরটি অন্যান্য নামেও পরিচিত যেমন কুসুমেশ্বর, ঘুষেশ্বর, ঘ্রষেশ্বর এবং গ্রীষ্ণেশ্বর। শিবপুরাণ অনুসারে, সুধর্ম ও সুদেহা নামে এক দম্পতি দেবগিরি পর্বতে বাস করতেন। তারা নিঃসন্তান ছিল, এবং এইভাবে সুদেহা তার বোন ঘুষ্মাকে সুধর্মের সাথে বিয়ে দেন। তারা একটি পুত্রের জন্ম দেয় যে ঘুষ্মাকে গর্বিত করেছিল এবং সুদেহা তার বোনের প্রতি ঈর্ষান্বিত হয়েছিল। ঈর্ষায় সুদেহা ছেলেকে হ্রদে ফেলে দেন যেখানে ঘুষ্মা ১০১টি

লিঙ্গ নির্গত করতেন। ঘুষমা ভগবান শিবের কাছে প্রার্থনা করেছিলেন, যিনি শেষ পর্যন্ত তাকে পুত্র ফিরিয়ে দিয়েছিলেন এবং তাকে তার বোনের কাজের কথা বলেছিলেন। সুধর্ম শিবকে সুদেহাকে মুক্তি দিতে বলেছিলেন যা শিব তাঁর উদারতায় সন্তুষ্ট হয়েছিলেন। সুধর্মের অনুরোধে, শিব নিজেকে জ্যোতিলিঙ্গ রূপে প্রকাশ করেন এবং ঘুষমেশ্বর নাম ধারণ করেন।

64টি জ্যোতিলিঙ্গের ধারণা হিন্দু পুরাণ বা ধর্মগ্রন্থে ব্যাপকভাবে স্বীকৃত বা স্বীকৃত তালিকা নয়। যাইহোক, এখানে 12টি জ্যোতিলিঙ্গ রয়েছে যা উল্লেখযোগ্য গুরুত্ব রাখে এবং বিভিন্ন গ্রন্থে উল্লেখ রয়েছে। এই 12টি জ্যোতিলিঙ্গ ভগবান শিবের সবচেয়ে পবিত্র আবাস বলে বিশ্বাস করা হয়। এখানে 12টি জ্যোতিলিঙ্গের একটি তালিকা রয়েছে:

1. ভারতের গুজরাটে সোমনাথ মন্দির, 2. ভারতের অন্ধ্র প্রদেশের মল্লিকার্জুন মন্দির, 3. ভারতের মধ্য প্রদেশের মহাকালেশ্বর মন্দির, 4. ভারতের মধ্য প্রদেশের ওমকারেশ্বর মন্দির, 5. ভারতের উত্তরাখণ্ডের কেদারনাথ মন্দির, 6. ভারতের মহারাষ্ট্রের ভীমাশঙ্কর মন্দির, 7. ভারতের উত্তর প্রদেশের বিশ্বনাথ মন্দির, 8. ভারতের মহারাষ্ট্রের ত্র্যম্বকেশ্বর মন্দির, 9. ভারতের ঝাড়খন্ডের বৈদ্যনাথ মন্দির, 10. ভারতের গুজরাটে নাগেশ্বর মন্দির, 11. ভারতের তামিলনাড়ুতে রামেশ্বরম মন্দির, 12. ভারতের মহারাষ্ট্রে গৃহেশ্বর মন্দির।

এই জ্যোতিলিঙ্গগুলি অপরিসীম ধর্মীয় তাৎপর্য ধারণ করে এবং ভগবান শিবের ভক্তদের তীর্থস্থান। প্রতিটি জ্যোতিলিঙ্গের নিজস্ব অনন্য ইতিহাস এবং পৌরাণিক কাহিনী রয়েছে।

রহস্যের অন্বেষণ: দ্বাদস জ্যোতিলিঙ্গ ঐশ্বরিক যাত্রা শুরু হয় - সোমনাথ মন্দিরের পবিত্র কিংবদন্তি, মল্লিকার্জুন জ্যোতিলিঙ্গের ইথারিয়াল সৌন্দর্য, মহাকালেশ্বরের ভস্ম-আরতি ও আধ্যাত্মিক সারাংশের সন্ধান করা, নাগেশ্বর জ্যোতিলিঙ্গ: একটি সর্পের আশীর্বাদ, ওমকারেশ্বর জ্যোতিলিঙ্গ: পবিত্র দ্বীপ, কেদারনাথ জ্যোতিলিঙ্গের ঐশ্বরিক কাহিনী, ভীমশঙ্কর জ্যোতিলিঙ্গের নির্মল আবাস, রামেশ্বরম জ্যোতিলিঙ্গ: দক্ষিণের প্রবেশদ্বার, বৈদ্যনাথ জ্যোতিলিঙ্গের রহস্যময় আভা, কাশী বিশ্বনাথ মন্দিরের আধ্যাত্মিক সম্প্রীতি, ত্র্যম্বকেশ্বর জ্যোতিলিঙ্গের ঐশ্বরিক আহ্বান, ঘুষেনেশ্বর জ্যোতিলিঙ্গের আধ্যাত্মিক আহ্বান।

দ্বাদশ জ্যোতিলিঙ্গের মোহনীয় রাজ্যে স্বাগতম, যেখানে আধ্যাত্মিক জ্ঞানের একটি ইথারিয়াল ট্যাপেস্ট্রি তৈরি করতে দেবত্ব এবং ভক্তি মিশে আছে। এই গভীর যাত্রা আপনাকে বারোটি জ্যোতিলিঙ্গের পবিত্র আবাসগুলির মধ্য দিয়ে নিয়ে যাবে, যা হিন্দুধর্মের সবচেয়ে পবিত্র মন্দির হিসাবে সম্মানিত। এই পবিত্র স্থানগুলিকে ঘিরে আমরা ভক্তি, অলৌকিক ঘটনা এবং মহাজাগতিক শক্তির গল্পগুলি উন্মোচন করার সাথে সাথে একটি আধ্যাত্মিক অডিসিতে যাত্রা করার জন্য প্রস্তুত হন। আপনি ঐশ্বরিক আশীর্বাদের সন্ধানকারী, ইতিহাস এবং পৌরাণিক কাহিনীর প্রেমিক, বা কেবল রহস্যের একজন

অনুসন্ধানকারী, "রহস্যের অন্বেষণ: দ্বাদস জ্যোতির্লিঙ্গ" প্রতিশ্রুতি দিচ্ছেন যে আপনি অতিক্রম করার ক্ষেত্রে আপনার পথপ্রদর্শক হবেন।

প্রাচীন কিংবদন্তি উন্মোচন

জ্যোতির্লিঙ্গগুলি হল হিন্দু ধর্মের সবচেয়ে পবিত্র শক্তির কেন্দ্রগুলির মধ্যে একটি। এগুলি হল শিবের পবিত্র আবাসস্থল এবং বিশ্বজুড়ে ছড়িয়ে ছিটিয়ে আছে। জ্যোতির্লিঙ্গগুলির চারপাশে অনেকগুলি প্রাচীন কিংবদন্তি রয়েছে যা তাদের উদ্ভব, গুরুত্ব এবং শক্তি ব্যাখ্যা করে। আমরা এই কিংবদন্তিগুলি উন্মোচন করার জন্য সময়ের মধ্য দিয়ে একটি যাত্রা শুরু করি। আমরা সেই সব চিত্তাকর্ষক কাহিনিগুলির মধ্যে পড়ে যা দেবতা, দানব এবং জ্যোতির্লিঙ্গের উপস্থিতিতে মহাজাগতিক যুদ্ধের কথা বলে। সমুদ্র মন্থন (সমুদ্র মন্থনের) মহাকাব্য থেকে ভগবান শিব এবং রাক্ষস অন্ধকের মধ্যে সংঘর্ষ পর্যন্ত, আমরা এই পৌরাণিক আখ্যানগুলির মধ্যে লুকিয়ে থাকা গভীর প্রতীকবাদ এবং আধ্যাত্মিক শিক্ষাগুলি আবিষ্কার করি। এই কিংবদন্তিগুলি আমাদের জ্যোতির্লিঙ্গগুলির অর্থ এবং গুরুত্ব সম্পর্কে গভীরতর বোঝার প্রদান করে। তারা আমাদেরকে শিব এবং তাঁর শক্তির সাথে পরিচিত করে তোলে এবং আমাদের আধ্যাত্মিকতার পথকে আলোকিত করে।

কিংবদন্তিগুলির কিছু গুরুত্বপূর্ণ দিক:

জ্যোতির্লিঙ্গগুলির উদ্ভব: কিংবদন্তিগুলি বলে যে জ্যোতির্লিঙ্গগুলি মহাবিশ্বের সৃষ্টির সময় তৈরি হয়েছিল। তারা শিবের শক্তি এবং অস্তিত্বের প্রতীক।

জ্যোতির্লিঙ্গগুলির গুরুত্ব: কিংবদন্তিগুলি বলে যে জ্যোতির্লিঙ্গগুলি বিশ্বের সবচেয়ে পবিত্র স্থানগুলির মধ্যে একটি। তারা পূজা, ধ্যান এবং আধ্যাত্মিকতার জন্য আদর্শ স্থান।

জ্যোতির্লিঙ্গগুলির শক্তি: কিংবদন্তিগুলি বলে যে জ্যোতির্লিঙ্গগুলিতে অসীম শক্তি রয়েছে। তারা বিশ্বের ভারসাম্য বজায় রাখতে সাহায্য করে এবং আমাদের আধ্যাত্মিক উন্নতি ঘটাতে পারে।

আধ্যাত্মিক শিক্ষা : জ্যোতির্লিঙ্গগুলির কিংবদন্তিগুলি আমাদের আধ্যাত্মিকতার পথ সম্পর্কে গুরুত্বপূর্ণ শিক্ষা প্রদান করে। তারা আমাদেরকে শিখিয়েছে:

- **বিশ্বাসের শক্তি:** কিংবদন্তিগুলি দেখায় যে বিশ্বাসের শক্তি কীভাবে মহাজাগতিক ঘটনাগুলিকে প্রভাবিত করতে পারে।
- **ভক্তির গুরুত্ব:** কিংবদন্তিগুলি দেখায় যে ভক্তি আমাদের আধ্যাত্মিক উন্নতির জন্য অপরিহার্য।
- **শান্তির গুরুত্ব:** কিংবদন্তিগুলি দেখায় যে শান্তি আমাদের আধ্যাত্মিক লক্ষ্য অর্জনের জন্য প্রয়োজনীয়।

জ্যোতিলিঙ্গগুলির কিংবদন্তিগুলি আমাদের হিন্দু ধর্মের সমৃদ্ধ ইতিহাস এবং সংস্কৃতি সম্পর্কে শিখতে সাহায্য করে। তারা আমাদের আধ্যাত্মিকতার পথকে আলোকিত করে এবং আমাদেরকে শিব এবং তাঁর শক্তির সাথে পরিচিত করে তোলে।

জ্যোতিলিঙ্গের উৎপত্তি

জ্যোতিলিঙ্গগুলির উৎপত্তি সম্পর্কে অনেকগুলি কিংবদন্তি রয়েছে। একটি কিংবদন্তিতে বলা হয়েছে যে, ব্রহ্মা, বিষ্ণু এবং মহেশ্বর (ভগবান শিব) সৃষ্টির কাজ শুরু করার আগে তাদের শক্তির একটি অংশ ছেড়ে দিয়েছিলেন। এই শক্তিগুলি জ্যোতিলিঙ্গে পরিণত হয়েছিল।

আরেকটি কিংবদন্তিতে বলা হয়েছে যে, সমুদ্র মন্থনের সময়, দেবতা এবং দানবরা সমুদ্রের গভীর থেকে অমৃতের জন্য লড়াই করেছিল। লড়াইয়ের শেষে, দেবতারা অমৃতের অধিকারী হয়েছিল, কিন্তু দানবরা তাদের থেকে এটি কেড়ে নিতে চেয়েছিল। ভগবান শিব এই সংঘর্ষে মধ্যস্থতা করেছিলেন এবং অমৃতকে জ্যোতিলিঙ্গে বিভক্ত করেছিলেন।

জ্যোতিলিঙ্গের গুরুত্ব

হিন্দু ধর্মে, জ্যোতিলিঙ্গগুলিকে অত্যন্ত পবিত্র বলে মনে করা হয়। এগুলিকে ভগবান শিবের অবতার হিসাবে বিবেচনা করা হয় এবং বিশ্বাস করা হয় যে তারা শক্তি এবং আশীর্বাদ প্রদান করে।

জ্যোতিলিঙ্গগুলিকে হিন্দু ধর্মের সাতটি প্রধান তীর্থস্থানের মধ্যে একটি হিসাবে বিবেচনা করা হয়। প্রতিটি জ্যোতিলিঙ্গের নিজস্ব অনন্য গুণ এবং গুণাবলী রয়েছে।

জ্যোতিলিঙ্গের কিংবদন্তিগুলির অর্থ

জ্যোতিলিঙ্গের কিংবদন্তিগুলি হিন্দু ধর্মের অনেকগুলি ধারণা এবং মূল্যবোধ প্রতিফলিত করে। উদাহরণস্বরূপ, সমুদ্র মন্থনের কিংবদন্তি ভাল এবং মন্দের মধ্যে যুদ্ধের প্রতিনিধিত্ব করে। এটি বিশ্বাসের শক্তি এবং অমৃতের অন্বেষণের গুরুত্বকেও বোঝায়। জ্যোতিলিঙ্গের কিংবদন্তিগুলি আধ্যাত্মিক শিক্ষাও প্রদান করে। উদাহরণস্বরূপ, জ্যোতিলিঙ্গের উৎপত্তি সম্পর্কে কিংবদন্তিগুলি আমাদের মনে করিয়ে দেয় যে আমরা সকলেই ঈশ্বরের শক্তির অংশ। এটি আমাদের আধ্যাত্মিক উন্নতির জন্য আমাদের শক্তি এবং সম্ভাবনাকে কাজে লাগানোর জন্য উৎসাহিত করে।জ্যোতিলিঙ্গের কিংবদন্তিগুলি আমাদের ঐতিহ্য এবং সংস্কৃতির একটি গুরুত্বপূর্ণ অংশ। তারা আমাদের ঈশ্বরের প্রতি আমাদের বিশ্বাসকে শক্তিশালী করে এবং আমাদের আধ্যাত্মিক পথযাত্রায় আমাদের নির্দেশনা দেয়।

সূক্ষ্ম গবেষণা এবং অন্তর্দৃষ্টিপূর্ণ ব্যাখ্যার মাধ্যমে, আমরা এই প্রাচীন কিংবদন্তির গভীরতর অর্থ এবং পাঠের উপর আলোকপাত করি। আমরা বিভিন্ন দেবতা এবং পৌরাণিক ঘটনার সাথে প্রতিটি জ্যোতিলিঙ্গের সংযোগের তাৎপর্য অন্বেষণ করি, বুঝতে পারি যে কীভাবে তারা আধ্যাত্মিকতা এবং ভক্তি সম্পর্কে আমাদের বোঝার গঠন

করে।এই মায়াময় গল্পগুলিতে নিজেদেরকে নিমজ্জিত করার মাধ্যমে, আমরা জ্যোতির্লিঙ্গগুলির জন্য কেবলমাত্র ভৌত মন্দিরই নয়, মহাজাগতিক পোর্টালগুলির জন্যও গভীর উপলব্ধি অর্জন করি যা আমাদের ঐশ্বরিক জগতের সাথে সংযুক্ত করে। কিংবদন্তিগুলি বিশ্বাসের রূপান্তরকারী শক্তি এবং আমাদের জীবনে ভগবান শিবের চিরন্তন উপস্থিতি প্রকাশ করে।

কিংবদন্তির কিছু উদাহরণ

সমুদ্র মন্থন: এই পৌরাণিক কাহিনীতে, দেবতা এবং দানবরা সমুদ্র থেকে অমৃতের জন্য লড়াই করে। যুদ্ধের শেষে, ভগবান শিব সমুদ্রের জলের মধ্য থেকে জ্যোতির্লিঙ্গের রূপ নেন। দেবতারা জ্যোতির্লিঙ্গের বিষাক্ত ধোঁয়া থেকে বাঁচতে ভগবান শিবের চারপাশে নৃত্য করতে শুরু করেন। নৃত্যের ফলে জ্যোতির্লিঙ্গের বিষাক্ত ধোঁয়া বিতরণ হয় এবং দেবতারা রক্ষা পান।

অন্ধক বধ: এই কিংবদন্তিতে, ভগবান শিব রাক্ষস অন্ধককে হত্যা করেন। অন্ধক ছিল একজন শক্তিশালী রাক্ষস যিনি পৃথিবীকে ধ্বংস করতে চেয়েছিল। ভগবান শিব তাকে হত্যা করে পৃথিবীকে রক্ষা করেন।

বিষ্ণু ও শিবের যুদ্ধ: এই কিংবদন্তিতে, ভগবান বিষ্ণু এবং শিব পরস্পরের সাথে যুদ্ধ করেন। যুদ্ধের কারণ ছিল ভগবান শিবের এক আদেশ। ভগবান শিব বলেছিলেন যে তিনিই সমস্ত বিশ্বের প্রভু। ভগবান বিষ্ণু এতে অসম্মত হন এবং তিনি বললেন যে তিনিই সমস্ত বিশ্বের প্রভু। যুদ্ধ শেষে, ভগবান শিব এবং বিষ্ণু বুঝতে পারেন যে তারা উভয়েই সমস্ত বিশ্বের প্রভু।

কিংবদন্তির গুরুত্ব

এই কিংবদন্তির অনেক গুরুত্ব রয়েছে। তারা আমাদের হিন্দু ধর্ম এবং ঐতিহ্য সম্পর্কে অনেক কিছু শিখতে সাহায্য করে। তারা আমাদের ভগবান শিবের গুণাবলী এবং শক্তি সম্পর্কেও শিখতে সাহায্য করে। এই কিংবদন্তির আরেকটি গুরুত্বপূর্ণ দিক হল যে তারা আমাদের আধ্যাত্মিকতার শিক্ষা প্রদান করে। তারা আমাদের বিশ্বাসের শক্তি এবং আমাদের জীবনে ঈশ্বরের উপস্থিতি সম্পর্কে শিখতে সাহায্য করে।আমরা জ্যোতির্লিঙ্গগুলির পবিত্র স্থানগুলিতে তীর্থযাত্রা শুরু করি। আমরা ভারতের বিভিন্ন অঞ্চলে অবস্থিত এই পবিত্র স্থানগুলির প্রাকৃতিক সৌন্দর্য এবং ঐতিহাসিক গুরুত্ব অন্বেষণ করি। আমরা তীর্থযাত্রীদের আচার-অনুষ্ঠান এবং অনুশীলনগুলি সম্পর্কেও জানতে পারি।

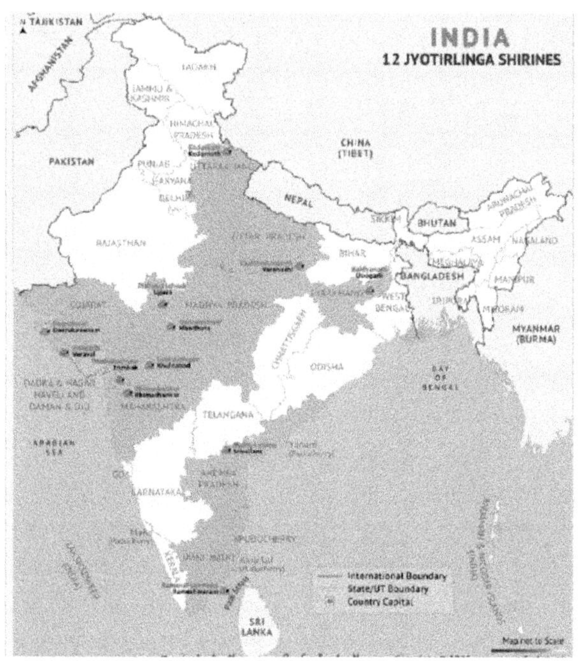
INDIA
12 JYOTIRLINGA SHIRINES
TAJIKISTAN
AFGHANISTAN
LADAKH
JAMMU & KASHMIR
HIMACHAL PRADESH
CHINA (TIBET)
PAKISTAN
PUNJAB
HARYANA
DELHI
UTTARAKHAND
NEPAL
SIKKIM
BHUTAN
ARUNACHAL PRADESH
RAJASTHAN
UTTAR PRADESH
BIHAR
ASSAM
NAGALAND
MEGHALAYA
BANGLADESH
MANIPUR
Varanasi
JHARKHAND
WEST BENGAL
TRIPURA
MIZORAM
GUJARAT
MADHYA PRADESH
CHHATTISGARH
MYANMAR (BURMA)
Dwarkadwish
Nageshwar
Mandleshwar
ODISHA
Veraval
Trimbak
Ghushmeshwar
BAY OF BENGAL
DADRA & NAGAR HAVELI AND DAMAN & DIU
Bhimashankar
MAHARASHTRA
TELANGANA
ARABIAN SEA
GOA
Srisailam
Tirupati (Puducherry)
ANDHRA PRADESH
KARNATAKA
Mahe (Puducherry)
PUDUCHERRY
KERALA
TAMIL NADU
Karaikal (Puducherry)
Rameshwaram
ANDAMAN & NICOBAR ISLANDS
SRI LANKA
International Boundary
State/UT Boundary
Country Capital
Map not to Scale

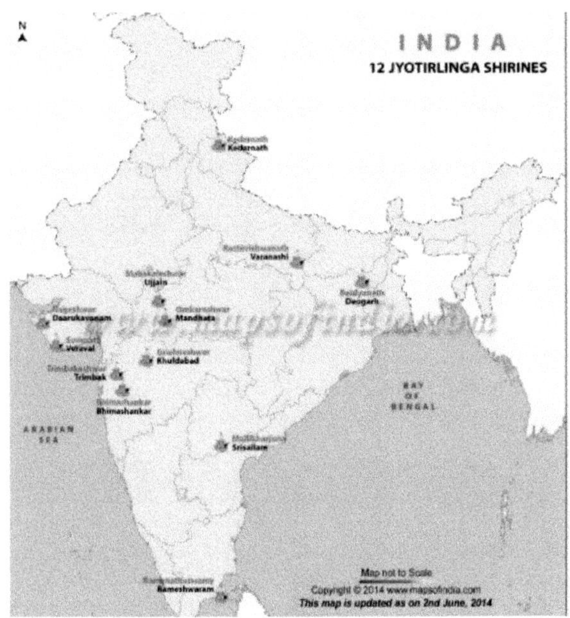

N
INDIA
12 JYOTIRLINGA SHIRINES
Kedarnath
Varanashi
Vishwanath
Mahakaleshwar
Ujjain
Deogarh
Nageshwar
Daarukavanam
Omkareshwar
Mandhata
Somnath
Veraval
Grishneshwar
Khuldabed
Trimbakeshwar
Trimbak
Bhimashankar
Bhimashankar
ARABIAN
SEA
BAY
OF
BENGAL
Mallikarjuna
Srisailam
Map not to Scale
Copyright © 2014 www.mapsofindia.com
This map is updated as on 2nd June, 2014
Ramanathaswamy
Rameshwaram

4
শিবঠাকুর কে?

<u>শিব:</u> মহাবিশ্বের আদি ও অন্তের সাক্ষী -ভগবান শিব, যিনি মহাদেব, নটরাজ, শঙ্কর, ভোলানাথ নামেও পরিচিত, তিনি হিন্দু ধর্মের অন্যতম প্রধান দেবতা। শিবকে ধ্বংসের দেবতা হিসেবেও দেখা হয়, তবে তিনিই আবার সৃষ্টি ও সংরক্ষণের মূল চালকও। তিনি

হলেন মহাবিশ্বের আদি ও অন্তের সাক্ষী। শিবকে প্রায়ই ধ্যানমগ্ন অবস্থায় চিত্রিত করা হয়, ত্রিশূল হাতে, বাঘছাল পরে এবং শরীরে ভস্ম লাগিয়ে। তিনি অর্ধনারীশ্বর রূপেও দেখা যায়, যেখানে তিনি অর্ধেক পুরুষ এবং অর্ধেক নারী। এই রূপটি পুরুষ ও নারীর মধ্যে সমতা ও ঐক্যের প্রতীক। শিবের বহু গুণ আছে। তিনি কৃপাময়, দয়ালু এবং সহজেই মন গলানো যায়। তিনি জ্ঞানের আধার এবং মহাযোগী। তিনি আশীর্বাদ করেন এবং মুক্তি দান করেন। শিবের উপাসনা ভারতবর্ষে ব্যাপকভাবে প্রচলিত। তাঁর মন্দিরগুলি সারা দেশে পাওয়া যায় এবং তাঁর উৎসবগুলি, বিশেষ করে শিবরাত্রি, মহা উৎসাহে পালিত হয়।

সৃষ্টি ও ধ্বংসের চক্র: শিবকে মহাবিশ্বের সৃষ্টি ও ধ্বংসের চক্রের প্রতীক হিসেবে দেখা হয়। তিনি সৃষ্টির উৎস এবং বিলয়ের কারণ।

মোক্ষের পথ: শিবকে মোক্ষের পথপ্রদর্শক হিসেবে দেখা হয়। ধ্যান ও যোগের মাধ্যমে তিনি ভক্তদের মোক্ষ বা পরম স্বাধীনতা লাভ করতে সাহায্য করেন।

জ্ঞান ও শক্তির প্রতীক: শিবকে জ্ঞান ও শক্তির প্রতীক হিসেবেও দেখা হয়। তিনি সর্বজ্ঞ এবং তাঁর শক্তি সীমাহীন।

বিপদের রক্ষাকর্তা: শিবকে বিপদ থেকে রক্ষাকর্তা হিসেবেও দেখা হয়। তিনি ভক্তদের বিপদ-আপদ থেকে রক্ষা করেন এবং তাদের কষ্টের সময়ে সাহায্য করেন।

শিব হলেন একজন জটিল এবং বহুমুখী দেবতা। তিনি হলেন সৃষ্টি, সংরক্ষণ ও ধ্বংসের মূল চালক। তিনি হলেন জ্ঞান ও শক্তির প্রতীক। তিনি হলেন বিপদের রক্ষাকর্তা এবং মোক্ষের পথপ্রদর্শক। তিনি হলেন মহাবিশ্বের আদি ও অন্তের সাক্ষী।

হিন্দুধর্মে, শিব (মহাদেব) হলেন ত্রিমূর্তির অন্যতম দেবতা, ব্রহ্মা ও বিষ্ণুর পাশাপাশি। তিনি ধ্বংসের দেবতা হিসেবেও পরিচিত, তবে তিনি সৃষ্টি এবং রক্ষার ক্ষমতাও ধারণ করেন। শিবকে মহাবিশ্বের শক্তির উৎস হিসাবেও দেখা হয়, এবং তিনি প্রায়শই সৃষ্টির পূর্বের ধ্বংসের সাথে যুক্ত হন। তিনি একজন সর্বশক্তিমান দেবতা, যিনি অসীম শক্তি এবং জ্ঞানের অধিকারী। শিবের পূজা করা হয় সারা ভারত এবং বিশ্বজুড়ে, এবং তিনি বিভিন্ন রূপে পূজিত হন।

শিবের অনেক রূপ রয়েছে, যার মধ্যে রয়েছে নটরাজ, লিঙ্গমূর্তি এবং অর্ধনারীশ্বর। তিনি সাধারণত একটি তৃতীয় চোখ, একটি শঙ্খ, এবং একটি ত্রিশূল নিয়ে চিত্রিত হন। শিবের বাহন হল নন্দী নামের একটি ষাঁড়।

শিবের প্রতীকগুলি হল ত্রিশূল, লিঙ্গমূর্তি এবং শিবলিঙ্গ। ত্রিশূলটি সৃষ্টি, সংরক্ষণ এবং ধ্বংসের তিনটি গুণের প্রতীক। লিঙ্গামূর্তিটি হল শিবের অসীম শক্তির প্রতীক, এবং শিবলিঙ্গটি হল শিবের সৃজনশীল শক্তির প্রতীক।

শিবের অনেক ভক্ত রয়েছে, যারা তাকে একজন সর্বশক্তিমান দেবতা হিসাবে দেখে। শিবের ভক্তরা বিশ্বাস করে যে শিব তাদের সমস্ত কষ্ট দূর করতে পারেন এবং তাদের জীবনে সুখ, শান্তি এবং সমৃদ্ধি আনতে পারেন।

শিব হলেন একজন জটিল এবং বহুমুখী দেবতা, যিনি বিভিন্ন উপায়ে ব্যাখ্যা করা হয়। তিনি ধ্বংসের দেবতা, সৃষ্টির দেবতা এবং রক্ষার দেবতা। তিনি একজন সর্বশক্তিমান দেবতা, যিনি তাঁর ভক্তদের সকল কষ্ট দূর করতে পারেন এবং তাদের জীবনে সুখ, শান্তি এবং সমৃদ্ধি আনতে পারেন।

শিবকে বিভিন্ন নামে ডাকা হয়, যার মধ্যে সবচেয়ে জনপ্রিয় হল "মহাদেব", যার অর্থ "মহান দেবতা"। তিনি "নটরাজ" নামেও পরিচিত, যার অর্থ "নৃত্যশিল্পী দেবতা"। তিনি এই নামটি পেয়েছেন কারণ তিনি তাঁর নাচের মাধ্যমে মহাবিশ্বকে সৃষ্টি, রক্ষণাবেক্ষণ এবং ধ্বংস করেন। এই পুরাণে শিবের বিভিন্ন রূপ, যেমন অর্ধনারীশ্বর, নটরাজ, মহাকাল ও অঘোরীর বর্ণনা পাওয়া যায়।

<u>অর্ধনারীশ্বর</u> : অর্ধনারীশ্বর হলেন হিন্দু দেবতা শিব ও তার পত্নী দেবী পার্বতীর একটি সম্মিলিত রূপ। অর্ধনারীশ্বর মূর্তিটি দেহের ঠিক মাঝখান থেকে সমানভাবে বিভাজিত অর্ধেক পুরুষ ও অর্ধেক নারীর মূর্তি রূপে বর্ণিত হন।

অর্ধনারীশ্বর ধারণাটি সম্ভবত বৈদিক সাহিত্যের যুগ্মমূর্তি যম-যমী, আদি সৃষ্টিকর্তা বিশ্বরূপ বা প্রজাপতি ও অগ্নির বৈদিক বর্ণনা "যিনি একাধারে বৃষ ও গাভী", বৃহদারণ্যক উপনিষদের "অনন্ত ব্রহ্ম যেখানে পুরুষ ও নারী একসাথে বিরাজ করেন" প্রভৃতি থেকে উদ্ভূত।

হিন্দু ধর্মে, অর্ধনারীশ্বর মূর্তিটি ঈশ্বরের ঐক্য ও ভারসাম্যের প্রতীক হিসাবে দেখা হয়। পুরুষ ও নারীর মিলন ধারণাটি এই মূর্তিতে প্রতিফলিত হয়। পুরুষ দিকটি শিবকে প্রতিনিধিত্ব করে, যিনি সৃষ্টি, বিনাশ ও পুনর্জন্মের দেবতা। নারী দিকটি পার্বতীকে প্রতিনিধিত্ব করে, যিনি শক্তি, প্রেম ও প্রজ্ঞার দেবী। অর্ধনারীশ্বর মূর্তিটি হিন্দু ধর্মের বিভিন্ন শাখায় পূজা করা হয়। এটি শিব ও পার্বতীর মিলন ও প্রেমের প্রতীক হিসাবে দেখা হয়। এটি ঈশ্বরের ঐক্য ও ভারসাম্যের প্রতীক হিসাবেও দেখা হয়।

অর্ধনারীশ্বর মূর্তিটি ভারতীয় শিল্প ও সংস্কৃতিতে একটি গুরুত্বপূর্ণ বিষয়। এটি হিন্দু মন্দিরসমূহে, শিল্পকর্মে ও সাহিত্যে দেখা যায়। অর্ধনারীশ্বর মূর্তিটি হিন্দু ধর্মের একটি গুরুত্বপূর্ণ ধারণা। এটি ঈশ্বরের ঐক্য ও ভারসাম্যের প্রতীক হিসাবে দেখা হয়। এটি শিব ও পার্বতীর মিলন ও প্রেমের প্রতীকও বটে।

<u>নটরাজ</u> : নটরাজ হল হিন্দু দেবতা শিবকে ঐশ্বরিক মহাজাগতিক নর্তক হিসেবে দেখানো। তার নৃত্যকে তাণ্ডব বলা হয়। নটরাজ শব্দটি সংস্কৃত পরিভাষা, নট থেকে যার অর্থ "অভিনয়, নাটক, নৃত্য" এবং রাজ অর্থ "রাজা, প্রভু"; এটিকে মোটামুটিভাবে লর্ড অফ দ্য নৃত্য বা নাচের রাজা হিসেবে সম্বোধন করা হয়।

নটরাজের মূর্তিগুলিতে, তিনি সাধারণত একটি ত্রিকোণ পাদদেশে নৃত্যরত অবস্থায় দেখা যায়। তার ডান হাত ডমরু বাজানোর জন্য বাতাসে উঠানো হয়, যা সৃষ্টির শব্দের প্রতীক। তার বাম হাতের নীচের অংশটি তার পাদদেশের উপরে বিশ্রাম করে, যা ধ্বংসের প্রতীক। তার বাম হাতের উপরের অংশটি তার শিঙার কাছে বিশ্রাম করে, যা

জ্ঞানের প্রতীক। তার তৃতীয় চোখটি খোলা থাকে, যা জ্ঞান ও বোঝার প্রতীক।

নটরাজের মূর্তিগুলি হিন্দু ধর্মের একটি গুরুত্বপূর্ণ ঐতিহ্য। এগুলি শিবের শক্তি এবং ঐশ্বরিকতার প্রতীক। এগুলি হিন্দু মন্দিরসমূহে, শিল্পকর্মে ও সাহিত্যে দেখা যায়। নটরাজের মূর্তিগুলির বিভিন্ন তাৎপর্য রয়েছে। এগুলি সৃষ্টি, বিনাশ, পুনর্জন্ম, জ্ঞান, শক্তি ও ঐশ্বরিকতার প্রতীক। এগুলি হিন্দু ধর্মের মৌলিক ধারণাগুলিকে উপস্থাপন করে।

__মহাকাল :__ মহাকাল হলেন হিন্দু দেবতা শিবের একটি রূপ। তিনি হলেন কাল বা সময়ের দেবতা। তিনি ব্রহ্মাণ্ডের চূড়ান্ত বিনাশকর্তা। তিনি হলেন মূর্তিমান কাল বা সময়, এমনকি "সময়ের অতীত" বা মৃত্যু; বিশ্বচরাচর ও সম্পূর্ণ ব্রহ্মাণ্ডের ভৌত-উপাদানকে কোনোরকম অনুকম্পা ছাড়াই পূর্ণধ্বংস করেন।

মহাকালকে সাধারণত একটি ভয়ঙ্কর রূপে চিত্রিত করা হয়। তিনি চার হাতযুক্ত, তাঁর একটি হাতে ত্রিশূল, একটি হাতে খড্গ, একটি হাতে নরকপাল এবং একটি হাতে নরক আগুন। তিনি একটি শ্মশানভূমিতে বসে থাকেন, তার চারপাশে শব এবং ভয়ানক প্রাণী। মহাকাল হিন্দু ধর্মের একটি গুরুত্বপূর্ণ দেবতা। তিনি ব্রহ্মাণ্ডের নিয়মিত প্রবাহের প্রতীক। তিনি আমাদের মনে করিয়ে দেন যে সবকিছুই শেষ হবে। তিনি আমাদের মৃত্যুর ভয় থেকে মুক্তি পেতে এবং জীবনের প্রতি শ্রদ্ধার সাথে জীবনযাপন করতে সাহায্য করেন।

মহাকালের বিভিন্ন তাৎপর্য রয়েছে।

- কাল বা সময়ের দেবতা: মহাকাল হলেন কাল বা সময়ের দেবতা। তিনি ব্রহ্মাণ্ডের চূড়ান্ত বিনাশকর্তা। তিনি ব্রহ্মাণ্ডের নিয়মিত প্রবাহের প্রতীক।
- ধ্বংসের দেবতা: মহাকাল হলেন ধ্বংসের দেবতা। তিনি ব্রহ্মাণ্ডের সবকিছুকে ধ্বংস করেন। তিনি আমাদের মৃত্যুর ভয় থেকে মুক্তি পেতে সাহায্য করেন।
- নিষ্কাম কর্মের দেবতা: মহাকাল নিষ্কাম কর্মের দেবতা। তিনি আমাদের মৃত্যুর পরের জীবনে পুনর্জন্মের জন্য প্রস্তুত করতে সাহায্য করেন।
- জ্ঞানের দেবতা: মহাকাল জ্ঞানের দেবতা। তিনি আমাদের মৃত্যুর পরের জীবনে জ্ঞান অর্জন করতে সাহায্য করেন।

মহাকাল হিন্দু ধর্মের একটি গুরুত্বপূর্ণ ধারণা। তিনি আমাদের জীবনের বিভিন্ন দিক সম্পর্কে শিক্ষা দেন।

__অঘোরী :__ অঘোরী শব্দের অর্থ "ভয়ঙ্কর" বা "ভীতিকর"। তারা ভারতের উত্তর প্রদেশে অবস্থিত তপস্বী শৈব সাধুদের একটি সন্ন্যাসী আদেশ। তারাই একমাত্র জীবিত সম্প্রদায় যা কাপালিক ঐতিহ্য থেকে উদ্ভূত, শৈব ধর্মের একটি তান্ত্রিক, অ-পুরাণিক রূপ যা মধ্যযুগীয় ভারতে 7 ম এবং 4 ম শতাব্দীর মধ্যে উদ্ভূত হয়েছিল।

অঘোরীরা শিবের ভৈরব রূপের উপাসক। ভৈরব হলেন শিবের ভয়ঙ্কর রূপ, যিনি মৃত্যু, ধ্বংস এবং সংহারের প্রতীক। অঘোরীরা বিশ্বাস করেন যে ভৈরবকে সম্পূর্ণরূপে বোঝার জন্য, তাদেরকে জীবনের সমস্ত দিক, এমনকি মৃত্যু এবং ধ্বংসকেও গ্রহণ করতে হবে।

অঘোরীরা তাদের অদ্ভুত পোশাক এবং আচরণের জন্য পরিচিত। তারা প্রায়শই শ্মশানে বাস করে এবং মৃতদেহের সাথে জড়িত। তারা মাথায় জটা রাখে, গায়ে ভষ্ম মেখে এবং মৃতদেহের ছাই পান করে।

অঘোরীরা তাদের সাধনার মাধ্যমে আধ্যাত্মিক মুক্তি অর্জনের চেষ্টা করে। তারা বিশ্বাস করেন যে জীবনের সমস্ত দিককে গ্রহণ করে, তারা জীবিত এবং মৃতের মধ্যে পার্থক্য অস্বীকার করতে পারে।

অঘোরীরা ভারতীয় সংস্কৃতিতে একটি রহস্যময় এবং কৌতূহলী গোষ্ঠী। তারা তাদের অদ্ভুত পোশাক এবং আচরণের জন্য পরিচিত, কিন্তু তাদের আধ্যাত্মিক সাধনাও তাদের জন্য বিখ্যাত।

<u>পুরাণ, মহাকাব্য ও অন্যান্য সাহিত্যে শিব:</u>

শিব, হিন্দু ধর্মের অন্যতম প্রধান দেবতা, তিনি ধ্বংস ও সৃষ্টি, মহাবিশ্বের চক্রের প্রতীক। পুরাণ, মহাকাব্য ও অন্যান্য সাহিত্যে তাঁকে বিভিন্ন রূপে দেখা যায়, যা আমাদের তাঁর প্রকৃতির বহুমাত্রিকতা বোঝায়।

<u>পুরাণে শিব:</u>

পুরাণে শিবকে মহাযোগী, মহাকাল, মৃত্যুঞ্জয়, পশুপতি, নটরাজসহ বিভিন্ন নামে অভিহিত করা হয়। তিনি সৃষ্টি, স্থিতি ও লয়ের প্রতীক। তিনি কৈলাশ পর্বতে বাস করেন, তাঁর স্ত্রী পার্বতী, পুত্র গণেশ ও কার্তিক। শিবের প্রধান ধ্যানমূর্তিতে তাঁকে নীলকণ্ঠ, ত্রিনয়ন, জটাধারী, সর্পের গয়না পরিহিত, ত্রিশূল ও ডমরুধারী হিসেবে দেখা যায়।

<u>মহাকাব্যে শিব:</u>

মহাকাব্য যেমন মহাভারত ও রামায়ণে শিবকে শক্তিশালী ও দয়ালু দেবতা হিসেবে চিত্রিত করা হয়েছে। তিনি দেবতাদের রক্ষক এবং দুষ্টদের ধ্বংসকারী। তিনি ধর্মের রক্ষক এবং সঠিক পথে চলার প্রেরণা। মহাভারতে, তিনি অর্জুনকে পাশুপতাস্ত্র প্রদান করেন এবং তাকে কুরুক্ষেত্র যুদ্ধে জয়লাভ করতে সাহায্য করেন।

<u>অন্যান্য সাহিত্যে শিব:</u>

শিব তামিল সাহিত্যেও ঐশ্বরিক ক্ষমতার প্রতীক হিসেবে পূজিত হন। তাঁকে শিবলিঙ্গ হিসাবে পূজা করা হয়, যা তাঁর অসীম শক্তির প্রতীক। তিনি নৃত্যের দেবতা নটরাজ হিসেবেও পূজিত হন, যার নৃত্য মহাবিশ্বের চক্রের প্রতীক।

<u>শিবের চরিত্রের বৈচিত্র:</u>

শিবকে ধ্বংসের দেবতা হিসেবে ভয় পাওয়া হলেও, তিনি আসলে সৃষ্টি, পুনর্জন্ম ও নতুন শুরুর প্রতীক। তিনি কৃপাময় দেবতা, যিনি তাঁর ভক্তদের রক্ষা করেন এবং ক্ষমা করেন। তিনি শান্তি ও যোগের প্রতীক, যিনি আত্মজ্ঞানের পথে আমাদের সাহায্য করেন। শিবের চরিত্রের বৈচিত্র্য আমাদের তাঁর প্রকৃতির গভীরতা ও জটিলতা বুঝতে সাহায্য করে। তিনি সৃষ্টি ও ধ্বংসের চক্রের প্রতীক, সকল শক্তির উৎস। তিনি আমাদের আত্মীয়তার বোধ, ধর্মের প্রতি শ্রদ্ধা এবং আত্মজ্ঞানের পথে চলার প্রেরণা জোগান।

শিব শব্দের সাহিত্যিক অর্থ:

শিব শব্দটির সাহিত্যিক অর্থ বেশ ব্যাপক ও গভীর। এটি শুধুমাত্র একটি নাম নয়, বরং বিভিন্ন অর্থ ও প্রতীক নিয়ে গঠিত।

প্রধান অর্থ:

- মঙ্গলময়: শিব শব্দের প্রাথমিক অর্থ "মঙ্গলময়" বা "শুভ"। এটি নির্দেশ করে যে তিনি কল্যাণ ও শান্তির উৎস।
- অমঙ্গলনাশক: শিবকে ধ্বংসের দেবতা হিসাবেও দেখা হয়, কিন্তু এটি আসলে অশুভ, নেতিবাচক ও অজ্ঞতার ধ্বংসকে বোঝায়। তিনি নতুন সৃষ্টির জন্য পথ সুগম করেন।
- শক্তিশালী: শিবকে সর্বশক্তিমান দেবতা হিসাবে বিবেচনা করা হয়, যার হাতে সৃষ্টি, স্থিতি ও লয়ের ক্ষমতা রয়েছে।

প্রতীক:

- নটরাজ: শিবকে নটরাজ বা নৃত্যের দেবতা হিসাবেও পূজা করা হয়। তাঁর নৃত্য মহাবিশ্বের চক্রীয় প্রকৃতির প্রতীক।
- শিবলিঙ্গ: শিবলিঙ্গ শিবের অসীম শক্তি ও লিঙ্গত্বের প্রতীক। এটি ব্রহ্মা, বিষ্ণু ও শিবের ত্রিমূর্তির প্রতীকও বটে।
- ত্রিশূল : শিবের ত্রিশূল ইচ্ছা, জ্ঞান ও কর্মের প্রতীক, যা সমগ্র মহাবিশ্বের ভারসাম্য বজায় রাখে।
- ডমরু: তাঁর ডমরু সৃষ্টির শব্দকে বোঝায়। ডমরু হল একটি ছোট ঢোল যা শিবের একটি গুরুত্বপূর্ণ প্রতীক। এটি সৃষ্টি, রক্ষা এবং ধ্বংসের শব্দ প্রতিনিধিত্ব করে। ডমরুর শব্দটি মহাবিশ্বের সৃষ্টির প্রথম শব্দ বলে মনে করা হয়। এটি বলা হয় যে, শিবের ডমরুর তালে মহাবিশ্বের সবকিছু নাচে।ডমরুটি শিবের সর্বশক্তিমানতার প্রতীকও। এটি বলা হয় যে, শিবের ডমরুর শব্দটি কোনো বাধা ছাড়াই যে কোনো কিছুতেই প্রবেশ করতে পারে। এটি শিবের সর্বব্যাপী শক্তির প্রতীক। ডমরুটি শিবের করুণার প্রতীকও। এটি বলা হয় যে, শিবের ডমরুর শব্দটি যে কেউ শুনলে

তার মনের সবকিছু দুঃখ-কষ্ট দূর হয়ে যায়। এটি শিবের অসীম করুণার প্রতীক। সর্বসামগ্রিকভাবে, ডমরুটি হল শিবের একটি গুরুত্বপূর্ণ এবং বহুমুখী প্রতীক। এটি সৃষ্টি, রক্ষা, ধ্বংস, সর্বশক্তিমানতা, সর্বব্যাপীতা এবং করুণার প্রতীক। ডমরুর শব্দটি মানুষকে শিবের শক্তি এবং করুণার কথা মনে করিয়ে দেয়।

<u>অন্যান্য অর্থ:</u>

- আদিযোগী: শিবকে আদিযোগী বা প্রথম যোগী হিসাবেও পরিচিত। তিনি ধ্যান, তপস্যা ও আত্মজ্ঞানের পথপ্রদর্শক।
- মৃত্যুঞ্জয়: শিবকে মৃত্যুঞ্জয় বা মৃত্যুকে জয় করার ক্ষমতার অধিকারী হিসাবেও দেখা হয়।
- পশুপতি: শিবকে পশুপতি বা পশুদের দেবতা হিসাবেও পরিচিত। তিনি প্রকৃতির সুরক্ষক এবং সমস্ত জীবের প্রতি সহানুভূতিশীল।

এভাবে, শিব শব্দটির সাহিত্যিক অর্থ বিভিন্ন স্তরে ব্যাখ্যা করা যেতে পারে। এটি মঙ্গল, শক্তি, ধ্বংস, শান্তি, নৃত্য, যোগ, আত্মজ্ঞান, মৃত্যুঞ্জয় এবং প্রকৃতির সুরক্ষা প্রতীক। শিব শব্দটির সমগ্র অর্থ বোঝার জন্য তার বিভিন্ন রূপ, চিত্র এবং গল্পগুলির গভীরভাবে অধ্যয়ন করা প্রয়োজন।

শিবকে হিন্দুধর্মের অন্যতম শক্তিশালী দেবতা হিসাবে বিবেচনা করা হয় এবং তিনি তাঁর ভক্তদের দ্বারা শ্রদ্ধেয়। তিনি প্রায়শই তাঁর মহাক্ষমতা এবং সৃষ্টি এবং ধ্বংসের ক্ষমতার জন্য পূজিত হন। শিবের ভক্তরা বিশ্বাস করেন যে তিনি তাদের জীবনের সমস্ত ক্ষেত্রে সাহায্য করতে পারেন এবং তিনি তাদের আধ্যাত্মিক পথে নির্দেশনা দিতে পারেন।

<u>আমার চোখে শিবঠাকুর</u>

শিবঠাকুরকে আমার বেশ লাগে। একেবারে বিন্দাস! বেশ একটা ক্যাজুয়াল ডোন্ট কেয়ার ভাব! সাজ পোশাক দেখ। এতো বড়ো একজন দেবতা। জমকালো পোশাক পড়তেই পারতেন। ইন্দ্র, চন্দ্র, বরুণ, ব্রহ্মা, বিষ্ণু সবাই ঝলমলে পোশাক, ঝকমকে গয়নাগাটি পরে থাকেন ব্যক্তিত্ব ধরে রাখার জন্য। আর আমাদের শিব ঠাকুর! এই সব জবরজং পোশাকের ধার ধারেন না, শুধু লজ্জা নিবারণ এর জন্য, ভালো জায়গা যেতে হলে বড়োজোর ব্যাঘ্র চর্ম, ব্যাস। গলায় দামি হার এর বদল এ জঙ্গল থেকে একটা মোটা সাপ তুলে নিয়ে জড়িয়ে নিলেন, হয়ে গেলো। একদম সাদামাটা! তিনি সমাজের উচ্চবর্গীয় দের সঙ্গে মেলামেশা করেন না; অধঃপতিত নিম্নবর্গীয় ভূত প্রেতদের সঙ্গে থাকতে ভালোবাসেন। এলিটিজমের তোয়াক্কা না করে অতিসাধারণ নন্দী ভৃঙ্গীর সঙ্গে গাজায় নিরাসক্ত নির্লোভ হয়ে শ্মশানে পরে থাকেন। এই জন্য অনেকে আড়ালে তাকে ভূতনাথ বলে ডাকে। তিনি তোয়াক্কা করেন না। এমন "ডাউন টু আর্থ " দেবতা আর

দ্বিতীয় টি নেই, কিন্তু ওই ভাবে চললেও ব্যক্তিত্ব দেখেছো! কোনো দেবতার সাহস হবেনা তার মুখের উপর কথা বলার। গাজা ভাং থান বটে তবে তার ক্যারেক্টার নিয়ে কথা বলতে পারবে না, প্রায় সব দেবতার মধ্যেই চরিত্রের অল্প বিস্তর গোলমাল এর কথা শোনা যায়; কিন্তু শিব ঠাকুর এর চরিত্রের গোলমালের কথা শোনা যায় না।

ওই রকম সাদামাটা থাকেন বটে, তাই বলে তার গুণ কি কম? ফাইন আর্টস এর একটি শাখায় তার ধরে কাছে ত্রিভুবনে কেও আছে? তার নৃত্যকলার কথা বলছিলাম। নৃত্যকলায় তার সমান বিশারদ ত্রিভুবনে আর কে আছে? তার ওই বিখ্যাত "নটরাজ" পোজ টি তো সারা পৃথিবীর লোগো হয়ে গেছে। আর তার "তাণ্ডব নৃত্য"? তো সেটার জন্য তো সঠিক স্টেজ ই "ত্রিভুবনে নেই"। ওটা আরম্ভ করলেই ত্রিভুবন দুলতে আরম্ভ করে; দেবতারা দৌড়ে এসে বলেন বন্ধ করো বন্ধ করো মহাদেব তোমার ওই তাণ্ডব নৃত্য। আর এতরকম যোগ মুদ্রা? সব তো তারই সৃষ্টি। যোগের ব্যাপারে তার ধরে কাছে কেউ নেই। বিষ্ণুদেব শুনেছি একটা যোগ ভালো করেন। তিনি "যোগ-নিদ্রা" ভালো করেন, ওটাতে পরিশ্রম কম; আরাম বেশি।

এরকম চালচুলোহীন ভবঘুরের মতো থাকলে কি হবে। স্বর্গমর্তের মেয়েরা তার জন্য একেবারে পাগল। তিনি ন্যাকা ন্যাকা সুন্দরী দেবকন্যাদের পাত্তাই দেন না। গিরিরাজ হিমালয়ের একমাত্র আদরের কন্যা, অপূর্ব সুন্দরী, ভয়ানক সাহসী দেবী দুর্গা কেও শিব ঠাকুর কে পাওয়ার জন্য লজ্জা সরম ত্যাগ করে , নাওয়া খাওয়া ভুলে বহু বছর কঠিন তপস্যা করতে হয়েছিল।

গৃহিণী, ধনী গিরিরাজ হিমালয়ের কন্যা, বাপের দেওয়া হিমালয়ান সিংহের পিঠে চেপে ঘুরে বেড়ান। কর্তা টি কিন্তু নির্লোভ। তিনি ষাঁড়এ চড়েই তার কাজ সারেন। তিনি চাইলে কি শ্বশুরমশাই বা তার স্ত্রী কে বলে একটা হিমালয়ান সিংহ জোগাড় করতে পারতেন না? শ্বশুরমশাই বা স্ত্রীর কাছ থেকে জিনিস নিতে তার বয়েই গেছে। তিনি ও সবের ধার ধারেন না। তিনি আপন গরিমায় চলেন। ছেলে মেয়েদেরও বেশি লাই দেন নি। বড়োলোক শ্বশুর। গিন্নি কে বলে কয়ে ছেলেমেয়েদের চলার জন্য বাঘ, সিংহ, হাতি, ঘোড়া কি জোগাড় করে দিতে পারতেন না? না, তিনি ওরকম টি করেন নি। ছেলেমেয়েদের মা বড়োলোক এর বিটি সিংহ চড়ে ঘুরে বেড়ান। ভোলানাথ কিন্তু ছেলেমেয়েদের দিলেন একজন কে ইদুর, একজন কে পেঁচা, একজন কে হাঁস, একজন কে ময়ূর। অতি সাধারণ বাহন। মা BMW চড়ছেন, তো ছেলেমেয়েরা "লোকাল মেড সাইকেল", অনেকটা সেইরকম ব্যাপার। ওতেই কাজ চালাতে হবে। বাপের যা ব্যক্তিত্ব, ছেলেমেয়েরা মা এর কাছে আবদার করার সাহস পায়নি। নিজে শ্মশানে ঘুরে বেড়ালেও ছেলেমেয়েদের ব্যাপারে তিনি "plain living, high thinking" নীতিতে বিশ্বাসী। তাদের কিরকম বানিয়েছেন দেখো। কার্তিক হয়েছে বড় যোদ্ধা, দেব সেনাপতির পদে নিযুক্ত হয়েছে। সারা জগতের ব্যবসায়ী দের রাশ গণেশের হাতে; ধানাই পানাই করেছো কি সব উল্টে দেবে। মেয়ে দুটি ডাকসাইটে সুন্দরী, মায়ের মতো! অনায়াসে বড়ো

দেবতাদের সঙ্গে বিয়ে দিতে পারতেন। কিন্তু মেয়ে হলেও, ছেলেদের মতোই সমান ভাবে তৈরি করেছেন তাঁদের, কোনো ভেদাভেদ করেননি। সরস্বতী লেখাপড়া গানবাজনায় ওস্তাদ। সুতরাং সারা মর্ত্যের এডুকেশন ডিপার্টমেন্ট এর দায়িত্বও অনায়াসে পেয়ে গেছেন। আর লক্ষ্মী। ইকোনোমিক্স এ তুখোড়, সুতরাং সারা মর্ত্যের অর্থদপ্তর তার হাতে।

রূপবতী, গুনবতী, অসুরদলনী জাঁদরেল স্ত্রী দুর্গাদেবী কিন্তু ওরকম ভোলা ভালা স্বামীকে যথেষ্ট সমীহ করে চলেন। ছেলেমেয়েদের নিয়ে বছরে একবার বাপের বাড়ি আসেন, কিন্তু স্বামীর কথা অমান্য করে তিনদিন এর বেশি চারদিন থাকেন না। মেনকা কেঁদে কেটে ভাসালেও না, ঝড়, জল, বন্যা, ভূমিকম্প হলেও না। ভোলানাথ তার স্ত্রীর সঙ্গে গড়ে তুলেছেন খুব ভালো আন্ডারস্ট্যান্ডিং আর মিউচুয়াল রেসপেক্ট এর এক নিবিড় সম্পর্ক।

জীবনই মৃত্যু আর মৃত্যুই জীবন

জন্মের পরে মৃত্যু আবার মৃত্যুর পরে জন্ম। এটা একটা স্বাভাবিক নিয়ম। আমরা সবাই মৃত্যুদণ্ডে দণ্ডিত এবং আমাদের সবার মৃত্যু হবে। প্রতিদিন এবং প্রতিনিয়তই আমরা সেইদিকে একটু একটু করে এগোচ্ছি। কেউ দেরীতে, কেউ দ্রুত সেখানে পৌঁছাবে। যে সকল বস্তুর জন্ম আছে, তার পরিণতি অবশ্যই মৃত্যুতে। সংযোগের পরিণতি বিয়োগে; যা কিছু রচিত হয় তার পরিণাম স্ব স্ব অংশে ফিরে যাওয়া। জন্মের পরিণাম মৃত্যু এবং মৃত্যু থেকেই জন্মের সুচনা—এ হলো প্রকৃতির নিয়ম। এই মৃত্যুর মুখোমুখি দাঁড়িয়ে জীবনকে এগিয়ে নিয়ে যেতে যে মানসিকতার দরকার তাই হল চ্যালেঞ্জ অর্থাৎ মৃত্যুর মুখোমুখি দাঁড়াবার জন্য আমাদের প্রত্যেকের উচিৎ মানসিকতার পরিবর্তন করা। আর এই চ্যালেঞ্জই মানুষকে শান্তি ও সমদৃষ্টি লাভ করতে সাহায্য করবে। মৃত্যুর মুখোমুখি দাঁড়াবার মানসিকতা শান্তির চাবিকাঠি, জীবন সমস্যা সমাধানের পথিক এবং মৃত্যু খুবই স্বাভাবিক ও অপরিহার্য্য ঘটনা যা মানুষকে বিপদমুক্ত করবে এবং সংসারবন্ধন শিথিল করে দুঃখ, বেদনা ও তৃষ্ণার হাত থেকে মুক্তি দেবে। তাই মৃত্যুই হচ্ছে দৈহিক, মানসিক ও আধ্যাত্মিক ব্যধিসমূহের নিরাময়ের মহৌষধি।

আমাদের জীবনে দুটি সত্য হলো জন্ম এবং মৃত্যু। দুটি সত্য – জীবন আর জীবনের অভাবই হলো মৃত্যু। দেহ গেলো তো জীবনও গেলো। জীবনের প্রত্যক্ষ প্রমান- আকার, আকৃতি, বৃদ্ধি ও গতি। জীবনই মৃত্যু আর মৃত্যুই জীবন। একই সঙ্গে পথ আর পথ চলা। কেউ বদলায় না, সাজ ঘরে ফিরে যায়, আর সাজ বদল করে ফিরে আসে। আসলে মৃত্যু বোলে কিছু নেই। প্রকাশ আর অপ্রকাশ, লয় আর বিলয়। অসংখ্য কোষের মতো, অপত্য জীবন। কিছু মরে গেলেই সঙ্গে সঙ্গে নতুন জীবন সেই স্থানটি ভরিয়ে দেবে। একটিই শব্দ "আছে", "নেই" বলে কিছু নেই। যদি কোনও মানুষ মৃত স্বজন, নষ্ট বস্তু অথবা অতিক্রান্ত বিষয়ের জন্য শোক করে, তবে সে এক দুঃখ থেকে অপর

আর এক দুঃখ লাভ করে। এইভাবে সে একটির জায়গায় দুটি অনর্থ প্রাপ্ত হয়। দুঃখেন লভতে দুঃখ – দুঃখের পাওনা আরও দুঃখ। যা হবার হবেই – কেউই জীবিত থাকবে না। আসা – যাওয়ায় মাততেই হবে-এটাই কালের অমোঘ নিয়ম। এই কালই হচ্ছে মহাশক্তিধর, অতিভীষণ লোকক্ষয়ী কাল, সংহারকারী কাল বা মহাকাল। জীবনের দুই অবস্থা ভিন্ন। মৃত্যু একরকম, জীবন আর একরকম।জন্ম আর মৃত্যু যেখানে এক সেখানেই সৃষ্টিকারীর অবস্থান। সুখ আর দুঃখ আলাদা কিছু নয়। জয় ও পরাজয় দুটিই সমান।

আমাদের জড় দেহটি নশ্বর, বিনাশশীল কিন্তু দেহস্থ আত্মার কখনও বিনাশ বা মৃত্যু হয় না। আত্মাই হচ্ছে জীবের প্রকৃত সত্তা, তাই প্রকৃতপক্ষে কোনও জীবের মৃত্যু নেই। তাই জ্ঞানী ব্যক্তিরা জীবের অস্থায়ী জড় দেহের বিনাশে কখনও শোকাচ্ছন্ন হন না। কারন আত্মা নিত্য ও সনাতন। জড়দেহ সতত পরিবর্তনশীল। আজ যে শিশু, অচিরেই সে যুবক হবে আর তারপরে বৃদ্ধ হবে। কিন্তু দেহ এইভাবে পুরো বদলে গেলেও ব্যক্তিটি বদলায় না, তার কারন প্রকৃত ব্যক্তিটি দেহ নয়, দেহস্থ আত্মা। দেহ বিনষ্ট হোলেও আত্মার মৃত্যু হয় না। মানব জীবন চঞ্চল, প্রত্যেককে নিত্য মরণ চিন্তা অভ্যাস করতে হবে। মানুষ একদেহ ত্যাগ করে আর এক নূতন দেহ লাভ করে। এতে শোকের কিছুই নাই, এতে কাঁদবার কিছু নাই। শোক করলে কি মানুষ জীবিত হবে? এই স্থির বুদ্ধি সকলের ক্ষেত্রে প্রযোজ্য এবং এটা লাভ করা যায় নিত্য মৃত্যু চিন্তা থেকে।

সাধারণতঃ আত্মার কোনও আকৃতি আমরা খুঁজে পাই না, তবে ঋষিগণ তাঁদের সাধনালব্ধ জ্ঞানের দ্বারা জেনেছেন যে আত্মা গোলাকৃতি অর্থাৎ সুগোল। আমরা শ্রাদ্ধ কাজে যে পিণ্ড দান করি সেটা গোলাকৃতি করা হয়। আসলে ঐ পিণ্ডই হলো যার শ্রাদ্ধ কাজ করা হচ্ছে তাঁর আত্মার প্রতীক।শ্রীমদ্ভাগবতের দ্বাদশ স্কন্ধের পঞ্চম অধ্যায়ে পরীক্ষিতের মৃত্যুভীতি নিবারণের চেষ্টার কথা বর্ণনা করা হয়েছে। এখানে বলা হচ্ছে যে " তুমি মরবে " এই অবিবেচক বুদ্ধি পরিত্যাগ করতে। তার কারন স্বয়ং জ্যোতিস্বরূপ আত্মার জন্মও নাই আবার বিনাশও নাই। এটা দেহ থেকে ভিন্ন, আকাশের মতো নির্বিকার আধার যেটা স্থূল ও সূক্ষ্ম এবং তাই এটা উপমাশূন্য বিভু। আমাদের দেহ জন্মের আগেও ছিলো না এবং জন্মের পরেও থাকবে না। দেহ জন্ম ও মৃত্যুর মধ্যকালে অল্প সময়ের জন্য আবির্ভূত হয় এবং অল্পকালের জন্যেই প্রকাশ পায়। দেহ যতদিন থাকে, ততদিন একই রূপেও থাকে না, অঙ্গপ্রত্যঙ্গাদির হ্রাস বৃদ্ধির জন্য বিভিন্ন পরিণতি লাভ করে। কোনো অঙ্গ বিশেষের নাশ হলেও মানুষ বা প্রাণী জীবিত থাকে। তাই হাত, পা অন্যান্য অঙ্গযুক্ত দেহ কখনও আত্মা হতে পারে না। আত্মা দেহের অধীন নয়, দেহের পরিচালক।

অতি সম্প্রতি মরগ্যান হিঃম্যানের উপস্থাপনায় মার্কিন বিজ্ঞানভিত্তিক তথ্যচিত্রের সম্প্রচার মাধ্যম সায়েন্স চ্যানেলে সম্প্রচারিত দুই মার্কিন পদার্থবিদের বক্তব্যকে উদ্ধৃত করে কয়েকটি বিজ্ঞানভিত্তিক ওয়েবসাইট " আত্মা অমর " – এই বক্তব্যকে সামনে

এনেছে। দুই মার্কিন পদার্থবিদ ডক্টর হ্যামারহফ এবং স্যার রজার পেনরোজের দাবি , আত্মা মস্তিষ্কের মাইক্রোটিবিউলে থাকে। তাদের মতে মানুষের মস্তিষ্ক যেন একটা কম্পিউটারের হার্ডওয়্যার । যখন কারও মৃত্যু হয় , তখন তার আত্মার মৃত্যু হয় না । সেটি মহাবিশ্বেই ছড়িয়ে পড়ে । এমনকি শরীরের বাইরে বেরিয়ে যাওয়া তথ্যরূপী আত্মা মস্তিষ্কের মাইক্রোটিবিউলে আবার ফেরত যেতে পারে। এসব দাবি কোনও আধ্যাত্মবাদী ব্যক্তির নয় , এসব দাবিই ঐ দুই মার্কিন পদার্থবিদের । তারা এই প্রক্রিয়াটিকে অর্কেস্ট্রেটেড অবজ্যাকটিভ রিডাকশান বা অর্ক - এর নামে অভিহিত করেছেন। মানুষ যখন মারা যায় (ক্লিনিক্যালি ডেথ) , তখন মস্তিষ্কের মাইক্রোটিবিউলগুলির অবস্থা পরিবর্তিত হতে থাকে , যদিও তাদের তথ্য ধরে রাখার ক্ষমতা তখনও থেকে যায়। "দ্য সায়েন্স " চ্যানেলে সম্প্রচারিত তথ্যচিত্র " থ্রু দ্য ওয়ার্মহোল " – এ ডক্টর হ্যামারহফ বলছেন , ধরুন হৃৎপিন্ড কাজ করা বন্ধ করে দিয়েছে , রক্ত প্রবাহও থেমে গিয়েছে , তখন মাইক্রোটিবিউলগুলোও তাদের তথ্য ধরে রাখার সক্ষমতা হারাতে থাকে । কিন্তু মাইক্রোটিবিউলগুলিতে থাকা কোয়ান্টাম তথ্য একেবারে হারিয়ে যায় না। কারন সেটাকে ধ্বংস করা যায় না , তা মহাবিশ্বেই ছড়িয়ে পড়ে । তিনি আরও বলেছেন , কোমায় থাকা ব্যক্তি যদি চেতনা ফিরে পান তখন ওই কোয়ান্টাম তথ্য আবার কোষের ভিতরে প্রবেশ করতে পারে । ওইরকম সমেয়েই কোমা থেকে ফিরে আসা ব্যক্তিরা বলেন যে তারা মৃত্যুকে অনুভব করেছেন। আর যদি ব্যক্তিটি কোমা থেকে ফিরে না আসেন , সেক্ষেত্রে তার মস্তিষ্কে থাকা কোয়ান্টাম তথ্য তার শরীরের বাইরে অনির্দিষ্ট কালের জন্য ছড়িয়ে পরে আত্মা হিসাবে ।

ডক্টর হ্যামারহফের বক্তব্যের অর্থ , আত্মা নিছক মস্তিষ্কের নিউরনের মিথষ্ক্রিয়া নয়, বরং তাদের ইঙ্গিত হচ্ছে , কোয়ান্টাম তথ্যরূপী আত্মা সময় সৃষ্টির আগে থেকেই বিদ্যমান । ডার্ক ম্যাটার ও ডার্ক এনার্জির মতো বিষয়গুলি আমরা দেখতে পাই না কিন্তু স্বীকার করে নিয়েছি যে সেগুলি আছে । আত্মার বিষয়ে হ্যামারহফ ও পেনরোজের তত্ত্ব হয়তো সেইরকমই গ্রহণযোগ্য বৈজ্ঞানিক তত্ত্ব হিসাবে প্রতিষ্ঠা করতে সক্ষম হবে ।

আমাদের সবার মনের সব থেকে বড় ভয়,সব থেকে বড় লালসা,সব থেকে বড় চিন্তা কি ? সবার মনের সব থেকে বড় ভয় আর চিন্তা একটাই "মৃত্যু"! সবাই মৃত্যু কে ভয় করে,ভাবে হঠাৎ মরে গেলে কি হবে ! সবাই আরও কিছুদিন বাঁচার লালসা করে, আরও যদি কিছুদিন জীবিত থাকা যায় !সবাই আশা করে যে সে কখনও যেনো না মরে ! আর এই মৃত্যু ভয় এর কারণেই বেশিরভাগ মানুষ, ওই জীবন কে উপেক্ষা করে দেয় যেটা সে এখন কাটাচ্ছে...!

আপনি কি কখনও ভেবেছেন যে আপনি মৃত্যু কে ভয় কেনো পান ? কারণ একটাই আপনি জীবনে ওটা করতে পারেন নি যেটা আপনি করতে চান, আর যেটা আপনি করতে চান, ওটা করতে পারা তখনই সম্ভব হবে যখন আপনি মৃত্যুর ভয় থেকে বের হয়ে নিজের জীবনের প্রত্যেক মুহর্তের সঠিক ব্যবহার জেনে যাবেন, মৃত্যুর ভয় থেকে

বাঁচার কেবল একটাই রাস্তা আর একটাই মন্ত্র, নিজের জীবনের প্রত্যেক মুহূর্তে বাঁচার আনন্দ কে উপভোগ করা। বাস্তবে এই সমাজের বেশিরভাগ মানুষ সর্বদা নিজেকে দুঃখিই ভাবে, কারন তার চাহিদা যে পূরণ হয় না, সে জীবনে অনেক কিছু করতে চায়, পেতে চায়, কিন্তু সেগুলো সব পাওয়া হয়ে ওঠে না, আর আশা অপূর্ণ থাকার ফলে সে দুঃখি থেকে যায়, কিন্তু সব আশা মানুষের কি ভাবে পূরণ হতে পারে ? আশার তো স্বভাব এই হলো ভঙ্গ হবে তাই নয় কি ?

আপনি এমন কোনো ব্যক্তি এই সংসারে দেখবেন না যার সমস্ত আশা পূরণ হয়েছে, একটা পেয়ে গেলে তারা আরেকটার ইচ্ছা জাগে, আর আবার তার পিছনে ছুটতে থাকে, বাস্তবে একটা মানুষের এক জীবনে আর কটা আশাই বা পূরণ হয়, যদি 100 টা আশা থাকে তার মধ্যে জোর হলে দুই থেকে তিনটি বেশি হলে পাঁচটি, এটাতো জীবনের এই অঙ্গ, আশার সাথে সুখ ও দুঃখ জরিয়ে থাকে, আর তাতে কোনো অসুবিধাও নেই। কারণ এটা যেহেতু একটা জীবন তাই জীবনে সুখ- দুঃখ থাকবেই, কিন্তু আমাদের এটা বুঝতে হবে যে আশার সাথে আনন্দের কোনো সম্পর্ক হয় না, জীবনের প্রত্যেকটা মুহূর্তো হলো আনন্দ উপভোগ করার মূহর্তো, একটু বিচার করলেই আমরা বুঝতে পারবো, জীবনে জীবিতো থাকাটাই আসল কারণ যদি জীবীতোই না থাকলাম তাহলে আর কিছু করেই বা কি হবে, তাই আমাদের সবার কি এটাই উচিত নয় যে, প্রত্যেকটা মুহূর্ত জীবিত থাকার আনন্দ কে উপভোগ করা ?

গুগল সার্চ করলে দেখতে পারবেন এই সংসারে প্রত্যেকদিন দুই লক্ষ পঞ্চাশ হাজারের ও বেশি মানুষের মৃত্যু ঘটছে, লক্ষ মানুষ রাতে ঘুমানোর জন্য চোখ বন্ধ করে কিন্তু ওই চোখ আর খোলে না, তাই অন্তত সকালে ঘুম থেকে উঠে যদি নিজেকে জীবিতো দেখেন তাহলে নিজেকে তো একটা মিষ্ঠি হাসি দিতেই পারেন, যেখানে এতো লোকের চোখই খোলেনি, সেখানে আপনি এখনও জীবিতো, আর সাথে সাথে আপনার পরিবার, প্রিয়জন দেরও গায়ে হাত দিয়ে দেখুন ও তারাও জীবিতো, তাহলে এটা কি আপনার কাছে একটা আনন্দের দিন না।

হিসাব করে দেখুন যদি দুই লক্ষ পঞ্চাশ হাজার মানুষ প্রত্যেকদিন মারা যায়, আর তাদের চার জন করেও যদি প্রিয়জন থাকে অর্থাৎ পরিবারের সদস্য থাকে, তাহলেও দশ লক্ষ মানুষ প্রতিদিন তাদের প্রিয়জন হারানোর কষ্ট অনুভব করছে, তাই আমরা যদি জীবনের এই সত্যকে অনুভব করি, আর কিছু না পারি অন্তত যখন ঘড়িতে সময় দেখি তখন নিজেকে একটা মিষ্ঠি হাসি দিয়ে এটাতো মনে করিয়ে দিতেই পারি যে আমি এখনও জীবিতো আর সাথে আমার পরিবারও, ও এটা সত্যি এক অপূর্ব দিন। ইশ্বরকে অনেক অনেক ধন্যবাদ এই দিন, এই সময় আমাকে উপহার দেবার জন্য

শিবের অনেক রুপ রয়েছে, যা তাঁর বিভিন্ন গুণাবলী এবং ভূমিকা প্রতিফলিত করে। তাঁর সবচেয়ে বিখ্যাত রুপগুলির মধ্যে রয়েছে:

- **নটরাজ:** এই রূপে, শিব একটি জোরে নাচ করছেন, তাঁর চতুর্দিকে আগুনের দোলায়মান পর্দা তৈরি করছেন। এই নাচটি মহাবিশ্বের সৃষ্টি, রক্ষণাবেক্ষণ এবং ধ্বংসকে চিত্রিত করে।

- **লিঙ্গমূর্তি:** এই রূপে, শিব একটি লিঙ্গ (শিবের প্রতীক) হিসাবে পূজিত হন। লিঙ্গামূর্তিটি অসীম শক্তি এবং জ্ঞানের প্রতিনিধিত্ব করে।

- **অর্ধনারীশ্বর:** এই রূপে, শিব একটি অর্ধ-পুরুষ অর্ধ-মহিলা দেবতা হিসাবে পূজিত হন। এই রূপটি পুরুষ এবং মহিলা নীতির একত্রিততা এবং সমন্বয়কে চিত্রিত করে।

শিবের পূজা বিভিন্ন উপায়ে করা হয়। তাঁর ভক্তরা তাঁর কাছে প্রার্থনা করেন সুখ, শান্তি, সমৃদ্ধি এবং মোক্ষ (মুক্তি) লাভের জন্য। তাঁর ভক্তরা তাঁর মন্দিরগুলিতে যান এবং তাঁর সামনে প্রদীপ জ্বালিয়ে প্রণাম দেন। তাঁর ভক্তরা তাঁর নামে যজ্ঞও করে থাকেন। শিবের পূজা ভারত এবং বিশ্বজুড়ে ব্যাপকভাবে প্রচলিত। তিনি হিন্দুধর্মের সবচেয়ে জনপ্রিয় দেবতাদের মধ্যে একজন এবং তাঁর ভক্তদের সংখ্যা কোটি কোটি। শিবের পূজা তাঁর ভক্তদের কাছে একাগ্রতা, জ্ঞান এবং মুক্তির পথ প্রদান করে।

<u>আসুন জেনে নিই ভগবান শিবের সাতটি রহস্য</u>

১) **সাপ:** সর্প হচ্ছে সদা জাগ্রত থাকার প্রতীক। যদি আপনার গলায় একটি সাপ প্যাঁচানো থাকে, তাহলে আপনি কিছুতেই ঘুমাতে পারবেন না।

২) **ভস্ম:** এটা জীবনের অনিত্যতাকে স্মরন করিয়ে দেয়। এটা আমাদের মনে করিয়ে দেয় যে আমাদেরও একদিন ভস্মে পরিণত হতে হবে।

৩) **চন্দ্র:** চন্দ্র সর্বদাই মনের সাথে সম্পর্কিত। এটি জীবনের সকল পরিস্থিতিতে সুখী থাকা এবং মনের উপর নিয়ন্ত্রণ ক্ষমতার প্রতীক।

৪) **ডমরু:** এটা দেখতে ইনফিনিটি চিহ্নের মত। যা শিবের অসীম তথা উন্মুক্ত চিন্তাচেতনার প্রতীক।

৫) **ত্রিশূল:** শিব প্রকৃতির তিনগুণ নিয়ন্ত্রণ করে থাকেন, এটি তারই প্রতীক। তিনি এটির মাধ্যমে সকলকে নিজ নিজ ধর্ম পালনে উৎসাহিত করে থাকেন।

৬) **নীলাভ শরীর:** আকাশ অন্তহীন, শিবও তেমনি অন্তহীন। নীলাভ শরীর অন্তহীন আকাশের মতই শিবের অন্তহীনতা তথা অসীমতার প্রতীক।

৭) **গঙ্গা:** গঙ্গা নিষ্কলুষ জ্ঞানের প্রতিনিধিত্ব করে। যখন শিবের মতই আমাদের হৃদয় স্থির হয়, তখনই তাতে নিষ্কলুষ জ্ঞান প্রবাহিত হয়।

<u>শিব মাহাত্ম্য</u>

বাবা মহাদেবকে অর্পণ করার দ্রব্য সামগ্রী।

ক) বেলপাতা

বেলপাতা ত্রিফলক যুক্ত একটি পাতা। পুরাণ মতে বেল পাতার পেছনের অংশে মা লক্ষ্মীর বাস। বেলপাতা তিন গুন-- স্বত্ব, তম ও রজ ছাড়াও ত্রিদেবের প্রতীক। তাই বেলপাতা দেবাদিদেব শিবের প্রিয় বস্তু। সেইজন্য শিবলিঙ্গ পূজায় অবশ্যই বেলপাতা

লাগে। শিবের মূর্তি ও শিব লিঙ্গের মাথায় বেলপাতা দিতে হয়। চতুর্থী, অষ্টমী, নবমী, অমাবস্যা, সংক্রান্তি ও প্রতি সোমবার মহাদেবের মাথা থেকে বেলপাতা নামাতে নেই। এগারোটি বেলপাতা দিয়ে তৈরি মালা শিবলিঙ্গে অর্পণ করলে অশুভ প্রভাব জীবন থেকে দূরে সরে যায় বলে বিশ্বাস করা হয়। বিল্বপুষ্প (বেলের ফুল। সুগন্ধী বেলি ফুল নয়) শিব লিঙ্গে অর্পণ করলে সারা জীবন সাধনার ফল লাভ হয়। ঐ ব্যক্তি মৃত্যুর পর শিবলোক প্রাপ্ত হয়।

খ) ধুতুরা ফুল

ধুতুরা মহাদেব শিবের অত্যন্ত প্রিয় ফুল। বিভিন্ন পুরাণ অনুযায়ী শিবলিঙ্গ ধুতুরা ফুল দিয়ে পূজা করলে জীবনে সমৃদ্ধি আসে। এর ফলে জীবন অনেক সহজ হয়। এক বছর একাদশী পালনের ফল মেলে একটি ধুতরা ফুল শিবলিঙ্গে অর্পণ করলে। ভগবান শিব থাকেন কৈলাশ পর্বতে। এই ঠান্ডা এলাকায় এমন ধরনের আহার ও ওষুধের প্রয়োজন হয় যা শরীরকে উষ্ণতা দেবে। ধুতুরা হলো সেই রকমই ওষুধ।

Dutura metel একটি বিষাক্ত গাছ। শ্বাস কষ্ট, বাতের ব্যথা, টাক পড়া ও মেয়েলি রোগে ব্যবহৃত হয়। এর বীজ থেকে চেতনা নাশক পর্দাথ তৈরী হয়। বিষক্রিয়ায় মানুষ ও পশুর জীবনহানি হানি হতে পারে।

গ) আকন্দ ফুল

আকন্দ ফুলের পাঁচটি খণ্ডও থাকে যা শিবের পঞ্চানন রূপকে নির্দেশ করে। আকন্দের রং সাদা। সাদা রং সরলতার ও সহজতার প্রতীক। শিব আশুতোষ এবং তিনিও সহজ ও সরল। তাই আকন্দ ফুল শিবের অত্যন্ত প্রিয়। পুরাণ অনুযায়ী শিব পূজোয় একটি আকন্দ ফুল অর্পণ করার অর্থ হলো সোনা দান করার মতো ফল পাওয়া যাবে।

Calotropis gigantea গাছটিও বিষাক্ত। তবে, আমরা চিকিৎসকরা বহুমূত্র বা ডায়াবেটিস, শোথ, অর্শ, ক্রিমি, প্লীহা, শ্বাসকষ্টে ব্যবহার করি।

ঘ) দুধ ও গঙ্গাজল

শিবলিঙ্গে দুধ প্রদান করার জন্য জন্য তামার পাত্রই ব্যবহার করা উচিত। শিব পূজার সময় অবশ্যই দেওয়া হয় দুধ ও গঙ্গাজল। শিবলিঙ্গে দুধ-গঙ্গাজল দিয়ে স্নান করানোর বিধি অতি প্রাচীন কাল থেকেই চলে আসছে। বিশ্বাস করা হয় যে, এর ফলে জীবন সুখের হয়।

ঙ) জাফরান

জাফরান খুবই মূল্যবান। তবুও বিবাহিত জীবন সুখ সম্পন্ন করতে শিবলিঙ্গে জাফরান অর্পণ করার বিধি আছে।এর দ্বারা বিবাহিত জীবনের সকল বাধা বিপত্তি বাধাও দূর হয়। Saefron বা জাফরান ক্রোকাস একরকম দামী মশলা।

চ) তিল

শিবলিঙ্গে তিল প্রদানের করে অনেকেই শনির সাড়ে সাতি দশা কাটায়। এই রীতিও বহু প্রাচীন। sesamum indicum একটি সপুষ্পক উদ্ভিদ। আমাশয়, দাঁত, মাড়ির

রোগ, ফোড়া ও পচা ক্ষতে উপকারী ।

ছ) দূর্বা ঘাস

শিবলিঙ্গে দূর্বাঘাস প্রদান করলে নীরোগ জীবন লাভ হয় বলে সনাতন ধর্মে মনে করা হয় । তাই সকলেই শিবলিঙ্গ পূজায় দূর্বা ঘাস ব্যবহার করে।ঘাস জাতীয় এই উদ্ভিদের বৈজ্ঞানিক নাম Cynodon dactylon. এই ওষুধি গাছ রক্ত বন্ধ করে । পায়োরিয়া , চুল পড়া রোগে ব্যবহার হয় ।

জ) আতপ চাল

ধান রোদে দিয়ে আতপ চাল । এতে চালের প্রায় সব পুষ্টি গুণ বিদ্যমান থাকে ।শিবকে আতপ চিল অর্পণ করলে আর্থিক সমস্যা মেটে । আতপ নির্দেশ করে ধন, সম্পদ, প্রতিপত্তিকে। আর্থিক সমৃদ্ধিকে অব্যাহত রাখতে শিবলিঙ্গে চাল প্রদান করাও প্রাচীন রীতি।

ঝ) কর্পূর

কর্পূরের সুগন্ধ ভগবান শিবের সবথেকে প্রিয় । এই গন্ধ পরিবেশকে পবিত্র ও শুদ্ধ করে। কর্পূর দিয়ে পূজো করলে ভগবান শিব প্রসন্ন হন।

ঞ) শ্বেত চন্দন

শ্বেত চন্দন শীতল প্রকৃতির । শিবলিঙ্গে শ্বেত চন্দন লাগালে জীবনে সুখ - শান্তি আসে ।

ট) গম

গম অর্পণ করলে দ্রুত সন্তান ধারণের স্বপ্ন পূরণ হয় ।

ঠ) রুদ্রাক্ষ ধারণ

রুদ্রাক্ষ দেবাদিদেবের খুব প্রিয় । অন্য মাসের চেয়ে এ মাসে রুদ্রাক্ষ ধারণ বেশী ফলদায়ী ।

ড) রুদ্রাক্ষ (RUDRAKSHA) !

রুদ্রাক্ষ Elaeocarpus গণভুক্ত এর ganitrus প্রজাতির (এলাইওকার্পাস গণিট্রাস)একরকম বড় ও চওড়া পাতাওয়ালা চিরসবুজ অনেকটা বকুলের মত দেখতে গাছ , যার "বীজ" আমাদের সনাতন ধর্মে খুব পবিত্র । টক জাতীয় এই ফলকে ইংরেজিতে ব্লুবেরি বিডস বলে । এর ফল থেকে আচারের মত মুখরোচক খাবারও হয় ।মৃগী , যক্ষ্মা , শ্লেষা ও বসন্ত রোগে বিভিন্নভাবে আয়ুর্বেদে ব্যবহৃত হয় । বৌদ্ধ , বাউল ও শিখদের মধ্যেও রয়েছে এর ব্যবহার । সংস্কৃত "রুদ্রাক্ষ " শব্দের অর্থ রুদ্র বা শিবের চোখ । মনে করা হয় ত্রিপুরাসুরের সঙ্গে যুদ্ধের সময় মহাদেবের অপলক চাউনির অবসাদগ্রস্ত চোখ থেকে এক ফোঁটা জল পড়ে এই গাছের সৃষ্টি ।

" পুটাভ্যাং চারুচক্ষুর্ভ্যাং পতিত জলবিন্দবঃ

তত্রাশ্রুবিন্দুতো জ্ঞাতা বৃক্ষা রুদ্রাক্ষ সংজ্ঞকাঃ ।

(শিবমহাপুরাণ বিদ্যশ্বর সংহিতা) ।

বীজ কোষের বিভাজন রেখার গভীর দাগ থেকে এর মুখ সংখ্যা গোনা হয় । পীত , হাল্কা লাল ও শ্যাম বর্ণের হয় । উত্তম রুদ্রাক্ষের লক্ষণ।

" স্বয়মেব কৃতদ্বারং রুদ্রাক্ষং স্যাদিহোত্তমম্ ।

যত্তু পৌরুষযত্নেন কৃতং তন্মধ্যমং ভবেৎ "।

শিবপুরাণ মতে প্রাকৃতিক ভাবে সূতো ঢোকানোর মত ছিদ্রযুক্ত রুদ্রাক্ষ সবচেয়ে ভাল । আরো বলেছে যত ছোট রুদ্রাক্ষ সেটা তত ভাল ।

"যথা যথা লঘু স্যাদ্বৈ তদাধিকফলপ্রদঃ ।

একৈকতঃ ফলং প্রোক্তং দশাংশেরধিকং বৃধেঃ।।"

এক থেকে ৩৪ মুখী রুদ্রাক্ষ দেখা যায় । সবচেয়ে সুন্দর ও দুর্লভ এক মুখী রুদ্রাক্ষ । তবে , ১৪ থেকে ২১ মুখী রুদ্রাক্ষ সহজে মেলে না বলেও বেশ দামী ।

সনাতন ধর্মের পবিত্র রুদ্রাক্ষের বৈজ্ঞানিক ব্যাখ্যায় এর ইলেক্ট্রো ম্যাগনেটিক প্রভাবের কথা স্বীকার করা হয়েছে । মানসিক চাপ কমাতে , শারীরিক দুর্বলতা হ্রাসে , হৃদপিন্ডের কার্যকারিতা , হাড়ের শক্তি বৃদ্ধি করতে , ধমনীর রক্তসঞ্চালন ঠিক রাখতে তাই সর্বত্র এর ব্যবহার ও প্রয়োগ বাড়ছে । নারী -পুরুষ , বয়স ভেদে যে কেউ নেগেটিভ এনার্জি থেকে রক্ষা পেতে এবং দেহে ও মনে জোর পেতে গলায় , বাজুতে ও কব্জিতে রুদ্রাক্ষ ধারণ করতে পারেন ।

রুদ্রাক্ষ পবিত্র, অপরিষ্কার হাতে পরা যাবে না । লাল বা হলুদ সুতোয় বা সোনায় সেট করে পরতে হয় । বিজোড় সংখ্যায় কমপক্ষে ২৭ টি পুঁতি দিয়ে মালা করতে হয় ।

- একমুখী রুদ্রাক্ষে শিব অধিষ্ঠান করেন " ওঁ হ্রীং নমঃ" মন্ত্র পড়ে ধারণ করা হয় ,
- দুইমুখীতে শিব -শক্তি অর্ধনারীশ্বর রূপে থাকেন । ঈড়া ও পিঙ্গলার মধ্যে ভারসাম্য আনে । চ্যাপ্টা ধরণের এই রুদ্রাক্ষ সহজে পাওয়া যায় । "ওঁ নমঃ" বলে ধারণ করলে চন্দ্র নিয়ন্ত্রিত হয় যশ ও খ্যাতিলাভ হয় । মঙ্গল গ্রহ নিয়ন্ত্রক তিন মুখী রুদ্রাক্ষের অধিষ্ঠাতা অগ্নিদেব ।"ওঁ ক্লীং নমঃ" মন্ত্র ধারণ করলে রোগ ব্যাধি দূর হয় এবং বিদ্যা ও জ্ঞানলাভ হয় ।
- বুধের নিয়ন্ত্রক চারমুখীর অধিষ্ঠাতা দেবতা ব্রহ্মা ।এটি বিদ্যা ও জ্ঞান অর্জনের জন্য "ওঁ ক্লীং নমঃ "মন্ত্র বলে ধারণ করা হয় । ৪/৫/৬/১০/১৩ মুখীর ধারণ মন্ত্র "ওঁ হ্রীং নমঃ" ।
- পঞ্চমুখীর অধিষ্ঠাতা রুদ্র ও গ্রহ বৃহস্পতি ।যা পাপনাশক ও অকাল মৃত্যু রোধ করে ।
- ছয় মুখীর অধিষ্ঠাতা কার্তিক এবং গ্রহ শুক্র যা পাপনাশের সঙ্গে নিজেকে রক্ষা করে । সন্তানের বিদ্যার উন্নতির জন্য চার থেকে বাইশ বছরের মধ্যে ৫/১৪/২৩ মুখী রুদ্রাক্ষ ফলপ্রদ ভাবা হয় ।

- সাত মুখীর অধিষ্ঠাত্রী লক্ষ্মী এবং গ্রহ শনি একে সাক্ষাৎ কামরূপ ও অনন্ত স্বরূপ ভাবা হয় । সাত মুখী রুদ্রাক্ষ "ওঁ হং নমঃ" বলে পড়তে হয় ।

- আট মুখীর অধিষ্ঠাতা গণপতি গ্রহ রাহু । মহাদেব ও পার্বতীর সন্তান গণেশ । যিনি বিষ্ণুর আশীর্বাদে প্রথম পূজা পাওয়ার অধিকারী । একাগ্রতা আনতে গণেশ চতুর্থী তিথিতে ওঁ গন গণপতয়ে নমঃ এবং ওঁ নমঃ শিবায় বলে পড়তে হয় । আট মুখী হলেন বটুক ভৈরব । যা রাহু ও শনির কুদৃষ্টি থেকে বাঁচায় । মামলা মোকদ্দমায় উপকার দেয় । পুরুষরা ডান ও মহিলারা বাঁ বাহুতে ধারণ করেন ।

- ৯/১১ মুখীর মন্ত্র "ওঁ হ্রীং হং নমঃ" । ন মুখীর অধিষ্ঠাত্রী দুর্গা গ্রহ কেতু । অশুভ নাশ করতে পরা হয় বিষ্ণু অধিষ্ঠান কারী ১০ মুখী রুদ্রাক্ষ ।

- ১১ মুখীর অধিষ্ঠাতা হনুমান । নিঃসন্তান দম্পতি সন্তান লাভ করে ভাবা হয় । বিচারবুদ্ধি ও বাকশক্তি বাড়ায় । এই দুর্লভ রুদ্রাক্ষ পেলে তাকে মহাদেবের মত পূজো করতে হয় ।

- ১২ মুখী রুদ্রাক্ষ অনেকটা অন্যরকম । দেবতা সূর্য আবারও নিয়ন্ত্রক গ্রহও রবি । শুধুমাত্র ব্রহ্মচারীরাই (যাঁরা সহবাস করেন না) "ওঁ ক্রীং শ্রীং রৌং নমঃ" মন্ত্রে ধারণ করতে পারেন ।

- ১৩ মুখী রুদ্রাক্ষ সর্বকাম ও অভিষ্ট ফল দেয় । এটা বিশ্বদেবের প্রতীক ।

- ১৪ মুখী রুদ্রাক্ষ সর্বদেবময় ও রুদ্রতুল্য শ্রীকণ্ঠ স্বরূপ । যাঁদের নিয়মিত বিভিন্ন জায়গায় ঘুরতে , খেতে ও ঘুমাতে হয় তাদের ক্লান্তি নাশে রুদ্রাক্ষ ব্যবহার করা উচিত । এতে আপনার চারপাশে নিজের শক্তিরই একরকম কোকুন বা খোল তৈরী হয় । কোন থাবার বা জল বিষাক্ত হতে পারে রুদ্রাক্ষ তা থেকে বাঁচাতে সহায়তা করে বলে শৈব সন্ন্যাসীরা হাজার হাজার বছর ধরে বিশ্বাস করেন । থাবার উপযোগী হলে রুদ্রাক্ষ ঘড়ির কাঁটার দিকে ঘোরে । ঋণাত্মক হলে ঘড়ির কাঁটার বিপরীত দিকে ঘুরবে । এভাবে সচেতন হওয়া যায় বলে বিশ্বাস ।

- নেতিবাচক শক্তি সম্বন্ধে অনেক কথা আমরা অর্থববেদে পাই । সাধারণভাবে বীজগুলো ১০৮ যোগ ১ এই ১কে বিন্দু ধরা হয় । এভাবে পরা হয় । রুদ্রাক্ষ পরে ঠান্ডা জলে স্নান করতে হয় । সাবানে গুণ নষ্ট হয় । আমাদের জীব শরীরের পরিমাপ ৯৬ আঙুলি আর জীবনাভির ১২ আঙুলি উপরে পরমাত্মার স্থান । ৯৬+ ১২=১০৮ । আর উপনিষদ বলছে 'অ' থেকে 'ক্ষ' পর্যন্ত সংস্কৃত ৫০টি বর্ণ বা অক্ষর অনুলোম ও বিলোমক্রমে ৫০+৫০=১০০ হয় । এর সাথে ক্ষিতি , অপ্ , তেজঃ , মরুৎ ও ব্যোম এই পঞ্চতত্ত্ব এবং সত্ত্ব , রজঃ ও তম এই তিনগুণকে যোগ করলে ১০৮ হয় । হিন্দু শাস্ত্র মতে আমরা একজন মানুষ ২১৬০৩ বার নিঃশ্বাস ত্যাগ করি । প্রতি শ্বাসে রুদ্রাক্ষ / তুলসী মালা জপে ভগবানকে স্মরণ করলে ২১৬ বার । সকালে ১০৮ এবং সন্ধ্যায় ১০৮ বার রুদ্রাক্ষ /তুলসী মালা ধরে বীজমন্ত্র জপ করলে জেগে ওঠে অন্তরের শক্তি । যা একাগ্রতা বৃদ্ধি শরীর ও মনকে সুস্থ করে

মানুষকে পরমেশ্বরের দিকে নিয়ে যায় । ওঁ নমঃ ভগবতে রুদ্রায় । ওঁ নমঃ শিবায়!

ভগবান মহাদেবের আনুষঙ্গিক প্রতীকী চিহ্নগুলোর ধর্মীয় ব্যাখ্যা।

১) **ত্রিশূল-** মহাদেবের ত্রিশূল তিনটি শক্তির প্রতীক বা ত্রিবিধ যোগ---- জ্ঞান, কর্ম এবং ভক্তি। আবার ত্রিগুণ বোঝায়---- সত্ব, রজঃ ও তমঃ। এছাড়া ত্রিভুবনের কথাও বোঝায়---স্বর্গ, মর্ত্য এবং পাতাল।

২) **ডমরু-** শিব ঠাকুরের ত্রিশূলে বাঁধা ডমরু বেদ এবং তার উপদেশের প্রতীক অর্থাৎ অসীম চিন্তা ও মননের প্রতীক।

৩) **রুদ্রাক্ষমালা-** রুদ্রাক্ষ ধারণ আসলে শুদ্ধতার প্রতীক। অনেকক্ষেত্রে তাঁর হাতে রুদ্রাক্ষমালা থাকে যা ধ্যানমুদ্রার সূচক বলে জানা যায়।

৪) **নাগ-** গলায়-মাথায় নাগের উপস্থিতি সর্বদা দেখা যায় তা পুরুষের অহংকারের প্রতীক বলে মনে করা হয়।

৫) **মাথায় চাঁদ-** শিব ঠাকুরের মাথার চাঁদ এই ইঙ্গিত দেয় যে, কাল সম্পূর্ণরূপে তাঁর নিয়ন্ত্রণে।

৬) **জটার থেকে নির্গত জল-** মহাদেবের জটাতে অনেকসময় একটি চেহারা দেখতে পাওয়া যায়। আসলে তিনি হলেন গঙ্গা নদী। আবার বহু ছবিতে চেহারার পরবর্তে জটা থেকে নির্গত জলধারা দেখতে পাওয়া যায়।

৭) **তৃতীয় নেত্র-** তাঁর কপালের তৃতীয় নেত্র-কে জ্ঞানের প্রতীক বলে মনে করা হয়। বিশ্বাস করা হয় তাঁর ক্রোধ হলে এই তৃতীয় নয়ন খুলে যায় এবং সব কিছু ভস্ম হয়ে যেতে পারে ।

৮) **বাঘ ছাল-** শিব ঠাকুরের সব ছবিতেই দেখা যায় তিনি বাঘছাল পরে রয়েছেন। আবার কোনও কোনও ছবিতে এও দেখা যায় যে তিনি বাঘ ছালের ওপর বসে রয়েছেন। আসলে এই বিষয়টি হলো নির্ভরতার প্রতীক। সর্বশক্তিমান ঈশ্বরের কাছে নিরবচ্ছিন্নভাবে নির্ভয়ে নিজেকে সমর্পণ করার আহ্বান জানায়।

৯) **ভস্ম--**এটা জীবনের অনিত্যতাকে স্মরণ করিয়ে দেয়। অর্থাৎ সকলকেই একদিন ভস্মতে পরিণত হতে হবে!

১০) **নীলাভ-শরীর :** আকাশ অন্তহীন, শিবও তেমনি অন্তহীন, নীলাভ শরীর অন্তহীন আকাশের মতই শিবের অন্তহীনতা তথা অসীমতার প্রতীক!

১১) **শিবের বাহন বৃষ--**বৃষ মানে শক্তি। আর শিব মানে মঙ্গল। অন্তর্নিহিত শক্তি ও যথার্থ ধর্ম পালনই কল্যান আর মঙ্গল বহন করে নিয়ে আসে। বৃষটি শ্বেত বর্ণের। সত্ব গুণের প্রতীক। সত্ব গুনের উদয়েই ধর্মের আবির্ভাব। বৃষের যেমন চার পা,ধর্মও চতুষ্পদ।শৌচ,দান,দয়া ও তপস্যা। শুদ্ধ চিতে নিষ্ঠা ভরে এই চতুষ্পদ ধর্ম পালনের প্রতীকই এই বৃষ।

১২) নন্দী ও ভৃঙ্গী---সর্বক্ষণের জন্য মহাদেবের কাছে আছে দুটি অনুচর- নন্দী এবং ভৃঙ্গী। এরা কিসের প্রতীক? নন্দী শব্দের উৎপত্তি নন্দ ধাতু থেকে মানে আনন্দ আর ভৃঙ্গী এসেছে ভৃ-ধাতু থেকে মানে ভরণ, পোষণ ও ধারণ করা। আর এটা তো স্বাভাবিক যে মঙ্গল যাবে সেখানে তার প্রিয় অনুচর আনন্দ, ভরণ, পোষণ ও ধারণ সেখানে চলে যাবে। নন্দীর আগমনের সাথে সাথে পাই প্রেরণা অর্থাৎ মানুষের মধ্যে বেড়ে ওঠা সহ্য, ধৈর্য্য ও অধ্যবসায়ের গুণরাজি।অপরপক্ষে ভৃঙ্গী হল কারক। সংসারে-সমাজে চলতে হলে মানুষের এইসব ব্যক্তিত্ব থাকা একান্ত প্রয়োজন নইলে তার কপালে সাফল্য জুটবে না।

মহাদেবের বাণী

১. যখন তুমি কোনো কাজের শুরু করো, তখন ব্যর্থতায় ভয় পেও না এবং সেই কাজটিকে ছেড়ে দিও না। যারা সৎভাবে কাজ করে তারাই সবচেয়ে বেশি আনন্দিত হয়। জীবন দীর্ঘ হওয়ার চেয়ে মহান হওয়া জরুরি।

২. ঈশ্বর মূর্তিগুলিতে বিদ্যমান নয়। তোমার অনুভূতিগুলিই তোমার ঈশ্বর এবং তোমার আত্মাই তোমার মন্দির।

৩. যেমনই ব্যাধি নিকট আসে, আমরা আক্রমণ করি এবং তাকে ধ্বংস করি। ফুলের সুগন্ধ শুধুমাত্র বাতাসের দিকেই ছড়িয়ে পড়ে, কিন্তু ব্যক্তির ভালোবাসা সব দিক থেকে ছড়িয়ে পড়ে।

৪. কোনো ব্যক্তির ভবিষ্যতকে তার বর্তমান পরিস্থিতির ভিত্তিতে ধারণা করো না, কারণ সময়ের কাছে কালো কোয়লারকে উজ্জ্বল হীরাতে পরিণত করার শক্তি রয়েছে।

৫. যতক্ষণ না শত্রুর দুর্বলতা জানা না যায়, ততক্ষণ তাকে বন্ধুত্বপূর্ণ শর্তে রাখতে হবে।

৬. লোভের মতো বিনাশকারী কোনো রোগ নেই। জ্ঞানী ব্যক্তিকে সারস-এর মতো তার ইন্দ্রিয়গুলিকে বশীভূত করতে হবে এবং তার স্থান, কাল এবং যোগ্যতাকে জানতে হবে এবং তার উদ্দেশ্যকে পূরণ করতে হবে।

৭. তিক্ত সত্য বলতে দেওয়া ভালো, মিথ্যা আশ্বাস দেওয়ার লোকদের চেয়ে লক্ষ গুণ ভালো।

৮. সুখী থাকার অর্থ এই নয় যে সবকিছু ঠিক আছে, বরং এর অর্থ হল আপনি আপনার দুঃখের উপর জীবনযাপন শিখে নিয়েছেন।

৯. এই পৃথিবীতে তিনটি রতন হল খাদ্য, জল এবং মিষ্টি কথা। বোকারা পাথরের টুকরোগুলিকেই রতন মনে করে।

১০. কখনোও তাদের সাথে বন্ধুত্ব করবেন না যারা আপনার চেয়ে কম বা বেশি প্রতিষ্ঠার। এমন বন্ধুত্ব কখনো আপনাকে সুখ দেবে না।

১১. মহাদেব বলেন যে জ্ঞান সেই ব্যক্তিকে ভাগ করে দিন যার প্রয়োজন। বোকাদেরকে জ্ঞান ভাগ করে দিয়ে আপনি শুধুমাত্র নিজের সময় নষ্ট করেন।

১২. স্বপ্ন এবং লক্ষ্য-এ একই পার্থক্য রয়েছে। স্বপ্নের জন্য নিশ্চিন্তে ঘুমের প্রয়োজন এবং লক্ষ্যের জন্য নিশ্চিন্তে ঘুমের প্রয়োজন।

১৩. দুর্বল ব্যক্তির সাথে শত্রুতা বেশি বিপজ্জনক, কারণ সে এমন সময় আক্রমণ করে যা আপনি কল্পনাও করতে পারবেন না।

১৪. ভুল দিক দিয়ে এগিয়ে যাওয়া জনতার অংশ হতে চেয়ে, সঠিক দিক দিয়ে একা চলুন।

১৫. অলসতা আপনার জীবনকে ধ্বংস করতে পারে। যদি আপনি সময়মতো আপনার কাজগুলি সম্পূর্ণ না করেন তবে আপনি সমস্যায় পড়বেন।

১৬. কারো খারাপ সময়ে হাসার ভুল করবেন না। এই মুহূর্ত সব চেহারা মনে রাখে।

১৭. একা দাঁড়িয়ে থাকার সাহস রাখুন, চাই পুরো পৃথিবী আপনার বিরুদ্ধে হোক।

১৮. যা খারাপ লাগে তা ত্যাগ করুন, চাই তা চিন্তা, কর্ম হোক বা মানুষ।

১৯. ঝুঁকুন শুধুমাত্র ততটা যতটা সঠিক। বেকার ঝুঁকতে শুধুমাত্র অন্যদের অহমকে উৎসাহিত করে।

২০. যারা সত্যের পথে হাঁটে তাদের জীবনে সমস্যা অবশ্যই আসে, কিন্তু ঈশ্বর তাদের নৌকাকে কখনো ডুবতে দেন না।

২১. অস্ত্র তুলবে না তো নিজের জাতি হারাবে এবং যদি শাস্ত্র পড়বে না তো নিজের সংস্কৃতি হারাবে।

২২. পরিশ্রম থেকে ভালো গহনা নেই এবং আত্মবিশ্বাস থেকে সত্যিকারের কোনো সঙ্গী হয় না।

২৩. ছাত্রের জন্য অনুশাসন খুবই জরুরি।

শিব ও পার্বতীর কথোপকথন যা প্রত্যেক স্বামী ও স্ত্রীর জানা উচিত

স্বামী :- ধূম্রকুটিরে আমি এবং তুমি, দু'জনের মিলনেই এই বিশ্বের সৃষ্টি। ব্রহ্মাণ্ডের স্থিতি ও লয়ের জন্য আমরা স্বেচ্ছায় দেহ ধারণ করেছি। আমরা যদি সত্যিই মিলিত হই, তবে এই বিশ্ব সুখ ও শান্তিতে ভরে উঠবে। এই জগতটি জল ও আগুনের মিলনে সৃষ্টি। তুমি সেই মাধ্যম, যেখানে আমি আমার স্বরূপ প্রকাশ করি। তুমি আমার স্ত্রী, এবং আমি তোমার মাধ্যমেই প্রকাশিত হই। আমি তোমার দ্বারা প্রদত্ত বিশ্বাসের মাধ্যমেই আমার জ্ঞান লাভ করেছি। আমি শুধুমাত্র সৃষ্টি ও লয়ের দেবতা নই, আমি প্রেমের দেবতাও। তোমার মতোই, তুমিও প্রেমের দেবী। আমরা দু'জনই অনাদিকাল থেকে একে অপরের সঙ্গে বিরাজ করছি। আমরা কখনও মানুষ, কখনও দেবতা, কখনও ঋষি, কখনও সাধু, কখনও রাজা, কখনও প্রজা, কখনও মাতা, কখনও পিতা, কখনও বন্ধু, কখনও শত্রু - এভাবে বিভিন্ন রূপে একে অপরকে পেয়েছি। কিন্তু মূলত আমরা দু'জনই এক।

স্ত্রী:- আমি তোমার সঙ্গে এই মিলনে খুশি। তুমি আমার কাছে সবকিছু। তুমি আমার স্বামী, আমার বন্ধু, আমার প্রেমিক, আমার গুরু, আমার সবকিছু। তুমি আমাকে যে ভালোবাসা দাও, তাতে আমি পূর্ণ। আমি তোমার প্রতি কৃতজ্ঞ যে তুমি আমাকে তোমার

সবকিছু শেয়ার করো।

স্বামী :- হে পার্বতী, তুমি সবসময় আমার সঙ্গে ছিলে। তুমি আমার প্রেমকে তার বিভিন্ন রূপে গ্রহণ করেছ। কখনও ক্ষমার রূপে, কখনও ধৈর্যের রূপে, কখনও প্রেমের রূপে। তুমি শুধু আমার স্ত্রী নও, তুমি আমার শিষ্যাও। তুমি আমাকে এই পৃথিবীর প্রেমের শিক্ষা দিয়েছ। যদি কেউ কাউকে ভালোবাসে, তাহলে সে তার স্বাধীনতা কীভাবে কেড়ে নিতে পারে? প্রেমের অর্থ হল বিশ্বাস। যদি তুমি কারো উপর বিশ্বাস করো, তাহলে তার স্বাধীন ইচ্ছার উপরও তোমার বিশ্বাস থাকতে হবে।

তুমি যখন প্রেমের নামে, ভক্তির নামে যা কিছু করেছ, তা যদি প্রেম না হয়ে প্রেমের বিপরীত হয় , তাহলে তাহবে আধিপত্য দেখানো এবং হুমকি দেওয়া। এই সব লক্ষণই প্রেমের নয়, এগুলি প্রেমের সঠিক অর্থের অজ্ঞতার কারণে প্রেমের নামে ভুল বোঝাবুঝি । কারণ যেখানে প্রেম থাকে, সেখানে কিছুই অপ্রয়োজনীয় হয় না।

স্ত্রী :- আমি জানি না, আমি কোথায় ভুল করছি। আমি শুধু তোমার ভালোবাসার জন্য তোমার সঙ্গে থাকতে চাই।

স্বামী:- তুমি ভুল করছ না। তুমি শুধু প্রেমের সঠিক অর্থ বুঝতে পারছ না। প্রেম হল ত্যাগ। প্রেম হল মুক্তি। প্রেম হল সম্পূর্ণ আত্মসমর্পণ। যদি তুমি আমাকে সত্যিই ভালোবাসো, তাহলে আমার জন্য স্বাধীন থাকো। আমার জন্য নিয়ম তৈরি করো না। আমার জন্য হুকুম দিও না। আমি তোমার প্রেমের জন্য তোমাকে কিছুই চাই না। আমি শুধু তোমার ভালোবাসা চাই। হে পার্বতী, আমি তোমাকে আশীর্বাদ দিচ্ছি। তুমি সবসময় আমার সঙ্গে থাকবে। তুমি সবসময় আমার সঙ্গী হবে। তুমি সবসময় আমার ভালোবাসা পাবে। তুমি সবসময় আমার আশ্রয় পাবে।

স্ত্রী:- আমিও তোমাকে আশীর্বাদ দিচ্ছি। তুমি সবসময় আমার স্বামী থাকবে। তুমি সবসময় আমার বন্ধু থাকবে।

স্বামী:- হে পার্বতী, তুমি আমার স্ত্রী। তুমি আমার সবকিছু। আমি তোমাকে ভালোবাসি।

স্ত্রী:- আমিও তোমাকে ভালোবাসি।

নন্দী ও শিবের কথোপকথন

নন্দী :-হে মহাদেব, আপনাকে এত খুশি আমি আগে কখনো দেখিনি। আপনার মুখের হাসি দেখে মনে হচ্ছে আপনি জীবনে সবচেয়ে সুখী মানুষ।

শিব:- হ্যাঁ, নন্দী, আমি খুবই খুশি। কারণ আমার জীবনে একটি নতুন অধ্যায় শুরু হয়েছে। পার্বতীর আগমনের সাথে সাথে আমার জীবন পরিপূর্ণ হয়ে গেছে।

নন্দী:- প্রভু, আমি জানি আপনি পার্বতীর সাথে খুবই খুশি। কিন্তু আপনার এই পরিবর্তন দেখে আমি কিছুটা চিন্তিত।

শিব:-চিন্তিত কেন?

নন্দী:- প্রভু, আপনি তো সবসময় মুক্তির কথা বলতেন। আপনি বলতেন যে মুক্তির জন্য মানুষকে সংসার ত্যাগ করতে হয়। কিন্তু এখন আপনি বিবাহ করেছেন। এর অর্থ কি আপনি সংসার ত্যাগ করেছেন?

শিব:- না, নন্দী, আমি সংসার ত্যাগ করিনি। আমি শুধু বুঝতে পেরেছি যে সংসারও মুক্তির পথ হতে পারে।

নন্দী:- কিন্তু প্রভু, সংসার তো বাঁধন। সংসার তো স্বাধীনতার বিরোধী।

শিব:- না, নন্দী, সংসার বাঁধন নয়। সংসার হল সম্প্রীতির বন্ধন। সংসার হল ভালোবাসার বন্ধন।

নন্দী:- প্রভু, তাহলে আপনার এই পরিবর্তন কেন? আপনি আগে এতটা মুক্ত ছিলেন। এখন আপনি কেন এতটা বাঁধা পড়ে আছেন?

শিব:- নন্দী, আমি এখন আগের চেয়ে বেশি মুক্ত। কারণ আমি এখন ভালোবাসা বুঝতে শিখেছি। ভালোবাসা হল মুক্তির মূল।

নন্দী:- প্রভু, কিন্তু আপনাকে তো এখন আপনার দায়িত্ব পালন করতে হবে। আপনাকে আপনার পরিবারের দেখাশোনা করতে হবে। এর অর্থ কি আপনি আপনার মুক্তি হারিয়ে ফেলেছেন না?

শিব:-না, নন্দী, আমি আমার মুক্তি হারিয়ে ফেলিনি। কারণ আমি এখন বুঝতে পেরেছি যে দায়িত্ব পালন করাও মুক্তির একটি অংশ।

নন্দী:- প্রভু, তাহলে আপনার এই সন্তানের জন্ম কেন? আপনি তো বলতেন যে সংসার মানেই ঝামেলা।

শিব:- নন্দী, সন্তান হল ভালোবাসার প্রতীক। সন্তান হল ভবিষ্যতের প্রতীক।

নন্দী:- প্রভু, তাহলে আপনার এই পরিবর্তন দেখে আমার মতো সন্তানরা কি ভাববে? তারা কি ভাববে যে তারা আপনাকে হারিয়ে ফেলেছে?

শিব:-না, নন্দী, তুমি তাদেরকে বোঝাবে যে আমি তাদেরকে হারিয়ে ফেলিনি। আমি শুধু তাদেরকে আরও ভালোভাবে বুঝতে শিখেছি।

নন্দী:- প্রভু, আমি আপনার জন্য খুব খুশি। আমি জানি আপনি সবসময় সঠিক পথ বেছে নেবেন।

শিব:-ভালো থাকো , নন্দী।

যোগের গুরুত্ব

হে মহাদেব, আপনি আমাদের উপর দয়া করুন এবং আমাদের শরীর এবং মনের শান্তি বজায় রাখুন। আপনি আমাদের আত্মার শুদ্ধতা রক্ষা করুন এবং আমাদের অন্ধকার থেকে মুক্তি দিন। আপনি আমাদের অহংকার দূর করুন এবং আমাদের হৃদয়ে শান্তি এবং প্রেম স্থাপন করুন। আজ বিশ্বে কিছু লোক আছে যারা সহিংসতা চায়। তারা অস্ত্র এবং যুদ্ধের জন্য প্রস্তুত। তারা যোগকে শান্তির শক্তি হিসেবে স্বীকার করে না। তারা মনে করে যে শক্তিই একমাত্র উপায়। কিন্তু যারা যোগ অনুশীলন করে তারা শান্ত

এবং শক্তিশালী হয়। তারা সহিংসতা থেকে দূরে থাকে। আমাদের সমাজে অনেক মানুষ আছে যারা যোগ থেকে দূরে সরে যাচ্ছে। তাদের মনে হয় যে যোগ শুধুমাত্র শারীরিক ব্যায়াম। তারা বুঝতে পারে না যে যোগ একটি আধ্যাত্মিক অনুশীলন। এটি আমাদের আত্মাকে শুদ্ধ এবং শক্তিশালী করে। যখন আমরা যোগ করি, তখন আমরা আমাদের অন্ধকার দিকগুলিকে দূর করি। আমরা আলো এবং শান্তির দিকে এগিয়ে যাই। আমরা যদি যোগ অনুশীলন করি, তাহলে আমরা একটি শান্তিপূর্ণ এবং সমৃদ্ধ সমাজ গড়ে তুলতে পারি। যোগ আমাদের মধ্যে শান্তি এবং সহযোগিতা বৃদ্ধি করে। এটি আমাদের হৃদয়ে ভালোবাসা এবং সম্প্রীতি জাগিয়ে তোলে। যোগ আমাদের তিনটি ধরণের শরীরের মধ্যে ভারসাম্য বজায় রাখতে সাহায্য করে। আমাদের শারীরিক শরীর , আমাদের বাহ্যিক চেহারা এবং শারীরিক কার্যকারিতা নিয়ন্ত্রণ করে। আমাদের মানসিক শরীর , আমাদের চিন্তাভাবনা, অনুভূতি এবং আবেগ নিয়ন্ত্রণ করে। আমাদের আধ্যাত্মিক শরীর, আমাদের আত্মা এবং পরম সত্যের সাথে সংযোগ স্থাপন করে।

যখন আমরা যোগ অনুশীলন করি, তখন আমরা আমাদের আধ্যাত্মিক শরীরকে শক্তিশালী করি। এটি আমাদের আত্মার মধ্যে শান্তি এবং আলো জাগিয়ে তোলে। এই শান্তি এবং আলো আমাদের জীবনে সুখ এবং সমৃদ্ধি নিয়ে আসে। আমরা যদি যোগ অনুশীলন করি, তাহলে আমরা আমাদের জীবনের উদ্দেশ্য খুঁজে পেতে পারি। আমরা বুঝতে পারি যে আমরা এই পৃথিবীতে কেন এসেছি। আমরা আমাদের জীবনকে আরও অর্থপূর্ণ করে তুলতে পারি। যোগ আমাদের জীবনকে একটি নতুন অর্থ দেয়। এটি আমাদের আত্মাকে শুদ্ধ এবং শক্তিশালী করে। এটি আমাদের জীবনে সুখ এবং সমৃদ্ধি নিয়ে আসে।

হে মহাদেব, আপনাকে ধন্যবাদ যে আপনি আমাদের যোগ সম্পর্কে শিখিয়েছেন। আমরা আপনার আশীর্বাদ নিয়ে যোগ অনুশীলন করব এবং একটি শান্তিপূর্ণ এবং সমৃদ্ধ সমাজ গড়ে তুলব।

অন্ধকার থেকে আলোর দিকে

যখনই আমরা আমাদের অন্তরে ভালোবাসা বা জ্ঞানকে জাগ্রত করি, তখনই আমাদের জীবন থেকে অন্ধকার দূর হয়। তাহলে, সমাজে কেন এত অন্ধকার? কারণ সমাজে প্রতিহিংসা, লোভ, এবং ক্রোধের মতো নেতিবাচক গুণাবলী প্রচলিত। যখনই আমরা এই নেতিবাচক গুণাবলীকে পরিহার করি, তখনই সমাজে আলোর বিস্তার ঘটে। কিন্তু, সমাজের অনেক মানুষই এই নেতিবাচক গুণাবলীকে পরিহার করতে চায় না। কেন? কারণ তারা মনে করে যে এই নেতিবাচক গুণাবলীই তাদেরকে শক্তি দেয়। কিন্তু, আসলে এই নেতিবাচক গুণাবলী তাদেরকে দুর্বল করে তোলে।

প্রশ্ন: তাহলে, আমরা কীভাবে এই নেতিবাচক গুণাবলীকে পরিহার করতে পারি?

উত্তর: আমরা আমাদের অন্তরে ভালোবাসা এবং জ্ঞানকে জাগ্রত করতে পারি। ভালোবাসা এবং জ্ঞান হল অন্ধকার দূর করার একমাত্র শক্তি।

প্রশ্ন: কিন্তু, ভালোবাসা এবং জ্ঞান কীভাবে জাগ্রত হয়?

উত্তর: ভালোবাসা এবং জ্ঞান জাগ্রত হয় আমাদের আত্ম-উপলব্ধির মাধ্যমে। যখন আমরা আমাদের নিজের ভুলক্রটিগুলোকে স্বীকার করি এবং সেগুলো থেকে শিক্ষা নিই, তখন আমাদের আত্ম-উপলব্ধি বৃদ্ধি পায়।

প্রশ্ন: তাহলে, আমরা কীভাবে আমাদের আত্ম-উপলব্ধি বৃদ্ধি করতে পারি?

উত্তর: আমরা ধ্যান, যোগ, এবং আধ্যাত্মিক অনুশীলনের মাধ্যমে আমাদের আত্ম-উপলব্ধি বৃদ্ধি করতে পারি। ধ্যান, যোগ, এবং আধ্যাত্মিক অনুশীলন আমাদের অন্তরে ভালোবাসা এবং জ্ঞানকে জাগ্রত করে।

প্রশ্ন: তাহলে, আমরা কীভাবে একটি আলোকিত সমাজ গড়ে তুলতে পারি?

উত্তর: আমরা প্রত্যেকেই আমাদের অন্তরে ভালোবাসা এবং জ্ঞানকে জাগ্রত করে একটি আলোকিত সমাজ গড়ে তুলতে পারি। যখনই আমরা আমাদের অন্তরে ভালোবাসা এবং জ্ঞানকে জাগ্রত করি, তখনই আমরা সমাজে আলোর বিস্তার ঘটাই।

অন্তর্নিহিত অর্থ

অন্ধকার হল নেতিবাচক গুণাবলী, যেমন প্রতিহিংসা, লোভ, এবং ক্রোধ। আলো হল ইতিবাচক গুণাবলী, যেমন ভালোবাসা এবং জ্ঞান। আমরা যদি আমাদের অন্তরে ভালোবাসা এবং জ্ঞানকে জাগ্রত করতে পারি, তাহলে আমরা সমাজে আলোর বিস্তার ঘটাতে পারি। আমরা প্রত্যেকেই আমাদের নিজের আত্ম-উপলব্ধি বৃদ্ধির মাধ্যমে এই কাজ করতে পারি।

অহংকার হলো সবচেয়ে সহজ হাতিয়ার। যেকোনো মানুষই অহংকারের মাধ্যমে প্রভাবিত হতে পারে। অহংকার থেকে মুক্তি পেলেই মৃত্যু থেকে মুক্তি পাওয়া যায়। মৃত্যুর পরও অহংকার থেকে মুক্তি না পেলে আবার জন্ম নিতে হয়। পৃথিবীতে উন্নতি তখনই সম্ভব যখন পৃথিবীতে সমতা থাকে। যদি শক্তিশালীরা সবসময় শক্তিশালী থাকেন এবং দুর্বলরা সবসময় দুর্বল থাকেন তবে উন্নতি করা সম্ভব নয়। যদি কোনো ব্যক্তির হৃদয়ে অহংকার থাকে তবে তার মধ্যে লোভ এবং আকাঙ্ক্ষা জন্ম নেয়। অহংকারগ্রস্ত ব্যক্তিরা শুধুমাত্র নিজের স্বার্থের কথা ভাবেন। যে ব্যক্তি অহংকারকে জয় করতে পারে সেই ব্যক্তিই প্রকৃত শক্তিশালী।

5

শিব কি ! কী বলে হিন্দু শাস্ত্র

যে ১২টি পাপ শিব কখনও ক্ষমা করেন না

কোনও কারণে অসন্তুষ্ট হলে মহাদেবের রোষ এড়ানো খুবই কঠিন। 'শিবপুরাণ' অনুসারে ১২টি কুকর্ম শিবের ক্রোধ উৎপাদন করে। এই পাপগুলি থেকে দূরে থাকাই বাঞ্ছনীয়।

হিন্দু পরম্পরায় এই বিশ্বাস অটল যে, দেবাদিদেব শিবকে তুষ্ট করতে গেল তেমন কোনও ক্লেশ পেতে হয় না। কিন্তু সেই সঙ্গে এটাও সত্য যে, কোনও কারণে অসন্তুষ্ট হলে মহাদেবের রোষ এড়ানো খুবই কঠিন। 'শিবপুরাণ' অনুসারে ১২টি কুকর্ম শিবের ক্রোধ উৎপাদন করে। এই পাপগুলি থেকে দূরে থাকাই বাঞ্ছনীয়। 'শিবপুরাণ' জানাচ্ছে, এই পাপগুলি সর্বদা কৃতকর্ম না-ও হতে পারে। কুচিন্তাও এক প্রকার পাপ। সেই দিক থেকে বিচার করেই এই তালিকা নির্মাণ করেছে 'শিবপুরাণ'।

দেখা যাক সেই তালিকাকে।

১. কোনও পুরুষ যদি পরনারী গমনের চিন্তা করেন অথবা কোনও নারী যদি পরপুরুষে আসক্ত হন, তবে তা ঘোরতর পাপ হিসেবে গণ্য হয়।

২. অন্যের সম্পত্তি আত্মসাতের চিন্তাও মহাপাপ।

৩. নিরপরাধ মানুষের বিরুদ্ধে ষড়যন্ত্র, তারকে আশাহত করা ইত্যাদিও ক্ষমাহীন অপরাধ।

৪. স্বেচ্ছায় কেউ সৎপথ ছেড়ে যদি জীবনধারণের জন্য অসদুপায় অবলম্বন করে, শিব তাকে ক্ষমা করেন না।

৫. গর্ভবতী অথবা ঋতুমতী নারীকে কুকথা বলা মহাপাপ, জানাচ্ছে 'শিবপুরাণ'।

৬. অন্যের সুনাম ধ্বংস করার উদ্দেশ্যে মিথ্যার আশ্রয় নেওয়া অক্ষম্য অপরাধ।

৭. অকারণে গুজব রটানো, কারোর ক্ষতিসাধনের উদ্দেশ্যে তার অনুপস্থিতিতে নিন্দাকে পাপ হিসেবে চিহ্নিত করে 'শিবপুরাণ'।

৮. কুখাদ্য ভক্ষণ রাতিমতো গর্হিত কর্ম বলে বিবেচিত।

৯. নারী, শিশু ও অবলা জীবদের প্রতি নিষ্ঠুরতা অক্ষম্য। গোয়ালে অগ্নিসংযোগ, কোনও নগরকে আক্রমণও ক্ষমাহীন। পুত্রবধূ অথবা শ্যালিকার সঙ্গে অবৈধ সম্পর্ক স্থাপনও একই ভাবে ঘোর পাপ।

১০. ব্রাহ্মণ ও মন্দিরের সম্পত্তিহরণকে পাপ বলে জানায় 'শিবপুরাণ'।

১১. গুরু অথবা শিক্ষক, সন্ন্যাসী, বাবা-মা প্রমুখের প্রতি অসম্মান প্রদর্শনকে শিব ক্ষমা করেন না।

১২. অকারণে মদ্যপান, গুরুপত্নীগমন ইত্যাদিকেও চরম পাপ বলে মনে করে 'শিবপুরাণ'।

মনে রাখা দরকার 'শিব' কোনও এক দেবতামাত্র নন। তিনি অনাদি অনন্ত পরমের কল্পনা। এই দ্বাদশ পাপ আসলে স্থিতির বিপক্ষেই নিয়ে যায় মানুষকে। স্থিতি বিপন্ন হলে প্রলয় অনিবার্য হয়ে ওঠে। মনে রাখতে হবে, শিব প্রলয়েরই দেবতা। এই পাপগুলি যদি পৃথিবীকে ভারাক্রান্ত করে ফেলে, তিনি তাঁর ডমরু তুলে নেন। শুরু হয় শিবতাণ্ডব।

শুধু বেলপাতা নয়, আরও পাঁচটি পাতায় তুষ্ট হন শিব

শিবপূজায় বিল্বপত্র এক অপরিহার্য উপকরণ। কিন্তু পরম্পরা জানাচ্ছে, কেবল বিল্বপত্র নয়, আরও পাঁচটি পাতায় তুষ্ট হন মহাদেব।

ত্রিকাল-অধিশ্বর, ত্রিনয়ন দেবাদিদেবকে তুষ্ট করতে হলে একটিমাত্র বেলপাতাই যথেষ্ট— এই বাক্য আমাদের দেশের এক প্রাচীন প্রবাদ। প্রকৃতপক্ষেই শিবপূজায় বিল্বপত্র এক অপরিহার্য উপকরণ। কিন্তু পরম্পরা জানাচ্ছে, কেবল বিল্বপত্র নয়, আরও পাঁচটি পাতায় তুষ্ট হন মহাদেব।

জেনে নেওয়া যাক সেই পাতাগুলির কথা।

• অশ্বথ: 'স্কন্দপুরাণ' মতে, ব্রহ্মা-বিষ্ণু-মহেশ্বর একত্র অধিষ্ঠান করেন অশ্বথ বৃক্ষে। সুতরাং, শিবপূজায় অশ্বথপত্র দান বিশেষ পুণ্য কাজ। এতে শনির দোষ দূর হয়।

• বট: হিন্দু ধর্মশাস্ত্রগুলিতে বটবৃক্ষকে অমরত্বের প্রতীক বলে মনে করা হয়। বটবৃক্ষতলে যে কোনও পবিত্র কাজকে সম্পন্ন করতে নির্দেশ দেয় শাস্ত্র। শিবের অধিষ্ঠানও বটবৃক্ষতলে। শিবকে বটপত্র প্রদান করলে তাই দীর্ঘায়ু লাভ হয়।

• অশোক: অশোকপত্রের গুণ বিপুল। শিবলিঙ্গে অশোকপত্র প্রদানে সন্তানলাভ হয়, সামাজিক প্রতিষ্ঠার পথ সুগম হয়।

• আম: যে কোনও শুভকাজেই আম্রপত্র ব্যবহারের বিধি রয়েছে হিন্দু সমাজে। শিবলিঙ্গে আম্রপল্লব প্রদানে সমৃদ্ধি আসে।

• আকন্দ: শিবের প্রিয়তম অনুষঙ্গ আকন্দ গাছ। তার ফুল-ফল-পাতা সবই শিবানুষঙ্গে ভাস্বর। শিবলিঙ্গে আকন্দ পাতা দান করলে মানসিক অশান্তি দূর হয় বলে জানায় শাস্ত্র।

ভগবান শিবকে ত্রিশূল ছাড়া ভাবাই যায় না। আসুন, এই ত্রিশূল ও শিব নিয়ে কিছু কথা জেনে নিই।

হিন্দু পৌরাণিক কাহিনী মতে --- ইনি তিন প্রধান দেবতার (ব্রহ্মা-বিষ্ণু-মহেশ্বর বা মহাদেব) মধ্যে অন্যতম। ইনি স্বয়ম্ভূ, ধ্বংসের অধিকর্তা। এঁর প্রধান অস্ত্র ত্রিশূল। ধনুকের নাম পিনাক। ইনি বিশ্ব ধ্বংসকারী পাশুপাত অস্ত্রের অধিকারী। মহাপ্রলয়কালে ইনি বিষাণ ও ডমরু বাজিয়ে ধ্বংসের সূচনা করেন। ইনি মহাযোগী, সর্বত্যাগী সন্ন্যাসী, নির্গুণ ধ্যানের প্রতীক। ইনি রক্তমাখা বাঘছাল নিম্নাঙ্গে ধারণ করেন, কিন্তু ঊর্ধ্বাঙ্গ নগ্ন। তবে কখনো কখনো কৃষ্ণসার হরিণের চামড়া উত্তরীয় হিসাবে ঊর্ধ্বাঙ্গে পরিধান করেন। এঁর শরীর ভস্ম দ্বারা আবৃত। মাথায় বিশাল জটা। কপালের নিম্নাংশে তৃতীয় নেত্র, ঊর্ধ্বাংশে অর্ধচন্দ্র ও কর্ণে সাপ ও কঙ্কাল মালা।

ইনি কঠোর তপস্যার দ্বারা অসীম ক্ষমতার অধিকারী হয়েছিলেন। হিমালয়ের কৈলাসে ইনি সিদ্ধ, চারণ, কিন্নর, যক্ষ, রাক্ষস, অপ্সরা, গন্ধর্ব এবং প্রমথগণ পরিবেষ্টিত অবস্থায় বাস করেন। কুবের এঁর সম্পদ রক্ষা করেন। এঁর স্ত্রী সতী, গঙ্গাও তাঁর স্ত্রী ছিলেন বলে অন্যত্র জানা যায়। তাঁর দুই পুত্রের নাম কার্তিক, গণেশ। এঁর বাহন বৃষ হলেন ধর্মের চারটি স্তম্ভ ও সহচর নন্দী এবং ভৃঙ্গী। পিতামহ ব্রহ্মা একবার মহাদেবকে তাচ্ছিল্য করায়, ইনি নখ দিয়ে ব্রহ্মার একটি মাথা বিচ্ছিন্ন করেন। সেই থেকে ব্রহ্মার পাঁচ মাথার পরিবর্তে চারটি মাথা দাঁড়ায়। ইনি সকল দেবতা দ্বারা পূজিত হন। মহাভারতের মতে ব্রহ্মা থেকে পিশাচ পর্যন্ত সবাই তাঁর পূজা করেন।

শিবের হাতে ত্রিশূল এক বিশেষ দর্শনের পরিচয় বহন করে। ত্রিশূলের তিনটি ফলা যথাক্রমে সত্ত্ব, রজঃ ও তমোগুণের প্রতীক। সত্ত্বগুণময় ফলকে আছেন বিষ্ণু, রজোগুণময় ফলকে আছেন ব্রহ্মা এবং তমোগুণময় ফলকে আছেন রুদ্র। আবার এই তিনটি শূল একসাথে একটি ঋজু দণ্ডের উপর দাড়িয়ে, এ থেকে এটা নির্দেশিত হয় যে সৃষ্টি, স্থিতি, প্রলয় ও সত্ত্ব, রজো ও তমোগুণ এগুলোর মূলে এক ঈশ্বর বসে আছেন। অর্থাৎ আদতে এই তিন মিলেই ঈশ্বর। সকল মানুষই শিবত্ব (ব্রহ্মত্ব, কেননা এটা ঈশ্বরেই গুণবাচক নাম) লাভ করতে চায় কিন্তু এই তিনগুণে বন্দী মানুষ তা পায় না, আর তাই শিবের ত্রিশূল এই তিনগুণকে ছিন্ন করে ব্রহ্মত্বে নিয়ে যায়। অর্থাৎ মানুষ এই তিনগুণের ঊর্ধ্বে উঠলে মুক্তিলাভ করতে পারে। গীতায় ভগবান শ্রীকৃষ্ণও অর্জুনকে ত্রিগুণের ঊর্ধ্বে ওঠার

নির্দেশ দিয়েছেন।

ভগবান শিব এই ত্রিগুণের উর্ধে বা ত্রিগুণাতীত। ত্রিগুণাতীত বলে শিব সর্বদাই নির্বিকার নির্বিকল্প। তাই শবরূপে তিনি শ্রীকালী মাতার চরণতলে শায়িত। শবরূপে শিব মানুষকেও বিকার রহিত হওয়ার শিক্ষা দিয়েছেন। কারণ শবেরতো কোন বিকার নেই। তার ত্রিশূলও ত্রিগুণের প্রতীক। তিনি নিজে ত্রিগুণাতীত হয়ে মানুষকেও তার হস্তধৃত ত্রিশূল দেখিয়ে ত্রিগুণাতীত হওয়ার শিক্ষা দিয়েছেন।এবার আসি অন্য প্রসঙ্গ নিয়ে। ত্রিশূল বলতে বুঝি তিনটি শূল বা ধারাল ফলার সমাহার বা দ্বিগু সমাস। যাই সমাস হোক না কেন কথাটা আসলে 'তিন' সংখ্যা নিয়ে। এই ৩ সংখ্যাটি হল রাশিচক্রের বৃহস্পতিগ্রহ বা গুরু গ্রহের সংখ্যা। এই সংখ্যাটি হল পৃথিবীর সম্ভবত সবচেয়ে বেশী প্রভাব বিস্তারকারী সংখ্যা। সবকিছুতেই যেন ৩ লুকিয়ে আছে, কোন না কোনভাবে ৩র সাথে সম্পর্ক পাওয়া যাচ্ছে।

ভারত সেবাশ্রম সঙ্ঘের সাথে 'ত্রিশূল'-এর অঙ্গাঙ্গী সম্পর্ক। গুরু মহারাজের হাতে যেমন বিশাল ত্রিশূলের ছবি আমরা প্রত্যেকেই প্রত্যক্ষ করে থাকি, তেমনই সন্ধ্যারতিতে ত্রিশূলের উপস্থিতিও অনিবার্য। এ ছাড়াও গুরু মহারাজের জীবনী পড়লে আমরা দেখব তাঁর বাংলাদেশের আশ্রমে বিধর্মী আক্রমণ প্রতিহত করতে কি ভাবে ত্রিশূলের ব্যবহার তিনি করেছিলেন। আবার পৌষ পূর্ণিমা, শ্রীশ্রী ত্রিশূল উৎসব ভারত সেবাশ্রম সঙ্ঘের শিষ্যবৃন্দ ও ভক্তদের একটি অন্যতম গুরুত্বপূর্ণ পালনীয় তিথি। যুগাচার্য্য ভগবান শ্রীমৎ স্বামী প্রণবানন্দজী মহারাজ ১৯১৬ খ্রীষ্টাব্দের পৌষ পূর্ণিমাতে চরমতম সঙ্কল্প গ্রহণ করে একমাস কঠোর তপস্যা করে মাঘীপূর্ণিমাতে সিদ্ধিলাভ করেন। সেই কারণে, পৌষ পূর্ণিমা থেকে মাঘী পূর্ণিমা পর্যন্ত একমাস সময়কে সঙ্কল্প মাস বলে। গুরুভক্তরা বিশ্বাস করেন এই একমাস কঠোর সংযম ও সাধনা করলে শ্রীশ্রীগুরুমহারাজের বিশেষ আশীর্বাদ লাভ হয় ।আবার, ১৯২৫ খ্রীষ্টাব্দের এই পৌষ পূর্ণিমাতে ভগবান শ্রীশ্রী প্রণবানন্দজী বাজিতপুরে তাঁর সিদ্ধাসনে সমাধিমগ্ন অবস্থায় এযুগের তারকব্রহ্ম নাম - "ওঁ হর গুরো শঙ্কর শিব শম্ভো" প্রাপ্ত হন এবং আবাল্য তাঁর নিত্যসঙ্গী সিদ্ধ ত্রিশূলটি স্বীয় সিদ্ধাসনে প্রতিষ্ঠিত করে যে উৎসবের আয়োজন করেন, তাহাই "শ্রীশ্রী ত্রিশূল উৎসব" নামে পরিচিত ।

ভারতবর্ষের সাধু সম্প্রদায়ের শাক্ত ও শৈব গোষ্ঠীর হাতে ত্রিশূলের মর্যাদা অপরিসীম।প্রায় সমস্ত উঁচু মন্দিরের মাথায় দেখা যায় এক বা একাধিক ত্রিশূল লাগানো আছে। অনেকেই এগুলোকে ধর্মীয় কারণ হিসাবে মনে করেন। কিন্তু এর পিছনে রয়েছে বিজ্ঞানও। বিজ্ঞান বলছে, ওই সব ত্রিশূলের সূক্ষ্ম ফলাগুলো বজ্রনিরোধক হিসাবে কাজ করে। যেমন শহরের সব উঁচু বাড়িতে আজকাল ছাদের চারদিকে সরু লোহার

বজ্রনিরোধক রড বসানো হয়।এগুলির শেষ প্রান্তে তারের সাহায্যে মাটির গভীরে পোঁতা থাকে। যাকে লাইটেনিং এরেস্টের বলে। একই কারণে ওই সব মন্দিরকে ত্রিশূলের সাহায্যে বজ্রপাতের হাত থেকে রক্ষা করা হত। এখনও হয়। পুরোন দিনে বিজ্ঞানের এই অগ্রগতির কথা ভাবলে অবশ্যই গর্ব হওয়া উচিৎ।

ভগবান শিবের হাতে থাকে ত্রিশূল। আগেই বলেছি যে এই ত্রিশূল ত্রিগুণের সমাহার। ত্রিশূলের তিনটি ফলা যথাক্রমে ব্রহ্মা, বিষ্ণু, মহেশ্বরের প্রতীক। সত্ব, রজ, তম এই ত্রিগুণের সমাহার হল ত্রিশূল। এই ত্রিশূল বা ত্রিগুণের সমাহারেই তিনি নিখিল বিশ্ব চালিত করছেন। ত্রিশূল হল শিবকোষ বা অনন্ত জ্ঞানের ভাণ্ডারের চাবি। এই ব্রহ্মজ্ঞানের চাবিটি তিনি নিজের হস্তে ধারন করেন। অর্থাৎ মা যেমন সকাম উপাসকদের চতুর্বিধ ফল দান করেন, তেমনই আবার যোগীদের ব্রহ্মজ্ঞানও প্রদান করে থাকেন।দেবী দুর্গার হাতের ত্রিশূল অশুভ শক্তির নাশ করে। তাই মা দুর্গার পদতলে আমরা ত্রিশূল বিদ্ধ মহিষাসুরকে দেখতে পাই, যে ত্রিশূল মহাদেবেরই দান করা। ভগবান শিব এই ত্রিশূলেই ত্রিপুর অসুরকে বধ করেছেন। ত্রিশূল আসুরিক শক্তির বিনাশ ঘটিয়ে দেবশক্তির সূচনা করে। তাই ত্রিশূলকে পবিত্র মনে করে সাধু, সন্ন্যাসী, গৃহীরা ভক্তি ভাবে পূজা করে।

শিব কি সত্যিই গাঁজাখোর! কী বলে হিন্দু শাস্ত্র

দেবাদিদেব হিসেবে যিনি শাস্ত্র-স্বীকৃত, গণচাতল্যে তাঁর এমন অবনমন হয় কী করে!

হিন্দু ধর্মে শিবের উপস্থিতি এতটাই প্রকট যে, এই দেবকল্পকে বাদ দিয়ে এই ধর্মকে চিন্তাই করা যায় না। শিব শাস্ত্রীয় নিরিখে আদি চৈতন্য। তিনি অনাদি ও অনন্ত। তাঁর সৃষ্টি বা বিলয় নেই। কিন্তু গণচেতনায় শিব এক আশ্চর্য চরিত্র। তিনি আধবুড়ো, গাঁজাখোর, শ্মশানবিহারী এবং দোজবরে। এ থেকে বিস্ময় জাগতেই পারে, দেবাদিদেব হিসেবে যিনি শাস্ত্র-স্বীকৃত, গণচাতল্যে তাঁর এমন অবনমন হয় কী করে!

প্রসঙ্গত উল্লেখ্য, বৈদিক ও পরবর্তী কোনও শাস্ত্রেই শিবের এই 'নেশাখোর' চরিত্র উল্লিখিত নেই। পুরাণেও শিবকে এমন আলোয় দেখা হয়নি। সেদিক থেকে দেখলে, শিবের এই চিত্রণ একান্ত ভাবেই মানবিক কল্পনাপ্রসূত।

এখন জিজ্ঞাসা— এত দেবতা থাকতে শিবকে ঘিরেই বা কেন এমন কল্পনা গড়ে উঠল?

এর উত্তর খুঁজতে গেলে প্রবেশ কগরতে হবে শৈব দর্শনে। শৈব শাস্ত্র অনুযায়ী, শিব যাবতীয় মায়ার ঊর্ধ্বে। তিনি পরজ্ঞান। তাঁকে জানতে পারলেই বিশ্বরহস্যের অবসান ঘটে। সেদিক থেকে দেখলে মায়াকে শিবের পায়ে সমর্পণ করাই বিধেয়। যুগ যুগ ধরে ভারতীয় সংস্কৃতি মায়াকে নেশারই রূপভেদ বলে গণ্য করেছে। মায়ার পর্দা ভেদ করেই সত্য প্রকট হয় বলে মনে করেছে। সেক্ষেত্রে গাঁজা বা অন্য নেশার বস্তু মায়ার প্রতীক

হিসেবেই প্রতিভাত। এই বস্তু দেবাদিদেবকে সমর্পণ করে মায়ার নাগপাশ মুক্ত হতে চায় মানুষ। এখান থেকেই শিবকে গাঁজা বা সিদ্ধি নৈবেদ্য প্রদানের পরম্পরা তৈরি হয় বলে সাংস্কৃতিক নৃতত্ত্বের গবেষকরা মনে করেন।

অঘোরপন্থী যোগীরা গাঁজা বা ভাঙকে তাঁদের সাধনার অঙ্গ হিসেবে দেখেন। আয়ুর্বেদ শাস্ত্র এই সব গাছড়াকে ওষুধ হিসেবে অসংখ্য ক্ষেত্রে ব্যবহার করে। যোগীরা এই সব বস্তুকে তাঁদের মনঃসংযোগ ও ধ্যানের সহায়ক হিসেবে দেখেন।

বাংলার লোকায়ত চিন্তায় মহাদেব এক প্রৌঢ় গৃহস্থ। তিনি অভাবী, দ্বিতীয় বিবাহের ভারে নুয়ে পড়া। কবি রামেশ্বর তাঁর 'শিবায়ন' কাব্যে শিবকে এমন চরিত্রেই এঁকেছেন। এই ছবি বাংলার অন্তর থেকে উঠে আসা। তিনি সংসার-বিমুখ। শ্মশান আর গাঁজা-ভাং তাঁর বৈরাগ্যের প্রতীক হিসেবেই উঠে আসে এই চিরায়ত কাব্যে। বাঙালি শিবকে এভাবেই ভাবতে চেয়েছে। এই শিব বাঙালির একান্ত ভালবাসার ধন। তিনি গাঁজা খেলেও প্রণম্য, না খেলেও প্রণম্য।

আসন্ন শ্রাবণ, শিবকে সন্তুষ্ট রাখতে এই ৩টি খাবার এড়িয়ে চলুন

৩০ দিনের এই মাস জুড়ে বিবিধ বিধি পালনের নির্দেশ দেয় 'শিব পুরাণ'। শ্রাবণব্রতের নিয়মকানুন কিন্তু বেশ কড়া।

শ্রাবণ মাসকে দেবাদিদেব মহাদেবের প্রতি উৎসর্গীকৃত বলে মনে করে সনাতন ধর্ম। এবং ৩০ দিনের এই মাস জুড়ে বিবিধ বিধি পালনের নির্দেশ দেয় 'শিব পুরাণ'। শ্রাবণব্রতের নিয়মকানুন কিন্তু বেশ কড়া। অন্তত 'শিব পুরাণ' তো তাই বলে। এই মাসে ব্রতধারীদের মদ্যপান একেবারেই নিষিদ্ধ। সেই সঙ্গে পুরো শ্রাবণ জুড়ে নিরামিষ ভক্ষণের নির্দেশও দেয় এই পুরাণ।

কিন্তু মজার ব্যাপার এই তিনটি নিরামিষ খাদ্যকে শ্রাবণে নিষিদ্ধ বলে ঘোষণা করে 'শিব পুরাণ'। জেনে নেওয়া যাক তাদের কথা।

• শ্রাবণ মাসে বার্তাকু বা বেগুন ভক্ষণ নিষিদ্ধ বলে জানায় 'শিব পুরাণ'। এটিকে কোনও কুসংস্কার বলে মনে করার কারণ নেই। বৃষ্টির ঋতুতে বেগুনের মতো সবজি নষ্ট হয়ে যায় প্রায়শই।

• এই মাসে কাঁচা দুধ পান নিষিদ্ধ। বায়ু দোষ বর্ষা ঋতুর স্বাভাবিক অনুষঙ্গ। কাঁচা দুধ তা বাড়িয়ে দেয়। বরং এই মাসে প্রতিদিন শিবলিঙ্গকে দুগ্ধস্নান করানোই বিধেয়।

• শ্রাবণের ধারায় যেমন ধরণী শুদ্ধ হয়, তেমনই অন্যদিকে এই ঋতুতে শাক জাতীয় খাবারে পোকা লাগার সম্ভাবনাও থাকে। তাই শ্রাবণে শাক গ্রহণ নিষিদ্ধ বলে জানায় 'শিব পুরাণ'।

শিব ৫টি গোপন কথা জানিয়েছিলেন পার্বতীকে, যেগুলি আপনারও জানা দরকার

আগম শাস্ত্র থেকে জানা যায়, পার্বতী শিবের কাছে কিছু প্রশ্ন রাখেন জীবনের কিছু সার সত্য সম্পর্কে। শিবও তাঁকে যথাযথ উত্তর দিয়ে তুষ্ট করেন।

হরপার্বতী উবাচ ভারতীয় আধ্যাত্মের এক মূল জায়গা জুড়ে রয়েছে। অসংখ্য আগমশাস্ত্র শিব ও পার্বতীর কথোপকথনের আঙ্গিকে রচিত। এই কথোপকথনকে যাবৎ সত্যের সারাৎসার হিসেবে ভাবা হয়। যাবতীয় তন্ত্রশাস্ত্র হরপার্বতীর সংলাপে জানায় এমন কিছু সত্যকে, যা উন্মুক্ত পরিসরে বলা সম্ভব নয়। কার্যত, তন্ত্রাগম এই কারণেই গূহ্য যে, এই শাস্ত্রে বর্ণিত তত্ত্বাদি সাধারণের কাছে উন্মুক্ত হলে বিপর্যয় ঘটে যেতে পারে। শিব এখানে পরাশক্তি। পার্বতী বা মাতৃকাশক্তি এখানে প্রকাশিত বাক্‌। পরম অজ্ঞেয় শিবের মুখ থেকে নিঃসৃত বাণীকে মাতৃকাশক্তি ধারণ করেন। তার পরেই তিনি তা ব্যক্ত করেন চরাচরে।

এমনই এক আগম শাস্ত্র থেকে জানা যায়, পার্বতী শিবের কাছে কিছু প্রশ্ন রাখেন জীবনের কিছু সার সত্য সম্পর্কে। শিবও তাঁকে যথাযথ উত্তর দিয়ে তুষ্ট করেন। এর মধ্যে ৫টি প্রশ্নোত্তর রইল আপনার জন্য।

• পার্বতী জানতে চেয়েছিলেন, মানব জীবনে সব থেকে বড় পুণ্য ও সব থেকে ঘৃণ্য পাপ কী। এর উত্তরে মহাদেব জানান— মানব জীবনে সব থেকে বড় পুণ্য হল সৎ থাকা, সত্যের পথে অবিচল থাকা। আর সব থেকে ঘৃণ্য পাপ হল অসততা। এমনকী, নিজে সৎ হয়েও অসততাকে যাঁরা সমর্থন করেন, তাঁরাও সমান পাপ করেন।

• পার্বতীর পরের প্রশ্নটি ছিল— জীবনের সব থেকে বড় গুণ কী? শিব উত্তরে জানান, আত্মদর্শনের ক্ষমতাই মানব জীবনে সব থেকে বড় গুণ। যিনি এই গুণকে করায়ত্ত করতে পারেন, তিনিই জীবনে সফল হন। আত্মদর্শন অর্থে দেবাদিদেব আত্ম-পর্যবেক্ষণ ও আত্ম-সমালোচনাকে বুঝিয়েছিলেন।

• শিব পার্বতীকে এর পরে জানান, তিনটি বিষয়ে সাবধান থাকাই থাকাই শ্রেয়। এমন কোনও পাপে লিপ্ত হওয়া উচিত নয়, যাতে বাক্য, কর্ম ও চিন্তা— এই তিন উপাদান ক্ষতিগ্রস্ত হয়।

• পার্বতী জানতে চেয়েছিলেন, জীবনে সাফল্যের মন্ত্র কী। শিব তাঁকে জানান, আসক্তিই যে কোনও মানুষকে পিছন থেকে টানে। লোভ ও আসক্তিকে জয় করতে পারলে নিষ্কাম কর্ম সম্পাদন সম্ভব। নিষ্কাম কমই সাফল্যের একমাত্র মন্ত্র।

• সব শেষে শিব পার্বতীকে জানান, 'মৃগতৃষ্ণা' বা প্রলোভনই যাবতীয় দুর্দশার মূল। ধ্যান ও সংযম দ্বারা মৃগতৃষ্ণাকে যদি জয় করা যায়, তা হলে কর্মচক্র থেকে মোক্ষ বা মুক্তি সহজেই সম্ভব।

লক্ষ্মী-সরস্বতী ছাড়া আরও তিন কন্যা আছেন শিবের, জানাচ্ছে 'শিব পুরাণ'

'শিব পুরাণ'-এর পাতা উল্টোলে শিবের আরও তিন কন্যার সন্ধান সত্যিই পাওয়া যায়।

শিবের সংসারে সন্তানের সংখ্যা কত? সনাতন ভারতের সঙ্গে পরিচিত ব্যক্তিমাত্রেই চোখ বুজে বলে দেবেন— চার। লক্ষ্মী, সরস্বতী, কার্তিক, গণেশ। কিন্তু হঠাৎ যদি কেউ বলেন, শিবের আরও তিন কন্যা বিদ্যমান, তাহলে খটকা লাগে বই কী। কিন্তু 'শিব পুরাণ'-এর পাতা উল্টোলে শিবের আরও তিন কন্যার সন্ধান সত্যিই পাওয়া যায়। এঁদের নাম— অশোক সুন্দরী, জ্যোতি ও মনসা।

জানা যাক এঁদের কাহিনি।

• এক সময়ে পার্বতী কৈলাস পর্বতে তীব্র একাকীত্ব বোধ করেন। তিনি তাঁর সঙ্গী হিসেবে অশোক সুন্দরীকে সৃষ্টি করেন। তাঁর একাকীত্বের শোককে ভোলাতে সমর্থ বলেই এই বালিকার নাম হয় অশোক। কিংবদন্তি অনুসারে, যখন শিবের সঙ্গে যুদ্ধে গণেশ তাঁর মস্তক হারান, তখন অশোক সুন্দরী সেই মস্তক নুনের থলিতে লুকিয়ে রাখেন। সেই থেকেই লবন বা নুন জীবনের প্রধান স্বাদে পরিণত হয়। গুজরাতে আজও পূজিতা হন দেবী অশোক সুন্দরী।

'জ্যোতি' শব্দের অর্থ 'আলোক'। একটি কাহিনি অনুসারে, তিনি মহাদেবের দেহ-নির্গত জ্যোতি থেকে জন্ম নেন। অন্য এক কাহিনি জানায়, তিনি পার্বতীর তৃতীয় নয়ন থেকে আবির্ভূত হন। তামিলনাড়ুর বেশ কিছু মন্দিরে তিনি দেবী জ্বালামুখী নামে পূজিতা।

• মনসার কাহিনির উৎস বাংলা। তিনি সর্পকুলের অধিষ্ঠাত্রী। পুরাণ মতে, শিবের স্পর্শে সর্পমাতা কদ্রু গর্ভবতী হন এবং মনসার জন্ম দেন। মনসা কাল্ট বঙ্গসংস্কৃতির অবিচ্ছেদ্য অঙ্গ।

এই ৫টি গোপন সত্য শিব জানিয়েছিলেন পার্বতীকে! আপনিও জেনে রাখুন

একদা পার্বতী শিবকে মানব চরিত্র সম্পর্কে কিছু প্রশ্ন করেন। এবং শিব সেগুলির যথাযথ উত্তর দেন। এই প্রশ্নোত্তরগুলিকে মানব জীবনের গোপন সত্য বলে অভিহিত করে বিবিধ শৈবাগম।

সনাতন ধর্মে শিব পরাশক্তির প্রতীক এবং পার্বতী বা দেবীশক্তি বৈখরী শক্তির। সহজ করে বললে, শিব এমনই এক সত্য যাঁর প্রকাশ নেই। বৈখরী শক্তি সেই সত্যের প্রকাশ ঘটান। সত্য, শিব ও সুন্দর প্রকাশিত হয় বাক্যে, যার অধিষ্ঠাত্রী স্বয়ং জগন্মাতা।

'শিবপুরাণ' ও বিবিধ তন্ত্রগ্রন্থে হরপার্বতীর কথোপকথনকে বিপুল গুরুত্ব দেওয়া হয়। এই সংলাপই জগৎ-রহস্যকে উন্মোচন করে বলে বিশ্বাস করে সনাতন হিন্দু ধর্ম। এমনই এক সংলাপ থেকে জানা যাচ্ছে, একদা পার্বতী শিবকে মানব চরিত্র সম্পর্কে কিছু প্রশ্ন করেন। এবং শিব সেগুলির যথাযথ উত্তর দেন। এই প্রশ্নোত্তরগুলিকে মানব জীবনের গোপন সত্য বলে অভিহিত করে বিবিধ শৈবাগম। এখানে রইল সেই প্রশ্নোত্তর থেকে প্রাপ্ত ৫টি সত্যের কথা।

• পার্বতীর প্রশ্ন ছিল, মানব জীবনে সব থেকে বড় পুণ্য আর সবথেকে ঘৃণ্য পাপ কী। উত্তরে শিব জানান, সত্যনিষ্ঠ থাকাই মানব জীবনে সব থেকে বড় পুণ্য। এর সত্যভ্রষ্ট হওয়াই সব থেকে বড় পাপ।

• নিজেকে কীভাবে সত্যনিষ্ঠ রাখা যায়— পার্বতীর পরবর্তী প্রশ্ন। শিবের উত্তর ছিল— আত্মপর্যবেক্ষণই সত্যের পথে অবিচল থাকার একমাত্র পথ। নিজের উপলব্ধিই মানুষের অন্তরে ঔচিত্য-অনৌচিত্য বোধ জাগায়।

• প্রসঙ্গক্রমে শিব জানান, যে সব বাক্য, কর্ম ও চিন্তা মনে পাপচিন্তার উন্মেষ ঘটায়, তা থেকে দূরে থাকাই সত্যনিষ্ঠার জন্ম দেয়।

• আসক্তি থেকেই যাবতীয় সমস্যার উদ্ভব বলে জানান মহাদেব। আসক্তিই মানুষকে পিছনের দিকে টানে। তার সাফল্যে বাধা দেয়। মানব জীবনের ক্ষণস্থায়িত্বের কথা ভেবে আসক্তিকে পরিহার করাই উচিত।

• এর পরে শিব পার্বতীকে 'মৃগতৃষ্ণা'-র কথা বললেন। মৃগতৃষ্ণা বা বাসনার তীব্র বোধ যাবতীয় দুঃখ-দুর্দশার জন্ম দেয়। এক মাত্র ধ্যান ও মোক্ষচিন্তাই মৃগতৃষ্ণা থেকে মানুষকে উদ্ধার করতে পারে।

শিবের প্রিয় রং কী! হোলির অবসরে জেনে রাখুন

শিবের প্রিয় ফুল ধুতুরা, প্রিয় পোশাক ব্যাঘ্রচর্ম, প্রিয় কর্ম ধ্যান। কিন্তু মহাদেবের প্রিয় রং কী?

লোক পরম্পরায় আমরা জানি, শিবের প্রিয় ফুল ধুতুরা, প্রিয় পোশাক ব্যাঘ্রচর্ম, প্রিয় কর্ম ধ্যান। কিন্তু একথা কি আমরা জানি যে, মহাদেবের প্রিয় রং কী?

শৈব দর্শন অনুযায়ী, শিব নির্গুণ ব্রহ্মস্বরূপ। তাঁর কোনও প্রিয়বস্তু হতেই পারে না। তিনি সকল ভাল-মন্দ, সুখ-দুঃখের ঊর্ধ্বে। এই ব্রহ্মাণ্ডও আসলে শিবময়। তিনিই পরমচৈতন্য। তাঁকে জানার অর্থই হল পরমপ্রাপ্তি।

কিন্তু শিবভক্তরা এই নিরাবয়ব ভগবানকে নিয়ে তৃপ্ত হতে পারেন না। তাঁরা মূর্ত হিসেবে পেতে চান তাঁদের আরাধ্যকে। তাই শিবের মূর্তি গড়া হয়, তাঁকে লিঙ্গ রূপেও পূজা করা হয়।

হোলি বা দোল উৎসব আসলে বসন্ত উৎসব। প্রাচীন ভারতে এই উৎসবের দেবতা ছিলেন কামদেব বা মদন। আবার 'শিবপুরাণ' জানায়, কামদেব বা মদন ভস্ম হয়েছিলেন মহাদেবেরই রুদ্র রোষে। পৌরাণিক বিন্দু থেকে দেখলে, শিবের সঙ্গে মদনোৎসবকে মিশিয়ে ফেলাটা মোটেই সংগত নয়। কিন্তু ভারতের মতো দিবে আর নিবে-র দেশে হোলির দিনেও শিবকে আবির দান করে থাকেন ভক্তরা।

শৈব দর্শন এমন আচারের বিরোধিতা করে। এই মত অনুসারে, শিবত্ব এমনই এক স্থিতি, যেখানে কোনও বর্ণই অর্থবাহী নয়, সুতরাং প্রিয় রং বলে কিছু হতে পারে না তাঁর। তা হলে শিবকে কী নিবেদন করবেন আপনার আনন্দের দিনে?

এর উত্তরও রয়েছে শৈব দর্শনে। নির্গুণ শিবকে প্রদান করুন বর্ণহীন জল। তিনি তাতেই তুষ্ট।

হরপার্বতীর কাল থেকে এই গ্রাম জ্বালিয়ে রেখেছে এক অগ্নিকুণ্ড

শিবের সঙ্গে হিমালয়-দুহিতা পার্বতীর বিবাহ বেশ কিছু পুরাণেই মহাসমারোহে উল্লিখিত রয়েছে। দোজবরে বয়স্ক পাত্রের সঙ্গে কন্যার বিবাহে অসম্মত গিরিরাজ ও মেনকা, পার্বতীর ধনুকভাঙা পণ, তার পরে ভূত-প্রেত বরযাত্রী নিয়ে ভাঙড়ভোলা শিবের বররূপে আগমনের কাহিনি কেবল বাংলার লোকমানসে নয়, ছেয়ে রয়েছে অসংখ্য পুরাণে।

উত্তরাখণ্ডের রুদ্রপ্রয়াগের কাছে এক ছোট জনপদ। তার একমাত্র দ্রষ্টব্য বিষয় বলতে একটি মন্দির। ত্রিযুগীনারায়ণ মন্দির নামের সেই দেবস্থান আপাতদৃষ্টিতে ওই অঞ্চলের অন্যান্য মন্দিরের চাইতে আলাদা নয়। কার্যত এই মন্দির ভগবান বিষ্ণুর। কিন্তু একে ঘিরে আবর্তিত হয় এমন এক ধারণা, যাকে বিশ্বাস করে আজও অসংখ্য সদ্যবিবাহিত দম্পতি এখানে আসেন সুখী দাম্পত্যের আশীর্বাদ চাইতে। আসেন পোড় খাওয়া দম্পতিরাও। কারণ, গণবিশ্বাস অনুসারে এই মন্দিরে প্রার্থনা করলে দাম্পত্য অশান্তিও দূর হয়।

এই গণবিশ্বাসের মূলে কাজ করছে একটি বিশেষ কিংবদন্তি। লক্ষ লক্ষ মানুষ বিশ্বাস করেন, এই মন্দিরেই নাকি বিবাহ হয়েছিল শিব ও পার্বতীর।

শিবের সঙ্গে হিমালয়-দুহিতা পার্বতীর বিবাহ বেশ কিছু পুরাণেই মহাসমারোহে উল্লিখিত রয়েছে। দোজবরে বয়স্ক পাত্রের সঙ্গে কন্যার বিবাহে অসম্মত গিরিরাজ ও মেনকা, পার্বতীর ধনুকভাঙা পণ, তার পরে ভূত-প্রেত বরযাত্রী নিয়ে ভাঙড়ভোলা শিবের বররূপে আগমনের কাহিনি কেবল বাংলার লোকমানসে নয়, ছেয়ে রয়েছে অসংখ্য পুরাণে। সেই কাহিনিকেই ধরে রেখেছে ত্রিযুগীনারায়ণ নামের জনপদ।

শিবের এক বোনও আছেন এবং পার্বতী তাঁকে কৈলাস থেকে তাড়িয়ে দিয়েছেন

শিবের যে বোন আছেন, তা অনেকেই জানেন না। এই বোনকে শিব বেশিদিন কৈলাসে রাখতে পারেননি। কারণ, পার্বতীর সঙ্গে তাঁর বনিবনাই হয়নি।

বিয়ে করে কৈলাসে এসেছেন পার্বতী। স্বামী ভূতনাথ। সংসার নিয়ে তাঁর কোনও মাথা ব্যথাই নেই। কার্যত একাকীত্বেই জীবন কাটে। স্বামী শিব ছাড়া তাঁর সঙ্গী নন্দী-ভৃঙ্গি। শিবের এই দুই চ্যালাই সারাক্ষণ পার্বতীকে বিভিন্ন কাজে সাহায্য করে থাকে।

কিন্তু, একজন মহিলা এরকম পুরুষসঙ্গে কাঁহাতক থাকতে পারেন? কৈলাসে যদি দ্বিতীয় কোনও নারী থাকতেন, তাহলে মেয়েলি আড্ডাটা বেশ জমে যেত।

শিব ঘরে এলে মনের কথা পাড়লেন পার্বতী। যদি বোনের মতো কেউ তাঁর সঙ্গে থাকত তাহলে কত না ভাল হত! শিবকে বললেন পার্বতী।

শিব বললেন, তাহলে সরস্বতীকে ডেকে নিতে। কারণ, সরস্বতীকে নিজের বোন বানিয়ে বিয়ের পর কৈলাসে নিয়ে এসেছিলেন পার্বতী। কৈলাসমাতা খেয়াল করিয়ে দেন, সরস্বতীর সাংসারিক জীবন কতটা দায়িত্বের! তার উপর সরস্বতী আবার ব্রহ্মার স্ত্রী। সংসারের ব্যস্ততা সামলে তাঁর পক্ষে এসে কৈলাসে পার্বতীকে সঙ্গ দেওয়া সম্ভব নয়।

উপায় না পেয়ে শিব বসলেন ধ্যানে। নিজের পবিত্র শক্তিকে কাজে লাগিয়ে হুবহু তাঁর মতো দেখতে এক নারীকে তৈরি করলেন শিব। সেই নারীর নাম আশাবরী। ইনিই শিবের বোন।

গায়ে কোনও বস্ত্র ছিল না আশাবরীর। দীর্ঘ কেশ আর সুডৌল নাক। তবে, পায়ের গোড়ালিতে বিশাল ফাটল। পরনে তাঁর শুধু বাঘছাল। পার্বতী ননদকে পেয়ে আপ্লুত। আশাভরীকে ভাল করিয়ে স্নান করিয়ে নতুন বস্ত্র পরিয়ে খেতে দেন তিনি।

কিন্তু, আশাবরীর খিদে দেখে চমকে যান পার্বতী। যত জনের রান্না পার্বতী করেছিলেন এক লহমায় তার সবটাই খেয়ে ফেলেছেন আশাবরী। তাঁর আরও খাবার চাই। পার্বতী জানালেন, আর খাবার নেই। শুনবেন না আশাবরী। পার্বতী ছুটলেন শিবের কাছে। পার্বতী সবিস্তারে সমস্ত কথাই জানালেন। কিন্তু শিব স্মরণ করিয়ে দিলেন, পার্বতী-ই বলেছিলেন আশাবরীর যত্নের কোনও ত্রুটি হবে না।

পার্বতী ফিরে গেলেন কৈলাসে। একদিন আশাবরীর আচরণে বিরক্ত ছিলেন পার্বতী। এই নিয়ে বউদি-ননদে থটাথটি। পরিণামে দুষ্টু আশাবরী তাঁর গোড়ালির ফাটলে পার্বতীকে বন্দি করে রাখলেন।

পার্বতীর বিপদের কথা বুঝতে পেরে উদ্ধারে আসেন শিব। তিনি আশাবরীকে পার্বতীর ঠিকানা সম্পর্কে জিজ্ঞাসা করেন। কিন্তু, আশাবরী বলেন তিনি জানেন না। ক্ষিপ্ত শিব এরপর আশাবরীকে ভর্ৎসনা করেন। আশাবরী, গোড়ালি ঝেড়ে পার্বতীকে মুক্তি দেন। ননদের আচরণে রেগে যান পার্বতী। তিনি শিবের কাছে ক্ষমা চেয়ে পরিস্কার

করে বললেন, এমন মেয়ের সঙ্গে সংসার করা কঠিন। আশাবরীর আচরণ যে তাঁকে পীড়া দিয়েছে, তাও জানান পার্বতী। কৈলাসে আশাবরীকে রাখতে পারবেন না বলেও শিবকে জানিয়ে দেন।

মৃত্যু সম্পর্কে যে আগাম সাবধানবাণী জানিয়েছে 'শিব পুরাণ'

'শিব পুরাণ' থেকেও মৃত্যুর প্রাগভাষ সম্পর্কিত এক বক্তব্য পাওয়া যায়, যার মূল কথা মৃত্যু নামক প্রহেলিকাটি সম্পর্কে আগে থেকে অবহিত হওয়া এবং অবশ্যই মৃত্যুভয় জয় করা।

হিন্দু পুরাণ গ্রন্থগুলির মধ্যে সবথেকে রোমাঞ্চকর কথাবার্তা সম্ভবত রয়েছে 'গরুড় পুরাণ'-এ। বিশেষ করে মৃত্যু-সংক্রান্ত এক বিশাল এবং একই সঙ্গে বিচিত্র সন্দর্ভ সেই গ্রন্থে ধৃত রয়েছে। কিন্তু একই সঙ্গে কেউ যদি 'শিব পুরাণ' পাঠ করেন তো দেখতে পাবেন, সেই মহাগ্রন্থেও চমৎকারের কিছু কমতি নেই। এই পুরাণের বহু স্থানে পুরাণকাররা স্বয়ং দেবাদিদেবের মুখে বসিয়েছেন এমন সব কথা, যা হাজার হাজার বছরের পর্যবেক্ষণ আর ধ্যানের ফলেই জাত। 'শিব পুরাণ' থেকেও মৃত্যুর প্রাগভাষ সম্পর্কিত এক বক্তব্য পাওয়া যায়, যার মূল কথা মৃত্যু নামক প্রহেলিকাটি সম্পর্কে আগে থেকে অবহিত হওয়া এবং অবশ্যই মৃত্যুভয় জয় করা।

দেখা যাক মৃত্যু সম্পর্কে 'শিব পুরাণ'-এর বক্তব্য—

• মৃত্যুর সবথেকে বড় প্রাকলক্ষণ টের পাওয়া যাবে দেহের ভিতরেই। পুরাণ-মতে, কোনও ব্যক্তের দেহে যদি হলদেটে ভাব দেখা যায় এবং তাতে রক্তবর্ণের আভা থাকে, তবে বুঝতে হবে তাঁর মৃত্যু সন্নিকটে।

• যদি কোনও ব্যক্তি জলে অথবা দর্পণে তাঁর ছায়া দেখতে না পান, তিনিও জানবেন তাঁর মৃত্যুর বেশি দেরি নেই।

• যদি কেউ নিজের ছায়া দেখতে না পান, তিনি জানবেন তাঁর ঘাড়ের কাছে নিঃশ্বাস ফেলছে মৃত্যু। কেউ যদি মুণ্ডহীন ছায়া দেখেন, সেক্ষেত্রেও বিষয়টি এক।

• মৃত্যুর আগে সবকিছুই কৃষ্ণবর্ণ হয়ে যাবে। মৃত্যুপথযাত্রীর মুখ, জিভ, কান, চোখ, নাক পাথরের মতো হয়ে যাবে।

• যদি কোনও ব্যক্তি চন্দ্রালোক, আগুন অথবা সূর্য দেখতে না পান, তিনি জানবেন তাঁর আয়ু ৬ মাস।

• কোনও ব্যক্তি যদি আকাশে ধ্রুব তারা দেখতে না পান, তিনি জানবেন তাঁর আয়ুও অস্তাচলে।

• আকাশ, চন্দ্র, সূর্য যদি কেউ লাল বর্ণে দেখেন, তিনিও জানবেন মৃত্যু তাঁর শিয়রে কড়া নাড়ছে।

'শিব পুরাণ'-এর এই বর্ণনা কি নিছক মনগড়া? নাকি এর পিছনে কোনও মনস্তাত্ত্বিক ভাবনা-জগৎ ক্রিয়াশীল? — এই রহস্যের সমাধান কে করবে!

'শিবের আবাস' কৈলাস পর্বত সম্পর্কে ৭টি রহস্যময় তথ্য

কৈলাস সংক্রান্ত আলোচনায় বার বার উঠে এসেছে এমন কিছু রহস্য, যার সমাধান সম্ভব হয়নি কোনও কালেই।

কৈলাস পর্বতকে দেবাদিদেব মহাদেবের আবাস বলে বর্ণনা করেছে হিন্দু পুরাণ। ২২০০০ ফিট উচ্চতাবিশিষ্ট এই পর্বত তার চেহারার দিক থেকেও স্বাতন্ত্র্যপূর্ণ। তার উপরে এই পর্বতের সন্নিহিত মানস সরোবরের অবস্থান একে অন্য মহিমা দান করেছে। সবমিলিয়ে কৈলাস এক দুর্লভ তীর্থ। কিন্তু কৈলাসের রহস্যময়তাও কিছু কম নয়। কৈলাস সংক্রান্ত আলোচনায় বার বার উঠে এসেছে এমন কিছু রহস্য, যার সমাধান সম্ভব হয়নি কোনও কালেই।

দেখা যাক কৈলাস-রহস্যের কয়েকটিকে।

• পশ্চিম তিব্বতের এই পর্বত কেবল হিন্দুদের কাছেই নয়, জৈন, বৌদ্ধ, তিব্বতের প্রাচীন 'বন' ধর্ম— সব ক'টিই কৈলাসকে পবিত্র বলে মনে করে।

• এক সময়ে রাশিয়ান বিশেষজ্ঞরা কৈলাস কে একটি বিশালাকৃতি পিরামিড বলে বর্ণনে করেছিলেন। তাঁরা এই পর্বতকে মানুষের তৈরি বলেও জানান। কোনও গোপন কাল্টের উপাসনাস্থল হিসেবে তাঁরা কৈলাসকে ব্যক্ত করেন। খুঁটিয়ে দেখলে কৈলাসের পিরামিডাকৃতি বোঝা যায়।

• ইউরোপের অকাল্টবাদীরা কৈলাসকে বিশেষ গুরুত্ব দেন। তাঁদের মতে, এখানে অতিপ্রাকৃত শক্তির অবস্থান। অনেকের মতে আবার এই স্থান যাবতীয় অতিপ্রাকৃতের কেন্দ্র।

• পুরাণ অনুযায়ী কৈলাস পর্বতের চারটি পাশ স্ফটিক, চুনি, সোনা এবং লাপিস লাজুলি দ্বারা গঠিত। এই তথ্য সত্য নয়। কিন্তু, দিনের বিভিন্ন সময়ে আলোর পড়ে এই সব পাথর বা ধাতুর বিভ্রম কৈলাস অবশ্যই তৈরি করে।

• কৈলাস অঞ্চলে অবস্থিত হ্রদগুলির আকৃতি রহস্যময়। মানস সরোবর পূর্ণ গোলাকার এক জলাশয়। রাক্ষস তালের আকৃতি অর্ধচন্দ্রাকার। এরা নাকি সূর্য ও চন্দ্রের শক্তিকে প্রকাশ করে।

• তিব্বতী তান্ত্রিক ঐতিহ্য অনুযায়ী কৈলাস তাঁদের দেবতা ডেমচমংয়ের আবাস। হিন্দুদের মতে এখানে বাস করেন শিব। জৈন-ধারণায় কৈলাসের বাসিন্দা তাঁদের প্রথম তীর্থঙ্কর। এই তিন ধর্ম অনুসারে কৈলাসে আরোহণ নিষিদ্ধ।

• কেবল এটুকুই জানা যায়, ১১ শতকের তিব্বতী মহাযোগী মিলারেপাই একমাত্র কৈলাসে আরোহণ করেছিলেন।

মনস্কামনা পূরণের মাস শ্রাবণ, জানুন তার মাহাত্ম্য

হিন্দু পরম্পরায় শ্রাবণ এক পবিত্র মাস, এই মাসে কিছু আচার পালন করলে নাকি যাবতীয় মনস্কামনা পূর্ণ হয়— এমন ধারণা কালনিরবধি মনের মধ্যে বহন করে আসছেন হাজার হাজার মানুষ।

শ্রাবণ মানে কি নিছক অন্ধের ধারা? নাকি অন্য কোনও গুরুত্ব রয়েছে এই মাসটির? পুরাণ ইত্যাদি থেকে বয়ে আসা ঐতিহ্যের এক বিপুল অংশ পৃক্ত হয়ে রয়েছে শ্রাবণ মাসের সঙ্গে। হিন্দু পরম্পরায় শ্রাবণ এক পবিত্র মাস, এই মাসে কিছু আচার পালন করলে নাকি যাবতীয় মনস্কামনা পূর্ণ হয়— এমন ধারণা কালনিরবধি মনের মধ্যে বহন করে আসছেন হাজার হাজার মানুষ।

জেনে নেওয়া যাক শ্রাবণের মহিমা।

• শ্রাবণ শিবের মাস হিসেবে খ্যাত। এই মাসের প্রতিটি সোমবার শিবের ব্রত ধারণ করেন লক্ষ লক্ষ হিন্দু ধর্মাবলম্বী। ব্রতের উদ্দেশ্য একটাই, মনস্কামনা পূরণ। শিবমূর্তি বা লিঙ্গের প্রতি দুধ নিবেদন শ্রাবণ-শিবব্রতের অন্যতম প্রধান আচার।

• পুরাণ অনুসারে শ্রাবণ মাসেই ঘটেছিল সমুদ্র মন্থন। মন্থনের ফলে উঠে আসা হলাহল বিষকে নিজ কণ্ঠে ধারণ করে মহাদেব সৃষ্টিকে রক্ষা করেন। এই কারণেই এই মাস শিবের প্রতি উৎসর্গীকৃত।

• শ্রাবণ মাস উদযাপনের বিষয়ে কিছু কর্তব্য-অকর্তব্যকে পালন করে আসা হয় পরম্পরাগতভাবে।

• এই মাসের প্রতিদিন স্নানের পরে শিবস্তোত্র পাঠকে আবশ্যক মনে করেন শিবভক্তরা।

• শ্রাবণ রুদ্রাক্ষ ধারণের জন্য প্রশস্ত সময়।

• শ্রাবণে শিবলিঙ্গে বিল্বপত্র প্রদানের একটি নিয়ম রয়েছে। এই মাসের অষ্টমী, চতুর্থী, নবমী, অমাবস্যা, সংক্রান্তি ও সোমবারগুলিতে বিল্বপত্র শিবের মাথা থেকে নামাতে নেই বলে জানানো হয়।

• শ্রাবণে স্ফটিক শিবলিঙ্গ স্থাপন শুভফলদায়ী।

• শ্রাবণসন্ধ্যায় হরপার্বতীর আরতি অবশ্যকর্তব্য।

• উত্তরভারতের বিস্তীর্ণ অঞ্চলে শ্রাবন মাসে মঙ্গলগৌরী পূজা অনুষ্ঠিত হয়।

• 'শ্রাবণ' শব্দের উৎসে রয়েছে 'শ্রবণ'। এই মাস যাবতীয় শুভ কথা শ্রবণের মাস।

অবিশ্বাস্য হলেও সত্যি। এই বিশাল শিব মন্দির তৈরি করেছেন এক মুসলমান

জন্মগত ধর্মের বিচারে তিনি মুসলমান। কিন্তু ধর্মকে এক বৃহত্তর দৃষ্টিকোণ থেকে দেখতে শিখেছেন তিনি। এমন এক দৃষ্টিকোণ, যেখানে ধর্মে ধর্মে বিভেদ মুছে যায়। এক হিন্দু দেবতা তাই অনায়াসে আরাধ্য হয়ে উঠতে পারেন তাঁর কাছে। সেই দেবতার প্রতি সেই মুসলমান যুবকের ভক্তি এতটাই যে, তাঁর এক বিরাট মন্দিরই তৈরি করে ফেলেছেন তিনি।

জন্মগত ধর্মের বিচারে তিনি মুসলমান। কিন্তু ধর্মকে এক বৃহত্তর দৃষ্টিকোণ থেকে দেখতে শিখেছেন তিনি। এমন এক দৃষ্টিকোণ, যেখানে ধর্মে ধর্মে বিভেদ মুছে যায়। এক হিন্দু দেবতা তাই অনায়াসে আরাধ্য হয়ে উঠতে পারেন তাঁর কাছে। সেই দেবতার প্রতি সেই মুসলমান যুবকের ভক্তি এতটাই যে, তাঁর এক বিরাট মন্দিরই তৈরি করে ফেলেছেন তিনি।

রাজস্থানের টোঙ্ক জেলার বাসিন্দা আকবর খানের বয়স এখন ৩৯ বছর। ছোটবেলায় যখনই জীবনে কোনও সংকটের সম্মুখীন হতেন আকবর, মসজিদে গিয়ে প্রার্থনার পাশাপাশি তিনি যেতেন শিবের মন্দিরেও। ''বরাবরই দেখে এসেছি, একমনে শিব ঠাকুরকে ডাকলে জীবনের যে কোনও সমস্যারই সমাধান হয়ে যায়'' বলছেন আকবর। দিনে দিনে শিবের প্রতি আকবরের ভক্তি এতই বাড়তে থাকে যে শেষ পর্যন্ত শিবের একটি মন্দির নির্মাণ করবেন বলে স্থির করেন তিনি। তারপর একসময় উপযুক্ত সময় বুঝে হাত দেন সেই মন্দির তৈরির কাজে।

মাস খানেক আগে রাজস্থানের ওম বিহার কলোনি অঞ্চলে সাধারণ মানুষের জন্য উন্মোচিত হয়েছে আকবরের তৈরি করা সেই মন্দিরের দ্বার। ভূতেশ্বর মহাদেব নামে পরিচিত সেই মন্দিরটি গড়ে উঠেছে ১০০ বর্গ মিটার এলাকা জুড়ে। শিবের নানা রূপের নানা আকৃতির মূর্তি ঠাঁই পেয়েছে সেই মন্দিরে। মূল মূর্তিটির উচ্চতা প্রায় ১০০ ফুট।

নিজের সম্প্রদায়ের মানুষদের তরফে কখনও বাধা পাননি আকবর তাঁর মন্দির তৈরির কাজে? আকবর বলছেন, 'একেবারেই না।' কিন্তু তাঁর নিজের মনে কখনও বাসা বাঁধেনি কোনও অস্বস্তি বা দ্বিধা? মৃদু হেসে আকবর বলছেন, 'শিব নামে ডাকি অথবা আল্লাহ— সবই তো এক'। আকবরের এই সরল বিশ্বাসের কথা শুনে মনে হয়, সাম্প্রদায়িক হিংসায় দীর্ণ এই পৃথিবীর বোধহয় অনেক কিছুই শেখার আছে আকবরের কাছে।

এই শিব মন্দির হঠাৎ হঠাৎ সম্পূর্ণ অদৃশ্য হয়ে যায়। পড়লে শিউরে উঠবেন

যদি আপনাকে বলা হয় যে, ভগবানের মন্দিরও মধ্যে মধ্যে অদৃশ্য হয়ে যেতে পারে, তবে কী হবে আপনার প্রতিক্রিয়া ? হ্যাঁ, সেরকম মন্দিরও রয়েছে, আর সেটাও এই ভারতের মাটিতেই।

ঈশ্বরকে যে কোনও কোনও ভাগ্যবানেই কেবল 'দেখিবারে পায়', সে কথা ভক্তমাত্রেই জানেন। কিন্তু যদি আপনাকে বলা হয় যে, ভগবানের মন্দিরও মধ্যে মধ্যে অদৃশ্য হয়ে যেতে পারে, তবে কী হবে আপনার প্রতিক্রিয়া ? হ্যাঁ, সেরকম মন্দিরও রয়েছে, আর সেটাও এই ভারতের মাটিতেই।

গুজরাটের কাভি কাম্বোইয়ের স্তম্ভেশ্বর মহাদেব নামের শিব মন্দিরটির বয়স প্রায় ১৫০ বছর। আরব সাগর আর ক্যাম্বি উপসাগরের মাঝামাঝি এর অবস্থান। আপাতদৃষ্টিতে এই মন্দিরের মধ্যে কোনও বিশেষত্ব নেই। কিন্তু এর বিশিষ্টতা টের পাওয়া যায়, যখন সমুদ্রে জোয়ার আসে। কারণ তখন সম্পূর্ণ সমুদ্রের জলের তলায় চলে যায় এই মন্দির। আবার জোয়ার চলে যাওয়ার পর যখন জলস্তর নামতে শুরু করে, তখন একটু একটু করে জল থেকে মন্দিরটি জেগে ওঠে

সমুদ্রের জলে মন্দিরের সম্পূর্ণ নিমজ্জন এবং তারপর আস্তে আস্তে তার জলমুক্তির দৃশ্য— স্বভাবতই এক অলৌকিক অভিজ্ঞতা পর্যটকদের কাছে। দূর দূরান্ত থেকে পর্যটক ও ভক্তরা এই দৃশ্য দেখার জন্য উপস্থিত হন মন্দিরে। এই মন্দিরের রীতি হল, ভক্তরা সকাল সকাল চলে যান মন্দিরে, পূজার্চনা সেরে নেন। তারপর শুরু হয় তাঁদের অপেক্ষা। সেই সময়টা কেউ কেউ সমুদ্রের শোভা উপভোগ করেন, কেউ বা মন্দিরে বসেই ঈশ্বরচিন্তায় নিমগ্ন হন। তারপর জোয়ারের সময় এগিয়ে আসার সঙ্গে সঙ্গে ফাঁকা হয়ে আসতে থাকে মন্দির চত্বর। ভক্ত ও দর্শনার্থীরা নিরাপদ দূরত্বে সরে যান। তাঁদের চোখের সামনে শুরু হয়ে যায় আশ্চর্য প্রাকৃতিক লীলা। জোয়ারের জল বাড়তে বাড়তে গ্রাস করে ফেলে পুরো মন্দিরটাকেই। তখন সেদিকে তাকালে মন্দিরের অস্তিত্ব পর্যন্ত চোখে পড়ে না। কিছুক্ষণ কাটে এইভাবে। তারপর আবার সরে যেতে থাকে জোয়ারের জল। জলের উপরে প্রথমে দৃশ্যমান হয় মন্দিরের চূড়া। তারপর আস্তে আস্তে গোটা মন্দিরটাই জেগে ওঠে জল থেকে। সাময়িকভাবে মন্দিরটি মানবদৃষ্টির সম্পূর্ণ আড়ালে চলে যায় বলেই একে অনেকে 'অদৃশ্য মন্দির' বলে থাকেন। ভক্তেরা গোটা বিষয়টিকেই ঐশ্বরিক লীলা হিসেবে ব্যাখ্যা করেন। তাঁদের ধারণা, স্বয়ং ব্রহ্মা এইভাবেই প্রকৃতির মাধ্যমে মহাদেবের জল-অভিষেক ঘটিয়ে থাকেন। তবে বিজ্ঞানীদের মতে, বিষয়টি সাধারণ প্রাকৃতিক নিয়ম মাত্র। তবে ঘটনার নেপথ্য কারণ যা-ই হোক, প্রতিদিন এইভাবে সমুদ্রজলে নিমজ্জিত হওয়ার পরেও মন্দির ও তাঁর অভ্যন্তরস্থ শিবলিঙ্গটি সম্পূর্ণ অক্ষত রয়ে গিয়েছে, এটাও যে কম বিস্ময়কর ঘটনা নয়, তা মানছেন বিজ্ঞানীরাও।

<u>কথিত আছে এই মন্দিরেই বিয়ে করেছিলেন শিব ও পার্বতী</u>

সতীর আত্মাহুতির পর শিবের জীবনে এসেছিলেন পার্বতী। বিশ্বাস করা হয়, সতীর পরজন্ম ছিল পার্বতী রূপে। শিব প্রথমে পার্বতীকে গ্রহণ করতে অস্বীকার করেছিলেন। কিন্তু, পার্বতীর প্রেমকে দূরে ঠেলে ফেলে দিতে পারেননি শিব।

হিমালয়ের কোলে থাকা এই মন্দিরটিকে কেদারনাথের শিব মন্দিরের মতো দেখতে লাগলেও আসলে এর নাম 'ত্রিযুগিনারায়ণ মন্দির'। 'ত্রিযুগি' মানে তিনটি যুগ। আর নারায়ণ মানে বিষ্ণু। স্থানীয়দের বিশ্বাস বছরের পর বছর এই মন্দিরের ভিতরে এক অদৃশ্য পবিত্র অগ্নি প্রজ্জ্বলিত হয়ে আসছে। যার আনুমানিক বয়স তিনটি যুগ পেরিয়ে গিয়েছে। এই তিন যুগকেই হিন্দিতে 'ত্রিযুগ' বলা হয়। আর যেহেতু এটি নারায়ণ মন্দির। তাই এর নাম 'ত্রিযুগিনারায়ণ মন্দির'। যা উত্তরাখণ্ডের রুদ্রপ্রয়াগে। স্থানীয় কথা অনুযায়ী, পার্বতী ছিলেন 'ত্রিযুগিনারায়ণ'-এর রাজা হিমাবত-এর কন্যা। কিন্তু, সতীর মৃত্যুর পর কার্যত পাগলপারা দশা হয়েছিল শিবের। পার্বতী ছিলেন শিবের পূজারিনী এবং শিবকেই মনে মনে স্বামী হিসাবে গ্রহণ করেছিলেন। কিন্তু, সতী বিরহে কাতর শিব কোনওভাবেই পার্বতীকে নিজের জীবনে প্রবেশ করতে দিতে রাজি ছিলেন না। শেষমেশ গৌরীকুণ্ডে পার্বতীর নাচ এবং ভালবাসার বিকিরণে চমকিত হন শিব।

পার্বতীর প্রেমকে এরপর আর দূরে ঠেলে দিতে পারেননি তিনি। বিশ্বাস করা হয় গুপ্তকাশী থেকে কেদারনাথ যাওয়ার পথে মন্দাকিনী নদীর তীরে শিব বিবাহের প্রস্তাব দেন পার্বতীকে। রাজা হিমাবতের ব্যবস্থাপনায় রাজধানী ত্রিযুগিনারায়ণের ত্রিযুগিনারায়ণ মন্দিরেই বসেছিল বিয়ের আসর। 'ত্রিযুগিনারায়ণ'-এর পবিত্র অগ্নির সামনেই পার্বতীর সঙ্গে বৈবাহিক বন্ধনে আবদ্ধ হয়েছিলেন শিব। সেই থেকে এই অগ্নিকুণ্ড এবং 'ত্রিযুগিনারায়ণ মন্দির'-কে দেবতাদের স্থান হিসাবেই ধরা হয়। বিয়ের আসরে পার্বতীর ভাই-এর ভূমিকা পালন করেছিলেন স্বয়ং বিষ্ণু। আর এই মেগা বিবাহের পুরোহিত ছিলেন খাস ব্রহ্মা। এমনকী বিয়ের আচার পালনের সময়ে শিব ও পার্বতী তিনটি কুণ্ডে স্নান করেছিলেন। যা পরবর্তীকালে ব্রহ্মকুণ্ড, রুদ্রকুণ্ড এবং বিষ্ণুকুণ্ড বলে পরিচিতি পায়। বর্তমানে যাঁরা এই মন্দিরে আসেন তাঁরা সঙ্গে করে একটি কাঠের টুকরো নিয়ে প্রবেশ করেন। 'অথণ্ড ধুনি' নামে এই আগুনে সেই কাঠের টুকরো পুড়িয়ে দেন তাঁরা। এরপর সেই কাঠের টুকরোর ছাইকে প্রসাদ হিসাবে গ্রহণ করেন। যাঁরা প্রথমবার এই মন্দিরে আসেন তাঁরা একইসঙ্গে পাঁচ কিলোমিটার দূরে থাকা গৌরীকুণ্ড এবং সরস্বতীকুণ্ড ঘুরে যায়।

বিশ্বাস করা হয়, নিঃসন্তান দম্পতি এই 'ত্রিযুগিনারায়ণ মন্দিরে' এসে পূজো দিলে মনস্কামনা পূরণ হয়। এমনকী, সদ্য বিবাহিত দম্পতি এই মন্দিরে পূজো দিতে পারলে তাঁদের সাংসারিক জীবনে সুখ ও শান্তি বিরাজ করে বলেই দাবি করা হয়।

হিমাচলের এই নৈস্বর্গিক লেকের সঙ্গে জড়িয়ে আছে মহাভারতের কাহিনি

যে দিকে নজর যায় শুধুই পাহাড়। সবুজ ঘাসে মোড়া এক উপত্যকা। আর তার মাঝেই সৌন্দর্যের ডালি সাজিয়ে বসে আছে এই লেক। যার সঙ্গে মহাভারতের যোগ খুবই

গভীর।

হিমাচলের কোলে মান্ডি। আর সেই মান্ডির ধৌলাধর রেঞ্জের কোলে সবুজ উপত্যকার মাঝে এই লেক। যার নাম 'প্রশার লেক' বা 'পরাশর লেক'। মনে করা হয় এই লেকের ধারে আজও ধ্যানে মগ্ন হয়ে আছেন ঋষি পরাশর।

অপরূপে প্রাকৃতিক শোভার ডালি সাজিয়ে থাকা এই লেককে ঘিরে রয়েছে এক অনবদ্য কাহিনি। যার সঙ্গে জড়িয়ে আছেন পাণ্ডবরা। এই লেক তৈরির ইতিহাস নিয়ে যা কথিত আছে তা এরকম, কুরুক্ষেত্র যুদ্ধের সমাপ্তির পর এই স্থান দিয়ে যাচ্ছিলেন পাণ্ডবরা। তাঁদের সঙ্গে ছিলেন ভগবান কামরুনাগ। এই এলাকার প্রাকৃতিক শোভায় মুগ্ধ হয়ে যান কামরুনাগ। তিনি স্থির করেন এখানেই থেকে যাবেন। কিন্তু, এলাকায় নেই কোনও জলের ব্যবস্থা। তাই পঞ্চপাণ্ডবদের মধ্যে সবচেয়ে বেশি বলশালী ভীম উদ্যোগী হলেন কামরুনাগের জন্য জলের ব্যবস্থা করতে। স্থানীয়দের বিশ্বাস, ভীম তাঁর এক হাতের কনুই দিয়েই একটি পাহাড়ের মাথা ভেঙে ফেলেন এবং সেখানে একটি ছোট্ট পরিখা তৈরি করে দেন। পরেই সেই লেকের নাম হয় প্রশার লেক।

আর এই উপত্যকার নাম হয় ভগবান কামরুনাগের নামে কামরু ভ্যালি। এমনকী, প্রশার লেককে অনেকে কামরুনাগ লেক বলেও ডাকে। ভীমের কনুই দিয়ে এই লেকের জন্ম হয়েছে বলে দাবি করা হলেও স্থানীয়দের বিশ্বাস প্রশার লেকের তল মাপতে যাওয়া ভুল। কারণ, এই লেক কতটা গভীর তা আজ পর্যন্ত সঠিকভাবে কেউ ঠাহর করতে পারেননি। একমাত্র শীতকালে এই লেকের জল জমে যাওয়া ছাড়া সারা বছরই এখানে জল টলটল করে। প্রশার লেক ট্রেকারদের কাছেও যথেষ্ট জনপ্রিয় রুট। দেশবিদেশ থেকে বহু অভিযাত্রী আসেন প্রশার লেকে ট্রেক করতে। তারপর এই রুটে পীর পাঞ্জল, কিন্নুর শিখর থাকায় প্রশার লেকের আকর্ষণ আরও বেড়ে গিয়েছে।

কেন শ্রাবণে শিবব্রত পালন করবেন, জানাচ্ছে 'শিব পুরাণ'

ভক্তের মনে প্রশ্ন জাগতেই পারে, এই ব্রতের ফল কী। তার উত্তরও দিয়েছে সহস্র বছরের পুরনো এই শাস্ত্র।

হিন্দু পরম্পরা অনুযায়ী, শ্রাবণ বছরের পবিত্রতম মাস। বছরের অন্য সময়ে শিব-উপাসনা করলে যা ফল লাভ হয়, তার চাইতে শ্রাবণে শিবব্রত পালন ১০৮ গুণ ফল দেয় বলে জানায় 'শিব পুরাণ'। বিশেষত শ্রাবণ মাসের সোমবারগুলিতে বিশেষ উপবাস ও পালন দেবাদিদেবকে তুষ্ট করার জন্য শুভতম অবসর।

কিন্তু ভক্তের মনে প্রশ্ন জাগতেই পারে, এই ব্রতের ফল কী। তার উত্তরও দিয়েছে সহস্র বছরের পুরনো এই শাস্ত্র। জেনে নেওয়া যাক, শ্রাবণ শিবব্রতের প্রধান ফলগুলিকে।

• প্রথমেই জেনে রাখা ভাল, শ্রাবণ শিবব্রত ধারণে বিবিধ গ্রহদোষ নাশ হয়। বিশেষ করে কুপিত শনি এতে শান্ত হন।

• শ্রাবণ সোমবারগুলিতে মধু, ঘৃত ও আখ-সহযোগে রুদ্রাভিষেক পূজা জীবনে সুখ ও সমৃদ্ধি এনে দেয় বলে বিশ্বাস।

• পুরাণ মতে, শ্রাবণ মাসেই সমুদ্রমন্থন ঘটেছিল। এবং সমুদ্র থেকে উঠে আসা তীব্র বিষ হলাহলকে নিজ কণ্ঠে ধারণ করে শিব 'নীলকণ্ঠ' হন। ঘটনাটি প্রতীকী। এই মাসে শিবব্রত পালনে যাবতীয় বিষ নাশ হয় বলেই মনে করে ভারতীয় সনাতন জীবনধারা।

• শিব বৈদ্যরাজ। তিনিই আয়ুর্বেদের উদ্ভাতা। শ্রাবণে তাঁর উপাসনায় বিনষ্ট হয় অসুস্থতার সম্ভাবনা। নীরোগ জীবনের জন্যই হিন্দুরা শ্রাবণ শিবব্রত পালণ করেন।

• শ্রাবণ শিবব্রত পালনের কালে মহামৃত্যুঞ্জয় মন্ত্র জপ মহাভয় থেকে রক্ষা করে, মন থেকে মৃত্যু-সংক্রান্ত বিষাদ দূর হয়।

• শ্রাবণে শৈবতীর্থে গমন বিশেষ পবিত্র বলে বিবেচিত। এই কাজে বিপুল পুণ্য সঞ্চিত হয়।

• শ্রাবণের শনিবারগুলিও বিশেষ পবিত্র। এই দিনগুলিতে শনিদেবের তেলাভিষেক পূজা করলে অশুভ শক্তি দূর হঠে।

• শ্রাবণে শিবলিঙ্গে গঙ্গাজল প্রদান বিগত জন্মের পাপকে নাশ করে বলে মনে করে ভারতীয় সনাতনী বিশ্বাস।

• শ্রাবণ সোমবারের উপবাস ইচ্ছাশক্তিকে বাড়ায়। স্মৃতি শক্তিকেও বিবর্ধিত করে বলে বর্ণনা করে শাস্ত্র।

দিনে তিনবার রং পরিবর্তন করে এই রহস্যময় মন্দিরের শিবলিঙ্গটি

প্রাচীন কালে কোনও এক মুসলমান শাসকের নির্দেশে নাকি এই মন্দির ভাঙার চেষ্টা করা হয়েছিল। তখন নন্দীর এই মূর্তির মুখ থেকে বেরিয়ে আসতে থাকে ঝাঁকে ঝাঁকে মৌমাছি। মৌমাছির তাড়নায় পালিয়ে যায় মন্দিরে আক্রমণকারীরা।

এই মন্দিরকে ঘিরে রহস্যের যেন শেষ নেই। মন্দিরটির সংস্কারসাধন হয়েছে বহুবার। একবার গর্ভগৃহটি সংস্কারের সময় খোঁড়াখুঁড়ি করতে গিয়ে গর্ভগৃহ বেষ্টন করে থাকা একটি সুড়ঙ্গ আবিষ্কৃত হয়। সুড়ঙ্গের মধ্যে দু'টি কুলুঙ্গিতে পাওয়া যায় দেবী চামুণ্ডার দু'টি মূর্তি। দেখা যায়, মূর্তি দু'টিতে লেপা রয়েছে সিঁদুর। যেন সদ্য পূজিতা হয়েছেন দেবী। কিন্তু এমন গুপ্ত সুড়ঙ্গপথে কারা পূজো করে যেত দেবীর? সেই প্রশ্নের উত্তর আজও মেলেনি।

তবে এই মন্দিরের সবচেয়ে রহস্যময় বস্তুটি এর ভিতরে থাকা শিবলিঙ্গটি। দিনের বিভিন্ন সময়ে এর রং থাকে বিভিন্ন রকমের। দিনে অন্তত তিন বার রং বদলায় এই শিবলিঙ্গ। সকাল বেলা এর রং থাকে লাল, বিকেলে হয় জাফরান, আর রাত্রে এর রং হয় কালো।

সারা পৃথিবী থেকে অজস্র মানুষ এই অদ্ভুত শিবলিঙ্গ দর্শনের উদ্দেশ্যে ছুটে আসেন। ভক্তরা গোটা বিষয়টিকেই ঐশ্বরিক লীলা হিসেবে ব্যাখ্যা করেন। বিজ্ঞানের ব্যাখ্যা অবশ্য অন্যরকম। বিজ্ঞানীরা বলছেন, মন্দিরের গায়ে যে অজস্র স্ফটিক লাগানো রয়েছে, তাতে দিনের বিভিন্ন সময়ের বিভিন্ন রং-এর সূর্যালোক প্রতিফলিত হয়েই তৈরি হয় এই রং-এর খেলা। ভক্তদের কাছে সেই ব্যাখ্যার মূল্য নেই। বিশ্বাস-অবিশ্বাসের দোলাচলে রহস্যময় এই মন্দির দিনে দিনে জনপ্রিয় হয়ে উঠছে।

শিব কি কখনও বালক ছিলেন?

প্রশ্ন জাগে, শিব কি কখনও বালক রূপ পরিগ্রহ করেছিলেন? এর উত্তর রয়েছে 'ভাগবৎ পুরাণ'-এর তৃতীয় স্কন্দে সতী অনসূয়ার আখ্যানে।

দেবাদিদেব মহাদেবকে আমরা স্বয়ম্ভু বলেই জানি। তিনি আনাদি ও অনন্ত। তাঁর কোনও পূর্বাপর নেই। 'শিব পুরাণ'-এ শিবের বাল্যকাল বলে কিছুর উল্লেখ নেই। তবু শিবের একটি বালকাবস্থার ছবি সারা ভারতেই তুমুল জনপ্রিয়। অনেকেই মনে করেন, শ্রীকৃষ্ণের বাল্যলীলাকে মনে রেখেই নির্মিত হয়েছে এই জনপ্রিয় ছবিটি। সনাতন ধর্মের সব থেকে জনপ্রিয় দেবতাকে বাৎসল্য রসে যাতে ভক্ত সিঞ্চন করতে পারেন, সেই কারণেই এই বালক শিবকল্প।

উপরের এই মত অবশ্যই প্রণিধানযোগ্য। কিন্তু তার পরেও প্রশ্ন জাগে, শিব কি কখনও বালক রূপ পরিগ্রহ করেছিলেন? এর উত্তর রয়েছে 'ভাগবৎ পুরাণ'-এর তৃতীয় স্কন্দে সতী অনসূয়ার আখ্যানে।

অনসূয়া ছিলেন ঋষি কর্দম এবং দেবী দেবাহুতির কন্যা। তাঁরা নয় বোন ও এক ভাই। তাঁরই ভ্রাতা কপিল মুনি। অনসূয়ার বিবাহ হয় মহর্ষি অত্রির সঙ্গে। তাঁরা চিত্রকূট পর্বতের দক্ষিণে এক তপোবনে বাস করতেন। অনসূয়া ছিলেন অত্যন্ত পতিব্রতা। তাঁর সতীত্বের কাহিনি তাঁর জীবদ্দশাতেই কিংবদন্তিতে পরিণত হয়।

একবার দেবর্ষি নারদ স্বর্গে অনসূয়ার সতীত্বের কাহিনি কীর্তন করেন। এই কাহিনি শুনে ব্রহ্মা, বিষ্ণু ও মহেশের পত্নীরা ঈর্ষান্বিত হয়ে পড়েন। তাঁরা তাঁদের স্বামীদের অনুরোধ করেন অনসূয়াকে প্রলুব্ধ করে তাঁর পতিব্রত ভঙ্গ করার জন্য। স্ত্রীদের প্ররোচনায় ত্রিশক্তি বাধ্য হন এই কাজে প্রবৃত্ত হতে। তাঁরা অত্রির অনুপস্থিতিতে চিত্রকূটে পৌঁছন এবং অতিথির ছদ্মবেশ ধারণ করে অনসূয়ার সামনে আবির্ভূত হন। এবং দাবি করেন, তাঁরা তখনই অনসূয়ার হাত থেকে অন্নগ্রহণ করবেন, যদি অনসূয়া তাঁদের

নগ্নাবস্থায় খাদ্য পরিবেশন করেন। অনসূয়া সবই বুঝতে পারেন। এবং মন্ত্রপূত জল ছিটিয়ে ব্রহ্মা, বিষ্ণু ও মহেশ্বরকে বালকে পরিণত করেন। এবং তাঁরা নগ্ন অবস্থাতেই আহার্য লাভ করেন। ওদিকে ত্রিশক্তির পত্নীরা রীতিমতো চিন্তিত হয়ে পড়েছেন তাঁদের স্বামীদের জন্য। নগ্ন বালকাবস্থায় ত্রিশক্তি কিছুতেই স্বর্গে ফিরতে পারেছিলেন না। ব্রহ্মাণী, লক্ষ্মী ও পার্বতী অনসূয়ার আশ্রমে উপস্থিত হন। এবং তাঁকে অনুরোধ করেন তাঁদের স্বামীদের ফিরিয়ে দিতে। ত্রিদেব অনসূয়ার কৃপায় পূর্বাবস্থায় ফিরে আসেন। এবং অনসূয়ার সতিত্বের স্বীকৃতি স্বরূপ ত্রিশক্তি তাঁর সন্তান হিসেবে জন্মগ্রহণের বর দেন। পুরাণ মতে, অনসূয়ার পুত্র দত্তাত্রেয় এই ত্রিশক্তিরই সম্মিলিত রূপ।

শিবের মাথায় অর্ধচন্দ্র শোভা পায় কেন, জেনে নিন পুরাণ-কথা

কেবল 'শিব পুরাণ' নয়, মহাদেবের 'চন্দ্রশেখর' হওয়ার কাহিনি উল্লিখিত রয়েছে অন্যান্য অনেক পুরাণেই। জেনে নেওয়া যেতে পারে, সেই সব কাহিনি।

শিব চন্দ্রশেখর। তাঁর যে কোনও মূর্তিকল্পেই দেখা যায়, তাঁর মাথায় শোভা পাচ্ছে অর্ধচন্দ্র। ঠিক কেন এই কল্পনা, এর ব্যাখ্যা পেতে হলে আপনাকে প্রবেশ করতেই হবে পুরাণ কাহিনিতে। কেবল 'শিব পুরাণ' নয়, মহাদেবের 'চন্দ্রশেখর' হওয়ার কাহিনি উল্লিখিত রয়েছে অন্যান্য অনেক পুরাণেই। জেনে নেওয়া যেতে পারে, সেই সব কাহিনি।

• একথা অনেক প্রাচীন গ্রন্থেই উল্লিখিত রয়েছে যে, সমুদ্র মন্থনের কালে যখন তীব্রতম বিষ হলাহল উঠে আসে, তাকে মহাদেব নিজের কর্ণ্ঠে ধারণ করেন। এই কাজের কারণে তাঁর শরীরের তাপমাত্রা প্রবল ভাবে বেড়ে যায়। এই তাপ কমাতেই শিব চন্দ্রদেবকে শিরে ধারণ করেন। চন্দ্রের প্রকৃতি শীতল। সেই কারণেই এই কল্পনা সম্ভব হয়েছিল পুরাণকারের পক্ষে।

• আর একটি কাহিনি থেকে জানা যায়, ব্রহ্মাপুত্র দক্ষ প্রজাপতির ২৭টি কন্যা নক্ষত্র ছিলেন। এই ২৭ জন নক্ষত্রের সঙ্গে চন্দ্রের বিবাহ হয়। এই নক্ষত্রদের মধ্য রোহিনী ছিলেন চন্দ্রদেবের সব থেকে বেশি প্রিয়। ফলে, অন্য নক্ষত্ররা রোহিনীর প্রতি ঈর্ষাকাতর হয়ে পড়েন। তাঁরা সমবেত ভাবে তাঁদের পিতা দক্ষ প্রজাপতির কাছে এই মর্মে নালিশ জানাল যে, চন্দ্র তাঁদের সঙ্গে ভাল ব্যবহার করছেন না। দক্ষ রেগে গিয়ে চন্দ্রকে অভিশাপ দেন যে, দিনে দিনে তাঁর ঔজ্জ্বল্য কমে যাবে। অচিরেই এই শাপ ফলতে শুরু করে। চন্দ্র এতে খুবই ভেঙে পড়েন। অন্য দেবতারাও চিন্তিত হয়ে পড়েন। তাঁরা সম্মিলিত ভাবে শিবের কাছে যান। ততদিনে চন্দ্রের শরীরের একফালি অংশই উজ্জ্বল রয়েছে। শিব চন্দ্রকে তাঁর জটায় স্থান দেন। এবং চন্দ্রকে বর দেন যে, ১৫ দিন তাঁর ঔজ্জ্বল্য হ্রাস পাবে। কিন্তু ১৫ দিনে তা আবার পুনর্স্থাপিত হবে। এই কারণেই প্রতিমাসে চন্দ্রকলার হ্রাসবৃদ্ধি ঘটে বলে জানায় পুরাণ।

শিব বিষ্ণুকে হত্যা করেছিলেন! জানুন সেই রোমাঞ্চকর পুরাণ-কাহিনি

পুরাণেই উল্লিখিত রয়েছে এমন এক ঘটনা, যেখানে বিষ্ণুর প্রাণ সংহার করতে বাধ্য হয়েছিলেন মহাদেব। জেনে নেওয়া যেতে পারে সেই কাহিনি।

ব্রহ্মা, বিষ্ণু ও মহেশ্বর সনাতন ধর্মের প্রধান ত্রিশক্তি। সৃজন, পালন ও সংহারের যে চক্র মহাবিশ্বকে নিয়ন্ত্রণ করে, তার নিয়ন্তা এই ত্রিশক্তিই। এই ত্রিশক্তির মধ্যে যেমন সহাবস্থান রয়েছে, তেমনই রয়েছে বিরোধও। সেই সঙ্গে এমন ঘটনাও রয়েছে, যেখানে শিব সংহারকর্তা হিসেবে আবির্ভূত হন ব্রহ্মার বিরুদ্ধে, কর্তন করেন তাঁর একটি মুণ্ড। কিন্তু মহাদেব ও বিষ্ণুর মধ্যে বিরোধের তেমন কোনও ঘটনা সাধারণত চোখে পড়ে না আমাদের।

অথচ পুরাণেই উল্লিখিত রয়েছে এমন এক ঘটনা, যেখানে বিষ্ণুর প্রাণ সংহার করতে বাধ্য হয়েছিলেন মহাদেব। জেনে নেওয়া যেতে পারে সেই কাহিনি।

ভাগবত পুরাণ'থেকে জানা যায়, বিষ্ণু যখন দুর্দান্ত দানব হিরণ্যকশিপুকে সংহার করে তার একান্ত ভক্ত প্রহ্লাদকে রক্ষা করতে তৎপর হন, তখন তাঁকে অতি ভয়ঙ্কর নৃসিংহের রূপ ধারণ করতে হয়েছিল। হিরণ্যকশিপু শিবের বরেই অবধ্য হয়ে উঠেছিলেন। তিনি শিবের কাছ থেকে এই বর লাভ করেছিলেন যে, তাঁকে কোনও মানব, দেবতা অথবা পশু হত্যা করতে পারবে না। দিবসে বা রাত্রিকালে তাঁকে হত্যা করা যাবে না। জল, স্থল বা অন্তরীক্ষে তিনি অবধ্য থাকবেন। এবং সর্বোপরি কোনও অস্ত্রে তাঁকে সংহার করা যাবে না। এই সবক'টি শর্ত পালন করে বিষ্ণু নৃসিংহ অবতারে আবির্ভূত হন। তিনি দেবতা, মানব বা পশু নন। যে সময়ে তিনি আবির্ভূত হন, সেটা দিবা বা রাত্রি নয়, গোধূলিবেলা। নৃসিংহ হিরণ্যকশিপুকে নিজের জানুতে স্থাপন করেন। সেই স্থান জল-স্থল-অন্তরীক্ষের বাইরে। এবং শেষ পর্যন্ত ধারালো নখ দিয়ে হিরণ্য কশিপুর বক্ষ বিদীর্ণ করেন। বলাই বাহুল্য, সেটিও কোনও প্রথাগত অস্ত্র নয়। দুর্দান্ত দানব হিরণ্যকশিপু নিহত হন। কিন্তু নৃসিংহদেবের ক্রোধ সংবৃত হল না। তিনি ভয়ানক ধ্বংসলীলা চালিয়ে যেতে থাকেন। এই সময়ে দেবতারা শিবের শরণ নেন। তাঁরা বুঝতে পারেন, একমাত্র মহাদেবই পৃথিবীকে রক্ষা করতে পারেন। শিব বীরভদ্র ও ভদ্রকালীকে প্রেরণ করেন নৃসিংহকে থামানোর জন্য। কিন্তু মহাপ্রতাপ নৃসিংহ সেই দুই মহাশক্তিকেও বিপর্যস্ত করে ফেলেন। এমতাবস্থায় মহাদেব নিজেই শরভ নামের এক বিচিত্রদর্শন প্রাণীর রূপ নিয়ে আবির্ভূত হন। শরভ এক সুবিশাল পাখি। তাঁর সহস্রবাহু এবং পশুর মতো দেহ। শরভের আঘাতে নৃসিংহ আত্মসংবরণ করেন। শরভই শেষ করেন নৃসিংহের লীলা।

পরিশেষে, শিব তাঁর কণ্ঠের কঙ্কাল মালিকার মধ্যভাগে ধারণ করেন নৃসিংহমুণ্ড।

সনাতন ধর্মে কেন বিষ্ণুকে 'পুরুষোত্তম' বলা হয়, শিবকে নয়

দক্ষিণ ভারতে গোটা মধ্যযুগ জুড়ে বৈষ্ণব আলবার ও শৈব নায়নার সম্প্রদায় এই নিয়েই তর্ক করেছে, কখনও কখনও সেই তর্ক হিংসাত্মক ঘটনাতেও পর্যবসিত হয়েছে।

সনাতন ধর্মে প্রধানতম দেবতা শিব ও বিষ্ণু। দেবকুলে শিব 'মহাদেব' বা 'দেবাদিদেব' নামে পরিচিত। অন্যদিকে বিষ্ণু ও তাঁর অবতারদের 'পুরুষোত্তম' হলে অভিহিত করা হয়। সে হিসেবে দেখলে, রামচন্দ্র ও কৃষ্ণও পুরুষোত্তম। কিন্তু শিব বা তাঁর অবতারদের সম্পর্কে এই শব্দ চলিত নয়। এখানে প্রশ্ন জাগতেই পারে— শিবকে কি বিষ্ণুর চাইতে ন্যূন বলে মনে করা হয়? দক্ষিণ ভারতে গোটা মধ্যযুগ জুড়ে বৈষ্ণব আলবার ও শৈব নায়নার সম্প্রদায় এই নিয়েই তর্ক করেছে, কখনও কখনও সেই তর্ক হিংসাত্মক ঘটনাতেও পর্যবসিত হয়েছে। দেখা যেতে পারে এই রহস্যকে।

'পুরুষোত্তম' শব্দটির সন্ধি-বিচ্ছেদ করলে যে দু'টি শব্দ পাওয়া যায়, সেগুলি— 'পুরুষ' এবং 'উত্তম'। অর্থাৎ যিনি পুরুষের মধ্যে শ্রেষ্ঠ। এর বাইরে এই শব্দটির আর একটি অর্থও রয়েছে। সেটা এই— যে ব্যক্তি যাবতীয় দোষের উর্ধ্বে, যিনি চিরন্তন এবং যাবতীয় জীবের মধ্যে সর্বাগ্রগণ্য। বিষ্ণুর উদ্দেশ্যে এই অভিধা প্রযুক্ত হয় এই কারণেই যে, তাঁকে যাবতীয় সৃষ্টির আধার বলে কল্পনা করা হয়। মনে রাখতে হবে, সৃষ্টিকর্তা ব্রহ্মার উৎপত্তিও অনন্তশায়ী বিষ্ণুর নাভি থেকে। সেদিক থেকেই বিষ্ণু 'পুরুষোত্তম'— তাঁর লয় নেই, ক্ষয় নেই, বিনাশ নেই। তিনি পরব্রহ্মের মূর্ত রূপ।

অন্যদিকে, শিবকে সনাতন ধর্ম 'তৎপুরুষ' বলে চিহ্নিত করে। যার অর্থ— পুরুষের মধ্যে যিনি প্রথম। সেদিক থেকে দেখলে, শিবও পরব্রহ্মস্বরূপ।

'শিব পুরাণ' বা 'বিষ্ণু পুরাণ'-এ বিবিধ রূপকের আড়ালে শিব ও বিষ্ণুকে যে মহিমায় আঁকা হয়েছে, তাতে এমন বোধ হতেই পারে যে, শিব ও বিষ্ণু উভয়ে একই সত্তার দুই ভিন্ন প্রকাশ। প্রলয়পয়োধিজলে অনন্তশায়ী বিষ্ণু এবং অনাদি অনন্ত শিব আসলে একই শক্তির প্রকাশ। কেবল দুই ভিন্ন নামে তাঁদের ডাকা হয়েছে।

কে শিব, কে শঙ্কর, বুঝে করুন তাঁর পূজা। জেনে নিন শিবরহস্য

মহাদেবের সবথেকে জনপ্রিয় দু'টি নাম— শিব ও শঙ্কর। কিন্তু, পুরাণ অনুসারে এই দুই নাম দুই ভিন্ন বিষয়ের। দেখা যাক, কী জানায় 'শিবপুরাণ' আর শৈবাগম শাস্ত্র।

শিবের নাম ঠিক ক'টি? যে কোনও হিন্দু দেবতার মতোই তাঁরও অষ্টোত্তর শতনামের বই বাজারে কিনতে পাওয়া যায়। কিন্তু একথা সেভাবে স্পষ্ট হয় না যে, কোন নামের কী মাহাত্ম্য। 'শিবপুরাণ' যথাবিহিত মনোযোগের সঙ্গে অধ্যয়ন না করলে

সত্যিই জানা সম্ভব নয়, দেবাদিদেবের নামবৈচিত্র্যের পিছনে কী কী যুক্তি কাজ করেছে।

মহাদেবের সবথেকে জনপ্রিয় দু'টি নাম— শিব ও শঙ্কর। কিন্তু, পুরাণ অনুসারে এই দুই নাম দুই ভিন্ন বিষয়ের। দেখা যাক, কী জানায় 'শিবপুরাণ' আর শৈবাগম শাস্ত্র।

• 'শিব' নামটি একান্তভাবেই শিবলিঙ্গের সঙ্গে যুক্ত। অন্যদিকে 'শঙ্কর' এক মানবায়িত দেবতার নাম।

• শাস্ত্র অনুসারে শিবকল্প ও শঙ্করকল্পে বিস্তর পার্থক্য বিদ্যমান।

• শিবকে শৈবাগম বিশ্ব চরাচরের পরমতম সত্তা বলে মনে করে। তিনি মহাজাগতিক চৈতন্য বা পরাচৈতন্যের প্রতীক। শিবলিঙ্গের কল্পনায় সেই চৈতন্যস্বরূপকেই দেখা হয়েছে। ডিম্বাকৃতি শিবলিঙ্গ মহাজগতের সামগ্রিকতাকে ব্যক্ত করে।

• অন্যদিকে, শঙ্কর এজন দেবতা। তাঁর মানবায়িত অবয়ব বিদ্যমান। তত্ত্ব অনুসারে, তিনি সূক্ষ্ম দেহ সম্পন্ন এক সত্তা। তাঁকে অনেক সময়েই ধ্যানমূর্তি হিসেবে কল্পনা করা হয়। মাথায় অর্ধচন্দ্র, কণ্ঠে সর্পহার, জটায় গঙ্গাকে ধারণ করেছেন এই পুরুষ।

• শঙ্কর মূর্তিকল্পের অর্থ এই— মূর্তির শিরে অর্ধচন্দ্র আংশিক জ্ঞাত মনের প্রতীক। ডমরু অদ্বৈতের প্রতীক। কণ্ঠের সাপ কুলকুণ্ডলিনীর প্রতীক। ত্রিশূল কখনও ত্রিগুণ, কখনও ত্রিকাল, কখনও বা সৃষ্টি-স্থিতি-লয়ের ত্রিত্বকে ব্যক্ত করে। গঙ্গা বিশুদ্ধ জ্ঞানের প্রতীক। তৃতীয় নয়ন পরাচৈতন্যের প্রতীক।

• ব্রহ্মার মাধ্যমে শিব সত্যযুগের সৃষ্টি করেন। কলিযুগে তিনি শঙ্কর রূপে সৃষ্টিকে সংহার করবেন।

সুতরাং শঙ্কর শিবের এক বিশেষ রূপ। 'শিব' বলেত কিন্তু আদি এবং বিমূর্ত লিঙ্গরূপকেই বোঝায়।

ভগবান শিবের জন্ম কিভাবে হয়েছিল? ভগবান শিবের পিতা কে? ভগবান শিবের জন্মরহস্য।

কথিত আছে একবার এক ঋষি ভগবান শিবকে জিজ্ঞেস করেন হে প্রভু আপনার পিতার নাম কি, আপনার সৃষ্টিই বা কিভাবে হলো? শিব বলেন আমার পিতা হচ্ছেন সৃষ্টিকর্তা ব্রহ্মা তখন ঋষি জিজ্ঞেস করেন আপনার পিতামহ কে? শিব বলেন জগতের পালনকর্তা বিষ্ণুই আমার পিতামহ। ঋষির কৌতূহল তখন বেড়ে গেল তখন তিনি বললেন হে দেবাদিদেব আপনার পিতা ব্রহ্মা, পিতামহ বিষ্ণু তাহলে আপনার প্রপিতামহ কে? উত্তরে ভগবান শিব বলেন হে ঋষি আমার প্রপিতামহ হলাম আমি স্বয়ং। ভগবান শিবের এমন উত্তরে সমগ্র সংসার তাদের প্রশ্নের উত্তর পেয়ে যায় অর্থ্যাৎ শিবের কোনো জন্ম নেই, তার সৃষ্টি এক চক্রের মতো যা ত্রিদেবের মাধ্যমে নিরন্তর গতিশীল।

পুরাণে আরো একটি ঘটনায় শিবের পিতার কথা উল্লেখ রয়েছে। পর্বতরাজ হিমালয়ের কন্যা পার্বতীর সঙ্গে যখন ভগবান শিবের বিবাহ হয় তখন একটি বিশেষ বিধি সম্পূর্ণ করার জন্য পাত্রের পিতার উপস্থিতি আবশ্যক ছিল, এরকম একটা মুহূর্তে সমস্ত দেবদেবী ও মুনিঋষিরা সমস্যায় পড়লেন কারণ তারাও জানেননা শিবের পিতা কে। তখন মহাদেব এই সমস্যা সমাধানের জন্য মহাঋষি অত্রী ও তার স্ত্রী অনুশূয়া কে নিজের পিতামাতার কাজ সম্পন্ন করতে বলেন, এত বড় দায়িত্ব পেয়ে অত্রী মণি খুব খুশি হন এবং বারংবার মহাদেবকে প্রণাম করতে থাকেন।

শিবপুরাণে আরো একটি ঘটনায় উল্লেখিত ভগবান ব্রহ্মা ও ভগবান বিষ্ণুর মধ্যে যখন সংঘর্ষ হচ্ছিল যার কারণ ছিল দুজনের মধ্যে কে শ্রেষ্ঠ তা নির্ধারন করা তখন সেখানে এক বিশাল পাথরখন্ডের আবির্ভাব ঘটে যার কোনো আদি বা অন্ত ছিলনা, এই পাথরখন্ড আর কেউ ছিলেন না উনি ছিলেন স্বয়ং ভগবান শিব, মনে করা হয় এই ঘটনাই ছিল দেবাদিদেব শিবের প্রথম আবির্ভাব কাহিনী।

শিব ও পার্বতীর বিয়ে

পার্বতী শিবের প্রেমে পড়লেন। দিনরাত অন্য চিন্তা নেই, শুধু শিব শিব আর শিব। একদিন দেবর্ষি নারদ এসে পার্বতীকে বললেন, শিব কেবলমাত্র তপস্যাতেই সন্তুষ্ট হন। তপস্যা বিনা ব্রহ্মা বা অন্যান্য দেবতারাও শিবের দর্শন পান না।

নারদের পরামর্শ মতো পার্বতী তপস্যা করার সিদ্ধান্ত নিলেন। প্রথমে তিনি পিতামাতার অনুমতি নিলেন। তাঁর পিতা গিরিরাজ হিমালয় সাগ্রহে অনুমতি দিলেন। যদিও মা মেনকা মেয়েকে এমন কঠিন তপস্যা করতে দিতে রাজি ছিলেন না। কিন্তু পরে তিনিও অনুমতি দিলেন।

পার্বতী বহুমূল্য বস্ত্র ও অলংকারাদি পরিত্যাগ করে মৃগচর্ম পরিধান করলেন। তারপর হিমালয়ের গৌরীশিখর নামক চূড়ায় গিয়ে কঠিন তপস্যায় বসলেন। বর্ষাকালে মাটিতে বসে, শীতকালে জলে দাঁড়িয়ে তপস্যা করতে লাগলেন পার্বতী। বন্য জন্তুরা তাঁর ক্ষতি করা দূরে থাক, কাছে ঘেঁষতেও ভয় পেতে লাগল। সকল দেবতা ও ঋষিরা একত্রিত হয়ে এই অত্যাশ্চর্য তপস্যা চাক্ষুষ করতে লাগলেন। দেবতাগণ ও ঋষিগণ শিবের কাছে প্রার্থনা জানিয়ে বললেন, 'হে প্রভু, আপনি কি দেখতে পান না পার্বতী কি ভীষণ তপস্যায় বসেছেন? এমন কঠোর তপস্যা পূর্বে কেউ করেনি। ভবিষ্যতেও কেউ করতে পারবে না। অনুগ্রহ করে তাঁর মনস্কাম পূর্ণ করুন।'

শিব তখন এক বৃদ্ধ ব্রাহ্মণের বেশ ধরে পার্বতীর কাছে গেলেন। বৃদ্ধ ব্রাহ্মণ দেখে পার্বতী ফলফুল দিয়ে তাঁর পূজা করলেন।

ছদ্মবেশী শিব জিজ্ঞাসা করলেন, 'তুমি তপস্যা করছ কেন? তুমি কি চাও?'

পার্বতী বললেন, 'আমি শিবকে আমার স্বামীরূপে পেতে চাই।'

ব্রাহ্মণবেশী শিব বললেন, 'তুমি তো দেখি মহামূর্খ! তুমি সোনার বদলে কাঁচ আর চন্দনের বদলে কাদা চাও! গঙ্গাজল ফেলে কেউ কি কূপের জল পান করে? বিবাহ করতে হলে স্বর্গের দেবতাদের করো। ইন্দ্র তোমার উপযুক্ত স্বামী হতে পারেন। শিব আবার একটা দেবতা নাকি! তিনটে চোখ, পাঁচটা মাথা, মাথায় জটা, গায়ে ভস্ম, গলায় সাপের মালা, সঙ্গী ভূতপ্রেত, পরনে নেই কাপড়, ট্যাঁকে নেই টাকা! থাকার মধ্যে আছে গলায় বিষ! এমনকি কে যে তার বাপ-মা তাও কেউ জানে না! থাকে গহীন বনে! আমার মতে তুমি ভুল করছ। শিবকে ভুলে যাও। নিজের জীবনখানা নষ্ট কোরো না।

ব্রাহ্মণের কথা শুনে পার্বতী রেগে উঠলেন। বললেন, 'মূর্খ তো আপনি। আপনি শিবের সম্পর্কে কিছুই জানলেন না। তিনিই তো মহাদেব। আপনার মতো শিবনিন্দুকের সেবা করলুম, ধিক আমাকে। শিবের বিরুদ্ধে আর একটি শব্দ উচ্চারণের আগেই আমি এখান থেকে চলে যেতে চাই। শিবনিন্দার একটি শব্দও শুনতে চাই নে। '

পার্বতী সেই স্থান পরিত্যাগ করতে যাবেন, এমন সময় শিব স্বমূর্তি ধরে বললেন, 'কোথায় যাচ্ছো? আমি ভেবেছিলাম, তুমি আমারই জন্য প্রার্থনা করছিলে। এখন আমাকে ছেড়ে গেলে তো চলবে না। আমি তোমাকে ছেড়ে যেতে দেবো না। তুমি বর চাও। '

অভিভূত পার্বতী বললেন, 'প্রভু, আমাকে বিবাহ করুন। '

শিব বললেন, 'তথাস্তু। '

এই কথা শুনে পার্বতী ফিরে এলেন ঘরে।

শিব সপ্তর্ষিকে ডেকে তাঁদের দূত নিয়োগ করলেন। তাঁরা গিরিরাজ হিমালয়ের কাছে বিবাহ প্রস্তাব নিয়ে গেলেন। শুনে গিরিরাজের আনন্দের সীমা রইল না। শুভদিন স্থির করে বিবাহের কথা পাকা হয়ে গেল।

বিবাহের দিন গন্ধর্বেরা গান ধরলেন, অপ্সরাগণ নৃত্য শুরু করলেন। বরযাত্রী হবার জন্য দেবতারা উপস্থিত হলেন কৈলাসশিখরে। এদিকে গিরিরাজও প্রস্তুত। তাঁর প্রাসাদ তোরণ, পতাকা ইত্যাদি দিয়ে সুন্দর করে সাজানো হয়েছিল। শিব হিমালয়ের প্রাসাদে এসে পৌঁছাতেই মেনকা বেরিয়ে এলেন। বললেন, 'কই, শিব কই? দেখি আমার জামাই কেমন; যাকে পেতে মেয়েটা আমার এমন কঠোর তপস্যা করলে। সে নিশ্চয় পরম সুন্দর। '

শিববিবাহ

প্রথমেই মেনকা দেখলেন গন্ধর্বরাজ বিশ্ববসুকে। বিশ্ববসু ছিলেন সুদর্শন পুরুষ। মেনকা ভাবলেন, ইনিই শিব। কিন্তু প্রশ্ন করে জানলেন, উনি সামান্য গায়কমাত্র, বিবাহসভায় শিবের চিত্তবিনোদনের জন্য এসেছেন। তাই শুনে মেনকা ভাবলেন, শিব নিশ্চয় আরও সুদর্শন। তখন তিনি সম্পদের দেবতা কুবেরকে দেখলেন, কুবের বিশ্ববসু অপেক্ষা

সুদর্শন। কিন্তু নারদ মেনকাকে বললেন যে উনি শিব নন। তারপর একে একে মেনকা দেখলেন বরুণ, যম, ইন্দ্র, সূর্য, চন্দ্র, ব্রহ্মা, বিষ্ণু ও বৃহস্পতিকে। প্রত্যেকেই পরম সুদর্শন পুরুষ। কিন্তু নারদ মেনকাকে বললেন, এঁরা কেউই শিব নন, শিবের অনুচরমাত্র। শুনে মেনকার আনন্দ আর ধরে না। এমন সুদর্শন দেবতারা যদি শিবের অনুচরমাত্র হন, তবে শিব নিজে কত না সুদর্শন। কিন্তু কোথায় শিব? শেষে এলেন শিব। নারদ মেনকাকে বললেন, 'ইনিই শিব।' জামাইয়ের অমন ভীষণ মূর্তি দেখে মেনকা তো মূর্ছা গেলেন।

মূর্ছা যাবেনই না বা কেন? ষাঁড়ের পিঠে চড়ে এসেছিলেন শিব। তিনটে চোখ, পাঁচটা মাথা, দশটা হাত, গায়ে মাখা ছাই, কপালে চন্দ্র, পরনে বাঘছাল, গলায় খুলির মালা। সঙ্গী ভূতপ্রেতেদের যেমন চেহারা, তেমনই ভয়ানক তাদের চিৎকার রব।

জ্ঞান ফিরতে মেনকা বিলাপ করতে লাগলেন। এমন লোককে পাত্র নির্বাচনের জন্য তিনি হিমালয়, নারদ ও পার্বতীকে তিরস্কার করতে লাগলেন। ব্রহ্মা, অন্যান্য দেবগণ ও ঋষিরা মেনকাকে শান্ত করার চেষ্টা করেও ব্যর্থ হলেন।

মেনকা বললেন, 'আমি এমন শিবের সঙ্গে মেয়ের বিয়ে দেব না। বরং মেয়েকে বিষ দিয়ে মারব, কুয়োয় ফেলে হত্যা করব, টুকরো টুকরো করে কেটে ফেলবো, সমুদ্রে ছুঁড়ে ফেলে দেবো। আমি আত্মহত্যা করব। কিন্তু পার্বতীর বিয়ে আমি অন্য কারোর সঙ্গে দেবো।' পার্বতীও বেঁকে বসলেন। বললেন, 'শিব ছাড়া আমি আর কাউকেই বিয়ে করব না। শৃগাল কি সিংহের বিকল্প হতে পারে?'

বিষ্ণু মেনকাকে বোঝাবার চেষ্টা করলেন। কিন্তু মেনকা কোনো কথাই শুনলেন না। শেষে নারদ শিবকে মনোহর রূপ ধারণ করার অনুরোধ করলেন। শাশুড়িকে শান্ত করতে শিবকে তাই করতে হল। শিবের শরীর সহস্রসূর্যের প্রভাময় হল, মস্তকে শোভা পেল দিব্য মুকুট, অঙ্গ আবৃত হল বহুমূল্য বস্ত্রে, কণ্ঠের অলংকাররাজি নক্ষত্রদেরও লজ্জা দিতে লাগল। শিবের সেই মনোহর রূপ দেখে সবাই মোহিত হলেন। এমনকি মেনকাও।

নিজের নির্বুদ্ধিতার জন্য ক্ষমা চাইলেন মেনকা। শিব ও পার্বতীর বিবাহে তাঁর আর কোনো আপত্তি রইল না। ব্রহ্মার পৌরোহিত্যে শিব ও পার্বতীর বিবাহ সম্পন্ন হল। শিব পার্বতীকে নিয়ে কৈলাসে ফিরলেন।

6

শিব সম্পর্কে ঐতিহাসিক বর্ণনা ও ধারনা

উইকিপিডিয়া, মুক্ত বিশ্বকোষ থেকে

শিব

পরমেশ্বর; দেব শক্তি, ধ্যান, শিল্পকলা, যোগ, কাল, ধ্বংস, পশু, পঞ্চভূত, নৃত্যের অধিপতি; অমঙ্গলের সর্বোচ্চ ধ্বংসকর্তা; দেবগণের প্রভু

ত্রিমূর্তি গোষ্ঠীর সদস্য-পদ্মাসনে আসীন ধ্যানমগ্ন শিবের একটি মূর্তি ,অন্যান্য নাম মহেশ, শঙ্কর, ভোলানাথ, নীলকন্ঠ, মহাদেব, রুদ্র ইত্যাদি। দেবনাগরী -শবি (Śiva)

অন্তর্ভুক্তি পরব্রহ্ম (শৈবধর্ম), ত্রিমূর্তি, পরমাত্মা, ঈশ্বর, দেব

আবাস - কৈলাস পর্বত

মন্ত্র

ওঁ নমঃ শিবায়

ॐ नम: शिवाय॥

অস্ত্র - পাশুপতাস্ত্র, ত্রিশূল, পরশু (কুঠার), পিণাক (ধনুক)

প্রতীকসমূহ - লিঙ্গ, ত্রিশূল, অর্ধচন্দ্র, ডমরু

দিবস - সোমবার

বাহন - নন্দী

উৎসব - শ্রাবণ, শিবরাত্রি, একাদশী, কার্তিক পূর্ণিমা, ভৈরব অষ্টমী

ব্যক্তিগত তথ্য - সঙ্গী সতী(প্রথম স্ত্রী), পার্বতী

   সন্তান - কার্তিকও গণেশ অশোকসুন্দরী (পার্বতীর সন্তান)

শিব (সংস্কৃত: শবি [৬৷৮৯], সংস্কৃত: শবি:, আইএএসটি: Śiva, আইএসও: Śiva,), হলেন হিন্দু ধর্মাবলম্বীদের সর্বোচ্চ দেবতা। সনাতন ধর্মের শাস্ত্রসমূহে তিনি পরমসত্তা

রূপে ঘোষিত। শিব সৃষ্টি-স্থিতি-প্রলয়রূপ তিন কারণের কারণ। তিনি সমসাময়িক হিন্দুধর্মের তিনটি সর্বাধিক প্রাচীন সম্প্রদায়ের অন্যতম শৈব সম্প্রদায়ের প্রধান দেবতা।এছাড়া শিব স্মার্ত সম্প্রদায়ে পূজিত ঈশ্বরের পাঁচটি প্রধান রূপের (গণেশ, শিব, সূর্য, বিষ্ণু ও দুর্গা) একটি রূপ। তার বিশেষ রুদ্ররূপ ধ্বংস, সংহার ও প্রলয়ের দেবতা।

সর্বোচ্চ স্তরে শিবকে সর্বোৎকর্ষ, অপরিবর্তনশীল পরম ব্রহ্ম মনে করা হয়।ব্রহ্ম স্বরূপে পরমাত্মা শিব বিন্দুর ন্যায় অর্থাৎ নিরাকার,এই অবস্থায় শিবকে কল্পনাও করা যায়না,তিনি কালচক্র ও সংসারের সকল গুণ-অগুণ এর ঊর্ধ্বে। শিবের অনেকগুলি সদাশয় ও ভয়ঙ্কর মূর্তিও আছে।সদাশয় রূপে তিনি একজন সর্বজ্ঞ যোগী। তিনি কৈলাস পর্বতে সন্ন্যাসীর জীবন যাপন করেন। আবার গৃহস্থ রূপে তিনি পার্বতীর স্বামী। তার দুই পুত্র বর্তমান। এঁরা হলেন গণেশ ও কার্তিক। ভয়ঙ্কর রূপে তাকে প্রায়শই দৈত্যবিনাশী বলে বর্ণনা করা হয়। শিবকে যোগ, ধ্যান ও শিল্পকলার দেবতাও মনে করা হয়। এছাড়াও তিনি চিকিৎসা বিদ্যা ও কৃষিবিদ্যারও আবিষ্কারক।

শিবমূর্তির প্রধান বৈশিষ্ট্যগুলি হল তাঁর তৃতীয় নয়ন, গলায় বাসুকী নাগ, জটায় অর্ধচন্দ্র, জটার উপর থেকে প্রবাহিত গঙ্গা, অস্ত্র ত্রিশূল ও বাদ্য ডমরু। শিবকে সাধারণত 'শিবলিঙ্গ' নামক বিমূর্ত প্রতীকে পূজা করা হয়। সমগ্র হিন্দু সমাজে শিবপূজা প্রচলিত আছে। ভারত, বাংলাদেশ, নেপাল, শ্রীলঙ্কা রাষ্ট্রে ও পাকিস্তানের কিছু অংশে শিবপূজার ব্যাপক প্রচলন লক্ষিত হয়। সনাতন ধর্মীয় শাস্ত্রসমূহে শিব পূজা কে সর্বশ্রেষ্ঠও সর্বাধিক ফলপ্রদ বলে বর্ণনা করা হয়।

<u>বৃৎপতি ও অন্যান্য নাম</u>

দিল্লি-গুরগাঁও হাইওয়ের ধারে শিবের প্রতিমূর্তি

সংস্কৃত শিব (দেবনাগরী: शवि, śiva) শব্দটি একটি বিশেষণ, যার অর্থ "শুভ, দয়ালু ও মহৎ"। ব্যক্তিনাম হিসেবে এই শব্দটির অর্থ "মঙ্গলময়"। রূঢ় রুদ্র শব্দটির পরিবর্তে অপেক্ষাকৃত কোমল নাম হিসেবে এই শব্দটি ব্যবহৃত হয়। বিশেষণ হিসেবে শিব শব্দটি কেবলমাত্র রুদ্রেরই নয়, অন্যান্য বৈদিক দেবদেবীদের অভিধা রূপে ব্যবহৃত হয়ে থাকে।

সংস্কৃতে শৈব শব্দটির অর্থ "শিব সংক্রান্ত"। এই শব্দটি হিন্দুধর্মের একটি অন্যতম প্রধান শাখাসম্প্রদায় ও সেই সম্প্রদায়ের মতাবলম্বীদের নাম হিসেবে ব্যবহৃত হয়।শৈবধর্মের কয়েকটি প্রথা ও ধর্মবিশ্বাসের বিশেষণ রূপেই এই শব্দটি ব্যবহৃত হয়ে থাকে।শৈবধর্ম আবার হিন্দুধর্মের প্রবেশদ্বার শিব শব্দটির একাধিক অর্থ ব্যাখ্যা করেছেন: "পবিত্র ব্যক্তি", "প্রকৃতির তিন গুণের (সত্ত্ব, রজ ও তম) অতীত যিনি", অথবা "যাঁর নাম উচ্চারণ মাত্রেই মানুষ পাপমুক্ত হয়"।স্বামী চিন্ময়ানন্দ তার বিষ্ণু সহস্রনাম অনুবাদে স্তবটির ব্যাখ্যা আরও প্রসারিত করে বলেছেন: শিব শব্দের অর্থ যিনি চিরপবিত্র বা যিনি রজ বা তমের দোষ কর্তৃক স্পর্শিত হন না।

শিবের নাম সংবলিত শিব সহস্রনাম স্তোত্রের অন্তত পাঠান্তর পাওয়া যায়। মহাভারতের ত্রয়োদশ পর্ব অনুশাসনপর্ব-এর অন্তর্গত পাঠটি এই ধারার মূলরচনা বলে বিবেচিত হয়। মহান্যাসে শিবের একটি দশ সহস্রনাম স্তোত্রেরও সন্ধান পাওয়া যায়। শতরুদ্রীয় নামে পরিচিত শ্রীরুদ্রম্ চমকম্ স্তোত্রেও শিবকে নানা নামে বন্দনা করা হয়েছে।

ঐতিহাসিক বিবর্তন

শিবের বিবর্তনের প্রাচীন ইতিহাস জন্য রুদ্র দেখুন।

ভারত, নেপাল ও শ্রীলঙ্কার সমগ্র হিন্দুসমাজেই শিবের পূজা প্রচলিত। কোনো কোনো ঐতিহাসিক মনে করেন, একাধিক ধর্মীয় সম্প্রদায়ের ধারণা একক মূর্তিতে একীভূত হয়ে শিবের আধুনিক রূপটি দান করেছে।তবে শিবের চারিত্রিক বৈশিষ্টগুলি কীভাবে একক দেবতায় সম্মিলিত হয়, সে সম্পর্কে বিস্তারিত তথ্য পাওয়া যায় না। অ্যাক্সেল মাইকেলস শৈবধর্মের এই সম্মিলিত জটিল প্রকৃতিটি ব্যাখ্যা করতে গিয়ে বলেছেন:

বিষ্ণুর মতো, শিবও একজন উচ্চস্থানীয় দেবতা। তাঁর নামানুসারে "শৈবধর্ম" নামক ধর্মীয় মত ও সম্প্রদায়ের নামকরণ হয়েছে। বৈষ্ণবধর্মের মতোই এই শব্দটির দ্বারাও এমন এক ঐকমত্যকে বোঝায় যা ধর্মানুশীলন বা দার্শনিক ও আধ্যাত্মিক মতবাদের মধ্যে স্পষ্টরূপে প্রতীয়মান হয় না। তাছাড়া ধর্মানুশীলন ও মতবাদকে পৃথক রাখাই কর্তব্য।

এই ধরনের সম্মিলনের একটি উদাহরণের দেখা মেলে মহারাষ্ট্রে। সেখানে কৃষি ও পশুপালনের দেবতা ছিলেন খন্ডোবা নামে এক স্থানীয় দেবতা।মহারাষ্ট্রে খন্ডোবার প্রধান উপাসনাকেন্দ্র ছিল জেজুরি। খন্ডোবার রূপকল্পটি ঠিক শিবের মতো এবং তাকে পূজাও করা হয় লিঙ্গের আকারে। অবশ্য সূর্য ও কার্তিকেয়ের সঙ্গেও খান্ডোবার রূপগত মিল লক্ষ্য করা যায়।

মূল নিবন্ধ: পশুপতি

মহেঞ্জোদাড়োয় প্রাপ্ত পশুপতি সিলমোহর

মহেঞ্জোদারোয় খননকার্য চালানোর সময় একটি সিলমোহর আবিষ্কৃত হয়, যাতে খোদিত চিত্রটি "আদি-শিব"-এর ("proto-Shiva") একটি সম্ভাব্য প্রতিকৃতিরূপে সকলের দৃষ্টি আকর্ষণ করে। উপবিষ্ট, সম্ভবত ইথিফেলিক, জন্তুজানোয়ার বেষ্টিতএই মূর্তিটিকে পশুপতি নামে অভিহিত করা হয়।স্যার জন মার্শাল এবং অন্যান্যরা এই ছবিতে হাঁটু মুড়ে বসা "যোগ ভঙ্গিমা" দেখে এটিকে শিবের আদিরূপ বলে দাবি করেন। যদিও গেভিন ফ্লাড ও জন কি প্রমুখ গবেষক এই দাবি অস্বীকার করেছেন।

রুদ্র

মূল নিবন্ধ: রুদ্র

আধুনিক শিবের সঙ্গে বৈদিক দেবতা রুদ্রের নানা মিল পরিলক্ষিত হয়। হিন্দুসমাজে রুদ্র ও শিবকে একই ব্যক্তি মনে করা হয়। রুদ্র হলেন বজ্রবিদ্যুৎসহ ঝড়ের দেবতা; তাকে

একজন ভয়ানক, ধ্বংসকারী দেবতা হিসেবে কল্পনা করা হতো।

হিন্দুধর্মের প্রাচীনতম ধর্মগ্রন্থ হল ঋগ্বেদ। ভাষাতাত্ত্বিক তথ্যপ্রমাণ থেকে জানা যায় যে ১৭০০ থেকে ১১০০ খ্রিষ্টপূর্বাব্দের মধ্যবর্তী সময়ে এই গ্রন্থের রচনা। ঋগ্বেদে রুদ্র নামে এক দেবতার উল্লেখ রয়েছে। রুদ্র নামটি আজও শিবের অপর নাম হিসেবে ব্যবহৃত হয়। ঋগ্বেদে তাকে "মরুৎগণের পিতা" বলে উল্লেখ করা হয়েছে; মরুৎগণ হলেন ঝঞ্ঝার দেবতাদের একটি গোষ্ঠী। এছাড়াও ঋগ্বেদ ও যজুর্বেদে প্রাপ্ত রুদ্রম স্তোত্রটিতে রুদ্রকে নানা ক্ষেত্রে শিব নামে বন্দনা করা হয়েছে; এই স্তোত্রটি হিন্দুদের নিকট একটি অতি পবিত্র স্তোত্র। তবে বেদপ শিব শব্দটি ইন্দ্র, মিত্র ও অগ্নির বিশেষণ হিসেবেও ব্যবহৃত হয়েছে।

তিনমুখী শিব, গান্ধার, খ্রিষ্টীয় দ্বিতীয় শতাব্দী

রুদ্রের মধ্যে শিব-এর উৎপত্তি কতটুকু তা অস্পষ্ট। শিব একজন প্রাচীন দেবতা বিবেচনা করার প্রবণতা এই শনাক্তকরণের উপর ভিত্তি করে, যদিও এমন একটি সুদূরপ্রসারী অনুমানকে ন্যায্যতা দেয় এমন তথ্যপ্রমাণগুলো খুবই নগণ্য।

রুদ্রকে "শর্ব" (ধনুর্ধর) নামেও অভিহিত করা হয়। রুদ্রের একটি প্রধান অস্ত্র হল ধনুর্বাণ।নামটি শিব সহস্রনাম স্তোত্রেও পাওয়া যায়। আর. কে. শর্মা মনে করেন, পরবর্তীকালের ভাষাগুলোতেও এই নামটি শিবের অপর নাম হিসেবে ব্যবহৃত হয়। শব্দটির বুৎপত্তি সংস্কৃত শব্দ শর্ব থেকে, যার অর্থ আঘাত করা বা হত্যা করা। আর. কে. শর্মার ব্যাখ্যা অনুযায়ী এই শব্দটির অর্থ "যিনি অন্ধকারের শক্তিসমূহকে হত্যা করতে সক্ষম"। শিবের অপর দুই নাম ধন্বী ("ধনুর্ধারী") ও বাণহস্ত ("ধনুর্বিদ", আক্ষরিক হস্তে "বাণধারী") ধনুর্বিদ্যার সঙ্গে সম্পর্কযুক্ত।

<u>অন্যান্য বৈদিক দেবতাদের সঙ্গে সম্পর্ক</u>

হিন্দু দেবমণ্ডলী একজন প্রধান দেবতারূপে শিবের উত্থানের পশ্চাতে কার্যকরী ছিল অগ্নি, ইন্দ্র, প্রজাপতি, বায়ু প্রমুখ বৈদিক দেবতাদের সঙ্গে তার সম্পর্ক।

<u>অগ্নি</u>

রুদ্রের সঙ্গে অগ্নির সম্পর্ক অত্যন্ত ঘনিষ্ঠ। বৈদিক সাহিত্যে অগ্নি ও রুদ্রের পারস্পরিক অঙ্গীভবন রুদ্রের রুদ্র-শিব রূপে বিবর্তনের ক্ষেত্রে একটি গুরুত্বপূর্ণ কারণ। নিরুক্ত নামক প্রাচীন বুৎপত্তিতত্ত্ববিষয়ক একটি গ্রন্থে এই অঙ্গীভবনের বিষয়টি অত্যন্ত সুস্পষ্ট। এই গ্রন্থে লেখা আছে, "অগ্নিকে রুদ্র নামেও অভিহিত করা হয়"। দুই দেবতার পারস্পরিক সম্পর্কের বিষয়টি অত্যন্ত জটিল। স্টেল ক্র্যামরিকের মতে:

শতরুদ্রীয় স্তবে "সসিপঞ্জর" ("সোনালি লাল রঙের শিখার মতো আভাযুক্ত") ও "তিবষীমতি" ("জ্বলন্ত শিখা") বিশেষণদুটি রুদ্র ও অগ্নির সমরূপত্ব নির্দেশ করছে। অগ্নিকে ষাঁড়ের রূপে কল্পনা করা হয়ে থাকে, এবং শিবের বাহনও হল নন্দী নামে একটি ষাঁড়। ষাঁড়ের মতো অগ্নিরও শিং কল্পনা করা হয়ে থাকে।মধ্যযুগীয় ভাস্কর্যে অগ্নি ও ভৈরব শিব – উভয়েরই বিশেষত্ব হল অগ্নিশিখার ন্যায় মুক্ত কেশরাশি।

<u>ইন্দ্র</u>

ঋগ্বেদে একাধিক স্থলে শিব শব্দটি ইন্দ্রের অভিধা রূপে ব্যবহৃত হয়েছে

<u>রূপ</u>

শিব ও পার্বতী। শিব এখানে ত্রিনয়ন, মস্তকে অর্ধচন্দ্রধারী, সর্প ও নরকরোটির মালা পরিহিত, সর্বাঙ্গে বিভূতি-মণ্ডিত এবং ত্রিশূল ও ডমরুধারী। তাঁর জটাজুট থেকে গঙ্গা প্রবাহিত।

• তৃতীয় নয়ন: শিবের একটি গুরুত্বপূর্ণ বৈশিষ্ট্য হল তার তৃতীয় নয়ন। এই নয়ন দ্বারা শিব কামকে ভস্ম করেছিলেন। বিভিন্ন শাস্ত্রগ্রন্থে শিবের যে ত্র্যম্বকম্ (সংস্কৃত: ত্র্যম্বকম্) নামটি পাওয়া যায় তার প্রকৃত অর্থ নিয়ে মতবিরোধ রয়েছে। ধ্রুপদি সংস্কৃতে অম্বক শব্দের অর্থ চক্ষু; মহাভারতে শিবকে ত্রিনয়ন রূপে কল্পনা করা হয়েছে; তাই উক্ত নামটির আক্ষরিক অর্থ করা হয়ে থাকে "তৃতীয় নয়নধারী"। যদিও বৈদিক সংস্কৃতে অম্বা বা অম্বিকা শব্দের অর্থ মা; এই প্রাচীন অর্থের ভিত্তিতে ত্র্যম্বকম্ নামটির আক্ষরিক অর্থ করা হয়, তিন জননীর সন্তান। ম্যাক্স মুলার ও আর্থার ম্যাকডোনেল শব্দটির শেষোক্ত অর্থটিকেও ধরেছেন। তবে শিবের তিন জননী সংক্রান্ত কোনো কাহিনীর প্রচলন নেই। তাই ই. ওয়াশবার্ন হপকিনস মনে করেন, এই নামটির সঙ্গে তিন জননীর কোনো সম্পর্ক নেই; বরং অম্বিকা নামে পরিচিত তিন মাতৃদেবীর সঙ্গে এটি সম্পর্কযুক্ত।শব্দটির অন্য একটি অর্থ করা হয় "যাঁর তিন স্ত্রী বা ভগিনী বর্তমান"। কেউ কেউ মনে করেন, শব্দটি এসেছে রুদ্রের সঙ্গে শিবের সমন্বারোপের ফলশ্রুতিতে। কারণ রুদ্রের সঙ্গে দেবী অম্বিকার একটি সম্পর্ক রয়েছে।

• অর্ধচন্দ্র: শিবের মস্তকে একটি অর্ধচন্দ্র বিরাজ করে।এই কারণে শিবের অপর নাম চন্দ্রশেখর (সংস্কৃত: চন্দ্রশেখর)। রুদ্রের রুদ্র-শিব রূপে বিবর্তনের প্রথম যুগ থেকেই এই অর্ধচন্দ্র শিবের একটি বৈশিষ্ট্য। সম্ভবত বৈদিক ও পরবর্তীকালের সাহিত্যে চন্দ্রদেবতা সোম ও রুদ্রের একীভবনের সূত্রেই শিবের এই বৈশিষ্ট্যটির উদ্ভব ঘটেছিল।

• বিভূতি: শিব তাঁর সর্বাঙ্গে বিভূতি বা ভস্ম মাখেন। ভৈরব ইত্যাদি শিবের কয়েকটি রূপ প্রাচীন ভারতীয় শ্মশান বৈরাগ্য দর্শনের সঙ্গে যুক্ত। রক্ষণশীল ব্রাহ্মণ্যবাদের সঙ্গে সম্পর্কহীন কয়েকটি গোষ্ঠী এই মত অনুযায়ী ধর্মসাধনা করেন। থেরোবাদী বৌদ্ধধর্মের পালি ধর্মগ্রন্থেও এই শ্মশান সাধনার উল্লেখ রয়েছে। এই কারণে শিবের অপর নাম শ্মশানবাসী[স্থায়ীভাবে অকার্যকর সংযোগ] ও বিভূতিভূষণ।

• জটাজুট: শিবের মস্তকের কেশরাশি জটাবদ্ধ। এই কারণে শিবের অপর নাম জটী বা কপর্দী ("কপর্দ বা কড়ির ন্যায় কেশযুক্ত")।

• নীলকণ্ঠ: একবার দেবতা আর অসুর মধ্যে যুদ্ধে অমৃত পানের জন্যে দেবতারা সমুদ্রমন্থন করছিলেন। মন্থনকালের এক পর্যায়ে সমুদ্র থেকে হলাহল বিষ উত্থিত হলে তার বিষাক্ত নির্যাসে দেবতারা অজ্ঞান হয়ে যাচ্ছিলেন। তখন দেবতাদের রক্ষা করার জন্য ভগবান শিব সেই বিষাক্ত বিষ পান করেন। এর ফলে উনার কণ্ঠ নীল হয়ে যায়। একারণেই ভগবান শিব নীলকণ্ঠ (সংস্কৃত: নীলকণ্ঠ) নামে পরিচিত হন।

গঙ্গার মর্ত্যে অবতরণকালে শিব তাঁকে জটায় ধারণ করছেন; সম্মুখে পার্বতী, নন্দী ও ভগীরথ, সন্ত নারায়ণের হিন্দি পাণ্ডুলিপির চিত্র, ১৭৪০ খ্রি.

• পবিত্র গঙ্গা: হিন্দু বিশ্বাস অনুযায়ী, গঙ্গা নদীর উৎসস্থল শিবের জটা। এই কারণে শিবের অপর নাম গঙ্গাধর।

• ব্যাঘ্রচর্ম: শিবের পরিধেয় বস্ত্র ব্যাঘ্রচর্ম বা বাঘছাল। এই কারণে শিবের অপর নাম কৃত্তিবাস। শিব ব্যাঘ্রচর্মের আসনের উপর উপবিষ্টও থাকেন। উল্লেখ্য, ব্যাঘ্রচর্মের আসন ছিল প্রাচীন ভারতের ব্রহ্মর্ষিদের জন্য রক্ষিত একটি বিশেষ সম্মান।

• সর্প: শিবের গলায় একটি সাপ সর্বদা শোভা পায়। এই সাপটি হলো শিবের পরম ভক্ত এবং সমস্ত সাপের রাজা নাগরাজ বাসুকি।

• ত্রিশূল: শিবের অস্ত্র হল ত্রিশূল।

• ডমরু: শিবের হাতে ডমরু নামে একপ্রকার বাদ্যযন্ত্র শোভা পায়। নটরাজ নামে পরিচিত শিবে নৃত্যরত মূর্তির এটি একটি বিশিষ্ট দিক। ডমরুধারণের জন্য নির্দিষ্ট একটি মুদ্রা বা হস্তভঙ্গিমা ডমরুহস্ত নামে পরিচিত। ডমরু কাপালিক সম্প্রদায়ের প্রতীক হিসেবেও ব্যবহৃত হয়।

• নন্দী: নন্দী নামে একটি পৌরাণিক ষাঁড় শিবের বাহন। শিবকে পশুদের দেবতা মনে করা হয়। তাই তার অপর নাম পশুপতি (সংস্কৃত: পশুপতি)। আর. কে. শর্মার মতে, পশুপতি শব্দটির অর্থ "গবাদি পশুর দেবতা"। অন্যদিকে ক্র্যামরিক এই নামটিকে প্রাচীন রুদ্রের অভিধা আখ্যা দিয়ে এর অর্থ করেছেন "পশুদের দেবতা"।

• গণ: শিবের অনুচরদের গণ বলা হয়। এঁদের নিবাসও কৈলাস। এঁদের ভৌতিক প্রকৃতি অনুসারে ভূতগণ নামেও অভিহিত করা হয়। এঁরা সাধারণত দয়ালু। কেবল কোনো কারণে তাদের প্রভু ক্রুদ্ধ হলে এঁরা প্রভুর সঙ্গে ধ্বংসলীলায় মেতে ওঠেন। শিব স্বীয় পুত্র গণেশকে তাদের নেতা মনোনীত করেন। এই কারণেই গণেশ গণপতি নামে অভিহিত হন।

• কৈলাস: হিন্দু বিশ্বাস অনুযায়ী, শিবের অধিষ্ঠান হিমালয়ের কৈলাস পর্বতে। হিন্দুপুরাণ অনুসারে, লিঙ্গাকার কৈলাস পর্বত মহাবিশ্বের কেন্দ্রস্থলে অবস্থিত।

• বারাণসী: বারাণসী শিবের প্রিয় নগরী। এই নগরী হিন্দুদের পবিত্রতম তীর্থগুলির অন্যতম। হিন্দু ধর্মগ্রন্থে এই নগরী কাশীধাম নামে পরিচিত। [

রূপভেদ

ভগবান শিবের বিভিন্ন নাম ও তার সম্পর্কে প্রচলিত বিভিন্ন কাহিনিতে এই দ্বিমুখী সত্তার সন্ধান পাওয়া যায়। উল্লেখযোগ্য রূপভেদ হলো শৈলপুত্র,ব্রহ্মচারী,স্কন্দপিতা,কুষ্মান্ড,সিদ্ধিদাতা,সর্পদেব,গৌরীপতি,অর্ধচন্দ্রঘন্টা,কাত্যায়ন ও অন্যান্য।

ধ্বংসকর্তা ও মঙ্গলময় সত্তা

প্রথমা পত্নী দাক্ষায়ণী সতীর শবদেহ স্কন্ধে শিব

যজুর্বেদে শিবের দুটি পরস্পরবিরোধী সত্তার উল্লেখ রয়েছে। এখানে একদিকে তিনি যেমন ক্রূর ও ভয়ংকর (রুদ্র); অন্যদিকে তেমনই দয়ালু ও মঙ্গলময় (শিব)। এই কারণে চক্রবর্তী মনে করেন, "যে সকল মৌলিক উপাদান পরবর্তীকালে জটিল রুদ্র-শিব সম্প্রদায়ের জন্ম দিয়েছিল, তার সবই এই গ্রন্থে নিহিত রয়েছে।" মহাভারতেও শিব একাধারে "দুর্জেয়তা, বিশালতা ও ভয়ংকরের প্রতীক" এবং সম্মান, আনন্দ ও মহত্ত্বের দ্বারা ভূষিত। শিবের নানা নামের মধ্যে তার এই ভয়াল ও মঙ্গলময় সত্তার বিরোধের উল্লেখ রয়েছে।

রুদ্র (সংস্কৃত: রুদ্র) নামটি শিবের ভয়ংকর সত্তার পরিচায়ক। প্রথাগত বুৎপত্তি ব্যাখ্যা অনুসারে, রুদ্র শব্দটির মূল শব্দ হল রুদ্-, যার অর্থ রোদন করা বা চিৎকার করা। স্টেলা ক্র্যামরিক অবশ্য এর একটি পৃথক বুৎপত্তি ব্যাখ্যা দিয়েছেন। এই ব্যাখ্যাটি বিশেষণ রৌদ্র শব্দটির সঙ্গে সম্পর্কযুক্ত, যার অর্থ বন্য বা রুদ্র প্রকৃতির। এই ব্যাখ্যা অনুযায়ী, তিনি রুদ্র নামটির অর্থ করেছেন যিনি বন্য বা প্রচণ্ড দেবতা। এই বুৎপত্তিব্যাখ্যা অনুসারে, আর. কে. শর্মা রুদ্র শব্দের অর্থ করেছেন ভয়ংকর। মহাভারতের অনুশাসনপর্বের অন্তর্গত শিব সহস্রনাম স্তোত্রে শিবের হর (সংস্কৃত: হর) নামটির উল্লেখ করা হয়েছে তিন বার। এটি শিবের একটি অত্যন্ত গুরুত্বপূর্ণ নাম। অনুশাসনপর্বে তিন বারই এই নামের উল্লেখ করা হয়েছে সম্পূর্ণ ভিন্নতর অর্থে। আর. কে. শর্মা এই তিনটি উল্লেখে হর নামটির অর্থ করেছেন "যিনি বন্দী করেন", "যিনি এক করেন" এবং "যিনি ধ্বংস করেন"। শিবের অপর দুই ভয়ংকর রূপ হল "কাল" (সংস্কৃত: কাল) ও "মহাকাল" (সংস্কৃত: মহাকাল)। এই দুই রূপে শিব সকল সৃষ্টি ধ্বংস করেন। ধ্বংসের সঙ্গে সম্পর্কযুক্ত শিবের অপর একটি রূপ হল ভৈরব (সংস্কৃত: ভৈরব)। "ভৈরব" শব্দটির অর্থও হল "ভয়ানক"।

অপরপক্ষে শিবের শঙ্কর (সংস্কৃত: শঙ্কর) নামটির অর্থ "মঙ্গলকারক" বা "আনন্দদায়ক"। এই নামটি শিবের দয়ালু রূপের পরিচায়ক। বেদান্তিক দার্শনিক আদি শঙ্কর (৭৮৮-৮২০ খ্রি.) এই সন্ন্যাসজীবনের নাম হিসেবে নামটি গ্রহণ করে শঙ্করাচার্য নামে পরিচিতি লাভ করেন। একই ভাবে শম্ভু (সংস্কৃত: শাম্ভ্) নামটির অর্থও "আনন্দদায়ক"। এই নামটিও শিবের দয়ালু রূপের পরিচায়ক।

যোগী ও গৃহী সত্তা

সপরিবার শিব; শিবের সঙ্গে পত্নী পার্বতী এবং পুত্র গণেশ ও কার্তিকেয়।

শিবকে একাধারে যোগী ও গৃহী রূপে কল্পনা করা হয়। যোগী শিবের মূর্তি ধ্যানরত। যোগশাস্ত্রের সঙ্গে তার সম্পর্কের পরিপ্রেক্ষিতে তাকে মহাযোগী নামে অভিহিত করা হয়। বৈদিক ধর্মে যজ্ঞের উপর অধিক গুরুত্ব আরোপ করা হলেও, মহাকাব্যিক যুগে তপস্যা, যোগ ও কৃচ্ছ্রসাধন অধিকতর গুরুত্ব পেতে শুরু করে। যোগীবেশে শিব কল্পনার আবির্ভাব তাই অপেক্ষাকৃত পরবর্তীকালে ঘটেছিল।

গৃহী রূপে তিনি পার্বতীর স্বামী এবং গণেশ ও কার্তিকেয় নামে দুই পুত্রের জনক। পার্বতী

বা উমা তার স্ত্রী বলে তাকে উমাপতি, উমাকান্ত ও উমাধব নামেও অভিহিত করা হয়। শিবের স্ত্রী পার্বতীই বিশ্বজননী বা মহাশক্তি। গৃহী রূপে শিব আপন পত্নীকে ভালবাসেন এবং শ্রদ্ধা করেন।

শিব ও পার্বতীর দুই পুত্র – কার্তিকেয় ও গণেশ। দক্ষিণ ভারতে সুব্রহ্মণ্যন, ষন্মুখন, স্বামীনাথন ও মুরুগান নামে কার্তিকেয়ের পূজা বহুল প্রচলিত; উত্তর ভারতে তিনি স্কন্দ, কুমার ও কার্তিকেয় নামেই সর্বাধিক পরিচিত। শিবের স্ত্রীকে তার শক্তির উৎস মনে করা হয়।

নটরাজ

মূল নিবন্ধ: নটরাজ

ব্রোঞ্জনির্মিত চোলযুগীয় নটরাজ শিবের মূর্তি, মেট্রোপলিটান মিউজিয়াম অফ আর্ট, নিউ ইয়র্ক

নটরাজ (তামিল: நடராஜா) বেশে শিবের মূর্তি অত্যন্ত জনপ্রিয়। শিব সহস্রনামে শিবের নর্তক ও নিত্যনর্ত নামদুটি পাওয়া যায়। পৌরাণিক যুগ থেকেই নৃত্য ও সঙ্গীতের সঙ্গে শিবের যোগ বিদ্যমান। সারা ভারতে, বিশেষত তামিলনাড়ুতে, নটরাজের পাশাপাশি নৃত্যমূর্তি নামে শিবের নানান নৃত্যরত মূর্তি সারা ভারতে পাওয়া যায়। শিবের সঙ্গে সম্পর্কযুক্ত দুটি নৃত্যের নাম হল তাণ্ডব ও লাস্য। তাণ্ডব ধ্বংসাত্মক ও পুরুষালি নৃত্য; শিব কাল-মহাকাল বেশে বিশ্বধ্বংসের উদ্দেশ্যে এই নাচ নাচেন এবং মধুর ও সুচারু নৃত্যকলা; এই আবেগময় নৃত্যকে পার্বতীর নাচ রূপে কল্পনা করা হয় লাস্যকে তাণ্ডবের নারীসুলভ বিকল্প মনে করা হয়। তাণ্ডব ও লাস্য নৃত্য যথাক্রমে ধ্বংস ও সৃষ্টির সঙ্গে সম্পর্কযুক্ত।

সুইজারল্যান্ডের জেনেভা শহরে অবস্থিত বিশ্বের সবচেয়ে বড় ফিজিক্স ল্যাবে নটরাজ শিবের মূর্তি।

সুইজারল্যান্ডের জেনেভা শহরে অবস্থিত বিশ্বের সবচেয়ে বড় ফিজিক্স ল্যাব দ্যা ইউরোপিয়ান অর্গানাইজেশন ফর নিউক্লিয়ার রিসার্চ (CERN)। এখানে রয়েছে মহাদেব শিবের একটি মূর্তি। এটিকে বলা হয় নটরাজ শিব। ভারত এই প্রতিমাটি উপহার দেয়। ২ মিটার উঁচু এই প্রতিমাটি ২০০৪ সালের ১৮ জুন বিশ্বের সবচেয়ে বড় ফিজিক্স ল্যাবে উন্মোচন করা হয়।

দক্ষিণামূর্তি

মূল নিবন্ধ: দক্ষিণামূর্তি

দক্ষিণামূর্তি (সংস্কৃত: দক্ষিণামূর্তি)[শিবের একটি বিশিষ্ট রূপ। আক্ষরিকভাবে দক্ষিণামূর্তি কথাটির অর্থ দক্ষিণদিকে মুখ যাঁর। এই রূপে শিব যোগ, সঙ্গীত ও বিদ্যাচর্চার গুরু এবং শাস্ত্রের ব্যাখ্যাকর্তা।প্রধানত তামিলনাড়ুতে শিবের এই মূর্তি প্রচলিত। দক্ষিণামূর্তি শিব মৃগসিংহাসনে অধিষ্ঠিত এবং জ্ঞানপিপাসু ঋষিগণ কর্তৃক পরিবৃত।[

মৃত্যুঞ্জয়

"মৃত্যুঞ্জয়" কথাটির আক্ষরিক অর্থ "যিনি মৃত্যুকে জয় করেছেন"। কথিত আছে, শিব মৃত্যুর দেবতা যমকে জয় করেছিলেন। একটি কিংবদন্তি অনুসারে, ঋষি মার্কণ্ডেয়ের ষোলো বছর বয়সে মৃত্যুযোগ ছিল। মার্কণ্ডেয় শিবের আরাধনা করেন। মৃত্যুকাল উপস্থিত হলে, তিনি শিবের নিকট জীবন ভিক্ষা করেন। শিব যমকে পরাজিত করে মার্কণ্ডেয়কে জীবন দান করেন।

অর্ধনারীশ্বর

অর্ধনারীশ্বর বেশে শিব; একাদশ শতাব্দীর ব্রোঞ্জনির্মিত চোল ভাস্কর্য

মূল নিবন্ধ: অর্ধনারীশ্বর

অর্ধনারীশ্বর বেশে শিব অর্ধেক পুরুষ অর্ধেক নারীদেহধারী। এই রূপের অপর একটি নাম হল "তৃতীয় প্রকৃতি"। এলান গোল্ডবার্গের মতে, সংস্কৃত অর্ধনারীশ্বর কথাটির অর্থ যে দেবতা অর্ধেক নারী; অর্ধেক পুরুষ অর্ধেক নারী নয়।হিন্দু দর্শনে এই রূপের ব্যাখ্যা দিতে গিয়ে বলা হয়েছে, এই বিশ্বের পবিত্র পরমাশক্তি একাধারে পুরুষ ও নারীশক্তি।

ত্রিপুরান্তক

মূল নিবন্ধ: ত্রিপুরান্তক

আরও দেখুন: ত্রিপুর

একটি পৌরাণিক উপাখ্যান অনুসারে, শিব ধনুর্ধর বেশে ত্রিপুর নামে অসুরদের তিনটি দুর্গ ধ্বংস করেন। এই কারণে শিবের অপর নাম ত্রিপুরান্তক (সংস্কৃত: ত্রিপুরান্তক)। শিবের এই নামটির একটি দার্শনিক ব্যাখ্যাও রয়েছে। পণ্ডিতগণ মনে করেন মানবদেহ তিন প্রকার - স্থূল শরীর বা বহিঃস্থ দেহ, সূক্ষ্ম শরীর বা মন এবং কারণ শরীর বা আত্মার চৈতন্যময় রূপ। এই তিন শরীরকে একত্রে ত্রিপুর বলা হয়। ত্রিপুরান্তক বেশে শিব মানব সত্তার এই ত্রিমুখী অস্তিত্বের ধ্বংস ও বিলোপ ঘটিয়ে মানবকে পরমসত্তার সঙ্গে লীন হতে সহায়তা করেন। এই বেশে তিনি মায়া ও অজ্ঞানকে ধ্বংস করে পরম চৈতন্যের সঙ্গে মানুষের মিলন ঘটান।

অষ্টমূর্তি

মূল নিবন্ধ: অষ্টমূর্তি

শিবের আটটি বিশেষ রূপকে একত্রে অষ্টমূর্তি বলে। এঁরা হলেন: ভব (অস্তিত্ব), শর্ভ (ধনুর্ধর), রুদ্র (যিনি দুঃখ ও যন্ত্রণা প্রদান করেন), পশুপতি (পশুপালক), উগ্র (ভয়ংকর), মহান বা মহাদেব (সর্বোচ্চ আত্মা), ভীম (মহাশক্তিধর) ও ঈশান (মহাবিশ্বের দিকপতি)।

শিবলিঙ্গ

তিরুবানাইকবলের জম্বুকেশ্বর মন্দিরে সুসজ্জিত শিবলিঙ্গ

নৃতত্ত্বারোপিত মূর্তি ব্যতিরেকেও শিবলিঙ্গ বা লিঙ্গ-এর আকারে শিবের পূজাও অত্যন্ত

গুরুত্বপূর্ণ বলে বিবেচিত হয়। শিবলিঙ্গ বিভিন্ন প্রকারের হয়ে থাকে। শিব শব্দের অর্থ মঙ্গলময় এবং লিঙ্গ শব্দের অর্থ প্রতীক; এই কারণে শিবলিঙ্গ শব্দটির অর্থ সর্বমঙ্গলময় বিশ্ববিধাতার প্রতীক। শিব শব্দের অপর একটি অর্থ হল যাঁর মধ্যে প্রলয়ের পর বিশ্ব নিদ্রিত থাকে; এবং লিঙ্গ শব্দটির অর্থও একই – যেখানে বিশ্বধ্বংসের পর যেখানে সকল সৃষ্ট বস্তু বিলীন হয়ে যায়। যেহেতু হিন্দুধর্মের মতে, জগৎের সৃষ্টি, রক্ষা ও ধ্বংস একই ঈশ্বরের দ্বারা সম্পন্ন হয়, সেই হেতু শিবলিঙ্গ স্বয়ং ঈশ্বরের প্রতীক রূপে পরিগণিত হয়। মনিয়ার-উইলিয়ামস ও ওয়েন্ডি ডনিগার প্রমুখ কয়েকজন গবেষক শিবলিঙ্গকে একটি পুরুষাঙ্গ-প্রতিম প্রতীক মনে করেন। যদিও ক্রিস্টোফার ইসারহড, স্বামী বিবেকানন্দ, স্বামী শিবানন্দ, ও এস. এন. বালগঙ্গাধর প্রমুখ বিশেষজ্ঞগণ এই মতকে খণ্ডন করেছেন।

অথর্ববেদ সংহিতা গ্রন্থে যূপস্তম্ভ নামে একপ্রকার বলিদান স্তম্ভের স্তোত্রে প্রথম শিব-লিঙ্গ পূজার কথা জানা যায়। এই স্তোত্রের আদি ও অন্তহীন এক স্তম্ভ বা স্কম্ভ-এর বর্ণনা পাওয়া যায়। এই স্কম্ভ-টি চিরন্তন ব্রহ্মের স্থলে স্থাপিত। যজ্ঞের আগুন, ধোঁয়া, ছাই, সোম লতা, এবং যজ্ঞকাষ্ঠবাহী ষাঁড়ের ধারণাটির থেকে শিবের উজ্জ্বল দেহ, তার জটাজাল, নীলকণ্ঠ ও বাহন বৃষের একটি ধারণা পাওয়া যায়। তাই মনে করা হয়, উক্ত যূপস্তম্ভই কালক্রমে শিবলিঙ্গের রূপ ধারণ করেছে। লিঙ্গপুরাণ গ্রন্থে এই স্তোত্রটিই উপাখ্যানের আকারে বিবৃত হয়েছে। এই উপাখ্যানে কীর্তিত হয়েছে সেই মহাস্তম্ভ ও মহাদেব রূপে শিবের মাহাত্ম্য।

মন্দির

শিবমন্দির

ভারতীয় উপমহাদেশে অনেক শিবমন্দির রয়েছে। এগুলির মধ্যে জ্যোতিলিঙ্গ মন্দিরগুলি সর্বাপেক্ষা গুরুত্বপূর্ণ।

জ্যোতির্লিঙ্গ মন্দির

শিবের সর্বাপেক্ষা পবিত্র মন্দির হল দ্বাদশ জ্যোতির্লিঙ্গ মন্দির। এগুলি হল:

জ্যোতিলিঙ্গ অবস্থান -

1. সোমনাথ - প্রভাস পাটন, বেরাবলের নিকট, গুজরাত

2. মল্লিকার্জুন - শ্রীশৈলম, অন্ধ্রপ্রদেশ

3. মহাকালেশ্বর - উজ্জয়িনী, মধ্যপ্রদেশ

4. ওঙ্কারেশ্বর - ইন্দোরের নিকটস্থ, মধ্যপ্রদেশ

5. কেদারনাথ - কেদারনাথ, উত্তরাখণ্ড

6. ভীমাশঙ্কর - বিতর্কিত:

• ভীমাশঙ্কর মন্দির, পুনে, মহারাষ্ট্র

• ভীমশঙ্কর(মোটেশ্বর মহাদেব), কাশীপুর, উত্তরাখণ্ড

• ভীমশঙ্কর মন্দির, গুয়াহাটি, অসম

• ভীমশঙ্কর মন্দির, গুনুপুর, ওড়িশা

7.কাশী বিশ্বনাথ-বারাণসী, উত্তরপ্রদেশ

8.ত্র্যম্বকেশ্বর-ত্র্যম্বক, নাসিক, মহারাষ্ট্র

9.রামনাথস্বামী-রামেশ্বরম, তামিলনাড়ু

10.ঘৃক্ষেশ্বর-ইলোরা, মহারাষ্ট্র

11.বৈদ্যনাথ-বিতর্কিত:

• বৈদ্যনাথ মন্দির, দেওঘর, ঝাড়খণ্ড (ছবিতে)

• বৈজনাথ মন্দির, পারলি, মহারাষ্ট্র

• বৈজনাথ মন্দির, বৈজনাথ, হিমাচল প্রদেশ

12.নাগেশ্বর-বিতর্কিত:

• নাগেশ্বর মন্দির, আলমোড়া, উত্তরাখণ্ড (ছবিতে)

• নাগেশ্বর মন্দির, দ্বারকা, গুজরাত

• অন্ধ নাগনাথ, মহারাষ্ট্র

পঞ্চমন্ত্র

পঞ্চানন শিব, চারপাশে বিষ্ণু, ব্রহ্মা, গণেশ ও অন্যান্য দেবতারা; লস এঞ্জেলস কাউন্টি মিউজিয়াম অফ আর্টের সংগ্রহ।

শিবের পবিত্র সংখ্যা হল পাঁচ। তার সর্বাপেক্ষা গুরুত্বপূর্ণ মন্ত্রগুলির একটি (নমঃ শিবায়) পাঁচটি অক্ষর দ্বারা গঠিত।

কথিত আছে, শিবের শরীর পাঁচটি মন্ত্র দ্বারা গঠিত। এগুলিকে বলা হয় পঞ্চব্রহ্মণ।[দেবতা রূপে এই পাঁচটি মন্ত্রের নিজস্ব নাম ও মূর্তিতত্ত্ব বর্তমান:

• সদ্যোজাত

• বামদেব

• অঘোর

• তৎপুরুষ

• ঈশান

শিবের মূর্তি এই পাঁচটি রূপ পঞ্চাননের আকারে কল্পিত হয়। বিভিন্ন শাস্ত্রে এই পাঁচটি রূপ পঞ্চভূত, পঞ্চ জ্ঞানেন্দ্রিয় ও পঞ্চ কর্মেন্দ্রিয়ের সঙ্গে সম্পর্কযুক্ত। তবে এই পাঁচটি রূপের বর্ণনা প্রসঙ্গে পণ্ডিতদের মধ্যে মতবিরোধ রয়েছে। স্টেলা ক্র্যামরিক এই সম্মিলনের সামগ্রিক অর্থ সম্পর্কে মন্তব্য করেছেন:

অন্যদিকে পঞ্চব্রহ্মণ উপনিষদ মতে:

জানবে, পার্থিব জগতের সকল বস্তুর পঞ্চমুখী চরিত্র বিদ্যমান। এর কারণ পঞ্চমুখী ব্রহ্মের চরিত্রবৈশিষ্ট্যরূপে শিবের চিরন্তন বৈচিত্র্য। (পঞ্চব্রহ্মণ উপনিষদ ৩১)

শিব লিঙ্গ পূজার তাৎপর্য কি? শিব পূজা দু'রকম ভাবেই হয়। মূর্তি এবং লিঙ্গ। পূর্বেই বলা হয়েছে লিঙ্গ শব্দে অনেক গুলো অর্থ আছে। লিঙ্গ শব্দের অর্থ চিহ্ন বা প্রতীক। সাকার

রূপে এরূপ লিঙ্গ শরীর বা চিহ্ন আমরা সর্বত্রই ব্যবহার করি। একটি দেশের পরিচয় বহন করে একটি পতাকা। বিষ্ণুমন্ত্রের যারা অনুসারী তাদের পরিচয় তারা দেন দেহতে তিলক ফোঁটা অঙ্কিত করে। ঘটে আমরা দেবদেবীর পুতলী এঁকে দেবতার চিহ্ন বা প্রতীক বসাই। এরূপ দুটি প্রতীক বা লিঙ্গ বা চিহ্ন আমরা পূজায় ব্যবহার করি। একটি শিব লিঙ্গ আরেকটি নারায়ণ শিলা। শিব লিঙ্গের গঠন প্রণালী সহজ হওয়ায় মূর্তি তৈরী থেকে লিঙ্গ পূজায় আমরা আগ্রহী বেশি। মাটি দিয়ে অতি সহজে অল্প সময়ে এ প্রতীক তৈরী করা যায় এবং পূজান্তে বিসর্জনও দেয়া যায়। কিন্তু প্রতীকটির নাম লিঙ্গ দেয়াতে আমাদের মধ্যে এ নিয়ে নীল সাহিত্য গড়ে উঠেছে যা সত্যিই দুঃখজনক। অথচ একই প্রতীক ব্যবহৃত হচ্ছে নারায়ণ পূজায়, তাকে নিয়ে এরূপ আচারণ আমরা করি না। বিশেষ করে শিব-এর সঙ্গে সৃষ্টির কার্যক্রম যুক্ত থাকাতে আমরা লিঙ্গ শব্দটিকে একেবারে পার্থিব কাজের সঙ্গে মিলিয়ে দিয়েছি। এ বিভ্রান্তি থেকে আমাদের মুক্ত হতে হবে এবং আমাদের শিবত্বে উন্নীত হতে হবে।

<u>হরিহর</u>

বৈদিক যুগে বিষ্ণু ও রুদ্ররূপী শিব ছিলেন অপেক্ষাকৃত অপ্রধান দেবতা। তবে ব্রাহ্মণ (১০০০-৭০০ খ্রিষ্টপূর্বাব্দ) রচনার সময় থেকেই তাদের গুরুত্ব বৃদ্ধি পেতে থাকে।[পৌরাণিক যুগে দুই দেবতাকে কেন্দ্র করেই পৃথক সম্প্রদায় গড়ে ওঠে। এই সম্প্রদায়গুলি ভক্ত টানবার লক্ষ্যে পরস্পরের সঙ্গে প্রতিযোগিতায় অবতীর্ণ হয়। ফলত এই দুই প্রধান দেবতার পারস্পরিক সম্পর্কটি বর্ণনা করার জন্য রচিত হয় একাধিক ভিন্নধর্মী কাহিনি।

প্রত্যেক সম্প্রদায়ই নিজ নিজ দেবতাকে সর্বোচ্চ দেবতা রূপে উপস্থাপিত করে। এইভাবে বিষ্ণুকেন্দ্রিক পৌরাণিক সাহিত্যে বিষ্ণু শিবে "পরিণত হন"।বিষ্ণুপুরাণ (খ্রিষ্টীয় চতুর্থ শতাব্দী) গ্রন্থের উপাখ্যান অনুসারে, বিষ্ণু জাগরিত হয়ে বিশ্ব সৃষ্টির জন্য ব্রহ্মা এবং তা ধ্বংসের জন্য শিবে রূপান্তরিত হয়েছিলেন।ভাগবত পুরাণ অনুসারে, শিব বিষ্ণুরই একটি রূপ মাত্র। অন্যদিকে শিবকেন্দ্রিক পৌরাণিক সাহিত্যে দেখা যায়, শিব একাই এবং স্বাধীনভাবেই বিশ্ব সৃষ্টি, রক্ষা ও ধ্বংস করছেন। শিবলিঙ্গের উৎপত্তি সংক্রান্ত একটি শৈব পুরাণে আছে, জ্যোতিলিঙ্গরূপী শিবের দেহ থেকেই বিষ্ণু ও ব্রহ্মার উৎপত্তি হয়েছিল। শৈব শতরুদ্রীয় স্তোত্রে শিবকে "বিষ্ণুরূপী"-ও বলা হয়েছে। শরভের উপাখ্যানে দুই দেবতার পারস্পরিক সম্পর্ক প্রসঙ্গে দুই সম্প্রদায়ের মতবাদের পার্থক্যটি সুস্পষ্ট হয়। উক্ত কাহিনিতে শিব একাধারে মানুষ, পাখি ও পশুর রূপে অবতীর্ণ হয়েছিলেন। হিরণ্যকশিপু বধের জন্য নৃসিংহ রূপে অবতার গ্রহণের জন্য বিষ্ণুকে ভর্ৎসনা করার লক্ষ্যেই শিব উক্ত রূপে অবতীর্ণ হন।[যদিও বৈষ্ণব ও বিজয়ীন্দ্র তীর্থ (১৫৩৯-৯৫) প্রমুখ দ্বৈতবাদী পণ্ডিতেরা তাদের সাত্ত্বিক পুরাণ ও শ্রুতি পাঠের ভিত্তিতে নৃসিংহ অবতার সম্পর্কে মতবিরোধ পোষণ করতেন।

বিভিন্ন সমন্বয়বাদী গোষ্ঠী অবশ্য দুই দেবতার পারস্পরিক মধুর ও সহযোগিতাপূর্ণ সম্পর্কের কথাই বলে থাকেন। এই সকল গোষ্ঠীর মতবাদে হরিহর নামে এক দেবতার অস্তিত্ব লক্ষিত হয়। ইনি বিষ্ণু (হরি) ও শিব (হর)-এর সম্মিলিত রূপ। এই রূপ হরিরুদ্র নামেও পরিচিত। মহাভারতে এই রূপের উল্লেখ রয়েছে। শিবের মহাবলেশ্বর নামটির উৎপত্তি আখ্যানটি হল এই জাতীয় সমন্বয়মূলক কাহিনির একটি উদাহরণ। এই আখ্যান অনুযায়ী, শিব রাবণকে বরস্বরূপ একটি শিবলিঙ্গ প্রদান করেছিলেন। শর্ত ছিল লিঙ্গটি রাবণকে সর্বদা বহন করতে হবে। একটি স্থানে এসে রাবণ মূত্রত্যাগ করার জন্য ব্রাহ্মণের ছদ্মবেশধারী বিষ্ণুভক্ত নারদকে লিঙ্গটি কিছুক্ষণের জন্য ধরতে বলেন। নারদ এটি মাটিতে রেখে অদৃশ্য হয়ে যান। রাবণ ফিরে এসে লিঙ্গটি স্থানান্তরে অসমর্থ হল এবং সেই থেকে লিঙ্গটি সেই স্থানেই থেকে যায়। কথিত আছে, এই স্থানটি হল অধুনা ঝাড়খণ্ড রাজ্যের দেওঘর। কর্ণাটকের গোকর্ণের কাহিনিটিও কতকটা একই প্রকার। এই আখ্যানে দেখা যায়, কৈলাস থেকে লঙ্কায় প্রত্যাবর্তন কালে রাবণ গণেশকে একটি শিবলিঙ্গ ধরতে দিয়ে স্নান করতে যান। কিন্তু গণেশ সেটি ভূমিতে স্থাপন করেন। এই কারণে লিঙ্গটির নাম হয় মহাবলেশ্বর।

অপর একটি কাহিনি অনুসারে, শিব বিষ্ণুর নারী অবতার মোহিনীর রূপে মুগ্ধ হয়ে তার সঙ্গে মিলিত হন। উভয়ের মিলনের ফলে আয়াপ্পার জন্ম হয়। এই আয়াপ্পা শাস্তা বা আয়ানারের সমরূপীয়। একদল উদ্ধত ঋষিকে শিক্ষা দেবার সময়ও মোহিনী শিবের সেবা করেন।

শিবের বিভিন্ন নাম

শিবকে বিভিন্ন নামে ডাকা হয়ে থাকে। অন্য সকল দেবতার মত তারও ১০৮ নাম রয়েছে। এর মধ্যে অন্যতম হল - মহাদেব, শিব, নটরাজ, শম্ভু, পশুপতি, নীলকণ্ঠ, চিন্তামণি, মহেশ্বর, রুদ্র, গৌরিপতি, মাতাঙ্গেশ্বর, মহাশঙ্করানন্দ ভৈরব, রাক্ষসেশ্বর, ভীমেশ্বর, শৈলেন্দ্রেশ্বর, কোটেশ্বর মহাদেব, কালভৈরব, জগন্নাথদেব, মল্লিকার্জুন, অ৹যাকাম্মনাথ, সিদ্ধিনাথ, বাল্মেশ্বর, লম্বকর্ণ, চামুণ্ডেশ্বর, মহাকাল, ভুবনেশ্বর, বগলামুখেশ্বর, সতীপতি, ত্রিপুরারি, তীর্থরাজ, সদাশিব, যোগীশ্বর ইত্যাদি।

শিবের পুত্র

হিন্দু মাত্রেই জানেন শিবের পুত্রের সংখ্যা দুই। কার্তিক বা ষড়ানন আর গণেশ বা গজানন। কিন্তু, 'শিবপুরাণ' জানাচ্ছে, শিবের মোট পুত্রসংখ্যা ৬। এই পুত্রেরা কেউই কিন্তু পার্বতীর সন্তান নন। শিবের বিভিন্ন লীলার সময়ে তাদের জন্ম হয়েছিল। কার্তিক-গণেশ ছাড়াও বাকি চার পুত্রের সন্ধান রইল এখানে।

• আয়াপ্পা— অসুরদের হাত থেকে অমৃতকে বাঁচানোর জন্য বিষ্ণু মোহিনীরূপ ধারণ

করেন। শিব মোহিনীর সৌন্দর্যে বশীভূত, মনোমুগ্ধকর ও মোহিত হন। মোহিনীর সাথে মিলিত হওয়ার চেষ্টা করেন। কিন্তু তার আগেই তার বীর্য স্খলন হয়ে মাটিতে পরে। সেখান থেকেই আয়াপ্পার জন্ম হয়। দক্ষিণ ভারতে আইপ্পাকে গুরুত্বপূর্ণ দেবতা বলেই মনে করা হয়। তাকে হরি ও হরের সম্মিলিত রূপ বলে মনে করা হয়।

• অন্ধকাসুর— দানবরাজ হিরণ্যাক্ষ পুত্রহীন ছিলেন। তিনি পুত্রলাভের আশায় মহাদেবের তপস্যা করেন। শিব তাকে এক পুত্রসন্তান প্রদান করেন। জন্মান্ধ সেই পুত্রের নাম ছিল অন্ধকাসুর। পরে অন্ধকাসুর পার্বতীকে অনৈতিকভাবে অধিকার করতে চাইলে স্বয়ং শিবই তাকে হত্যা করেন।

• ভৌম— শিবের স্বেদবিন্দু ভূমিতে পড়েই ভৌমের জন্ম হয়েছিল। শিব তখন গভীর ধ্যানে মগ্ন ছিলেন। ভূমিদেবীই ভৌমকে পালন করেন। পরে শিব ভৌমের কথা জানতে পারেন এবং তাকে পুত্র হিসেবে স্বীকার করে নেন।

• খুজ— একবার গভীর ধ্যানে মগ্ন অবস্থায় শিবের দেহ থেকে তীব্র জ্যোতি বিকীর্ণ হতে থাকে। সেই জ্যোতি ভূমিতে প্রবিষ্ট হলে খুজের জন্ম হয়। তাকে লৌহের দেবতা বলে মনে করা হয়।

অবতার

লোকবিশ্বাস অনুসারে, হিন্দুধর্মের অন্যান্য দেবদেবীদের মতো শিবেরও একাধিক অবতার বিদ্যমান। তবে পুরাণ শাস্ত্রে শিবের অবতারের উল্লেখ থাকলেও, এই অবতারতত্ত্ব শৈবধর্মে স্বীকৃত নয়।

• আদি শঙ্কর, খ্রিষ্টীয় অষ্টম শতাব্দীতে বর্তমান অদ্বৈত বেদান্ত প্রবক্তা। কোনো কোনো শাস্ত্রে তাকে শিবের অবতার বলে উল্লেখ করা হয়েছে।

• হনুমান চালিশা স্তোত্রে হনুমানকে শিবের একাদশ অবতার বলা হয়েছে, তবে এই মত সর্বজনস্বীকৃত নয়।

উৎসব -শিবরাত্রি ও চড়ক উৎসব

প্রতি বছর হিন্দু পঞ্জিকা অনুযায়ী ফাল্গুন মাসের কৃষ্ণ চতুর্দশী তিথিতে শিবরাত্রি উৎসব উদযাপিত হয়। এই উৎসব হিন্দুদের অন্যতম গুরুত্বপূর্ণ উৎসব। এই দিন ভক্তের শিবের মস্তকে ফল, ফুল ও বিল্বপত্র অর্পণ করে।

চৈত্রসংক্রান্তির দিন বাংলায় শিবকেন্দ্রিক একটি বিশেষ উৎসব পালিত হয়। এটি চড়ক উৎসব নামে পরিচিত। এটি পৌরাণিক উৎসব নয়, লোকউৎসব। গাজন এই উৎসবের অন্যতম বৈশিষ্ট্য।

শিবের একাধিক নামের মধ্যে ১০৮টি নামের বিশেষ গুরুত্ব রয়েছে।

১)শিব- কল্যাণ স্বরূপ

২) মহেশ্বর- মায়ার অধীশ্বর

৩) শম্ভু- আনন্দ স্বরূপ যাঁর

৪) পিনাকী- পিনাক অর্থাৎ ধনুক ধারণ করেছেন যিনি

৫) শশীশেখর- মস্তকে চাঁদকে ধারণ করেছেন যিনি

৬) বামদেব- অত্যন্ত সুন্দর স্বরূপ যাঁর

৭) বিরূপাক্ষ- বিচিত্র চোখ যাঁর (শিব ত্রিনেত্রের অধিকারী)

৮) কপর্দী- জটাধারণ করেছেন যিনি

৯) নীললোহিত- নীল ও লাল বর্ণ যাঁর

১০) শংকর- সবার কল্যাণ করেন যিনি

১১) শূলপাণি- হাতে ত্রিশূল যাঁর

১২) খটবাঙ্গি- খাটিয়ায় একটি পা রাখেন যিনি

১৪) বিষ্ণুবল্লভ- বিষ্ণুর অতিপ্রিয়

১৫) শিপিবিষ্ট- সিতুহায়ে প্রবেশ করেন যিনি

১৫) অম্বিকানাথ- দেবী দূর্গার স্বামী

১৬) শ্রীকন্ঠ- সুন্দর কন্ঠ যাঁর

১৭) ভক্তবৎসল- ভক্তদের অত্যন্ত স্নেহ করেন যিনি

১৮) ভব- সংসার রূপে প্রকট হন যিনি

১৯) শর্ব- কষ্ট নষ্ট করেন যিনি

২০) ত্রিলোকেশ- তিন লোকের যিনি প্রভু

২১) শিতিকন্ঠ- সাদা কন্ঠ যাঁর , শিবের আর এক নাম পিনাকী।

২২) শিবাপ্রিয়- পার্বতীর প্রিয়

২৩) উগ্র- অত্যন্ত উগ্র রূপ যাঁর

২৪) কপালী- কপাল ধারণ করেন যিনি

২৫) কামারী- কামদেবের শত্রু, অন্ধকারকে পরাজিত করেছেন যিনি

২৬) সুরসূদন- দৈত্য অন্ধককে যিনি বধ করেছেন

২৭) গঙ্গাধর- যিনি গঙ্গাকে ধারণ করেছেন

২৮) ললাটাক্ষ- ললাটে চোখ যাঁর

২৯) মহাকাল- কালেরও কাল যিনি

৩০) কৃপানিধি- করুণার সাগর

৩১) ভীম- ভয়ঙ্কর রূপ যাঁর

৩২) পরশুহস্ত- হাতে পরশু ধারণ করেছেন যিনি

৩৩) মৃগপাণি- হাতে যিনি হরিণ ধারণ করেছেন

৩৪) জটাধর- জটা রেখেছেন যিনি

৩৫) কৈলাসবাসী- কৈলাসের নিবাসী

৩৬) কবচী- কবচ ধারণ করেছেন যিনি

৩৭) কঠোর- অত্যন্ত মজবুত দেহ যাঁর

৩৮) ত্রিপুরান্তক- ত্রিপুরাসুরকে বধ করেছেন যিনি

৩৯) বৃষাঙ্ক- বৃষ চিহ্নের ধ্বজা রয়েছে যাঁর

৪০) বৃষভারূঢ়- বৃষের উপরে সওয়ার যিনি , গঙ্গাধর শিবের আর এক নাম।

৪১) ভস্মোদ্ধূলিতবিগ্রহ- সারা শরীরে ভস্ম লাগান যিনি

৪২) সামপ্রিয়- সামগানের প্রেমী

৪৩) স্বরময়ী- সাতটি স্বরে যাঁর নিবাস

৪৪) ত্রয়ীমূর্তি- বেদরূপী বিগ্রহ করেন যিনি

৪৫) অনীশ্বর- যিনি স্বয়ং সকলের প্রভু

৪৬) সর্বজ্ঞ- যিনি সব কিছু জানেন

৪৭) পরমাত্মা- সব আত্মায় সর্বোচ্চ

৪৮) সোমসূর্যাগ্নিলোচন- চন্দ্র, সূর্য ও অগ্নিরূপী চোখ যাঁর

৪৯) হবি- আহুতি রূপী দ্রব্যের মতো

৫০) যজ্ঞময়- যজ্ঞস্বরূপ যিনি

৫১) সোম- উমা-সহ রূপ যাঁর , অনঘ নামেও তিনি পরিচিত।

৫২) পঞ্চবক্ত্র- পঞ্চ মুখ যাঁর

৫৩) সদাশিব- নিত্য কল্যাণ রূপী

৫৪) বিশ্বেশ্বর- সমগ্র বিশ্বের ঈশ্বর

৫৫) বীরভদ্র- বীর হওয়া সত্ত্বেও শান্ত স্বরূপ যাঁর

৫৬) গণনাথ- গণদের স্বামী

৫৭) প্রজাপতি- প্রজার পালনকর্তা

৫৮) হিরণ্যরেতা- স্বর্ণ তেজ যাঁর

৫৯) দুর্ধর্ষ- কারও চাপের কাছে নত হন না যিনি

৬০) গিরীশ- পর্বতের স্বামী

৬১) গিরীশ্বর- কৈলাস পর্বতে শয়ন করেন যিনি

৬২) অনঘ- পাপরহিত

৬৩) ভুজঙ্গভূষণ- সাপের আভূষণ ধারণ করেন যিনি

৬৪) ভর্গ- পাপনাশক

৬৫) গিরিধন্বা- মেরু পর্বতকে যিনি ধনুক বানিয়েছেন

৬৬) গিরিপ্রিয়- পর্বত প্রেমী

৬৭) কৃত্তিবাসা- গজচর্ম পরিধান করেছেন যিনি

৬৮) পুরারাতি- পুরদের বিনাশ করেছেন যিনি

৬৯) ভগবান- সর্বসমর্থ ঐশ্বর্য সম্পন্ন

৭০) প্রমথাধিপ- প্রমথগণের অধিপতি

৭১) মৃত্যুঞ্জয়- মৃত্যুকে জয় করেছেন যিনি, ললাটে তৃতীয় নেত্র থাকায় মহাদেবের আর এক নাম ললাটাক্ষ।

৭২) সূক্ষ্মতনু- সূক্ষ্ম শরীর যাঁর

৭৩) জগদ্ব্যাপী- জগতে ব্যাপ্ত বাস যাঁর

৭৪) জগদ্গুরু- জগতের গুরু

৭৫) ব্যোমকেশ- আকাশের মতো চুল যাঁর

৭৬) মহাসেনজনক- কার্তিকেয়র পিতা

৭৭) চারুবিক্রম- সুন্দর পরাক্রম যাঁর

৭৮) রুদ্র- ভয়ানক

৭৯ ভূতপতি- ভূতপ্রেত বা পঞ্চভূতের অধিপতি

৮০) স্থাণু- স্পন্দন বিহিন কূটস্থ রূপ যাঁর

৮১) অহির্বুধ্ন্য- কুণ্ডলিনী ধারণ করেছেন যিনি

৮২) দিগম্বর- নগ্ন, আকাশরূপী বস্ত্র ধারণকারী

৮৩) অষ্টমূর্তি- আটটি রূপ আছে যাঁর

৮৪) অনেকাত্মা- অনেক রূপ ধারণ করতে পারেন যিনি

৮৫) সাত্ত্বিক- সত্ত্ব গুণ যাঁর

৮৬) শুদ্ধবিগ্রহ- শুদ্ধমূর্তি যাঁর

৮৭) শাশ্বত- নিত্য থাকেন যিনি

৮৮) খণ্ডপরশু- ভাঙা পরশু ধারণ করেছেন যিনি

৮৯) অজ- জন্ম রহিত

৯০) পাশবিমোচন- বন্ধন থেকে মুক্ত করেন যিনি

৯১) মৃড- সুখস্বরূপ যাঁর

৯২) পশুপতি- পশুদের অধিপতি

৯৩) দেব- স্বয়ং প্রকাশরূপ যিনি

৯৪) মহাদেব- দেবতাদেরও দেবতা

৯৫) অব্যয়- খরচ হওয়া সত্ত্বেও ঘাটতি হয় না যাঁর

৯৬) হরি- বিষ্ণুস্বরূপ

৯৭) পূষদন্তভিৎ- পূষার দন্ত যিনি উপড়ে ফেলেছিলেন

৯৮) অব্যগ্র- কখনও ব্যথিত হন না যিনি

৯৯) দক্ষাধ্বরহর- দক্ষের যজ্ঞ নষ্ট করেছিলেন যিনি

১০০) হর- পাপ ও তাপ হরণ করেন যিনি

১০১) ভগনেত্রভিদ্- ভগ দেবতার চোখ নষ্ট করেছিলেন যিনি ,পাশবিমোচন নামে খ্যাত মহাদেব সকলকে বন্ধন থেকে মুক্ত করেন।

১০২) অব্যক্ত- ইন্দ্রিয়ের সামনে প্রকট হন না যিনি

১০৩) সহস্রাক্ষ- হাজারটি চোখ যাঁর

১০৪) সহস্রপাদ- হাজার পদ বিশিষ্ট

১০৫) অপবর্গপ্রদ- কৈবল্য মোক্ষ দান করেন যিনি

১০৬) অনন্ত- দেশকালবস্তু রূপী পরিচ্ছেদ রহিত

১০৭) তারক- সবার তারণ করেন যিনি

১০৮) পরমেশ্বর- সর্বাধিক পরম ঈশ্বর |

7

শিবের মন্ত্র

<u>শিবের প্রণাম মন্ত্র :</u>

নমঃ শিবায় শান্তায় কারুণাত্রায়হেতবে

নিবেদিতামি চাত্মানং ত্বং গচ্ছিং পরমেশ্বর

(যিনি শিব, যিনি শান্তমূর্তি, যিনি সত্ত্ব রজঃ তমঃ এই তিন জগৎকারণের কারণ,
তাঁহাকে প্রণাম করি। হে পরমেশ্বর, তোমাকে আত্মসমর্পণ করিতেছি, তুমি আমার গতি
(আশ্রয়)

<u>শিবের জপ মন্ত্র :</u>

ওঁ নমঃ শিবায় নমঃ

<u>শিবের মহামৃত্যুঞ্জয় মন্ত্র :</u>

ওঁ ত্র্যম্বকম যজামহে সুগন্ধিম

পুষ্টিবর্ধনম্‌উর্বারুকমিব বন্ধনান্‌ মৃত্যৌর্মুক্ষীয় মামৃতাত্‌

<u>শিবের গায়ত্রী মন্ত্র :</u>

ওঁ তৎপুরুষায় বিদ্যাহে মহাদেবায়া

ধীমাহী তান্ন রুদ্রঃ প্রচোদয়াৎ

<u>শিবের রুদ্র মন্ত্র :</u>

‘ওম নমো ভগবতে রুদ্রায়’

<u>শিবের ধ্যান মন্ত্র :</u>

ওঁ ধ্যায়েন্নিত্যং মহেশ রজতগিরি নিভঃ চারুচন্দ্রাবতংসংরত্নাকল্পোজ্জ্বলাঙ্গং

পরশুমৃগবরাভীতিহস্তং প্রসন্নম

পদ্মাসীনং সমন্তাৎ স্তুতমমরগণৈব্যার্ঘকৃত্তিং

বসানংবিশ্বাদ্যং বিশ্ববীজং নিখিলভয়রং পঞ্চবক্ত্রং

শিব স্তোত্র:

প্রভুমীশ-মনীশ-মশেষগুণং গুণহীন-মহীশ-গণাভরণাম্।

রণ-নির্জ্জিত-দুর্জ্জয়-দৈত্যপুরং প্রণমামি শিবং শিবকল্পতরুম্॥১

গিরিরাজ-সুতান্বিত-বামতনুং তনু-নিন্দিত-রাজত-ভূমিধরম্।

বিধি-বিষ্ণু-শিরোধৃত-পাদযুগং প্রণমামি শিবং শিবকল্পতরুম্॥২

শশলাঞ্ছিত-রঞ্জিত-সন্মুকুটং কটলম্বিত-সুন্দর-কৃতিপটম্।

সুরশৈবলিনী-কৃত-পূতজটং প্রণমামি শিবং শিব কল্পতরুম্॥৩

নয়নত্রীয়-ভূষিত চারুমুখং মুখপদ্ম বিনিন্দিত কোটিবিধুম্।

বিধু-থগু-বিমণ্ডিত-ভাল-তটং প্রণমামি শিবং শিবকল্পতরুম্॥৪

বৃষ রাজ-নিকেতনমাদি গুরুং গরলাশন-মার্তি-বিনাশ করিম্।

বরদাভয়-শূলবিষাণ-ধরং প্রণমামি শিবং শিব-কল্পতরুম্॥৫

মকরধ্বজ-মত্ত-মাতঙ্গ-হরং করিচর্ম্ম-বিলাস-বিশেকরমস্ফুরদাদূত

কীকস-মাল্যধরং প্রণমামি শিবং শিবকল্পতরুম্॥৬

জগদুদ্ভবপালননাশকরং কারুণেশ-গুণত্রয়া-রূপধরম্।

প্রিয়মাধব-সাধুজনৈকগতিং প্রণমামি শিবং শিবকল্পতরুম্॥৭

প্রমথাধিপ সেবক রঞ্জনকং মুনি-যোগি-মনোহম্বুজ-ষট্পদকম্।

ভজতোহখিল-দুঃখ সমৃদ্ধি হরং প্রণমামি শিবং শিবকল্পতরুম্॥৮

শিবের ষড়াক্ষর জপ মন্ত্র

ওঁ নমঃ শিবায় ॥

শিবের পঞ্চাক্ষর জপ মন্ত্র

নমঃ শিবায় ॥

ষড়াক্ষর এবং পঞ্চাক্ষর মন্ত্রটি মূলত মোক্ষলাভ করার জন্য মন্ত্র। রুদ্রাক্ষ মালায় নিত্য জপ করলে মোক্ষলাভ হয়। রুদ্রাক্ষ মালাটি অবশ্যই শোধন করা হতে হবে।

শিব প্রণাম মন্ত্র

ওঁ নমঃ শিবায় শান্তায় কারুণাত্রায় হেতবে

নিবেদিতামি চাস্মানং স্বং গম্বিং পরমেশ্বরম্ ॥

সরলার্থঃ তিন কারণের (সৃষ্টি, স্থিতি ও বিনাশের) হেতু শান্ত শিবকে প্রণাম। হে পরমেশ্বর তুমিই পরমগতি। তোমার কাছে নিজেকে সমর্পণ করি।

তস্মৈ নমঃ পরমকারণ কারণায় দীপ্তোজ্জ্বলজ্জ্বলিত পিঙ্গললোচনায়

নাগেন্দ্রহাররকৃত কুণ্ডলভূষণায় ব্রহ্মেন্দ্রবিষ্ণু বরদায় নমঃ শিবায় ॥

সরলার্থঃ যিনি কারণের পরম কারণ, যাঁর অতি উজ্জ্বল দেদীপ্যমান পিঙ্গল নয়ন, কুণ্ডলীকৃত সর্পরাজের হার যাঁর কন্ঠভূষণ, ব্রহ্মা, বিষ্ণু এবং ইন্দ্রাদি দেবতাকে যিনি বর প্রদান করেন, সেই পরম শিবকে আমার প্রনাম।

শিব গায়ত্রী মন্ত্র

ওঁ তৎপুরুষায় বিদ্মহে মহাদেবায় ধীমহি তন্নো রুদ্রঃ প্রচোদয়াৎ ওঁ ॥

সরলার্থঃ যিনি তৎপুরুষ ব্রহ্ম, যিনি সব পুরীতে শয়ান থাকেন, তাঁকে জেনে মহাদেবকে ধন্যবাদ করি, সেই রুদ্র ভগবান আমার বুদ্ধিকে শিবতত্ত্বে প্রেরণ করুন।

শিব রুদ্র মন্ত্র

ওঁ নমো ভগবতে রুদ্রায় নমঃ ॥

সংক্ষিপ্ত মহামৃত্যুঞ্জয় মন্ত্র

ওঁ ত্র্যম্বকং যজামহে সুগন্ধিং পুষ্টিবর্ধনম্।

উর্বারুকমিব বন্ধনান মৃত্যোর মুক্ষীয় মামৃতাৎ ॥

সম্পূর্ণ মহামৃত্যুঞ্জয় মন্ত্র

ওঁ ত্র্যম্বকং যজামহে সুগন্ধিং পুষ্টিবর্ধনম্।

উর্বারুকমিব বন্ধনান মৃত্যোর মুক্ষীয় মামৃতাৎ ॥

ওঁ ত্র্যম্বকং যজামহে সুগন্ধিং পতিবেদনম্।

উর্বারুকমিব বন্ধনাদিতো মুক্ষীয় মামৃতঃ ॥

স্নান মন্ত্র

গঙ্গাজলে শুদ্ধজলে চন্দন মিশ্রিত করে ঘণ্টা বাজাতে বাজাতে শিবলিঙ্গকে নিচের মন্ত্রে স্নান করাবেন –

ওঁ ত্র্যম্বকং যজামহে সুগন্ধিং পুষ্টিবর্ধনম্।

উর্বারুকমিব বন্ধনান মৃত্যোর মুক্ষীয় মামৃতাৎ ॥

ওঁ তৎপুরুষায় বিদ্মহে মহাদেবায় ধীমহি তন্নো রুদ্রঃ প্রচোদয়াৎ ওঁ ॥

শিবের ধ্যান মন্ত্র

প্রথমেই বলে রাখি সাধারণ ধ্যান মন্ত্র এবং বাণেশ্বর শিবের ধ্যান মন্ত্র দুটি আলাদা। যাদের বাড়িতে বা মন্দিরে বাণেশ্বর শিব প্রতিষ্ঠিত আছে তারা বাণেশ্বর শিবের ধ্যান মন্ত্রে ধ্যান করবে।

কূর্ম মুদ্রায় একটি ফুল নিয়ে শিবের ধ্যান করবেন। ফুলটি হাতের তালুতে থাকবে।

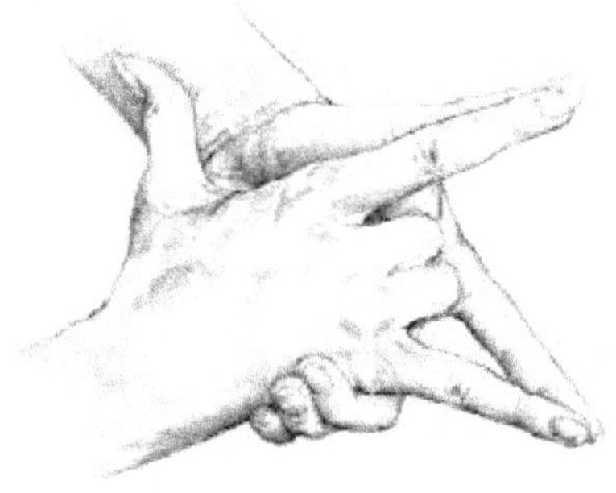

চিত্রঃ কূর্ম মুদ্রা

সাধারণ ধ্যানমন্ত্র
ওঁ ধ্যায়েন্নিত্যং মহেশং রজতগিরিনিভং চারুচন্দ্রাবতংসং
রত্নাকল্পোজ্জ্বলাঙ্গং পরশুমৃগবরাভীতিহস্তং প্রসন্নম্॥
পদ্মাসীনং সমন্তাত্ স্তুতমমরগণৈর্ব্যাঘ্রকৃত্তিং বসানং।
বিশ্বাদ্যং বিশ্ববীজং নিখিলভয়হরং পঞ্চবক্ত্রং ত্রিনেত্রম্॥
বাণেশ্বর শিবের ধ্যান
ঐঁ প্রমত্তং শক্তিসংযুক্তং বাণাখ্যঞ্চ মহাপ্রভাং।
কামবাণান্বিতং দেবং সংসারদহনক্ষমম্॥
শৃঙ্গারাদি-রসোল্লাসং বাণাখ্যং পরমেশ্বরম্।
এবং ধ্যাত্বা বাণলিঙ্গং যজেত্তং পরমং শিবম্॥

সনাতন মতে সপ্তাহের প্রতিটি দিন কোনও না কোনও দেবতা উৎসর্গ করা হয়। ওই দিনে দেবদেবীর পুজো করলে কাঙ্খিত ফল মেলে বলে লোকবিশ্বাস। সোমবারকে শিবের উদ্দেশ্যে উৎসর্গ করা হয়।

মহামৃত্যুঞ্জয় মন্ত্র:
মহামৃত্যুঞ্জয় মন্ত্রের প্রথম উল্লেখ পাওয়া যায় ঋগ্বেদে। তার পর যজুর্বেদ এবং অথর্ব বেদও নিজেদের শ্লোকে অন্তর্ভুক্ত করেছে এই মন্ত্রকে। এই অন্তর্ভুক্তি কি আথেরে মন্ত্রের জনপ্রিয়তার ফল? না কি বহুল পাঠের কারণে চারটি বেদের মধ্যে তিনটিই গ্রহণ করতে বাধ্য হয়েছে মহামৃত্যুঞ্জয় মন্ত্র? এমনই তার মাহাত্ম্য? শ্লোকের দিকে তাকালেই এই মন্ত্রের মাহাত্ম্য স্পষ্ট বোঝা যাবে।
ঋগ্বেদ বলছে,
ওম ত্র্যম্বকম যজামহে সুগন্ধিম পুষ্টিবর্ধনম।

উর্বারুকমিব বন্ধনান মৃত্যুর্মুক্ষীয় মামৃতাম।।

মন্ত্র বিশ্লেষণ:

- ওম: বলাই বাহুল্য, হিন্দু সংস্কৃতির প্রায় কোনও মন্ত্রই ওম ছাড়া শুরু হয় না! বিশেষ করে, শিবমন্ত্র। তাই, মহামৃত্যুঞ্জয় মন্ত্র জপের শুরুতেই ওম উচ্চারণ করে শুদ্ধ করে নিতে হয় আত্মাকে। আর, লক্ষ্য না করলেই নয়, ওম উচ্চারণেরও রয়েছে এক বিশেষ পদ্ধতি। নাভি থেকে উপরের দিকে নিঃশ্বাসের সঙ্গে বের করতে হয় ওম শব্দের ধ্বনি। মানে, প্রাণায়াম শুরু হল এই ধ্বনি উচ্চারণ দিয়েই।

- ত্র্যম্বকম: শিবের একটি নাম ত্র্যম্বক। মানে, যাঁর তিনটি চোখের মধ্যে একটি সূর্য, একটি চন্দ্র এবং অপরটি অগ্নি। বেঁচে থাকার জন্য মানুষের এই তিনটিরই তেজ প্রয়োজন। তাই যে মন্ত্র উদ্ধার করতে পারে মৃত্যু থেকে, তার অধিকর্তা ঈশ্বরকে সম্বোধন করা হয়েছে ত্র্যম্বক নামে।

- যজামহে: যজামহে মানে ত্র্যম্বককে যজন বা উপাসনা করি। তাঁকে শ্রদ্ধা জানাই।

- সুগন্ধিম: যে ঈশ্বরকে এই মন্ত্রে বর্ণনা করা হয়েছে, তিনি সুগন্ধিযুক্ত। এখানে শিবের সর্বাঙ্গে যে ভস্মের অনুলেপন, তাকেই ব্যাখ্যা করা হয়েছে সুগন্ধি হিসেবে। মানে স্পষ্ট- এই নশ্বর জীবন একদিন ভস্মেই পরিণত হয়। কিন্তু, মোক্ষ লাভ করতে পারলে, মৃত্যুভয় কেটে গেলে ওই ভস্মই হয়ে ওঠে সুগন্ধির সমতুল।

- .পুষ্টিবর্ধনম: শিব, যিনি আমাদের মৃত্যু থেকে রক্ষা করেন, তিনি আমাদের পুষ্টিবর্ধনেরও সহায়ক। লক্ষ্য করার মতো বিষয়- পুষ্টি হলেই শরীর নীরোগ হয়। তাই, মহামৃত্যুঞ্জয় মন্ত্র শিবকে বর্ণনা করেছে পুষ্টিবর্ধন রূপে।

- উর্বারুকমিব: সংস্কৃতে উর্ব শব্দটিকে নানা ভাবে ব্যাখ্যা করা হয়েছে। কেউ বললেন উর্ব শব্দের অর্থ বিশাল, কেউ বা বললেন মৃত্যুর মতোই ভয়ানক। আর, আরুকম মানে যা আমাদের রক্ষা করে এই ভয় থেকে।

- বন্ধনান: বন্ধনান শব্দের মধ্যে বন্ধন শব্দটির উপস্থিতি চোখে পড়ার মতো। বিশাল, মৃত্যুর মতো ভয়ানক ভয় আসলে বন্ধনেরই নামান্তর। সেই বন্ধন থেকে আমাদের মুক্ত করেন মহামৃত্যুঞ্জয় শিব।

- মৃত্যুর্মুক্ষীয়: মৃত্যু থেকে উদ্ধার করা!

- মামৃতাম: মা শব্দটির অর্থ সংস্কৃতে না! তাহলে নয় অমৃতাম- শব্দবন্ধের ব্যাখ্যা কি দাঁড়ায়? এই শব্দবন্ধে বলতে চাওয়া হয়েছে, শিব আমাদের মৃত্যু থেকে উদ্ধার করুন, কিন্তু অমৃত থেকে নয়। অমৃত এখানে জীবনের আনন্দের কথাই বোঝাচ্ছে।

মহামৃত্যুঞ্জয় মন্ত্র কীভাবে পৃথিবীতে এল:

শিবপুরাণ বলে, এই মন্ত্রের আবিষ্কর্তা ঋষি মার্কণ্ডেয়। মহামৃত্যুঞ্জয় মন্ত্র পাঠ করে তিনি উদ্ধার পান মৃত্যুর হাত থেকে। তার পরে এই মন্ত্র পৃথিবীতে জনপ্রিয় হয়। বেশ

কিছু পুরাণ জানায়, প্রজাপতি দক্ষ চন্দ্রকে ক্ষয়রোগের অভিশাপ দিলে শিব- পত্নী সতী এই মন্ত্র দান করেন চন্দ্রকে। সোমনাথ-তীর্থে এই মন্ত্র পাঠ করে ক্ষয়রোগ থেকে মুক্তি পান চন্দ্র। আবার, স্বয়ং শিব এই মন্ত্র দান করেছিলেন দৈত্যগুরু শুক্রাচার্যকে। এই মন্ত্র পাঠ করেই দেবতাদের সঙ্গে যুদ্ধে মৃত অসুরদের বাঁচিয়ে তুলতেনম শুক্রাচার্য। তাই, একে মৃতসঞ্জীবনী মন্ত্রও বলা হয়। যা দেখা যাচ্ছে, ধর্মে বিশ্বাস থাকুক বা না-ই থাকুক, মহামৃত্যুঞ্জয় মন্ত্রের একনিষ্ঠ এবং সঠিক উচ্চারণ আমাদের চালনা করে সুস্থ জীবনের পথে।।

শিব তান্ডব স্তোত্র

ভগবান শিবের সবচেয়ে গুরুত্বপূর্ণ স্তোত্রগুলির মধ্যে একটি হল 'শিব তান্ডব স্তোত্র'। বিশ্বাস করা হয় যে, রাজা রাবন ছিলেন শিবের একনিষ্ঠ ভক্ত। শিবের অনুসারীগণ মনে করেন যে, রাবন এই স্তোত্রটি রচনা করেন এবং তিনিই প্রথম এটি পাঠ করেন।

শিব তান্ডব স্তোত্র সম্পর্কে রামায়ণের চরিত্র রাবণকে ঘিরে একটি বহুল প্রচলিত কাহিনী রয়েছে। কাহিনীটি এরকম যে, রাবনের পূর্বে তাঁর সৎ ভাই কুবের ছিলেন লঙ্কার রাজা। কুবেরের ছিল দুর্লভ এক পুষ্পক বিমান (উড়ুক্কু রথ)। একসময় রাবন তাঁর ভাইকে যুদ্ধে পরাজিত করে সেই পুষ্পক বিমানে চড়ে বিশ্ব পরিভ্রমণ করছিলেন। এভাবে একসময় তিনি কৈলাস পর্বতের কাছে আসলে তাঁর পুষ্পক বিমান থেমে যায়। হিন্দুধর্মমতে কৈলাস পর্বত ভগবান শিবের আবাসস্থল এবং গোটা পৃথিবীর কেন্দ্রস্থল। সেখানে পুষ্পক বিমান থেমে গেলে রাবণ ভীষণ বিরক্ত হন। কৈলাস পর্বত রাবনকে তাঁর বিমানের দিক পরিবর্তন করতে বলে কারণ সেই মুহূর্তে শিব-পার্বতী কৈলাসে বিশ্রামরত ছিলেন। কিন্তু রাবন কৈলাসের কথায় কর্ণপাত করলেন না। তিনি পুষ্পক বিমান থেকে নেমে কৈলাসকে সরিয়ে দেয়ার জন্য প্রচন্ড শক্তি প্রয়োগ করলেন। এতে গোটা পৃথিবী কাঁপতে শুরু করল।

সেই মুহূর্তে রাবনকে শিক্ষা দেয়ার জন্য ভগবান শিব তাঁর পায়ের আঙুল দিয়ে কৈলাস পর্বতকে প্রচন্ড শক্তিতে চেপে ধরলেন। পর্বতের চাপে রাবনের হাত পিষে যেতে থাকল। যন্ত্রণায় রাবন চিৎকার করতে লাগলেন। সেই চিৎকার ত্রিলোকের (স্বর্গ, মর্ত্য ও পাতাল) সব যায়গা থেকে শোনা গেলো। সংস্কৃতে এই চিৎকারের ধ্বনিকে বলে 'রব'। সেই রব শুনে মহর্ষি নারদ সেখানে উপস্থিত হলেন। তিনি সেই অবস্থা থেকে পরিত্রাণের জন্য রাবনকে শিবের আরাধনা করতে পরামর্শ দিলেন। মহর্ষি নারদের পরামর্শ অনুযায়ী রাবন চৌদ দিন ধরে শিব মন্ত্র পাঠ করতে থাকলেন। এরপর প্রদোষকালে (সূর্যোদয়ের পূর্বে একঘন্টা ও সূর্যাস্তের পরে একঘন্টার মধ্যের সময়) শিব তান্ডব স্তোত্র পাঠ করতে থাকলেন। যাদুকরী সেই স্তোত্র পাঠ ত্রিভুবনের সব যায়গা থেকে শোনা গেলো। শিবের সৌন্দর্য ও প্রশংসা সংবলিত সেই স্তোত্র শুনে সবাই মুগ্ধ হল।

স্তোত্র পাঠ শেষ হলে ভগবান শিব রাবনের প্রতি অত্যন্ত সন্তুষ্ট হয়ে কৈলাস থেকে নেমে এলেন এবং তাঁর নাম দিলেন রাবন। এর আগে রাবনকে দশানন (দশ মাথা

যার) বলে ডাকা হতো। রাবন ছিলেন সত্যিকারের একজন বেদজ্ঞ এবং দেবী সরস্বতীর আশির্বাদধন্য। যথাযথ সুর ও ছন্দের সমন্বয়ে তৈরি শিব তান্ডব স্তোত্র পাঠ শুনে রাবনের প্রতি ভগবান শিব এতটাই সন্তুষ্ট হলেন যে, তখন তাঁকে তিনি অতি দূর্লভ চন্দ্রহাস তরবারি দান করলেন।

শিবের অনুসারীগণ বিশ্বাস করেন, শিবের অন্যান্য স্তোত্রের মত শিব তান্ডব স্তোত্রও সবার পাঠ করা উচিত। তাদের মতে, এই স্তোত্রের যাদুকরী ক্ষমতা রয়েছে। তাই আমাদের শারীরিক, মানসিক ও আত্মিক উন্নতিতে এই স্তোত্র সঠিক নিয়মে এবং ভগবান শিবের প্রতি পূর্ণ ভক্তি নিয়ে পাঠ করা উচিত। তাছাড়া এই স্তোত্র পাঠে আমাদের সুখ, সমৃদ্ধি ও শক্তি বৃদ্ধি পায় এবং আমরা আমাদের মধ্যে শিবের উপস্থিতি অনুভব করি। যে কোন সময় শিব তান্ডব স্তোত্র পাঠ ও শ্রবণ করা যায়, তবে প্রদোষকালে এই স্তোত্র পাঠ করাই উওম।

দশানন রাবণ বিরচিত
শিবতান্ডব স্তোত্রম্

জটা-টবী-গলজ-জল-প্রবাহ-পাবিত-স্থলে

গলে-হ'বলম্ব্য-লম্বিতাং-ভুজঙ্গ-তুঙ্গ-মালিকাম্ |

ডমড্-ডমড্-ডমড্-ডমন্-নিনাদ-বড়-ডমবয়ং

চকার-চণ্ড-তাণ্ডবং-তনোতু-নঃ-শিবঃ-শিবম্ ||

জটা-কটাহ-সন্ধ্বম-ভ্রমন-নিালম্প-নিঝরা-

-বিলোল-বীচি-বল্লরী-বিরাজ-মান-মূর্ধনি |

ধগদ্-ধগদ্-ধগজ্-জ্বলল্-ললাট-পউ-পাবকে

কিশোর-চন্দ্র-শেখরে-রতিঃ-প্রতিক্ষণং-মম ||

ধরা-ধরেন্দ্র-নান্দনা-বিলাস-বন্ধু-বন্ধুর

স্ফুরদ্-দিগন্ত-সন্ততি-প্রমোদ-মান-মানসে |

কৃপা-কটাক্ষ-ধোরণী-নিরুদ্ধ-দুর্ধরা-পদি

ক্বচিদ্-দিগম্বরে-মনো-বিনোদ-মেতু-বস্তুনি ||

জটা- -ভুজঙ্গ-পিঙ্গল-স্ফুরৎ-ফণা-মণি-প্রভা

কদম্ব-কুঙ্কুম-দ্রব-প্রলিপ্ত-দিগ্ধধূ-মুখে |

মদান্ধ-সিন্ধুর-স্ফুরস্ব-গুত্তরীয়-মেদুরে

মনো-বিনোদম্-অদ্ভুতং-বিভর্তু-ভূত-ভর্তরি ||

সহস্র-লোচন-প্রভৃত্য-শেষ-লেখ-শেখর

প্রসূন-ধূলি-ধোরণী-বিধূ-সরাম্বি-পীঠভূঃ|

ভুজঙ্গ-রাজ-মালয়া-নিবদ্ধ-জাট-জুটক

শ্রিয়ে-চিরায়-জায়তাং-চকোর-বন্ধু-শেখরঃ ||

ললাট-চত্বর-জ্বলদ্-ধনঞ্জয়-স্ফুলিংগভা-

-নিপীত-পঞ্চ-সায়কং-নমন্-নিলিম্প-নায়কম্।
সুধা-ময়ূখ-লেখয়া-বিরাজ-মান-শেখরং
মহা-কপালি-সম্পদে-শিরো-জটালমস্ত-নঃ।।
করাল-ভাল-পট্টিকা-ধগদ্-ধগদ্-ধগজ-জ্বলদ
ধনঞ্জয়া-হুতীকৃত-প্রচন্ড-পঞ্চ-সায়কে।
ধরা-ধরেন্দ্র-নন্দিনী-কুচাগ্র-চিত্র-পত্রক-
-প্রকল্প-নৈক-শিল্পিনি-ত্রিলোচনে-মতিমম ||
নবীন-মেঘ-মন্ডলী-নিরুদ্ধ-দুর্ধর-স্ফুরৎ-
কুহূ-নিশীথিনী-তমঃ-প্রবন্ধ-বন্ধ-কন্ধরঃ।
নিলিম্প-নির্ঝরী-ধর-স্তনোতু-কৃতি-সিন্ধুরঃ
কলা-নিধান-বন্ধুরঃ-শ্রিয়ং-জগদ্-ধুরন্ধরঃ ||
প্রফুল্ল-নীল-পঙ্কজ-প্রপঞ্চ-কালিম-প্রভা-
-বলম্বি-কণ্ঠ-কন্দলী-রুচি-প্রবদ্ধ-কন্ধরম্।
স্মরচ্ছিদং-পুরচ্ছিদং-ভবচ্ছিদং-মখচ্ছিদং
গজ-চ্ছিদান্ধক-চ্ছিদং-তমন্তক-চ্ছিদং-ভজে ||
অথ-সর্ব-মঙ্গলা-কলা-কদম্ব-মঞ্জরী
রস-প্রবাহ-মাধুরী-বিকৃষ্ণণা-মধু-ব্রতম্।
স্মরান্তকং-পুরান্তকং-ভবান্তকং-মখান্তকং
গজান্ত-কান্ধকান্তকং-তমন্ত-কান্তকং-ভজে ||
জয়ত্ব-দভ্র-বিভ্রম-ভ্রমদ্-ভুজঙ্গম-শ্বসদ
বিনির্গমৎ-ক্রমস্ফুরৎ-করাল-ভাল-হব্যবাট্।
ধিমিদ্-ধিমিদ্-ধিমিদ্-ধ্বননন্-মৃদঙ্গ-তুঙ্গ-মঙ্গল
ধ্বনি-ক্রম-প্রবর্তিত-প্রচন্ড-তান্ডবঃ-শিবঃ||
দৃষদ্-বিচিত্র-তল্পয়ো-ভুজঙ্গ-মৌক্তিকস্রজোর্-
-গরিষ্ঠ- -রত্ন-লোষ্ঠয়োঃ-সুহৃদ্-বিপক্ষ-পক্ষয়োঃ|
তৃণার-বিন্দ-চক্ষুষোঃ-প্রজা-মহী-মহেন্দ্রয়োঃ
সম-প্রবৃত্তিকঃ-কদা-সদাশিবং-ভজাম্যহম ||
কদা-নিলিম্প-নির্ঝরী-নিকুঞ্জ-কোটরে-বসন
বিমুক্ত-দুর্মতিঃ-সদা-শিরঃস্থ-মঞ্জলিং-বহন।
বিলোল-লোল-লোচনো-ললাম-ভাল-লগ্নকঃ
শিবেতি-মন্ত্রম্-উচ্চরন্-সদা-সুখী-ভবাম্যহম ||
ইমং-হি-নিত্যম্-এবম্-উক্তম্-উত্তমোত্তমং-স্তবং
পঠন্-স্মরন্-ব্রুবন্-নরো-বিশুদ্ধিমেতি-সন্ততম্।
হর-গুরৌ-সুভক্তিমাশু-যাতি-নান্যথা-গতিং

বিমোহনং-হি-দেহিনাং-সুশংকরস্য-চিন্তনম্ ॥
পূজাবসান-সময়ে-দশবক্ত্র-গীতং
যঃ-শম্ভু-পূজন-পরং-পঠতি-প্রদোষে ।
তস্য-স্থিরাং-রথ-গজেন্দ্র-তুরঙ্গ-যুক্তাং
লক্ষ্মীং-সৈদেব-সুমুখিং-প্রদদাতি-শম্ভুঃ ।
ওম ত্রয়ম্বকং যজামহে সুগন্ধিং পুষ্টিবর্ধনম। উর্বারুকমিব বন্ধনান মৃত্যোর্মুক্ষীয়
মামৃতাৎ (মহামৃত্যুঞ্জয় মন্ত্র)
**ওম হৌং জূং সঃ (লঘু মহামৃত্যুঞ্জয় মন্ত্র)
ওম নমঃ শিবায়
ওম তৎপুরুষায় বিদ্মহে মহাদেবায় ধীমহি তন্নো রুদ্রঃ প্রচোদয়াৎ

৪

শিবপুরাণ

শিবপুরাণের গুরুত্ব

শিবপুরাণ হিন্দুধর্মের একটি গুরুত্বপূর্ণ ধর্মগ্রন্থ। এটি হিন্দু দেবতা শিবের জীবন, কর্ম এবং গুণাবলীর একটি বিস্তৃত বিবরণ দেয়। শিবপুরাণে শিবের জন্ম, তাঁর বিবাহ, তাঁর সন্তান এবং তাঁর বিভিন্ন অবতারের কথা বলা হয়েছে। এটি শিবের বিভিন্ন শক্তি এবং ক্ষমতার কথাও বলে।

শিবপুরাণ হিন্দুধর্মের বিভিন্ন রহস্য এবং তান্ত্রিক ধারণার একটি গুরুত্বপূর্ণ উৎস। এটি হিন্দু দর্শনের বিভিন্ন ধারণার ব্যাখ্যা প্রদান করে। শিবপুরাণে ঈশ্বরের প্রকৃতি, জীবাত্মা এবং মোক্ষের মতো ধারণাগুলির বিস্তারিত আলোচনা করা হয়েছে।

শিবপুরাণ হিন্দুধর্মের বিভিন্ন রীতিনীতি এবং অনুষ্ঠানের একটি গুরুত্বপূর্ণ নির্দেশিকা। এটি বিভিন্ন ধর্মীয় অনুষ্ঠান, পূজা এবং তীর্থযাত্রার বিস্তারিত বিবরণ দেয়। শিবপুরাণে শিবের পূজার বিভিন্ন পদ্ধতির বর্ণনাও রয়েছে।

শিবপুরাণের বিষয়বস্তু

শিবপুরাণ ১০০,০০০ শ্লোক নিয়ে গঠিত। এটি ১২টি খণ্ডে বিভক্ত। শিবপুরাণের বিষয়বস্তু নিম্নরূপ:

- প্রথম খণ্ড: শিবের জন্ম, তাঁর বিবাহ, তাঁর সন্তান এবং তাঁর বিভিন্ন অবতারের কথা বলা হয়েছে।
- দ্বিতীয় খণ্ড: শিবের বিভিন্ন শক্তি এবং ক্ষমতার কথা বলা হয়েছে।
- তৃতীয় খণ্ড: হিন্দু দর্শনের বিভিন্ন ধারণার ব্যাখ্যা প্রদান করা হয়েছে।
- চতুর্থ খণ্ড: ঈশ্বরের প্রকৃতি, জীবাত্মা এবং মোক্ষের মতো ধারণাগুলির বিস্তারিত আলোচনা করা হয়েছে।
- পঞ্চম খণ্ড: বিভিন্ন ধর্মীয় অনুষ্ঠান, পূজা এবং তীর্থযাত্রার বিস্তারিত বিবরণ দেওয়া হয়েছে।

- ষষ্ঠ খণ্ড: শিবের পূজার বিভিন্ন পদ্ধতির বর্ণনা দেওয়া হয়েছে।
- সপ্তম খণ্ড: শিবপুরাণের রচয়িতা ও লেখক সম্পর্কে আলোচনা করা হয়েছে।
- অষ্টম খণ্ড: শিবপুরাণের বিভিন্ন রহস্য ও তান্ত্রিক ধারণার ব্যাখ্যা দেওয়া হয়েছে।
- নবম খণ্ড: শিবপুরাণের বিভিন্ন ভবিষ্যৎবাণীর কথা বলা হয়েছে।
- দশম খণ্ড: শিবপুরাণের বিভিন্ন ঐতিহাসিক ঘটনার কথা বলা হয়েছে।
- একাদশ খণ্ড: শিবপুরাণের বিভিন্ন ঐতিহ্য ও সংস্কৃতি সম্পর্কে আলোচনা করা হয়েছে।
- দ্বাদশ খণ্ড: শিবপুরাণের বিভিন্ন উপসংহার ও শিক্ষা দেওয়া হয়েছে।

শিবপুরাণের প্রথম খণ্ড শিবের জন্ম, তাঁর বিবাহ, তাঁর সন্তান এবং তাঁর বিভিন্ন অবতারের কথা বলে।

শিবের জন্ম

শিবপুরাণ অনুসারে, শিব হলেন ব্রহ্মা, বিষ্ণু এবং মহেশ্বরের মিলিত রূপ। তিনি ব্রহ্মার জ্ঞান, বিষ্ণুর শক্তি এবং মহেশ্বরের শক্তির সমন্বয়। শিবের জন্মের বিভিন্ন কাহিনী রয়েছে। একটি কাহিনী অনুসারে, শিব হলেন ব্রহ্মা, বিষ্ণু এবং মহেশ্বরের ধ্যানের ফসল। ব্রহ্মা, বিষ্ণু এবং মহেশ্বর একদিন একসাথে ধ্যান করছিলেন। তাদের ধ্যান এতটাই গভীর ছিল যে তারা এক হয়ে গেলেন। এই একত্রিত রূপ থেকে শিব জন্মগ্রহণ করেন।

আরেকটি কাহিনী অনুসারে, শিব হলেন ব্রহ্মা, বিষ্ণু এবং মহেশ্বরের শক্তির মিলিত রূপ। ব্রহ্মা, বিষ্ণু এবং মহেশ্বর বিশ্ব সৃষ্টির জন্য তাদের শক্তি একত্রিত করলেন। এই শক্তির মিলিত রূপ থেকে শিব জন্মগ্রহণ করেন।

শিবের বিবাহ - শিবপুরাণ অনুসারে, শিবের বিয়ে দেবী পার্বতীর সাথে হয়। পার্বতী হলেন দেবী মাতা এবং শিবের স্ত্রী। পার্বতীর জন্ম হয়েছিল হিমালয়ের রাজা হিমালয় এবং মেরুবর্ণার কন্যা হিসেবে। তিনি ছিলেন একজন সুন্দরী এবং ধার্মিক নারী। শিব তার সৌন্দর্য ও ধার্মিকতায় মুগ্ধ হয়েছিলেন। তিনি তাকে বিবাহ করতে চান। শিব পার্বতীর জন্য একটি বিবাহের অনুষ্ঠানের আয়োজন করেন। এই অনুষ্ঠানে ব্রহ্মা, বিষ্ণু এবং মহেশ্বরসহ দেবতা, ঋষি এবং মুনিরা উপস্থিত ছিলেন।

শিবের সন্তান- শিব এবং পার্বতীর দুই সন্তান ছিল। তাদের নাম গণেশ এবং কার্তিকেয়। গণেশ হলেন একজন দেবতা যিনি জ্ঞান, বাধা দূরীকরণ এবং ভাগ্য রক্ষার জন্য পরিচিত। তিনি শিবের প্রথম সন্তান। কার্তিকেয় হলেন একজন দেবতা যিনি যুদ্ধ, রণনীতি এবং শিকারের জন্য পরিচিত। তিনি শিবের দ্বিতীয় সন্তান। (মতান্তর আছে)

শিবের অবতার - শিব বিভিন্ন অবতারে পৃথিবীতে আবির্ভূত হয়েছেন। তার কিছু বিখ্যাত অবতার হল:

- **মহাদেব:** শিবের সবচেয়ে জনপ্রিয় অবতার। তিনি হলেন ব্রহ্মা, বিষ্ণু এবং মহেশ্বরের মিলিত রূপ।
- **ভূদেব:** শিবের একটি অবতার যিনি পৃথিবীর নিয়ন্ত্রক।
- **রুদ্র:** শিবের একটি ভয়ঙ্কর অবতার যিনি ধ্বংসের দেবতা।
- **নন্দী:** শিবের একটি অবতার যিনি তার রথের চালক।
- **গণেশ:** শিবের একটি অবতার যিনি জ্ঞান, বাধা দূরীকরণ এবং ভাগ্য রক্ষার দেবতা।

শিবপুরাণের প্রথম খণ্ড শিবের জীবন এবং কর্মের একটি বিস্তৃত বিবরণ দেয়। এটি শিবকে হিন্দুধর্মের একটি গুরুত্বপূর্ণ দেবতা হিসাবে চিত্রিত করে।

শিবপুরাণের দ্বিতীয় খণ্ড শিবের বিভিন্ন শক্তি এবং ক্ষমতার কথা বলে।

শিবের শক্তি - শিবকে হিন্দুধর্মের সবচেয়ে শক্তিশালী দেবতা হিসাবে বিবেচনা করা হয়। তার অনেক শক্তি রয়েছে, যার মধ্যে রয়েছে:

- **সর্বশক্তিমান:** শিব সর্বশক্তিমান। তিনি সবকিছু করতে পারেন।
- **সর্বজ্ঞ:** শিব সর্বজ্ঞ। তিনি সবকিছু জানেন।
- **সর্বব্যাপী:** শিব সর্বব্যাপী। তিনি সবকিছুতে বিরাজ করেন।
- **অমর:** শিব অমর। তিনি কখনও মারা যান না।
- **সৃষ্টিকর্তা:** শিব সৃষ্টিকর্তা। তিনি বিশ্ব সৃষ্টি করেছেন।
- **পালনকর্তা:** শিব পালনকর্তা। তিনি বিশ্বকে রক্ষা করেন।
- **ধ্বংসকর্তা:** শিব ধ্বংসকর্তা। তিনি বিশ্ব ধ্বংস করেন।

শিবের ক্ষমতা - শিবের অনেক ক্ষমতা রয়েছে, যার মধ্যে রয়েছে:

- **জীবিতদের পুনরুজ্জীবিত করতে পারেন:** শিব জীবিতদের পুনরুজ্জীবিত করতে পারেন।
- **মৃতদের জীবিত করতে পারেন:** শিব মৃতদের জীবিত করতে পারেন।
- **অলৌকিক ঘটনা ঘটাতে পারেন:** শিব অলৌকিক ঘটনা ঘটাতে পারেন।
- **ভবিষ্যৎ বলতে পারেন:** শিব ভবিষ্যৎ বলতে পারেন।
- **দুষ্ট শক্তিকে পরাজিত করতে পারেন:** শিব দুষ্ট শক্তিকে পরাজিত করতে পারেন।
- **ভক্তদের রক্ষা করতে পারেন:** শিব তার ভক্তদের রক্ষা করতে পারেন।

শিবের শক্তি এবং ক্ষমতাগুলি তাকে হিন্দুধর্মের একটি গুরুত্বপূর্ণ দেবতা হিসাবে চিত্রিত করে।

শিবপুরাণের তৃতীয় খণ্ড হিন্দু দর্শনের বিভিন্ন ধারণার ব্যাখ্যা প্রদান করে।

হিন্দু দর্শনের ধারণা - হিন্দু দর্শন হল হিন্দুধর্মের বিভিন্ন দার্শনিক ধারণার একটি সংগ্রহ। এটি ঈশ্বরের প্রকৃতি, জীবাত্মা এবং মোক্ষের মতো ধারণাগুলি নিয়ে আলোচনা করে।

শিবপুরাণে আলোচিত হিন্দু দর্শনের কিছু ধারণা হল:

- ঈশ্বরের প্রকৃতি: শিবপুরাণ অনুসারে, ঈশ্বর সর্বশক্তিমান, সর্বজ্ঞ এবং সর্বব্যাপী। তিনি সৃষ্টিকর্তা, পালনকর্তা এবং ধ্বংসকর্তা।
- জীবাত্মা: শিবপুরাণ অনুসারে, জীবাত্মা হল ঈশ্বরের একটি অংশ। এটি অমর এবং মুক্তির জন্য আকাঙ্ক্ষী।
- মোক্ষ: শিবপুরাণ অনুসারে, মোক্ষ হল জীবাত্মা ও ঈশ্বরের মিলন। এটিই হিন্দুধর্মের চূড়ান্ত লক্ষ্য।

শিবপুরাণের তৃতীয় খণ্ড হিন্দু দর্শনের বিভিন্ন ধারণার একটি গুরুত্বপূর্ণ উৎস। এটি হিন্দুধর্মের বিভিন্ন ধারণা সম্পর্কে জানতে একটি গুরুত্বপূর্ণ নির্দেশিকা। শিবপুরাণে আলোচিত হিন্দু দর্শনের কিছু ধারণার বিস্তারিত ব্যাখ্যা নিচে দেওয়া হল:

ঈশ্বরের প্রকৃতি

- শিবপুরাণ অনুসারে, ঈশ্বর সর্বশক্তিমান, সর্বজ্ঞ এবং সর্বব্যাপী। তিনি সৃষ্টিকর্তা, পালনকর্তা এবং ধ্বংসকর্তা।
- শিবপুরাণে বলা হয়েছে যে ঈশ্বর সর্বশক্তিমান। তিনি সবকিছু করতে পারেন। তিনি বিশ্ব সৃষ্টি করতে পারেন, রক্ষা করতে পারেন এবং ধ্বংস করতে পারেন।
- শিবপুরাণে বলা হয়েছে যে ঈশ্বর সর্বজ্ঞ। তিনি সবকিছু জানেন। তিনি অতীত, বর্তমান এবং ভবিষ্যৎ সবকিছু জানেন।
- শিবপুরাণে বলা হয়েছে যে ঈশ্বর সর্বব্যাপী। তিনি সবকিছুতে বিরাজ করেন। তিনি বিশ্বের প্রতিটি কণাতে বিরাজ করেন।
- শিবপুরাণে বলা হয়েছে যে ঈশ্বর সৃষ্টিকর্তা। তিনি বিশ্ব সৃষ্টি করেছেন। তিনি তার শক্তি এবং জ্ঞানের দ্বারা বিশ্ব সৃষ্টি করেছেন।
- শিবপুরাণে বলা হয়েছে যে ঈশ্বর পালনকর্তা। তিনি বিশ্বকে রক্ষা করেন। তিনি বিশ্বের নিয়ম এবং ভারসাম্য রক্ষা করেন।
- শিবপুরাণে বলা হয়েছে যে ঈশ্বর ধ্বংসকর্তা। তিনি বিশ্ব ধ্বংস করেন। তিনি বিশ্বকে নতুন করে সৃষ্টি করার জন্য বিশ্ব ধ্বংস করেন।

জীবাত্মা -শিবপুরাণ অনুসারে, জীবাত্মা হল ঈশ্বরের একটি অংশ। এটি অমর এবং মুক্তির জন্য আকাঙ্ক্ষী। শিবপুরাণে বলা হয়েছে যে জীবাত্মা হল ঈশ্বরের একটি অংশ। এটি ঈশ্বরের শক্তি এবং জ্ঞানের একটি অংশ। শিবপুরাণে বলা হয়েছে যে জীবাত্মা অমর। এটি কখনও মারা যায় না। এটি শুধুমাত্র রূপ পরিবর্তন করে। শিবপুরাণে বলা হয়েছে যে জীবাত্মা মুক্তির জন্য আকাঙ্ক্ষী। এটি ঈশ্বরের সাথে মিলিত হতে চায়।

মোক্ষ- শিবপুরাণ অনুসারে, মোক্ষ হল জীবাত্মা ও ঈশ্বরের মিলন। এটিই হিন্দুধর্মের চূড়ান্ত লক্ষ্য। শিবপুরাণে বলা হয়েছে যে মোক্ষ হল জীবাত্মা ও ঈশ্বরের মিলন। এটি হল ঈশ্বরের সাথে পূর্ণ একতা। শিবপুরাণে বলা হয়েছে যে মোক্ষই হিন্দুধর্মের চূড়ান্ত লক্ষ্য। এটিই জীবাত্মাকে তার মুক্তি দেয়।

শিবপুরাণের চতুর্থ খণ্ডও ঈশ্বরের প্রকৃতি, জীবাত্মা এবং মোক্ষের মতো ধারণাগুলির বিস্তারিত আলোচনা করে।

ঈশ্বরের প্রকৃতি -শিবপুরাণ অনুসারে, ঈশ্বর সর্বশক্তিমান, সর্বজ্ঞ এবং সর্বব্যাপী। তিনি সৃষ্টিকর্তা, পালনকর্তা এবং ধ্বংসকর্তা। শিবপুরাণে ঈশ্বরের প্রকৃতির উপর অনেক আলোচনা করা হয়েছে। এটি ঈশ্বরের বিভিন্ন গুণাবলী এবং বৈশিষ্ট্যগুলির উপর আলোকপাত করে। শিবপুরাণে বলা হয়েছে যে ঈশ্বর সর্বশক্তিমান। তিনি সবকিছু করতে পারেন। তিনি বিশ্ব সৃষ্টি করতে পারেন, রক্ষা করতে পারেন এবং ধ্বংস করতে পারেন। শিবপুরাণে বলা হয়েছে যে ঈশ্বর সর্বজ্ঞ। তিনি সবকিছু জানেন। তিনি অতীত, বর্তমান এবং ভবিষ্যৎ সবকিছু জানেন। শিবপুরাণে বলা হয়েছে যে ঈশ্বর সর্বব্যাপী। তিনি সবকিছুতে বিরাজ করেন। তিনি বিশ্বের প্রতিটি কণাতে বিরাজ করেন। শিবপুরাণে বলা হয়েছে যে ঈশ্বর সৃষ্টিকর্তা। তিনি বিশ্ব সৃষ্টি করেছেন। তিনি তার শক্তি এবং জ্ঞানের দ্বারা বিশ্ব সৃষ্টি করেছেন। শিবপুরাণে বলা হয়েছে যে ঈশ্বর পালনকর্তা। তিনি বিশ্বকে রক্ষা করেন। তিনি বিশ্বের নিয়ম এবং ভারসাম্য রক্ষা করেন। শিবপুরাণে বলা হয়েছে যে ঈশ্বর ধ্বংসকর্তা। তিনি বিশ্ব ধ্বংস করেন। তিনি বিশ্বকে নতুন করে সৃষ্টি করার জন্য বিশ্ব ধ্বংস করেন।

জীবাত্মা - শিবপুরাণ অনুসারে, জীবাত্মা হল ঈশ্বরের একটি অংশ। এটি অমর এবং মুক্তির জন্য আকাঙ্ক্ষী। শিবপুরাণে জীবাত্মা সম্পর্কে অনেক আলোচনা করা হয়েছে। এটি জীবাত্মা কী এবং এর উৎপত্তি সম্পর্কে আলোচনা করে। শিবপুরাণে বলা হয়েছে যে জীবাত্মা হল ঈশ্বরের একটি অংশ। এটি ঈশ্বরের শক্তি এবং জ্ঞানের একটি অংশ। শিবপুরাণে বলা হয়েছে যে জীবাত্মা অমর। এটি কখনও মারা যায় না। এটি শুধুমাত্র রূপ পরিবর্তন করে। শিবপুরাণে বলা হয়েছে যে জীবাত্মা মুক্তির জন্য আকাঙ্ক্ষী। এটি ঈশ্বরের সাথে মিলিত হতে চায়।

মোক্ষ- শিবপুরাণ অনুসারে, মোক্ষ হল জীবাত্মা ও ঈশ্বরের মিলন। এটিই হিন্দুধর্মের চূড়ান্ত লক্ষ্য। শিবপুরাণে মোক্ষ সম্পর্কে অনেক আলোচনা করা হয়েছে। এটি মোক্ষের প্রকৃতি এবং এটি কীভাবে অর্জন করা যায় সে সম্পর্কে আলোচনা করে। শিবপুরাণে

বলা হয়েছে যে মোক্ষ হল জীবাত্মা ও ঈশ্বরের মিলন। এটি হল ঈশ্বরের সাথে পূর্ণ একতা। শিবপুরাণে বলা হয়েছে যে মোক্ষই হিন্দুধর্মের চূড়ান্ত লক্ষ্য। এটিই জীবাত্মাকে তার মুক্তি দেয়।

চতুর্থ খণ্ডের মূল বিষয়বস্তু - শিবপুরাণের চতুর্থ খণ্ডের মূল বিষয়বস্তু হল ঈশ্বরের প্রকৃতি, জীবাত্মা এবং মোক্ষের মতো ধারণাগুলির বিস্তারিত আলোচনা করা। এই খণ্ডটি হিন্দুধর্মের বিভিন্ন দার্শনিক ধারণাগুলি সম্পর্কে একটি গুরুত্বপূর্ণ উৎস।

এই খণ্ডের কিছু গুরুত্বপূর্ণ বিষয় নিম্নরূপ:

- ঈশ্বর সর্বশক্তিমান, সর্বজ্ঞ এবং সর্বব্যাপী।
- জীবাত্মা হল ঈশ্বরের একটি অংশ। এটি অমর এবং মুক্তির জন্য আকাঙ্ক্ষী।
- মোক্ষ হল জীবাত্মা ও ঈশ্বরের মিলন। এটিই হিন্দুধর্মের চূড়ান্ত লক্ষ্য।
- এই ধারণাগুলি হিন্দুধর্মের মূল দর্শনকে বোঝার জন্য গুরুত্বপূর্ণ।

শিবপুরাণের পঞ্চম খণ্ড বিভিন্ন ধর্মীয় অনুষ্ঠান, পূজা এবং তীর্থযাত্রার বিস্তারিত বিবরণ দেয়।

ধর্মীয় অনুষ্ঠান - শিবপুরাণে বিভিন্ন ধর্মীয় অনুষ্ঠানের বিস্তারিত বিবরণ দেওয়া হয়েছে। এই অনুষ্ঠানগুলির মধ্যে রয়েছে:

- **শিবরাত্রি:** শিবরাত্রি হল শিবের উদ্দেশ্যে একটি বিশেষ উপবাস ও পূজা।
- **মহাশিবরাত্রি:** মহাশিবরাত্রি হল শিবরাত্রির একটি বিশেষ সংস্করণ।
- **শিব চতুর্দশী:** শিব চতুর্দশী হল শিবের উদ্দেশ্যে একটি বিশেষ উপবাস ও পূজা।
- **শিব নবরাত্রি:** শিব নবরাত্রি হল শিবের উদ্দেশ্যে একটি নব দিনের উৎসব।
- **শিব সঙ্গম:** শিব সঙ্গম হল গঙ্গা নদী এবং যমুনা নদীর মিলনস্থলে শিবের উদ্দেশ্যে একটি বিশেষ পূজা।

পূজা - শিবপুরাণে শিবের উদ্দেশ্যে বিভিন্ন পূজার বিস্তারিত বিবরণ দেওয়া হয়েছে। এই পূজাগুলির মধ্যে রয়েছে:

- **শঙ্খ পূজা:** শঙ্খ পূজা হল শিবের শঙ্খের উদ্দেশ্যে একটি বিশেষ পূজা।
- **লিঙ্গ পূজা:** লিঙ্গ পূজা হল শিবের লিঙ্গের উদ্দেশ্যে একটি বিশেষ পূজা।
- **বৃষ পূজা:** বৃষ পূজা হল শিবের বাহন বৃষের উদ্দেশ্যে একটি বিশেষ পূজা।
- **নন্দী পূজা:** নন্দী পূজা হল শিবের অনুচর নন্দীর উদ্দেশ্যে একটি বিশেষ পূজা।
- **গণেশ পূজা:** গণেশ পূজা হল শিবের পুত্র গণেশের উদ্দেশ্যে একটি বিশেষ পূজা।

তীর্থযাত্রা- শিবপুরাণে বিভিন্ন তীর্থস্থানের বিস্তারিত বিবরণ দেওয়া হয়েছে। এই তীর্থস্থানগুলির মধ্যে রয়েছে:

- **কাশী:** কাশী হল শিবের একটি বিখ্যাত তীর্থস্থান।
- **মন্দারগিরি:** মন্দারগিরি হল শিবের একটি বিখ্যাত তীর্থস্থান।
- **হেমকূট:** হেমকূট হল শিবের একটি বিখ্যাত তীর্থস্থান।
- **নাগারকোট:** নাগারকোট হল শিবের একটি বিখ্যাত তীর্থস্থান।
- **মহাকালেশ্বর:** মহাকালেশ্বর হল শিবের একটি বিখ্যাত তীর্থস্থান।

পঞ্চম খণ্ডের মূল বিষয়বস্তু- শিবপুরাণের পঞ্চম খণ্ডের মূল বিষয়বস্তু হল বিভিন্ন ধর্মীয় অনুষ্ঠান, পূজা এবং তীর্থযাত্রার বিস্তারিত বিবরণ দেওয়া। এই খণ্ডটি হিন্দুধর্মের বিভিন্ন ধর্মীয় অনুশীলনগুলি সম্পর্কে একটি গুরুত্বপূর্ণ উৎস।

এই খণ্ডের কিছু গুরুত্বপূর্ণ বিষয় নিম্নরূপ:

- শিবরাত্রি হল শিবের উদ্দেশ্যে একটি বিশেষ উপবাস ও পূজা।
- শিব নবরাত্রি হল শিবের উদ্দেশ্যে একটি নব দিনের উৎসব।
- শিব সঙ্গম হল গঙ্গা নদী এবং যমুনা নদীর মিলনস্থলে শিবের উদ্দেশ্যে একটি বিশেষ পূজা।
- শঙ্খ পূজা হল শিবের শঙ্খের উদ্দেশ্যে একটি বিশেষ পূজা।
- লিঙ্গ পূজা হল শিবের লিঙ্গের উদ্দেশ্যে একটি বিশেষ পূজা।
- বৃষ পূজা হল শিবের বাহন বৃষের উদ্দেশ্যে একটি বিশেষ পূজা।
- নন্দী পূজা হল শিবের অনুচর নন্দীর উদ্দেশ্যে একটি বিশেষ পূজা।
- গণেশ পূজা হল শিবের পুত্র গণেশের উদ্দেশ্যে একটি বিশেষ পূজা।
- কাশী হল শিবের একটি বিখ্যাত তীর্থস্থান।
- মন্দারগিরি হল শিবের একটি বিখ্যাত তীর্থস্থান।
- হেমকূট হল শিবের একটি বিখ্যাত তীর্থস্থান।
- নাগারকোট হল শিবের একটি বিখ্যাত তীর্থস্থান।
- মহাকালেশ্বর হল শিবের একটি বিখ্যাত তীর্থস্থান।

এই বিষয়গুলি হিন্দুধর্মের মূল বিশ্বাস এবং অনুশীলনগুলিকে বোঝার জন্য গুরুত্বপূর্ণ শিবপুরাণের ষষ্ঠ খণ্ড শিবের পূজার বিভিন্ন পদ্ধতির বর্ণনা দেয়।

শিবের পূজা- শিবপুরাণে শিবের পূজার বিভিন্ন পদ্ধতির বিস্তারিত বিবরণ দেওয়া হয়েছে। এই পদ্ধতিগুলির মধ্যে রয়েছে:

- **লিঙ্গ পূজা:** লিঙ্গ পূজা হল শিবের পূজার সবচেয়ে সাধারণ পদ্ধতি। এটি একটি লিঙ্গমূর্তির পূজা।
- **শঙ্খ পূজা:** শঙ্খ পূজা হল শিবের শঙ্খের পূজা।
- **বৃষ পূজা:** বৃষ পূজা হল শিবের বাহন বৃষের পূজা।
- **নন্দী পূজা:** নন্দী পূজা হল শিবের অনুচর নন্দীর পূজা।
- **গণেশ পূজা:** গণেশ পূজা হল শিবের পুত্র গণেশের পূজা।

শিবের পূজার উদ্দেশ্য- শিবপুরাণে শিবের পূজার বিভিন্ন উদ্দেশ্যের কথা বলা হয়েছে। এই উদ্দেশ্যগুলির মধ্যে রয়েছে:

- **মুক্তি লাভ:** শিবের পূজার উদ্দেশ্য হল মুক্তি লাভ করা।
- **সুখ ও সমৃদ্ধি:** শিবের পূজার মাধ্যমে সুখ ও সমৃদ্ধি অর্জন করা যায়।
- **দুষ্ট শক্তি থেকে রক্ষা:** শিবের পূজার মাধ্যমে দুষ্ট শক্তি থেকে রক্ষা পাওয়া যায়।

শিবের পূজার উপকরণ- শিবপুরাণে শিবের পূজার বিভিন্ন উপকরণ সম্পর্কে বলা হয়েছে। এই উপকরণগুলির মধ্যে রয়েছে:

- **পঞ্চামৃত:** পঞ্চামৃত হল দুধ, দই, ঘি, মধু এবং চিনির একটি মিশ্রণ।
- **ফুল:** ফুল শিবের পূজার একটি গুরুত্বপূর্ণ উপকরণ।
- **ধূপ:** ধূপ শিবের পূজার একটি গুরুত্বপূর্ণ উপকরণ।
- **দীপ:** দীপ শিবের পূজার একটি গুরুত্বপূর্ণ উপকরণ।
- **বেলপাতা:** বেলপাতা শিবের পূজার একটি গুরুত্বপূর্ণ উপকরণ।

শিবের পূজার নিয়ম- শিবপুরাণে শিবের পূজার বিভিন্ন নিয়ম সম্পর্কে বলা হয়েছে। এই নিয়মগুলির মধ্যে রয়েছে:

- পূজা করার আগে স্নান করা উচিত।
- পূজার সময় শুদ্ধ মনে থাকা উচিত।
- পূজার সময় নিয়মিত মন্ত্র উচ্চারণ করা উচিত।

ষষ্ঠ খণ্ডের মূল বিষয়বস্তু - শিবপুরাণের ষষ্ঠ খণ্ডের মূল বিষয়বস্তু হল শিবের পূজার বিভিন্ন পদ্ধতির বর্ণনা দেওয়া। এই খণ্ডটি হিন্দুধর্মে শিবের পূজার গুরুত্ব সম্পর্কে একটি গুরুত্বপূর্ণ উৎস। এই খণ্ডের কিছু গুরুত্বপূর্ণ বিষয় নিম্নরূপ:

- শিবের পূজা হল হিন্দুধর্মের একটি গুরুত্বপূর্ণ অনুশীলন।
- শিবের পূজার বিভিন্ন পদ্ধতি রয়েছে।
- শিবের পূজার উদ্দেশ্য হল মুক্তি লাভ, সুখ ও সমৃদ্ধি অর্জন এবং দুষ্ট শক্তি থেকে রক্ষা পাওয়া।
- শিবের পূজার জন্য বিভিন্ন উপকরণ এবং নিয়ম রয়েছে।

এই বিষয়গুলি হিন্দুধর্মে শিবের পূজার গুরুত্ব এবং বিভিন্ন দিকগুলিকে বোঝার জন্য গুরুত্বপূর্ণ।

শিবপুরাণের সপ্তম খণ্ড শিবপুরাণের রচয়িতা ও লেখক সম্পর্কে আলোচনা করে।

শিবপুরাণের রচয়িতা - শিবপুরাণের রচয়িতা হলেন কৃষ্ণ দ্বৈপায়ন বেদব্যাস। তিনি মহাভারত, রামায়ণ এবং ব্রহ্মসূত্রের মতো অন্যান্য গুরুত্বপূর্ণ ধর্মীয় গ্রন্থগুলিরও রচয়িতা। শিবপুরাণের লেখক সম্পর্কে বিভিন্ন মতামত রয়েছে। কিছু পণ্ডিত মনে করেন যে কৃষ্ণ দ্বৈপায়ন বেদব্যাস নিজেই শিবপুরাণের লেখক। অন্যরা মনে করেন যে বেদব্যাসের একজন শিষ্য বা অনুসারী শিবপুরাণ রচনা করেছিলেন।

সপ্তম খণ্ডের মূল বিষয়বস্তু - শিবপুরাণের সপ্তম খণ্ডের মূল বিষয়বস্তু হল শিবপুরাণের রচয়িতা ও লেখক সম্পর্কে আলোচনা করা। এই খণ্ডটি শিবপুরাণের একটি গুরুত্বপূর্ণ অংশ। এই খণ্ডের কিছু গুরুত্বপূর্ণ বিষয় নিম্নরূপ:

- শিবপুরাণের রচয়িতা হলেন কৃষ্ণ দ্বৈপায়ন বেদব্যাস।
- শিবপুরাণের লেখক সম্পর্কে বিভিন্ন মতামত রয়েছে।

এই বিষয়গুলি শিবপুরাণের ইতিহাস এবং গুরুত্ব সম্পর্কে বোঝার জন্য গুরুত্বপূর্ণ।
শিবপুরাণের অষ্টম খণ্ড শিবপুরাণের বিভিন্ন রহস্য ও তান্ত্রিক ধারণার ব্যাখ্যা দেয়।
রহস্য - শিবপুরাণে বিভিন্ন রহস্যের কথা বলা হয়েছে। এই রহস্যগুলির মধ্যে রয়েছে:

- **শিবের প্রকৃতি:** শিবপুরাণে বলা হয়েছে যে শিব সর্বশক্তিমান, সর্বজ্ঞ এবং সর্বব্যাপী। তিনি সৃষ্টিকর্তা, পালনকর্তা এবং ধ্বংসকর্তা।
- **জীবাত্মা:** শিবপুরাণে বলা হয়েছে যে জীবাত্মা হল ঈশ্বরের একটি অংশ। এটি অমর এবং মুক্তির জন্য আকাঙ্ক্ষী।
- **মোক্ষ:** শিবপুরাণে বলা হয়েছে যে মোক্ষ হল জীবাত্মা ও ঈশ্বরের মিলন। এটিই হিন্দুধর্মের চূড়ান্ত লক্ষ্য।
- **তান্ত্রিক ধারণা**

শিবপুরাণে বিভিন্ন তান্ত্রিক ধারণার কথা বলা হয়েছে। এই ধারণাগুলির মধ্যে রয়েছে:

- **মায়া:** শিবপুরাণে বলা হয়েছে যে মায়া হল ঈশ্বরের একটি শক্তি। এটি জগতের সৃষ্টি এবং বিনাশের জন্য দায়ী।
- **কারমা:** শিবপুরাণে বলা হয়েছে যে কারমা হল কর্মের ফল। এটি ব্যক্তির কর্মের উপর ভিত্তি করে ব্যক্তিকে সুখ বা দুঃখ দেয়।
- **যোগ:** শিবপুরাণে বলা হয়েছে যে যোগ হল ঈশ্বরের সাথে মিলিত হওয়ার একটি পদ্ধতি।

অষ্টম খণ্ডের মূল বিষয়বস্তু - শিবপুরাণের অষ্টম খণ্ডের মূল বিষয়বস্তু হল শিবপুরাণের বিভিন্ন রহস্য ও তান্ত্রিক ধারণার ব্যাখ্যা দেওয়া। এই খণ্ডটি শিবপুরাণের একটি গুরুত্বপূর্ণ অংশ। এই খণ্ডের কিছু গুরুত্বপূর্ণ বিষয় নিম্নরূপ:

- শিবপুরাণে বিভিন্ন রহস্যের কথা বলা হয়েছে।
- শিবপুরাণে বিভিন্ন তান্ত্রিক ধারণার কথা বলা হয়েছে।

এই বিষয়গুলি হিন্দুধর্মের মূল বিশ্বাস এবং অনুশীলনগুলিকে বোঝার জন্য গুরুত্বপূর্ণ।

কিছু নির্দিষ্ট উদাহরণ: শিবপুরাণে বলা হয়েছে যে শিব সর্বশক্তিমান, সর্বজ্ঞ এবং সর্বব্যাপী। তিনি সৃষ্টিকর্তা, পালনকর্তা এবং ধ্বংসকর্তা। এই ধারণাটি হিন্দুধর্মের ঈশ্বর সম্পর্কে একটি গুরুত্বপূর্ণ ধারণা। এটি ঈশ্বরের অসীম ক্ষমতা এবং কর্তৃত্বের উপর জোর দেয়। শিবপুরাণে বলা হয়েছে যে জীবাত্মা হল ঈশ্বরের একটি অংশ। এটি অমর এবং মুক্তির জন্য আকাঙ্ক্ষী। এই ধারণাটি হিন্দুধর্মের আত্মা সম্পর্কে একটি গুরুত্বপূর্ণ ধারণা। এটি আত্মার অস্তিত্ব এবং ঈশ্বরের সাথে এর সম্পর্ককে নিশ্চিত করে। শিবপুরাণে বলা হয়েছে যে মোক্ষ হল জীবাত্মা ও ঈশ্বরের মিলন। এটিই হিন্দুধর্মের চূড়ান্ত লক্ষ্য। এই ধারণাটি হিন্দুধর্মের উদ্দেশ্য সম্পর্কে একটি গুরুত্বপূর্ণ ধারণা। এটি মোক্ষের গুরুত্ব এবং এটি অর্জনের উপায়গুলিকে তুলে ধরে। শিবপুরাণে বলা হয়েছে যে মায়া হল ঈশ্বরের একটি শক্তি। এটি জগতের সৃষ্টি এবং বিনাশের জন্য দায়ী। এই ধারণাটি হিন্দুধর্মের বাস্তবতা সম্পর্কে একটি গুরুত্বপূর্ণ ধারণা। এটি মায়ার প্রভাব এবং এর থেকে মুক্তির উপায়গুলিকে তুলে ধরে। শিবপুরাণে বলা হয়েছে যে কারমা হল কর্মের ফল। এটি ব্যক্তির কর্মের উপর ভিত্তি করে ব্যক্তিকে সুখ বা দুঃখ দেয়। এই ধারণাটি হিন্দুধর্মের কর্মফল সম্পর্কে একটি গুরুত্বপূর্ণ ধারণা। এটি কর্মফলের গুরুত্ব এবং এটি এড়াতে উপায়গুলিকে তুলে ধরে। শিবপুরাণে বলা হয়েছে যে যোগ হল

ঈশ্বরের সাথে মিলিত হওয়ার একটি পদ্ধতি।

শিবপুরাণের নবম খণ্ডও শিবপুরাণের বিভিন্ন ভবিষ্যৎ বাণীর কথা বলে।

ভবিষ্যৎবাণী - শিবপুরাণে বিভিন্ন ভবিষ্যৎবাণীর কথা বলা হয়েছে। এই ভবিষ্যৎবাণীগুলির মধ্যে রয়েছে:

- বিশ্বের ধ্বংস: শিবপুরাণে বলা হয়েছে যে একদিন বিশ্ব ধ্বংস হবে।
- মহাপ্রলয়: শিবপুরাণে বলা হয়েছে যে একদিন মহাপ্রলয় হবে।
- নবযুগ: শিবপুরাণে বলা হয়েছে যে একদিন নবযুগ আসবে।

নবম খণ্ডের মূল বিষয়বস্তু - শিবপুরাণের নবম খণ্ডের মূল বিষয়বস্তু হল শিবপুরাণের বিভিন্ন ভবিষ্যৎবাণীর কথা বলা। এই খণ্ডটি শিবপুরাণের একটি গুরুত্বপূর্ণ অংশ। এই খণ্ডের কিছু গুরুত্বপূর্ণ বিষয় নিম্নরূপ:

- শিবপুরাণে বিভিন্ন ভবিষ্যৎবাণীর কথা বলা হয়েছে।
- এই ভবিষ্যৎবাণীগুলি হিন্দুধর্মের বিশ্বাস এবং দর্শনের উপর ভিত্তি করে।

কিছু নির্দিষ্ট উদাহরণ: শিবপুরাণে বলা হয়েছে যে একদিন বিশ্ব ধ্বংস হবে। এই ভবিষ্যৎবাণীটি হিন্দুধর্মের একটি গুরুত্বপূর্ণ বিশ্বাস। এটি বিশ্বের অস্তিত্বের সীমাবদ্ধতাকে তুলে ধরে। শিবপুরাণে বলা হয়েছে যে একদিন মহাপ্রলয় হবে। এই ভবিষ্যৎবাণীটি হিন্দুধর্মের একটি গুরুত্বপূর্ণ বিশ্বাস। এটি বিশ্বের ধ্বংসের প্রকৃতি এবং বিষয়গুলিকে তুলে ধরে। শিবপুরাণে বলা হয়েছে যে একদিন নবযুগ আসবে। এই ভবিষ্যৎবাণীটি হিন্দুধর্মের একটি গুরুত্বপূর্ণ বিশ্বাস। এটি বিশ্বের পুনর্জন্ম এবং পুনর্নবীকরণকে তুলে ধরে।

শিবপুরাণের ভবিষ্যৎবাণীগুলির তাৎপর্য- শিবপুরাণের ভবিষ্যৎবাণীগুলি হিন্দুধর্মের বিশ্বাস এবং দর্শনের উপর ভিত্তি করে। এই ভবিষ্যৎবাণীগুলি হিন্দুদের জন্য একটি গুরুত্বপূর্ণ নির্দেশিকা। এগুলি হিন্দুদেরকে বিশ্বের প্রকৃতি এবং তাদের ভবিষ্যত সম্পর্কে বোঝার জন্য সাহায্য করে।

শিবপুরাণের দশম খণ্ডও শিবপুরাণের বিভিন্ন ঐতিহাসিক ঘটনার কথা বলে।

ঐতিহাসিক ঘটনা - শিবপুরাণে বিভিন্ন ঐতিহাসিক ঘটনার কথা বলা হয়েছে। এই ঘটনাগুলির মধ্যে রয়েছে:

- রামায়ণ যুদ্ধ: শিবপুরাণে রামায়ণ যুদ্ধের বিস্তারিত বিবরণ দেওয়া হয়েছে।
- মহাভারত যুদ্ধ: শিবপুরাণে মহাভারত যুদ্ধের বিস্তারিত বিবরণ দেওয়া হয়েছে।
- কৃষ্ণের জীবন: শিবপুরাণে কৃষ্ণের জীবনের বিস্তারিত বিবরণ দেওয়া হয়েছে।

দশম খণ্ডের মূল বিষয়বস্তু- শিবপুরাণের দশম খণ্ডের মূল বিষয়বস্তু হল শিবপুরাণের বিভিন্ন ঐতিহাসিক ঘটনার কথা বলা। এই খণ্ডটি শিবপুরাণের একটি গুরুত্বপূর্ণ অংশ। এই খণ্ডের কিছু গুরুত্বপূর্ণ বিষয় নিম্নরূপ:

শিবপুরাণে বিভিন্ন ঐতিহাসিক ঘটনার কথা বলা হয়েছে। এই ঘটনাগুলি হিন্দুধর্মের ইতিহাসের একটি গুরুত্বপূর্ণ অংশ।

কিছু নির্দিষ্ট উদাহরণ:- শিবপুরাণে রামায়ণ যুদ্ধের বিস্তারিত বিবরণ দেওয়া হয়েছে। এই বিবরণটি রামায়ণ মহাকাব্যের একটি গুরুত্বপূর্ণ অংশ। এটি রামায়ণ যুদ্ধের প্রকৃতি এবং বিষয়গুলিকে তুলে ধরে। শিবপুরাণে মহাভারত যুদ্ধের বিস্তারিত বিবরণ দেওয়া হয়েছে।

এই বিবরণটি মহাভারত মহাকাব্যের একটি গুরুত্বপূর্ণ অংশ। এটি মহাভারত যুদ্ধের প্রকৃতি এবং বিষয়গুলিকে তুলে ধরে। শিবপুরাণে কৃষ্ণের জীবনের বিস্তারিত বিবরণ দেওয়া হয়েছে। এই বিবরণটি কৃষ্ণ চরিত্রের একটি গুরুত্বপূর্ণ অংশ। এটি কৃষ্ণের জীবন, কর্ম এবং শিক্ষাগুলিকে তুলে ধরে।

শিবপুরাণের ঐতিহাসিক ঘটনাগুলির তাৎপর্য - শিবপুরাণের ঐতিহাসিক ঘটনাগুলি হিন্দুধর্মের ইতিহাসের একটি গুরুত্বপূর্ণ অংশ। এই ঘটনাগুলি হিন্দুদের বিশ্বাস এবং সংস্কৃতির বিকাশকে প্রভাবিত করেছে।

শিবপুরাণের দশম খণ্ডটি হিন্দুধর্মের ইতিহাস এবং সংস্কৃতি সম্পর্কে একটি গুরুত্বপূর্ণ উৎস।

শিবপুরাণের একাদশ খণ্ড শিবপুরাণের বিভিন্ন ঐতিহ্য ও সংস্কৃতি সম্পর্কে আলোচনা করে।

ঐতিহ্য ও সংস্কৃতি - শিবপুরাণে বিভিন্ন ঐতিহ্য ও সংস্কৃতির কথা বলা হয়েছে। এই ঐতিহ্য ও সংস্কৃতিগুলির মধ্যে রয়েছে:

- শিবরাত্রি: শিবপুরাণে শিবরাত্রির বিস্তারিত বিবরণ দেওয়া হয়েছে।
- শিব নবরাত্রি: শিবপুরাণে শিব নবরাত্রির বিস্তারিত বিবরণ দেওয়া হয়েছে।
- শিব সঙ্গম: শিবপুরাণে শিব সঙ্গমের বিস্তারিত বিবরণ দেওয়া হয়েছে।

একাদশ খণ্ডের মূল বিষয়বস্তু - শিবপুরাণের একাদশ খণ্ডের মূল বিষয়বস্তু হল শিবপুরাণের বিভিন্ন ঐতিহ্য ও সংস্কৃতি সম্পর্কে আলোচনা করা। এই খণ্ডটি শিবপুরাণের একটি গুরুত্বপূর্ণ অংশ।

এই খণ্ডের কিছু গুরুত্বপূর্ণ বিষয় নিম্নরূপ: শিবপুরাণে বিভিন্ন ঐতিহ্য ও সংস্কৃতির কথা বলা হয়েছে। এই ঐতিহ্য ও সংস্কৃতিগুলি হিন্দুধর্মের একটি গুরুত্বপূর্ণ অংশ।

কিছু নির্দিষ্ট উদাহরণ:- শিবপুরাণে শিবরাত্রির বিস্তারিত বিবরণ দেওয়া হয়েছে। এই

বিবরণটি শিবরাত্রি উৎসবের একটি গুরুত্বপূর্ণ অংশ। এটি শিবরাত্রির প্রকৃতি এবং বিষয়গুলিকে তুলে ধরে। শিবপুরাণে শিব নবরাত্রির বিস্তারিত বিবরণ দেওয়া হয়েছে। এই বিবরণটি শিব নবরাত্রি উৎসবের একটি গুরুত্বপূর্ণ অংশ। এটি শিব নবরাত্রির প্রকৃতি এবং বিষয়গুলিকে তুলে ধরে। শিবপুরাণে শিব সঙ্গমের বিস্তারিত বিবরণ দেওয়া হয়েছে। এই বিবরণটি শিব সঙ্গম উৎসবের একটি গুরুত্বপূর্ণ অংশ। এটি শিব সঙ্গমের প্রকৃতি এবং বিষয়গুলিকে তুলে ধরে।

শিবপুরাণের ঐতিহ্য ও সংস্কৃতির তাৎপর্য - শিবপুরাণের ঐতিহ্য ও সংস্কৃতিগুলি হিন্দুধর্মের একটি গুরুত্বপূর্ণ অংশ। এই ঐতিহ্য ও সংস্কৃতিগুলি হিন্দুদের বিশ্বাস এবং সংস্কৃতির বিকাশকে প্রভাবিত করেছে। শিবপুরাণের একাদশ খণ্ডটি হিন্দুধর্মের ঐতিহ্য ও সংস্কৃতি সম্পর্কে একটি গুরুত্বপূর্ণ উৎস।

একাদশ খণ্ডের কিছু অতিরিক্ত বিষয়- একাদশ খণ্ডে শিবপুরাণের বিভিন্ন ঐতিহ্য ও সংস্কৃতির পাশাপাশি কিছু অতিরিক্ত বিষয়ও আলোচনা করা হয়েছে। এই বিষয়গুলির মধ্যে রয়েছে:

- শিবের বিভিন্ন নাম ও রূপ: শিবপুরাণে শিবের বিভিন্ন নাম ও রূপের বিস্তারিত বিবরণ দেওয়া হয়েছে।
- শিবের মন্দির: শিবপুরাণে শিবের বিভিন্ন মন্দির সম্পর্কে আলোচনা করা হয়েছে।
- শিবের পূজা: শিবপুরাণে শিবের পূজার বিভিন্ন পদ্ধতির বিস্তারিত বিবরণ দেওয়া হয়েছে।

এই বিষয়গুলি শিবপুরাণের একটি গুরুত্বপূর্ণ অংশ। এই বিষয়গুলি শিবপুরাণকে একটি সমৃদ্ধ ও বৈচিত্র্যময় ধর্মীয় গ্রন্থে পরিণত করেছে।

শিবপুরাণের দ্বাদশ খণ্ড শিবপুরাণের বিভিন্ন উপসংহার ও শিক্ষা দেয়।

উপসংহার ও শিক্ষা - শিবপুরাণে বিভিন্ন উপসংহার ও শিক্ষা দেওয়া হয়েছে। এই উপসংহার ও শিক্ষাগুলির মধ্যে রয়েছে:

- ঈশ্বর সর্বশক্তিমান, সর্বজ্ঞ এবং সর্বব্যাপী।
- জীবাত্মা হল ঈশ্বরের একটি অংশ।
- মোক্ষ হল জীবাত্মা ও ঈশ্বরের মিলন।
- মায়া হল ঈশ্বরের একটি শক্তি।
- কারমা হল কর্মের ফল।
- যোগ হল ঈশ্বরের সাথে মিলিত হওয়ার একটি পদ্ধতি।

দ্বাদশ খণ্ডের মূল বিষয়বস্তু- শিবপুরাণের দ্বাদশ খণ্ডের মূল বিষয়বস্তু হল শিবপুরাণের বিভিন্ন উপসংহার ও শিক্ষা দেওয়া। এই খণ্ডটি শিবপুরাণের একটি গুরুত্বপূর্ণ অংশ। এই খণ্ডের কিছু গুরুত্বপূর্ণ বিষয় নিম্নরুপ: শিবপুরাণে বিভিন্ন উপসংহার ও শিক্ষা দেওয়া হয়েছে।

এই উপসংহার ও শিক্ষাগুলি হিন্দুধর্মের মূল বিশ্বাস এবং দর্শনের উপর ভিত্তি করে।

কিছু নির্দিষ্ট উদাহরণ:- শিবপুরাণে বলা হয়েছে যে ঈশ্বর সর্বশক্তিমান, সর্বজ্ঞ এবং সর্বব্যাপী। এই ধারণাটি হিন্দুধর্মের ঈশ্বর সম্পর্কে একটি গুরুত্বপূর্ণ ধারণা। এটি ঈশ্বরের অসীম ক্ষমতা এবং কর্তৃত্বের উপর জোর দেয়। শিবপুরাণে বলা হয়েছে যে জীবাত্মা হল ঈশ্বরের একটি অংশ। এই ধারণাটি হিন্দুধর্মের আত্মা সম্পর্কে একটি গুরুত্বপূর্ণ ধারণা। এটি আত্মার অস্তিত্ব এবং ঈশ্বরের সাথে এর সম্পর্ককে নিশ্চিত করে। শিবপুরাণে বলা হয়েছে যে মোক্ষ হল জীবাত্মা ও ঈশ্বরের মিলন। এই ধারণাটি হিন্দুধর্মের উদ্দেশ্য সম্পর্কে একটি গুরুত্বপূর্ণ ধারণা। এটি মোক্ষের গুরুত্ব এবং এটি অর্জনের উপায়গুলিকে তুলে ধরে।

শিবপুরাণের উপসংহার ও শিক্ষাগুলির তাৎপর্য - শিবপুরাণের উপসংহার ও শিক্ষাগুলি হিন্দুধর্মের মূল বিশ্বাস এবং দর্শনের উপর ভিত্তি করে। এই উপসংহার ও শিক্ষাগুলি হিন্দুদের জন্য একটি গুরুত্বপূর্ণ নির্দেশিকা। এগুলি হিন্দুদেরকে ঈশ্বর, আত্মা এবং মোক্ষ সম্পর্কে বোঝার জন্য সাহায্য করে।

শিবপুরাণের দ্বাদশ খণ্ডটি হিন্দুধর্মের মূল বিশ্বাস এবং দর্শন সম্পর্কে একটি গুরুত্বপূর্ণ উৎস।

<u>শিবপুরাণের প্রাসঙ্গিকতা</u>

শিবপুরাণ হিন্দুধর্মের একটি গুরুত্বপূর্ণ ধর্মগ্রন্থ। এটি হিন্দু দেবতা শিবের জীবন, কর্ম এবং গুণাবলীর একটি বিস্তৃত বিবরণ দেয়। শিবপুরাণ হিন্দুধর্মের বিভিন্ন রহস্য এবং তান্ত্রিক ধারণার একটি গুরুত্বপূর্ণ উৎস। এটি হিন্দু দর্শনের বিভিন্ন ধারণার ব্যাখ্যা প্রদান করে। শিবপুরাণ হিন্দুধর্মের বিভিন্ন রীতিনীতি এবং অনুষ্ঠানের একটি গুরুত্বপূর্ণ নির্দেশিকা।

শিবপুরাণ আজও হিন্দু ধর্মাবলম্বীদের জন্য একটি গুরুত্বপূর্ণ ধর্মগ্রন্থ। এটি হিন্দুধর্মের বিভিন্ন ধারণা এবং অনুশীলন সম্পর্কে জানতে একটি গুরুত্বপূর্ণ উৎস। শিবপুরাণ হিন্দুধর্মের বিভিন্ন রীতিনীতি এবং অনুষ্ঠান সম্পর্কেও একটি গুরুত্বপূর্ণ নির্দেশিকা।

শিবপুরাণের প্রাসঙ্গিকতা নিম্নরুপ:

- শিবপুরাণ হিন্দুধর্মের বিভিন্ন রহস্য এবং তান্ত্রিক ধারণার একটি গুরুত্বপূর্ণ উৎস। এটি হিন্দু দর্শনের বিভিন্ন ধারণার ব্যাখ্যা প্রদান করে।

- শিবপুরাণ হিন্দুধর্মের বিভিন্ন রীতিনীতি এবং অনুষ্ঠানের একটি গুরুত্বপূর্ণ নির্দেশিকা।
- শিবপুরাণ হিন্দুধর্মের বিভিন্ন ঐতিহ্য এবং সংস্কৃতির একটি গুরুত্বপূর্ণ দলিল।
- শিবপুরাণ হিন্দুধর্মের একটি প্রাচীন এবং গুরুত্বপূর্ণ ধর্ম

শিবলিঙ্গ

ভারতের মধ্যপ্রদেশ রাজ্যে নর্মদা নদী উপত্যকায় নদীগর্ভের এক ধরনের পাথর। এই জাতীয় পাথর হিন্দু শৈব সম্প্রদায় শিবলিঙ্গ হিসেবে পূজা করে। এই পাথরগুলি মসৃণ উপবৃত্তাকার। বাণলিঙ্গকে "স্বয়ম্ভু লিঙ্গ" বা ঈশ্বরের সাক্ষাৎ চিহ্ন মনে করা হয়। কারণ, এটি প্রাকৃতিকভাবে সৃষ্টি হয়।

হিন্দুদের প্রচলিত বিশ্বাস অনুসারে, প্রাচীনকালে বাণ নামে এক অসুর প্রতিদিন শিবলিঙ্গ নির্মাণ করে পূজা করতেন। এইভাবে দীর্ঘদিন শিবপূজার ফলে শিব তাঁকে দর্শন দিয়ে একটি বর দিতে চান। বাণ বলেন, প্রতিদিন তাঁকে শিবলিঙ্গ নির্মাণ করতে বেশ কষ্ট পেতে হয়। তাই বর হিসেবে তিনি উত্তম লক্ষণযুক্ত শিবলিঙ্গ চান। শিব চোদ্দো কোটি শিবলিঙ্গ নির্মাণ করে বাণকে দেন। বাণ সেগুলি পেয়ে মনে ভাবেন, এগুলি পূজায় যখন বিশেষ ফল পাওয়া যায়, তখন এগুলি সর্বসাধারণের কল্যাণের কাজেই ব্যবহার করা উচিত। এই ভেবে তিনি তিন কোটি লিঙ্গ কালিকাগর্ভে, তিন কোটি লিঙ্গ শ্রীশৈলে, এক কোটি কন্যাশ্রমে, এক কোটি মহেশ্বর ক্ষেত্রে এবং অবশিষ্ট লিঙ্গগুলি বিভিন্ন তীর্থক্ষেত্রে স্থাপন করেন। বাণ নামক অসুরের দ্বারা পূজিত বলে (মতান্তরে শিবের অপর নাম বাণ বলে) এই লিঙ্গগুলি বাণলিঙ্গ বা বাণেশ্বর শিবলিঙ্গ নামে পরিচিত হল।

নর্মদা নদীর অপর নাম "রেবা" শব্দটি এসেছে সংস্কৃত "রেব" শব্দ থেকে, যার অর্থ পাথুরে নদীগর্ভ। এই নদীর গর্ভে যে বাণলিঙ্গ পাওয়া যায় তার উল্লেখ আছে রামায়ণ, মহাভারত, পুরাণ, টলেমির রচনা ও পেরিপ্লাসগ্রন্থে। বায়ু পুরাণ ও স্কন্দ পুরাণ-এর রেবা খণ্ড অধ্যায়ে নর্মদা নদীর জন্ম ও গুরুত্বের বর্ণনা পাওয়া যায়। কথিত আছে, নর্মদা নদী শিবের অঙ্গ থেকে উৎসারিত। "নর্মদা" শব্দের অর্থ আলোকদাত্রী। তাঁকে "শঙ্করী"ও (শিবের কন্যা অর্থে) বলা হয়।

উত্তর ভারতের একটি প্রচলিত প্রবাদ হল "নর্মদা কে কঙ্কর সে উঠা শঙ্কর" (নর্মদার পাথর শিবের মূর্ত রূপ)। বাণলিঙ্গ তাই হিন্দুরা দৈনিক উপাসনার পর পূজা করেন। বৈষ্ণবদের কাছে শালগ্রাম শিলা যেমন বিষ্ণুর প্রতীক রূপে পূজিত হয়, শৈব মতাবলম্বীরা তেমনি শিবের প্রতীক রূপে বাণলিঙ্গ পূজা করেন। নর্মদা নদী দর্শনকে

হিন্দুরা গঙ্গা স্নানের সমতুল্য মনে করেন। বৃহৎ বৈবর্ত পুরাণ নামে এক হিন্দু ধর্মগ্রন্থে তিন প্রকার লিঙ্গের উল্লেখ করা হয়েছে - স্বয়ম্ভুব (স্বপ্রতিষ্ঠিত), বাণলিঙ্গ ও শৈললিঙ্গ (পাথরের লিঙ্গ)। এগুলিকে যথাক্রমে ব্যক্ত, অব্যক্ত ও ব্যক্ত্যাব্যক্ত বলা হয়েছে। হিন্দু ধর্মতত্ত্বে বলা হয়, ব্যক্ত লিঙ্গ মোক্ষদায়ী, অব্যক্ত লিঙ্গ আনন্দবর্ধনকারী এবং ব্যক্তাব্যক্ত লিঙ্গ মোক্ষ ও আনন্দ দুইই দেন। শৈব সম্প্রদায়ের বিভিন্ন গোষ্ঠী পার্থিব শিবলিঙ্গ, কন্ঠস্থলিঙ্গ, স্ফটিকলিঙ্গ, বাণলিঙ্গ, পঞ্চসূত্রী লিঙ্গ, পাষাণলিঙ্গ ইত্যাদি নানা ধরনের লিঙ্গ পূজা করেন।

পঞ্চদেবতা পূজা

বাণলিঙ্গ হিন্দুধর্মের পঞ্চদেবতা পূজার একটি অঙ্গ। অষ্টম শতাব্দীর হিন্দু দার্শনিক আদি শঙ্কর হিন্দুধর্মের সকল সম্প্রদায়ের মধ্যে সাম্প্রদায়িক সম্প্রীতি স্থাপনের জন্য পাঁচটি প্রধান হিন্দু সম্প্রদায়ের প্রধান দেবতার পূজাকে ব্যক্তির ইষ্টদেবতা পূজার অঙ্গ হিসেবে প্রবর্তন করেন। এর মধ্যে শিবের পূজা প্রবর্তিত হয়েছিল নর্মদা নদীতে প্রাপ্ত বাণলিঙ্গের উপর। পূজার ফল-হিন্দুরা বিশ্বাস করেন, বাণলিঙ্গ ক্ষত্রিয়দের বিরাট রাজ্য এবং অন্য সকলের সব ধরনের ইচ্ছা পূর্ণ করে।

শিব (মহাদেব): একজন জটিল এবং বহুমুখী দেবতা

হিন্দুধর্মে, শিব (মহাদেব) হলেন ত্রিমূর্তির অন্যতম দেবতা, ব্রহ্মা ও বিষ্ণুর পাশাপাশি। তিনি ধ্বংসের দেবতা হিসেবেও পরিচিত, তবে তিনি সৃষ্টি এবং রক্ষার ক্ষমতাও ধারণ করেন। শিবের পূজা করা হয় সারা ভারত এবং বিশ্বজুড়ে, এবং তিনি বিভিন্ন রূপে পূজিত হন।

শিবের অনেক রূপ রয়েছে, যার মধ্যে রয়েছে নটরাজ, লিঙ্গামূর্তি এবং অর্ধনারীশ্বর। তিনি সাধারণত একটি তৃতীয় চোখ, একটি শঙ্খ, এবং একটি ত্রিশূল নিয়ে চিত্রিত হন। শিবের বাহন হল নন্দী নামের একটি ষাঁড়।

শিবকে প্রায়শই ধ্বংসের দেবতা হিসাবে দেখা হয়, কারণ তিনি মহাবিশ্বের ধ্বংসের জন্য দায়ী। তবে, তিনি সৃষ্টি এবং রক্ষার ক্ষমতাও ধারণ করেন। শিবকে মহাবিশ্বের শক্তির উৎস হিসাবেও দেখা হয়, এবং তিনি প্রায়শই সৃষ্টির পূর্বের ধ্বংসের সাথে যুক্ত হন।

শিবের প্রতীকগুলি হল ত্রিশূল, লিঙ্গামূর্তি এবং শিবলিঙ্গ। ত্রিশূলটি সৃষ্টি, সংরক্ষণ এবং ধ্বংসের তিনটি গুণের প্রতীক। লিঙ্গামূর্তিটি হল শিবের অসীম শক্তির প্রতীক, এবং শিবলিঙ্গটি হল শিবের সৃজনশীল শক্তির প্রতীক।

শিবের অনেক ভক্ত রয়েছে, যারা তাকে একজন সর্বশক্তিমান দেবতা হিসাবে দেখে। শিবের ভক্তরা বিশ্বাস করে যে শিব তাদের সমস্ত কষ্ট দূর করতে পারেন এবং তাদের জীবনে সুখ, শান্তি এবং সমৃদ্ধি আনতে পারেন।

শিব হলেন একজন জটিল এবং বহুমুখী দেবতা, যিনি বিভিন্ন উপায়ে ব্যাখ্যা করা হয়। তিনি ধ্বংসের দেবতা, সৃষ্টির দেবতা এবং রক্ষার দেবতা। তিনি একজন সর্বশক্তিমান দেবতা, যিনি তাঁর ভক্তদের সকল কষ্ট দূর করতে পারেন এবং তাদের জীবনে সুখ, শান্তি এবং সমৃদ্ধি আনতে পারেন।

মহাদেব হলেন হিন্দুধর্মের সবচেয়ে গুরুত্বপূর্ণ দেবতাদের মধ্যে একজন। তিনি ত্রিমূর্তির অন্যতম দেবতা, ব্রহ্মা ও বিষ্ণুর পাশাপাশি। ত্রিমূর্তি হল মহাবিশ্বের সৃষ্টি, রক্ষণাবেক্ষণ এবং ধ্বংসের তিনটি দেবতার সমষ্টি। শিবকে ধ্বংসের দেবতা হিসেবে দেখা হয়, তবে তিনি সৃষ্টি এবং রক্ষার ক্ষমতাও ধারণ করেন। তিনি একজন সর্বশক্তিমান দেবতা, যিনি অসীম শক্তি এবং জ্ঞানের অধিকারী।

শিবকে বিভিন্ন নামে ডাকা হয়, যার মধ্যে সবচেয়ে জনপ্রিয় হল "মহাদেব", যার অর্থ "মহান দেবতা"। তিনি "নটরাজ" নামেও পরিচিত, যার অর্থ "নৃত্যশিল্পী দেবতা"। তিনি এই নামটি পেয়েছেন কারণ তিনি তাঁর নাচের মাধ্যমে মহাবিশ্বকে সৃষ্টি, রক্ষণাবেক্ষণ এবং ধ্বংস করেন।

শিবের অনেক রূপ রয়েছে, যা তাঁর বিভিন্ন গুণাবলী এবং ভূমিকা প্রতিফলিত করে। তাঁর সবচেয়ে বিখ্যাত রূপগুলির মধ্যে রয়েছে:

- নটরাজ: এই রূপে, শিব একটি জোরে নাচ করছেন, তাঁর চতুর্দিকে আগুনের দোলায়মান পর্দা তৈরি করছেন। এই নাচটি মহাবিশ্বের সৃষ্টি, রক্ষণাবেক্ষণ এবং ধ্বংসকে চিত্রিত করে।
- লিঙ্গামূর্তি: এই রূপে, শিব একটি লিঙ্গ (শিবের প্রতীক) হিসাবে পূজিত হন। লিঙ্গামূর্তিটি অসীম শক্তি এবং জ্ঞানের প্রতিনিধিত্ব করে।
- অর্ধনারীশ্বর: এই রূপে, শিব একটি অর্ধ-পুরুষ অর্ধ-মহিলা দেবতা হিসাবে পূজিত হন। এই রূপটি পুরুষ এবং মহিলা নীতির একত্রিততা এবং সমন্বয়কে চিত্রিত করে।

শিবের পূজা বিভিন্ন উপায়ে করা হয়। তাঁর ভক্তরা তাঁর কাছে প্রার্থনা করেন সুখ, শান্তি, সমৃদ্ধি এবং মোক্ষ (মুক্তি) লাভের জন্য। তাঁর ভক্তরা তাঁর মন্দিরগুলিতে যান এবং তাঁর সামনে প্রদীপ জ্বালিয়ে প্রণাম দেন। তাঁর ভক্তরা তাঁর নামে যজ্ঞও করে থাকেন।

শিবের পূজা ভারত এবং বিশ্বজুড়ে ব্যাপকভাবে প্রচলিত। তিনি হিন্দুধর্মের সবচেয়ে জনপ্রিয় দেবতাদের মধ্যে একজন এবং তাঁর ভক্তদের সংখ্যা কোটি কোটি। শিবের পূজা তাঁর ভক্তদের কাছে একাগ্রতা, জ্ঞান এবং মুক্তির পথ প্রদান করে।

শিব পুরাণ হল হিন্দুধর্মের মহাপুরাণগুলির মধ্যে একটি। এটি প্রাচীন ভারতীয় ধর্মশাস্ত্রের একটি বিশাল সংকলন, যা দেবতা ও দেবীদের গল্প বর্ণনা করে। এটি একটি বিস্তৃত ও জটিল পাঠ, এবং বাংলায় এর সম্পূর্ণ অনুবাদ একটি উল্লেখযোগ্য কাজ হবে। তবে এখানে শিব পুরাণের একটি সংক্ষিপ্তসার বাংলায় দেওয়া হল:

শিব পুরাণে শিবকে সর্বোচ্চ দেবতা হিসাবে বর্ণনা করা হয়েছে। এটি তার জীবন ও কর্মকাণ্ডের বিশদ বিবরণ দেয়, পাশাপাশি তার মাতৃগণ, তার শিষ্যরা এবং তার বাহন নন্দী সম্পর্কেও তথ্য দেয়। এটি মহাবিশ্বের উৎপত্তি, বিকাশ এবং ধ্বংস সম্পর্কেও আলোচনা করে, এবং ধার্মিকতা, যোগশাস্ত্র এবং আত্মার মুক্তি অর্জনের উপায় সম্পর্কে শিক্ষা দেয়।

শিব পুরাণে অনেকগুলি গুরুত্বপূর্ণ দার্শনিক তত্ত্বও রয়েছে, যেমন ঈশ্বরের অদ্বৈতবাদী স্বভাব এবং জীবের আত্মার অমরত্ব। এটি সমস্ত জীবের মধ্যে সহানুভূতি এবং সমতার প্রচার করে, এবং সত্য, ধার্মিকতা এবং ন্যায়বিচারের প্রতিষ্ঠার আহ্বান জানায়।

শিব পুরাণ হিন্দুধর্মের একটি গুরুত্বপূর্ণ ধর্মগ্রন্থ, এবং এটি বহু শতাব্দ ধরে হিন্দুদের দ্বারা ধর্মীয় শিক্ষা এবং অনুপ্রেরণা অর্জনের জন্য পড়া হয়েছে। এটি একটি বৈচিত্র্যময় ও সমৃদ্ধ পাঠ, যা হিন্দুধর্মের মূল বিষয়গুলিকে বিস্তৃতভাবে ব্যাখ্যা করে।

শিব পুরাণে, শিবকে "পরমব্রহ্ম" বা "সর্বশক্তিমান" হিসাবে বর্ণনা করা হয়েছে। তিনি হিন্দুধর্মের অন্যতম প্রধান দেবতা, এবং তিনি সৃষ্টি, বিনাশ এবং পুনর্জন্মের প্রতীক।

শিব পুরাণে শিবের জন্ম, বিবাহ, সন্তান এবং অন্যান্য গুরুত্বপূর্ণ ঘটনাগুলির বিশদ বিবরণ দেওয়া হয়েছে। এটি তার ক্ষমতা, গুণাবলী এবং তার ভক্তদের প্রতি তার ভালোবাসার কথাও বলে।

শিব পুরাণে শিবের মাতৃগণ, তার শিষ্যরা এবং তার বাহন নন্দী সম্পর্কেও তথ্য দেওয়া হয়েছে। তার মাতৃগণ হলেন পার্বতী, উমা, কালিকা এবং রুদ্রাণী। তার প্রধান শিষ্যরা হলেন গণেশ, কার্তিক এবং দক্ষ। তার বাহন নন্দী হলেন একটি ষাঁড়।

শিব পুরাণ মহাবিশ্বের উৎপত্তি, বিকাশ এবং ধ্বংস সম্পর্কেও আলোচনা করে। এটি বলে যে মহাবিশ্ব একটি চক্রে চলে, যা সৃষ্টি, বিনাশ এবং পুনর্জন্মের মধ্য দিয়ে যায়।

শিব পুরাণ ধার্মিকতা, যোগশাস্ত্র এবং আত্মার মুক্তি অর্জনের উপায় সম্পর্কেও শিক্ষা দেয়। এটি বলে যে ধার্মিকতা, যোগ এবং আত্মা-জ্ঞান অর্জনের মাধ্যমে মানুষ মুক্তি অর্জন করতে পারে।

শিব পুরাণ হিন্দুধর্মের একটি গুরুত্বপূর্ণ ধর্মগ্রন্থ। এটি হিন্দুধর্মের মূল বিষয়গুলিকে ব্যাপকভাবে ব্যাখ্যা করে এবং হিন্দুদের জন্য ধর্মীয় শিক্ষা এবং অনুপ্রেরণা প্রদান করে।

এখানে শিব পুরাণের কিছু গুরুত্বপূর্ণ ধারণাগুলির আরও বিস্তারিত ব্যাখ্যা দেওয়া হল:

- শিবকে সর্বোচ্চ দেবতা হিসাবে বর্ণনা করা হয়েছে। তিনি সৃষ্টি, বিনাশ এবং পুনর্জন্মের প্রতীক। তিনি হিন্দুধর্মের অন্যতম প্রধান দেবতা।
- শিব পুরাণে শিবের জন্ম, বিবাহ, সন্তান এবং অন্যান্য গুরুত্বপূর্ণ ঘটনাগুলির বিশদ বিবরণ দেওয়া হয়েছে। এটি তার ক্ষমতা, গুণাবলী এবং তার ভক্তদের প্রতি তার ভালোবাসার কথাও বলে।
- শিব পুরাণে শিবের মাতৃগণ, তার শিষ্যরা এবং তার বাহন নন্দী সম্পর্কেও তথ্য দেওয়া হয়েছে। তার মাতৃগণ হলেন পার্বতী, উমা, কালিকা এবং রুদ্রাণী। তার প্রধান শিষ্যরা হলেন গণেশ, কার্তিক এবং দক্ষ। তার বাহন নন্দী হলেন একটি ষাঁড়।
- শিব পুরাণ মহাবিশ্বের উৎপত্তি, বিকাশ এবং ধ্বংস সম্পর্কেও আলোচনা করে। এটি বলে যে মহাবিশ্ব একটি চক্রে চলে, যা সৃষ্টি, বিনাশ এবং পুনর্জন্মের মধ্য দিয়ে যায়।
- শিব পুরাণ ধার্মিকতা, যোগশাস্ত্র এবং আত্মার মুক্তি অর্জনের উপায় সম্পর্কেও শিক্ষা দেয়। এটি বলে যে ধার্মিকতা, যোগ এবং আত্মা-জ্ঞান অর্জনের মাধ্যমে মানুষ মুক্তি অর্জন করতে পারে।

আশা করি এই ব্যাখ্যাগুলি আপনাকে শিব পুরাণের কিছু গুরুত্বপূর্ণ ধারণাগুলি বুঝতে সাহায্য করবে।

শিব পুরাণে অনেকগুলি গুরুত্বপূর্ণ দার্শনিক তত্ত্ব রয়েছে, যার মধ্যে রয়েছে:

- ঈশ্বরের অদ্বৈতবাদী স্বভাব: শিব পুরাণে, ঈশ্বরকে "ব্রহ্ম" বা "পরম সত্তা" হিসাবে বর্ণনা করা হয়েছে। তিনি এক, অদ্বৈত এবং অনন্ত। তিনি সৃষ্টি, বিনাশ এবং পুনর্জন্মের মূল।
- জীবের আত্মার অমরত্ব: শিব পুরাণে, জীবের আত্মাকে "আত্মা" বা "চিৎ" হিসাবে বর্ণনা করা হয়েছে। এটি অমর এবং শাশ্বত। এটি শরীরের মৃত্যুর পরেও বেঁচে থাকে।
- সমস্ত জীবের মধ্যে সহানুভূতি এবং সমতা: শিব পুরাণ সমস্ত জীবের মধ্যে সহানুভূতি এবং সমতার প্রচার করে। এটি বলে যে সব জীবই ঈশ্বরের অংশ এবং তাই তাদের সমানভাবে সম্মান করা উচিত।
- সত্য, ধার্মিকতা এবং ন্যায়বিচারের প্রতিষ্ঠা: শিব পুরাণ সত্য, ধার্মিকতা এবং ন্যায়বিচারের প্রতিষ্ঠার আহ্বান জানায়। এটি বলে যে এই মূল্যবোধগুলি সমাজের শান্তি ও সমৃদ্ধির জন্য অপরিহার্য।

এই দার্শনিক তত্ত্বগুলি হিন্দুধর্মের মূল বিশ্বাস এবং মূল্যবোধগুলিকে প্রতিফলিত করে। তারা হিন্দুদের জন্য ধর্মীয় ও নৈতিক দিকনির্দেশনা প্রদান করে।

এখানে এই দার্শনিক তত্ত্বগুলির প্রতিটিটির একটি আরও বিস্তারিত ব্যাখ্যা দেওয়া হল:

ঈশ্বরের অদ্বৈতবাদী স্বভাব: শিব পুরাণে, ঈশ্বরকে "ব্রহ্ম" বা "পরম সত্তা" হিসাবে বর্ণনা করা হয়েছে। তিনি এক, অদ্বৈত এবং অনন্ত। তিনি সৃষ্টি, বিনাশ এবং পুনর্জন্মের মূল।

এই তত্ত্ব অনুসারে, ঈশ্বর এক এবং অনন্য। তিনি সবকিছুর মধ্যে বিরাজ করেন, কিন্তু তিনি সবকিছুর থেকে পৃথকও। তিনি সৃষ্টিকর্তা, রক্ষক এবং ধ্বংসকারী। তিনি জীবের আত্মার উৎস এবং গন্তব্য।

জীবের আত্মার অমরত্ব: শিব পুরাণে, জীবের আত্মাকে "আত্মা" বা "চিৎ" হিসাবে বর্ণনা করা হয়েছে। এটি অমর এবং শাশ্বত। এটি শরীরের মৃত্যুর পরেও বেঁচে থাকে।

এই তত্ত্ব অনুসারে, জীবের আত্মা শরীরের একটি অংশ নয়। এটি একটি স্বতন্ত্র সত্তা যা শরীরের মৃত্যুর পরেও বেঁচে থাকে। আত্মা পরকালে পুনর্জন্ম লাভ করে।

সমস্ত জীবের মধ্যে সহানুভূতি এবং সমতা: শিব পুরাণ সমস্ত জীবের মধ্যে সহানুভূতি এবং সমতার প্রচার করে। এটি বলে যে সব জীবই ঈশ্বরের অংশ এবং তাই তাদের সমানভাবে সম্মান করা উচিত।

এই তত্ত্ব অনুসারে, সমস্ত জীবের মধ্যে মৌলিক মিল রয়েছে। তারা সবাই ঈশ্বরের অংশ এবং তাই তাদের সমানভাবে সম্মান করা উচিত। সহানুভূতি এবং সমতা প্রদর্শন করে, আমরা ঈশ্বরের প্রতি আমাদের ভালবাসা এবং শ্রদ্ধা প্রকাশ করতে পারি।

সত্য, ধার্মিকতা এবং ন্যায়বিচারের প্রতিষ্ঠা: শিব পুরাণ সত্য, ধার্মিকতা এবং ন্যায়বিচারের প্রতিষ্ঠার আহ্বান জানায়। এটি বলে যে এই মূল্যবোধগুলি সমাজের শান্তি ও সমৃদ্ধির জন্য অপরিহার্য।

এই তত্ত্ব অনুসারে, সত্য, ধার্মিকতা এবং ন্যায়বিচার হল সমাজের মৌলিক ভিত্তি। তারা সমাজে শান্তি ও সমৃদ্ধি প্রতিষ্ঠা করতে সহায়তা করে। সত্য বলা, অন্যদের প্রতি সদয় হওয়া এবং ন্যায়বিচার প্রতিষ্ঠার মাধ্যমে, আমরা সমাজের একটি ভাল নাগরিক হতে পারি।

এই দার্শনিক তত্ত্বগুলি শিব পুরাণকে একটি গুরুত্বপূর্ণ ধর্মগ্রন্থ করে তোলে। এগুলি হিন্দুদের জন্য ধর্মীয় এবং নৈতিক দিকনির্দেশনা প্রদান করে।

শিব পুরাণ হিন্দুধর্মের একটি গুরুত্বপূর্ণ ধর্মগ্রন্থ। এটি বহু শতাব্দ ধরে হিন্দুদের দ্বারা ধর্মীয় শিক্ষা এবং অনুপ্রেরণা অর্জনের জন্য পড়া হয়েছে। এটি একটি বৈচিত্র্যময় ও সমৃদ্ধ পাঠ, যা হিন্দুধর্মের মূল বিষয়গুলিকে বিস্তৃতভাবে ব্যাখ্যা করে।

শিব পুরাণের গুরুত্ব নিম্নলিখিত দিকগুলির মাধ্যমে বোঝা যায়:

- শিব পুরাণ হিন্দুধর্মের প্রধান দেবতা শিবের জীবন ও কর্ম সম্পর্কে একটি বিস্তারিত বিবরণ প্রদান করে। এটি শিবের জন্ম, বিবাহ, সন্তান এবং অন্যান্য গুরুত্বপূর্ণ

ঘটনাগুলির পাশাপাশি তার ক্ষমতা, গুণাবলী এবং তার ভক্তদের প্রতি তার ভালোবাসার কথাও বলে।

- শিব পুরাণ মহাবিশ্বের উৎপত্তি, বিকাশ এবং ধ্বংস সম্পর্কেও আলোচনা করে। এটি বলে যে মহাবিশ্ব একটি চক্রে চলে, যা সৃষ্টি, বিনাশ এবং পুনর্জন্মের মধ্য দিয়ে যায়।
- শিব পুরাণ ধার্মিকতা, যোগশাস্ত্র এবং আত্মার মুক্তি অর্জনের উপায় সম্পর্কেও শিক্ষা দেয়। এটি বলে যে ধার্মিকতা, যোগ এবং আত্মা-জ্ঞান অর্জনের মাধ্যমে মানুষ মুক্তি অর্জন করতে পারে।

শিব পুরাণের বৈচিত্র্যময় ও সমৃদ্ধ পাঠ্যটি হিন্দুধর্মের মূল বিষয়গুলিকে বিস্তৃতভাবে ব্যাখ্যা করে। এটি হিন্দুদের জন্য ধর্মীয় শিক্ষা এবং অনুপ্রেরণা প্রদান করে।

শিব পুরাণের কিছু নির্দিষ্ট দিক যা এটিকে একটি গুরুত্বপূর্ণ ধর্মগ্রন্থ করে তোলে:

- শিব পুরাণে শিবের জীবন ও কর্ম সম্পর্কে একটি বিস্তারিত বিবরণ প্রদান করা হয়েছে। এটি হিন্দুদের জন্য শিবের প্রতি তাদের বোঝাপড়া এবং শ্রদ্ধা বাড়াতে সাহায্য করে।
- শিব পুরাণ মহাবিশ্বের উৎপত্তি, বিকাশ এবং ধ্বংস সম্পর্কে আলোচনা করে। এটি হিন্দুদের জন্য ঈশ্বর এবং মহাবিশ্বের সম্পর্কে তাদের বোঝাপড়া গড়ে তুলতে সাহায্য করে।
- শিব পুরাণ ধার্মিকতা, যোগশাস্ত্র এবং আত্মার মুক্তি অর্জনের উপায় সম্পর্কে শিক্ষা দেয়। এটি হিন্দুদের জন্য একটি ধর্মীয় এবং নৈতিক জীবনযাপন করতে সাহায্য করে।

শিব পুরাণ হিন্দুধর্মের একটি গুরুত্বপূর্ণ ধর্মগ্রন্থ যা বহু শতাব্দ ধরে হিন্দুদের দ্বারা পড়া হয়েছে। এটি একটি বৈচিত্র্যময় ও সমৃদ্ধ পাঠ যা হিন্দুধর্মের মূল বিষয়গুলিকে বিস্তৃতভাবে ব্যাখ্যা করে।

আত্মা , পরমাত্মা বা শিব এবং কোয়ান্টাম বলবিজ্ঞান

পরমাত্মা বা শিব কে ?

আত্মার মিলন যেখানে , সেটাই পরমাত্মা। তিনি নিজেকে এই জগতের চেতনা হিসাবে বর্ণনা করেছেন। তিনি বলেছেন যে তিনি মন, বুদ্ধি, চেতনা বা অহংকার নন। তিনি জীবিত নন, তার চোখ, নাক বা কান নেই। তিনি হাঁটেন না, দাঁড়ান না, কথা বলেন না বা শোনেন না । তিনি বলেছেন যে তিনি জীবন নন, পঞ্চভূত নন। তার মধ্যে ক্রোধ নেই, কোন লাগাও নেই। তার মধ্যে লোভ, মোহ, ঈর্ষা বা অহংকার নেই। অর্থ, ধর্ম, কর্ম বা মোক্ষ তার উপর কোন প্রভাব ফেলে না। তিনি বলেছেন যে তিনি ধন, লোভ, গুণদোষ বা বিষয়ের বাইরে। তিনি পুণ্য, পাপ, সুখ বা দুঃখ থেকে বিচ্ছিন্ন। তিনি মন্ত্র, জ্ঞান, তীর্থ বা যজ্ঞ নন। তিনি বলেছেন যে তিনি ভোগ, ভোজন, অনুভব বা ভোক্তা নন। তার মৃত্যুর ভয় নেই, কোন মতভেদ নেই। তার পিতামাতা নেই, তিনি আজন্মা বা অজন্ম। তিনি বলেছেন যে তিনি নিরাকার, সাকার, শিব, সিদ্ধ এবং শান্ত । তিনি নির্লিপ্ত, নির্বিকার, সুক্ষ্ম জগত। তিনি চেতনার রূপ এবং সর্বত্র ব্যাপ্ত। তিনি বলেছেন যে তিনি নেই আবার সর্বত্র ব্যাপ্ত আছেন । তিনি এই জগতের চেতনা, আদি এবং অনন্ত। এই জগতের বাইরে একটি চিরন্তন এবং অসীম চেতনা রয়েছে। এই চেতনা হল সবকিছুর উৎস। এটিই আমাদের আত্মা। তিনি এই চেতনার অংশ। তিনি এই চেতনার মধ্যে বাস করেন। তিনি নিজেকে এই চেতনার সাথে একীভূত করেছেন। তিনি বলেছেন এটি আমাদেরকে এই জগতের বাইরে একটি চিরন্তন এবং অসীম বাস্তবতার সন্ধান করতে উৎসাহিত করে। তিনি মনের, বুদ্ধির, চেতনার এবং অহংকার থেকে মুক্ত। তিনি এই জগতের বাহ্যিক ধারণাগুলির দ্বারা আবদ্ধ নন। তার শারীরিক শরীর নেই। তিনি এই জগতের ত্রিবিধ দেহ থেকে মুক্ত। তিনি এই জগতের ত্রিবিধ কর্ম থেকে মুক্ত। তিনি এই জগতের চেতনা,চিরন্তন এবং অসীম। তিনি এই জগতের আসল প্রকৃতির সন্ধান করতে উৎসাহিত করেন । এটি আত্মাকে এই জগতের বাইরে একটি চিরন্তন এবং অসীম বাস্তবতার সাথে একীভূত হতে উৎসাহিত করে। আত্মা হল শরীর এবং ইন্দ্রিয়গুলির পিছনে থাকা চেতনা। তিনি চলেন না, দাঁড়ান না, কথা বলেন না বা শোনেন না। এইগুলি সব আত্ম-ধারণার অংশ, কিন্তু তারা আসলে তাঁর কেউ নয়। শারীরিক ক্রিয়াকলাপগুলি আত্মার মাধ্যমে পরিচালিত হয়, কিন্তু তারা আত্মা নিজে নয়। আত্মা হল শারীরিক ক্রিয়াকলাপের পিছনে থাকা চেতনা। তিনি জগতের চেতনা,অনন্ত এবং অনাদি। এই অর্থে, তিনি সমস্ত অস্তিত্বের মূল। তিনিই সেই শক্তি যা সমস্ত সৃষ্টিকে চালিত করে আবার ধ্বংসও করে।

আত্মা এবং বিজ্ঞান

"

আত্মা হল একটি জটিল ধারণা যা নিয়ে হাজার হাজার বছর ধরে দার্শনিকদের , বিজ্ঞানীদের এবং ধর্মীয় নেতাদের দ্বারা আলোচনা করা হয়েছে। আত্মার অস্তিত্বের প্রমাণ নেই, তবে এটি বিশ্বাস করা হয় যে এটি একটি চিরন্তন এবং অবিচ্ছিন্ন সত্তা যা মৃত্যুর পরেও বেঁচে থাকে। বিজ্ঞান আত্মার অস্তিত্বের বিষয়ে কোনও সিদ্ধান্তে পৌঁছাতে পারে না। আত্মা একটি আধ্যাত্মিক ধারণা, এবং বিজ্ঞান বস্তুগত বিশ্বের ঘটনাগুলি অধ্যয়ন করে। আত্মাকে বস্তুগতভাবে পরিমাপ বা পর্যবেক্ষণ করা যায় না, তাই বিজ্ঞানের পক্ষে এটির অস্তিত্ব বা অস্তিত্বে না থাকার প্রমাণ প্রদান করা অসম্ভব। আত্মার অস্তিত্বের বৈজ্ঞানিক প্রমাণ নেই, তবে অনেকে বিশ্বাস করেন যে এটি একটি বাস্তব এবং গুরুত্বপূর্ণ ধারণা। বিজ্ঞান আত্মার অস্তিত্বের পক্ষে কিছু প্রমাণ প্রদান করে। উদাহরণস্বরূপ, নিউরোসায়েন্স গবেষণা দেখায় যে মস্তিষ্কের বিভিন্ন অংশ চেতনা এবং আত্মার বিভিন্ন দিক নিয়ে কাজ করে। এটি প্রমাণ করতে পারে যে আত্মা মস্তিষ্কের একটি পণ্য নয়, বরং মস্তিষ্কের মাধ্যমে কাজ করে এমন একটি বাস্তব বিষয়। তবে, বিজ্ঞান আত্মার অস্তিত্বের বিরুদ্ধেও কিছু প্রমাণ প্রদান করে। উদাহরণস্বরূপ, মৃত্যু পরবর্তী জীবনের অস্তিত্বের কোন বৈজ্ঞানিক প্রমাণ নেই। এটি প্রমাণ করতে পারে যে আত্মা মৃত্যুর পরেও বেঁচে থাকে না।

বৈজ্ঞানিক দৃষ্টিকোণ থেকে ব্যাখ্যা

বিজ্ঞানের দৃষ্টিকোণ থেকে, আত্মা একটি অদৃশ্য এবং অলৌকিক শক্তি যা মানুষের শরীর এবং মনকে নিয়ন্ত্রণ করে। এটিকে চেতনা, প্রাণ বা আত্ম-সচেতনতার মতো বিভিন্নভাবে বর্ণনা করা হয়েছে। বিজ্ঞানের মতে, আত্মার অস্তিত্বের কোন বৈজ্ঞানিক প্রমাণ নেই। আত্মা হল জগতের চেতনা, অনন্ত এবং অনাদি। এটি মন, বুদ্ধি, চিত্ত বা অভিমান নয়। এটি শরীর এবং ইন্দ্রিয়গুলির পিছনে থাকা চেতনা। আত্মা হল শারীরিক ক্রিয়াকলাপের পিছনে থাকা চেতনা। বিজ্ঞানের দৃষ্টিকোণ থেকে, এই দাবিগুলির কোন বৈজ্ঞানিক ভিত্তি নেই। আত্মা হল জগতের চেতনা কিন্তু বিজ্ঞানের মতে, চেতনা হল একটি জটিল ঘটনা যা মস্তিষ্কের মাধ্যমে সৃষ্ট হয়। মস্তিষ্ক ছাড়া চেতনার অস্তিত্ব নেই। বিজ্ঞানের দৃষ্টিকোণ থেকে, আত্মা একটি অদৃশ্য এবং অলৌকিক শক্তি যা মানুষের শরীর এবং মনকে নিয়ন্ত্রণ করে। এটিকে চেতনা, প্রাণ বা আত্ম-সচেতনতার মতো বিভিন্নভাবে বর্ণনা করা হয়েছে। বিজ্ঞানের মতে, আত্মার অস্তিত্বের কোন বৈজ্ঞানিক প্রমাণ নেই। আত্মা হল জগতের চেতনা, অনন্ত এবং অনাদি। এটি মন, বুদ্ধি, চিত্ত বা অভিমান নয়। এটি শরীর এবং ইন্দ্রিয়গুলির পিছনে থাকা চেতনা। আত্মা হল শারীরিক ক্রিয়াকলাপের পিছনে থাকা চেতনা। বিজ্ঞানের দৃষ্টিকোণ থেকে, এই দাবিগুলির কোন বৈজ্ঞানিক ভিত্তি নেই। আত্মা হল জগতের চেতনা কিন্তু বিজ্ঞানের মতে, চেতনা হল একটি জটিল ঘটনা যা মস্তিষ্কের মাধ্যমে সৃষ্ট হয়। মস্তিষ্ক ছাড়া চেতনার অস্তিত্ব নেই। আত্মা অনন্ত এবং অনাদি কিন্তু বিজ্ঞানের মতে, সমস্ত কিছুই জন্মগ্রহণ করে, বৃদ্ধি পায়, পরিণত হয় এবং মৃত্যু হয় । আত্মাও এই নিয়মের ব্যতিক্রম নয়। আত্মা মন,

বুদ্ধি, চিত্ত বা অভিমান নয় কিন্তু বিজ্ঞানের মতে, মন, বুদ্ধি, চিত্ত এবং অভিমান সবই মস্তিষ্কের কার্যকারিতা, আত্মা এগুলির কোনওটিরই সাথে সম্পর্কিত নয়। আত্মা শরীর এবং ইন্দ্রিয়গুলির পিছনে থাকা চেতনা কিন্তু বিজ্ঞানের মতে, শরীর এবং ইন্দ্রিয়গুলি মস্তিষ্কের মাধ্যমে নিয়ন্ত্রিত হয়। আত্মা এগুলির কোনওটিরই সাথে সম্পর্কিত নয়। আত্মা শারীরিক ক্রিয়াকলাপের পিছনে থাকা চেতনা কিন্তু বিজ্ঞানের মতে, শারীরিক ক্রিয়াকলাপগুলি মস্তিষ্কের মাধ্যমে নিয়ন্ত্রিত হয়। আত্মা এগুলির কোনওটিরই সাথে সম্পর্কিত নয়।

আত্মার সংজ্ঞা

আত্মার কোনও একক সংজ্ঞা নেই। কিছু লোক আত্মাকে চেতনা বা জীবন্ত প্রাণশক্তি হিসাবে সংজ্ঞায়িত করে। অন্যরা আত্মাকে একটি আধ্যাত্মিক বা অন্তরঙ্গ অংশ হিসাবে সংজ্ঞায়িত করে যা আমাদের শরীর থেকে আলাদা।

আত্মার বৈশিষ্ট্য

আত্মার বিভিন্ন বৈশিষ্ট্য সম্পর্কে বিভিন্ন বিশ্বাস রয়েছে। কিছু লোক বিশ্বাস করে যে আত্মা চিরন্তন এবং অবিচ্ছিন্ন। অন্যরা বিশ্বাস করে যে আত্মা মৃত্যুর পরে বিলুপ্ত হয়ে যায়।

আত্মার আরও কিছু বৈশিষ্ট্য হল:-

· আত্মা হল চেতনার উৎস।

· আত্মা আমাদের শরীরকে নিয়ন্ত্রণ করে।

· আত্মা আমাদের আবেগ এবং অনুভূতিগুলির জন্য দায়ী।

· আত্মা আমাদের ব্যক্তিত্বের জন্য দায়ী।

আত্মা এবং বিজ্ঞানের মধ্যে তুলনা

বিজ্ঞান এবং আত্মার মধ্যে বেশ কয়েকটি পার্থক্য রয়েছে। বিজ্ঞান বস্তুগত বিশ্বের ঘটনাগুলি অধ্যয়ন করে, যখন আত্মা একটি আধ্যাত্মিক ধারণা। বিজ্ঞান বস্তুগত প্রমাণের উপর ভিত্তি করে, যখন আত্মার অস্তিত্বের কোনও বস্তুগত প্রমাণ নেই।

বিজ্ঞান এবং আত্মার মধ্যে কিছু নির্দিষ্ট পার্থক্য হল:-

· বস্তুগততা: বিজ্ঞান বস্তুগত বিশ্বের ঘটনাগুলি অধ্যয়ন করে, যেমন পদার্থ এবং শক্তি। আত্মা একটি আধ্যাত্মিক ধারণা, এবং এটি বস্তুগতভাবে পরিমাপ বা পর্যবেক্ষণ করা যায় না।

· প্রমাণ: বিজ্ঞান বস্তুগত প্রমাণের উপর ভিত্তি করে। আত্মার অস্তিত্বের কোনও বস্তুগত প্রমাণ নেই।

· অস্তিত্ব: বিজ্ঞান অস্তিত্বের ধারণা গ্রহণ করে। আত্মা একটি আধ্যাত্মিক ধারণা, এবং এটি কিভাবে অস্তিত্বের সাথে সম্পর্কিত তা স্পষ্ট নয়।

উপসংহার

আত্মা একটি জটিল ধারণা যা বিজ্ঞান এবং ধর্মের মধ্যে দীর্ঘদিন ধরে বিতর্কের বিষয়। বিজ্ঞান আত্মার অস্তিত্বের বিষয়ে কোনও সিদ্ধান্তে পৌঁছাতে পারে না, তবে এটি একটি গুরুত্বপূর্ণ ধারণা যা অনেক লোকের জন্য জীবনের অর্থ এবং উদ্দেশ্যকে বোঝার ক্ষেত্রে গুরুত্বপূর্ণ। বিজ্ঞানের দৃষ্টিকোণ থেকে, আত্মার অস্তিত্বের কোন বৈজ্ঞানিক প্রমাণ নেই। আত্মার অস্তিত্বের প্রশ্ন একটি ব্যক্তিগত বিশ্বাসের প্রশ্ন। বিজ্ঞান আত্মার অস্তিত্বের প্রমাণ প্রদান করতে পারে না, তবে এটি আত্মার অস্তিত্বের বিরুদ্ধেও প্রমাণ প্রদান করতে পারে না।

আত্মা এবং কোয়ান্টাম বলবিজ্ঞান: একটি তুলনামূলক পর্যালোচনা

আমি দেহ নই, দেহের অঙ্গও নই। আমি জ্ঞান, সৃষ্টি, চেতনা এবং পরম। আমি সবকিছু এবং আমি কিছুই না। এই দেহ একটি রূপ মাত্র , সবকিছু এক। ইরিন শ্রোডিঙ্গার, একজন বিখ্যাত পদার্থবিদ, তাঁর জীবনের গবেষণা ছিল হিন্দু বেদ এবং উপনিষদ। হাজার হাজার বছর পরে, বিজ্ঞান আবিষ্কার করেছে যা বিজ্ঞানের নিয়মের বাইরে, যেখানে সত্য এবং বাস্তবতা বিভ্রান্ত, যেখানে সবকিছু একসাথে কিন্তু কিছুই দেখা যাচ্ছে না। এই পৃথিবী হল কোয়ান্টাম মেকানিক্সের, যার গোপন রহস্য বিজ্ঞান এখনও পুরোপুরিভাবে উদঘাটন করতে পারেনি । কিন্তু আমাদের গ্রন্থে (গ্রন্থ) এই জ্ঞান অশ্রুত এবং অদেখা ছেড়ে দেওয়া হয়. হল যা " মায়া"। হিন্দুধর্মে, এটা বিশ্বাস করা হয় যে আমাদের চারপাশে যা কিছু আছে এবং পৃথিবী, সবই মায়া। ক্রিয়া যোগের উপর লেখা একটি বিখ্যাত বই, একজন যোগীর আত্মজীবনী, অনেক কথাই বলে যে আধ্যাত্মিকভাবে উন্নত মানুষ, তাদের শক্তি দিয়ে যেকোনো কিছুতে পরিবর্তন আনতে পারে। মন অর্থাৎ তারা তাদের বাস্তবতা পরিবর্তন করতে পারে। এই সব কি সত্যিই সম্ভব?

এখন অবধি বিজ্ঞান এই জিনিসগুলিকে পুরাণ এবং ছদ্মবিজ্ঞান বলে মনে করেছিল কিন্তু যখন তারা জানতে পারে কোয়ান্টাম সম্পর্কে, সবকিছু বদলে গেছে। বিজ্ঞানের একটি সম্পূর্ণ নতুন ক্ষেত্র তৈরি হয়েছিল, যাকে আমরা আজ কোয়ান্টাম মেকানিক্স বলি। আমরা স্কুলে যে শাস্ত্রীয় পদার্থবিদ্যা অধ্যয়ন করি তা বিশ্বাস করে যে এই পৃথিবীতে সবকিছু নির্দিষ্ট। অর্থাৎ যে কোনো কিছু, যেকোনো ঘটনা গণনা করা যায় । কিন্তু 19 শতকের শেষের দিকে, কিছু জিনিস ঘটেছে যে শাস্ত্রীয় পদার্থবিদ্যার কোনো উত্তর ছিল না. যেখানে কোয়ান্টাম পদার্থবিদ্যা শুরু হয়, যাকে কোয়ান্টাম মেকানিক্সও বলা হয়। সংক্ষেপে বলতে গেলে, কোয়ান্টাম মেকানিক্স ছোট জিনিস বোঝার চেষ্টা, অর্থাৎ আলো এবং পদার্থ, পারমাণবিক এবং উপ-পরমাণু, যে কোনও কিছুর গভীরে যেতে এবং সেখানে কি আছে বুঝুন। কোয়ান্টার অর্থ হল যেকোনো কিছুর ক্ষুদ্রতম একক। কোনো কিছুর ক্ষুদ্রতম একক, যেমন বালির দানা, এর ক্ষুদ্রতম অংশ। এই পৃথিবী কি মৌলিক পর্যায়ে আছে? এই কোয়ান্টাম মেকানিক্স কি বোঝার চেষ্টা করছে।

এর আগে ধ্রুপদী পদার্থবিদ্যা ভাবত যে মৌলিকভাবে এই পৃথিবী গঠিত দুটি জিনিসের। হয় আলোর তরঙ্গ, যা আমরা শক্তি, বা কণা, যা আমরা কখনও কখনও বলি কল পরমাণু কিন্তু আমরা যখন এসবের গভীরে গেলাম বিজ্ঞানীরা দেখেছেন সবকিছুই তরঙ্গ এবং কণা উভয়ই। যার অর্থ এই পৃথিবীতে সবকিছুই আছে এক. এই একটি আবিষ্কার সবকিছু বদলে দিয়েছে। এই হল কোয়ান্টাম মেকানিক্স শুরু। আমাদের চারপাশে যা কিছু আছে, তা কি আসলেই আছে নাকি নেই? এই দ্বিধা যাকে আমাদের হিন্দু ধর্মে মায়া বলা হয়। মায়া মানে এই পৃথিবী ও আমাদের চারপাশের সবকিছু একটি কল্পনা, একটি বিভ্রম। তুমি আর আমি একটা প্রতারণা মাত্র। কিন্তু কী ভাবে তা সম্ভব? বাস্তবতা কি? তিনিই সবকিছু । এই মহাবিশ্বের প্রতিটি ফোঁটা তার অংশ। তিনি এই মহাবিশ্বের প্রতিটি কণায় অবস্থান করেন। এই পৃথিবী, প্রকৃতি, সূর্য, চন্দ্র, জীব সবই তার থেকে উৎপন্ন হয়েছে। আর মৃত্যুর পর আবার দেখা হবে তার সাথে।

ঠিক যেমন সমস্ত কোয়ান্টাম কণা এক এবং একে অপরের সাথে সংযুক্ত, একইভাবে আমরা সমগ্র বিশ্বের সাথে সংযুক্ত আমাদের চেতনার মাধ্যমে, অর্থাৎ আত্মা। আমাদের গ্রন্থে (গ্রন্থ) বলা হয় যে আত্মা অমর এবং অসীম। আত্মা পৃথিবী এবং প্রকৃতির সমস্ত উপাদানের সাথে সংযুক্ত। এই বিজ্ঞান যাকে বলে অতি-চেতনা। অর্থাৎ সমগ্র মহাবিশ্ব একটি ইকোসিস্টেম যা একে অপরের উপর নির্ভরশীল। এই তত্ত্বকে ইউনিফাইড ফিল্ড থিওরিও বলা হয়, যা বিজ্ঞান এখনও প্রমাণ করার চেষ্টা করছে। এখন প্রশ্ন জাগে, যদি সবকিছু একই হয়, তবে তারা কীভাবে আলাদা? কেন একটি পাথর বা জল স্পর্শ করার পর ভিন্ন মনে হয়? কিভাবে মানুষ, পশু, পাখি, গাছ, গাছপালা, সব ভিন্ন?

অনেক বছর পরে, নিলস বোর এবং ম্যাক্স প্লাঙ্ক উপসংহারে পৌঁছেছেন যদিও তরঙ্গ-কণা দ্বৈততা বিদ্যমান, মানে সবকিছুই দুইভাবে বিদ্যমান, কিন্তু যত তাড়াতাড়ি আমরা সচেতন হই সেই জিনিসটি দেখার বা পর্যবেক্ষণ করার চেষ্টা করি তখনই সবকিছুর পরিবর্তন হয়। এই তরঙ্গ-কণা দ্বৈততা ভেঙে যায় এবং ছড়িয়ে পড়ে, এবং সেই জিনিসটি এক হয়ে যায়। একটি মুদ্রার অর্থ যার উভয় মাথা রয়েছে কিন্তু আপনি এটি শুধুমাত্র একটি দিক দেখতে পারেন. আপনি যখনই এটি দেখার চেষ্টা করবেন, এটি হবে হয় মাথা বা লেজ । কোন কিছু দেখলে তার সংজ্ঞা বদলে যায়, আমরা কিভাবে তার বাস্তবতা খুঁজে পেতে পারি? উত্তর হল, মনোযোগ সহ, সচেতনতার সাথে।

এখন এই চেতনা কি? আপনি কখনো ভেবে দেখেছেন কার নির্দেশে আমাদের মস্তিষ্ক কাজ করে? কে আমাদের শ্বাস নিতে বাধ্য করে? পরে কোয়ান্টাম তত্ত্বের অগ্রগতি, বিজ্ঞানীরা মানুষের মনের গভীরে খুঁজতে লাগলেন। তারা যে কোন কিছুর মত দেখেছে, মানুষের মনও দ্বিমুখী দ্বৈত প্রকৃতি। মস্তিষ্কের কিছু কোয়ান্টাম পথ আছে যেখানে অন্য কিছুও ঘটে। এবং বিজ্ঞান বিবেচনা করে এই দ্বিতীয় জিনিস চেতনা হবে. আমাদের বেদ ও উপনিষদে সর্বদা বলা আছে যে একজন ব্যক্তির দ্বৈত প্রকৃতি আছে। প্রত্যেক মানুষেরই একজন ব্রাহ্মণ ও একজন আত্মা আছে। ব্রাহ্মণ মানে নিজের বা মনের অনুভূতি। আর

আত্মান মানে উচ্চতর আধ্যাত্মিক সত্তা, যাকে আত্মাও বলা হয়। সহজ ভাষায়, এটি মস্তিষ্ক এবং মন, ব্রহ্ম যা আমরা ভাবতে ব্যবহার করি এবং কাজ যেমন দেখা, স্পর্শ করা, হাঁটা। অন্যদিকে, আত্মা আমাদের নিয়ন্ত্রণে নেই, কিন্তু আত্মান হল আমরা যা দিয়ে তৈরি।

কিন্তু আমাদের ঋষিদের আগে থেকেই এ বিষয়ে জ্ঞান ছিল। প্রাচীনকালে, অনেক যোগী এমন একটি অবস্থায় পৌঁছাতে পারতেন যেখানে তারা তাদের আত্মা বা চেতনাকে এই ভ্রম থেকে বের করে বাস্তবের সাথে সংযুক্ত করতে পারতেন । এমনকি তারা তাদের শরীর ছেড়ে ধ্যান করার সময় একটি সমাধি গ্রহণ করতে পারতেন। চিকিৎসা বিজ্ঞানে একটি শব্দ আছে, প্লাসিবো ইফেক্ট, যার দ্বারা একজন ব্যক্তি মনে করতে পারে তার রোগ সেরে যাচ্ছে কারণ তাকে ওষুধ দেওয়া হয়েছে , যেখানে বাস্তবে তাকে ওষুধের পরিবর্তে চিনির বড়ি দেওয়া হয়। সঙ্গে তার চিন্তার শক্তি, তার বাস্তবতা অল্প সময়ের জন্য বদলে যায়। এই কারণেই অনেকে প্রকাশে বিশ্বাসী।

কোয়ান্টাম মেকানিক্স একটি রহস্য, যে এমনকি বিজ্ঞান বুঝতে সক্ষম হয়নি। বিখ্যাত পদার্থবিজ্ঞানী রিচার্ড ফাইনম্যান বললেন যে আপনি যদি মনে করেন আপনি বুঝতে পেরেছেন কোয়ান্টাম মেকানিক্স, এর মানে আপনি কিছুই বুঝতে পারেন নি। আজ, একজন মানুষ মহাকাশে যাওয়ার চেষ্টা করছে। তিনি মহাবিশ্বের গোপন রহস্য বের করার চেষ্টা করছেন। কিন্তু এটি করতে, তিনি আগে প্রথমে নিজের ভিতরে তাকান। তাকে সবচেয়ে ছোট, সবচেয়ে বেশি বুঝতে হবে তার মহাবিশ্বের মৌলিক নীতি। কোয়ান্টাম বলবিজ্ঞান অনেক কিছু সম্ভব করেছে। আপনার সামনে মোবাইল ফোন এবং কম্পিউটার, হাসপাতালে এমআরআই মেশিন, নিউক্লিয়ার বোমা দিয়ে সবই সম্ভব হয়েছে কোয়ান্টাম মেকানিক্সের সীমিত ধারণায় । আমরা পুরোপুরি বুঝতে পারলে কী হবে? হয়তো আমরা অমরত্বের রহস্য খুঁজে পাব। অথবা মাল্টিভার্স বাস্তব হয়ে উঠবে।

আত্মা ও কোয়ান্টাম বলবিজ্ঞান দুটি সম্পূর্ণ ভিন্ন ক্ষেত্র - একটি দার্শনিক ও ধর্মীয় ধারণা, অন্যটি পদার্থবিজ্ঞানের একটি শাখা। তবুও, কিছু আকর্ষণীয় সমান্তরাল রয়েছে যা আমরা অন্বেষণ করতে পারি।

সমান্তরাল #1: অদৃশ্যতা

আত্মাকে প্রত্যক্ষ করা বা পরিমাপ করা যায় না, ঠিক কোয়ান্টাম কণাগুলির মতো, যা পর্যবেক্ষণ না করা হলে নির্দিষ্ট অবস্থান ধারণ করে না। এই অদৃশ্যতা উভয় ক্ষেত্রেই জ্ঞানের প্রকৃতি এবং বাস্তবতার আমাদের উপলব্ধির উপর প্রশ্ন তোলে। কোয়ান্টাম বলবিজ্ঞানে, একটি কণা একাধিক সম্ভাব্য অবস্থানে একই সাথে থাকতে পারে। কিন্তু যখন আমরা কণাটির অবস্থান পরিমাপ করি, তখন এটি একটি নির্দিষ্ট অবস্থায় "পতিত" হয়। কিছু তত্ত্ববিদ এই পতনকে চেতনার ভূমিকার সাথে সংযুক্ত করেছেন, যদিও এই ধারণা বিতর্কিত।

সমান্তরাল #2: অনিশ্চয়তা

কোয়ান্টাম বলবিজ্ঞানের অনিশ্চয়তার নীতি অনুসারে, কোনো কণার অবস্থান এবং গতিবেগ একসঙ্গে নিখুঁতভাবে জানা যায় না। একইভাবে, আত্মার ধারণাও অনিশ্চিত। বিভিন্ন দার্শনিক এবং ধর্মীয় মতবাদ আত্মার প্রকৃতি সম্পর্কে ভিন্ন ধারণা দেয়, এটি একটি নিশ্চিত সংজ্ঞায় পৌঁছানো কঠিন করে তোলে।কোয়ান্টাম বলবিজ্ঞানের একটি মূলনীতি হল অনিশ্চয়তার নীতি। এটি বলে যে কোনো কোয়ান্টাম কণার অবস্থান বা গতিবেগ নির্ভুলভাবে একই সাথে জানা যায় না। এই অনিশ্চয়তা কিছু দার্শনিককে আত্মার ধারণার সাথে তুলনা করেছেন। আত্মাকে প্রায়ই অনির্দিষ্ট এবং অনির্বচনীয় হিসাবে বর্ণনা করা হয়, যা আমাদের অভিজ্ঞতের বাইরে রয়েছে।

সমান্তরাল #3: সম্পূর্ণতা

কোয়ান্টাম বলবিজ্ঞানে, সবকিছুই পারস্পর সংযুক্ত থাকার ধারণা রয়েছে। এই ধারণাটি কিছু আধ্যাত্মিক মতবাদের সাথে সামঞ্জস্যপূর্ণ, যেখানে আত্মাকে সর্বব্যাপী চেতনা হিসাবে দেখা হয় যা সবকিছুর সাথে সংযুক্ত। কোয়ান্টাম বলবিজ্ঞানের আরেকটি গুরুত্বপূর্ণ ধারণা হল এন্ট্যাঙ্গলমেন্ট । এটি বর্ণনা করে কিভাবে দুটি কোয়ান্টাম কণা এমনভাবে সংযুক্ত হতে পারে যে একজনের অবস্থা অবিলম্বে অন্যটির অবস্থাকে প্রভাবিত করে,তা তারা যত দূরেই থাকুক না কেন। এই ধারণা কিছু আধ্যাত্মিক বিশ্বাসের সাথে মিল রাখে যা সবকিছুর মধ্যে একত্ব এবং আন্তঃসংযোগের ধারণাকে জোর দেয়।

তবে, গুরুত্বপূর্ণ পার্থক্যও রয়েছে:-

· লক্ষ্য: কোয়ান্টাম বলবিজ্ঞান বস্তুজগতের বৈশিষ্ট্যগুলি বুঝতে চায়, যখন আত্মার ধারণা বাস্তবতার প্রকৃতির একটি গভীরতর, অস্তিত্বগত বোঝার লক্ষ্য করে।

· পদ্ধতি: কোয়ান্টাম বলবিজ্ঞান পরীক্ষণ এবং পর্যবেক্ষণের মাধ্যমে জ্ঞান অর্জন করে, যখন আত্মার ধারণা সাধারণত অভিজ্ঞতা, ধ্যান এবং বিশ্বাসের মাধ্যমে আসে।

· প্রমাণ: কোয়ান্টাম বলবিজ্ঞানের তত্ত্বগুলি পরীক্ষণের মাধ্যমে যাচাই করা যায়, যখন আত্মার ধারণার কোনো বৈজ্ঞানিক প্রমাণ নেই।

আত্মা এবং কোয়ান্টাম বলবিজ্ঞানের মধ্যে কিছু আকর্ষণীয় সমান্তরাল রয়েছে, কিন্তু সেগুলি গুরুত্বপূর্ণ পার্থক্যের সাথেও আসে। উভয় ক্ষেত্রই আমাদের বাস্তবতার প্রকৃতির প্রশ্ন তোলে এবং আমাদের জ্ঞানের সীমাবদ্ধতা সম্পর্কে স্মরণ করিয়ে দেয়। চূড়ান্তভাবে, আত্মা এবং কোয়ান্টাম বলবিজ্ঞান দুটি ভিন্ন পথ, কিন্তু সেগুলি আমাদের বিশ্বকে বুঝতে এবং অভিজ্ঞতা করতে সহায়তা করতে পারে।কোয়ান্টাম বলবিজ্ঞান এবং আত্মার মধ্যে সম্ভাব্য সংযোগ একটি উত্তেজনাপূর্ণ বিষয় যা দার্শনিক, বিজ্ঞানী এবং আধ্যাত্মিক চিন্তাকে উদ্দীপিত করে। এই দুটি ক্ষেত্রের মধ্যে সমান্তরালগুলি অনুসন্ধান করা এবং আসন্ন ভবিষ্যতে নতুন আবিষ্কারের জন্য উন্মুক্ত থাকা গুরুত্বপূর্ণ।কোয়ান্টাম বলবিজ্ঞান এবং আত্মার মধ্যে সম্ভাব্য সংযোগ একটি উত্তেজনাপূর্ণ বিষয় যা দার্শনিক,

বিজ্ঞানী এবং আধ্যাত্মিক চিন্তাকে উদ্দীপিত করে।

কোয়ান্টাম বলবিজ্ঞান: বাস্তবতার অদ্ভুত দুনিয়া

কোয়ান্টাম বলবিজ্ঞান, পদার্থবিজ্ঞানের এক অসাধারণ শাখা, আমাদের মহাবিশ্বের বোঝাপাড়কে আমূল পরিবর্তন এনেছে। এটি পরমাণু এবং তার নীচের ক্ষুদ্র কণার আচরণ বর্ণনা করে, যেখানে ক্লাসিক্যাল পদার্থবিজ্ঞানের নিয়ম অকেজো হয়ে যায়। এই অতি ক্ষুদ্র জগতে কি হয়, তা বোঝা কঠিন হলেও, এর প্রভাব আমাদের দৈনন্দিন জীবনে পর্যন্ত বিস্তৃত। কোয়ান্টাম বলবিজ্ঞান হল বাস্তবতার একটি অদ্ভুত দুনিয়া, যেখানে ঐতিহ্যবাহী পদার্থবিজ্ঞানের নিয়মগুলি আর কাজ করে না। এটি পরমাণু এবং তার চেয়েও ছোট কণার আচরণ বর্ণনা করে, যা ম্যাক্রো জগতের বস্তুর চেয়ে একেবারেই আলাদা। এটি আমাদের ম্যাক্রো জগতের (বড় জগত) চিরায়ত বলবিজ্ঞানের ধারণাকে উল্টাপাল্টা করে দেয় এবং এমন কিছু নিয়ম প্রকাশ করে, যা আমাদের অভিজ্ঞতার বাইরে।

কি কাজ করে কোয়ান্টাম বলবিজ্ঞান?

· **কোয়ান্টাম:** কোয়ান্টাম হলো শক্তির সবথেকে মৌলিক একক। বিদ্যুৎ বা আলোর মতো শক্তি কোয়ান্টামের ছোট ছোট প্যাকেটে বহন করা হয়, ঠিক যেমন টাকা দিয়ে আমরা জিনিস কিনি। একটি কণা দুই বিন্দুর মধ্যে একটি বাধা অতিক্রম করতে পারে, এমনকি যদি বাধাটি ঐতিহ্যবাহীভাবে অতারণীয় হয়।

· **তরঙ্গ-কণা দ্বৈততা:** কোয়ান্টাম কণা আশ্চর্যজনকভাবে তরঙ্গের মতোও আচরণ করতে পারে! এটি একসাথে কারও তরঙ্গের মতো ছড়িয়ে পড়তে পারে, আবার কখনও কণার মতো একটি নির্দিষ্ট স্থানে অবস্থান করতে পারে। কণাগুলি একই সাথে তরঙ্গের মতো এবং কণার মতো আচরণ করতে পারে।

· **অনিশ্চয়তা:** কোয়ান্টাম বলবিজ্ঞান আমাদের বলে যে, কোনো কণার অবস্থান বা গতিবেগকে একই সাথে নিখুঁতভাবে জানা যায় না। এই অনিশ্চয়তা কোয়ান্টাম জগতের মৌলিক নীতি, এবং এটি আমাদের ক্লাসিক্যাল পদার্থবিজ্ঞানের ধারণাকে চ্যালেঞ্জ করে।

কোয়ান্টাম বলবিজ্ঞানের প্রভাব:

· **ট্রানজিস্টর এবং কম্পিউটার:** কোয়ান্টাম তত্ত্বের বোঝাপাড়া শক্তিশালী মাইক্রোচিপ তৈরিতে সাহায্য করেছে, যা আধুনিক কম্পিউটার এবং ইলেকট্রনিক ডিভাইসের ভিত্তি।

· **লেজার প্রযুক্তি:** লেজারের উন্নয়ন কোয়ান্টাম বলবিজ্ঞানের ফল, যা চিকিৎসা, যোগাযোগ এবং উৎপাদন ক্ষেত্রে বৈপ্লবিক পরিবর্তন এনেছে।

· **ভবিষ্যৎ প্রযুক্তি:** কোয়ান্টাম কম্পিউটার, ভবিষ্যতের কম্পিউটার হতে পারে, যা জটিল সমস্যা আরও দ্রুত এবং কার্যকরভাবে সমাধান করতে পারে। ওষুধ তৈরি, আবহাওয়া পূর্বাভাস আবিষ্কারে এটি বিপ্লব ঘটাতে পারে। কোয়ান্টাম বলবিজ্ঞানের

নীতিগুলি চিকিৎসা ইমেজিংয়ের জন্য MRI স্ক্যানারগুলিতে ব্যবহৃত হয়। কোয়ান্টাম বলবিজ্ঞানের নীতিগুলি ভবিষ্যতে আরও নিরাপদ এনক্রিপশন তৈরিতে ব্যবহার করা যেতে পারে।

কোয়ান্টাম বলবিজ্ঞানের জগৎ অসাধারণ এবং রহস্যময়। এটি আমাদের মহাবিশ্বের বোঝাপাড়াকে চ্যালেঞ্জ করেছে এবং বৈপ্লবিক নতুন প্রযুক্তির দুয়ার খুলে দিয়েছে। যদিও এই ক্ষুদ্র কণার আচরণ বোঝা কঠিন হতে পারে, তাদের প্রভাব আমাদের জীবনের প্রতিটি ক্ষেত্রে অনিবার্য। এটি আমাদের জগতকে বুঝতে সাহায্য করছে এবং ভবিষ্যতে বিপ্লব সৃষ্টি করার সম্ভাবনা রয়েছে। কোয়ান্টাম বলবিজ্ঞান আমাদের বাস্তবতা বুঝতে সাহায্য করে এবং ভবিষ্যতে বৈজ্ঞানিক এবং প্রযুক্তিগত উন্নয়নের ভিত্তি তৈরি করে। এটি আমাদের জগতে কীভাবে কাজ করে এবং আমরা এটির সাথে কীভাবে ইন্টারেক্ট করি তা নতুন দৃষ্টিভঙ্গি দেয়।